商务馆对外汉语教学专题研究书系（第二辑）
总主编　赵金铭
审　订　世界汉语教学学会

汉语作为第二语言教学的教学模式研究

主编　吴勇毅

2019年·北京

总主编 赵金铭

主　编 吴勇毅

编　者 吴勇毅　牟　蕾　周　怡

作　者 （按音序排列）

曹贤文　陈成志　陈育焕　汲传波

姜丽萍　李大遂　李　蕊　李晓琪

刘川平　刘颂浩　鲁健骥　毛　悦

邱　睿　仇鑫奕　王初明　吴勇毅

吴中伟　叶彬彬　袁　萍　张宝林

张朋朋　张永慧　赵金铭　郑艳群

周　健　宗世海

目　录

总　序 ··· 1
综　述 ··· 1

第一章　汉语教学模式的发展：
历史与现状 ··· 1
第一节　汉语作为第二语言/外语教学模式的演变与发展
　　　　 ··· 1
第二节　明德模式与中国高校基础汉语教学常规模式比较
　　　　 ·· 11
第三节　对外汉语教学模式演变过程中的两点重要事实 ····· 18
第四节　我国汉语教学模式的历史、现状和改革方向 ········ 23

第二章　汉语教学模式构建的理论探索：
创新与优化（一） ·· 70
第一节　对外汉语教学模式的创建问题 ··························· 70
第二节　汉语教学模式创建管见 ···································· 88
第三节　教学模式讨论和对外汉语教学学术环境建设 ········ 97
第四节　对外汉语教学模式的再审视 ···························· 118

第三章 汉语教学模式构建的理论探索：创新与优化（二）……131

- 第一节 论对外汉语教学模式的构建……131
- 第二节 再论对外汉语教学模式的构建……142
- 第三节 语言项目视角下国际汉语有效教学模式研究……150
- 第四节 汉语教学模式的集成、创新和优化……169

第四章 汉语教学模式形成的基础：教学理念与汉语特点……184

- 第一节 汉语作为第二语言教学：理念与模式……184
- 第二节 语文分开、语文分进的教学模式……213
- 第三节 "学伴用随"教学模式的核心理念……226
- 第四节 试论汉语语感培养教学模式的确立……242

第五章 汉语课堂教学模式变革的尝试：教什么与怎么教……253

- 第一节 对外汉语听力教学新模型……253
- 第二节 口语课教学模式分析……269
- 第三节 关于建立词汇—语法教学模式的思考……282
- 第四节 对外汉语语法知识课教学的新模式……295
- 第五节 "任务—活动"型汉语课堂教学模式的构建……311

第六章 非学历汉语教学模式的设计：教学类型与特殊目的驱动……325

- 第一节 教学模式设计与长期进修教学新模式……325

第二节　海外企业人员短期汉语教学模式研究……………339

第七章　新技术条件下的汉语教学模式革新：
　　　　技术意识与技术驱动……………………………………355
　第一节　技术意识与对外汉语教学模式创建……………355
　第二节　虚拟现实技术支持下的对外汉语教学模式………365
　第三节　以元认知为主导、信息科技为辅的口语
　　　　　教学模式探索……………………………………378
　第四节　基于混合学习的汉语综合课教学模式设计………405

第八章　汉语教学模式的实证研究：
　　　　有效性检验……………………………………………417
　第一节　中高级汉字课教学新模式实验报告………………417
　第二节　语文分进的教学模式对汉字能力的影响…………432
　第三节　对外汉语教学听说读写课程顺序模式的实践性
　　　　　研究………………………………………………449

总 序

赵金铭

对外汉语教学专题研究书系是商务印书馆出版的同名书系的延续。主要收录2005—2016年期间，有关学术期刊、集刊、高校学报等所发表的有关对外汉语教学研究论文，涉及学科各分支研究领域。内容全面，质量上乘，搜罗宏富。对观点不同的文章，两方皆收。本书系是对近10年对外汉语教学研究成果的汇总与全面展示，希望能为学界提供近10年来本学科研究的总体全貌。

近10年的对外汉语教学与研究，呈现蓬勃发展的局面，与此同时，各研究分支也出现一些发展不平衡现象。总体看来，孔子学院教学、汉语师资培训、文化与文化教学、专业硕士课程教学等方面，已经成为研究热门，研究成果数量颇丰，但论文质量尚有待提升。由于主管部门的导向，作为第二语言汉语教学的汉语本体研究与汉语教学研究，在一定程度上被淡化。语音、词汇及其教学研究成果较少，语法、汉字及其教学研究成果稍多，汉字教学研究讨论尤为热烈。新汉语水平考试研究还不够成熟，课程与标准和大纲研究略显薄弱。值得提及的是，教学方法研究与教学模式研究、汉语作为第二语言习得研究、现代教育技术研究及其在教学中的应用研究，发展迅速，方兴未艾，成果尤为突出。本书系就是对这 10 年研究状况的展示与总结。

近 10 年来，汉语国际教育大发展的主要标志是：开展汉语教学的国别更加广泛；学汉语的人数呈大规模增长；汉语教学类型和层次多样化；汉语教师、教材、教法研究日益深入，汉语教学本土化程度不断加深；汉语教学正被越来越多的国家纳入其国民教育体系。其中，世界范围内孔子学院的建立既是国际汉语教育事业大发展的重要标志，也是进一步促进国际汉语教学持续发展的一个重要平台，吸引了世界各地众多的汉语学习者。来华外国留学生汉语教学与海外汉语教学，共同打造出汉语教学蓬勃发展的局面。

大发展带来学科研究范围的扩大和研究领域的拓展。本书系共计 24 册，与此前的 22 册书系的卷目设计略有不同。

本书系不再设《对外汉语课堂教学技巧研究》，增设《汉语作为第二语言教学的教学方法研究》和《汉语作为第二语言教学的教学模式研究》两册。汉语作为第二语言教学，既与世界第二语言教学有共同点，也因汉语、汉字的特点，而具有不同于其他语言作为第二语言教学的特色。这就要求对外汉语教学要讲求符合汉语实际的教学方法。几十年以来，对外汉语教学在继承传统和不断吸取各种教学法长处的基础上，结合汉语、汉字特点，以结构和功能相结合为主的教学方法为业内广泛采用，被称为汉语综合教学法。博采众长，为我所用，不独法一家，是其突出特点。这既是对外汉语教学的传统，在教学实践中也证明是符合对外汉语教学实际的有效的教学方法。与此同时,近年来任务型教学模式风行一时,各种各样的教法也各展风采。后方法论被介绍进来后,已不再追求最佳教学法与最有效教学模式,教学法与教学模式研究呈现多样化与多元性发展态势。

进入新世纪后,对外汉语教学学科理论研究的一个重要进展是开拓了第二语言习得理论与实际问题的研究,从重视研究教师怎样教汉语,转向研究学习者如何学习汉语,这是一种研究理念的改变,这种研究近10年来呈现上升趋势。研究除了《汉语第二语言学习者语言系统研究》《汉语作为第二语言的学习者研究》,本书系基于研究领域的扩大,增设了《基于认知视角的汉语第二语言习得研究》和《多视角的汉语第二语言习得研究》,从多个角度开辟了汉语学习研究的新局面。

教育部在2012年取消原本科专业目录里的"对外汉语",设"汉语国际教育"二级学科。此后,"汉语国际教育"作为在世界范围内开展汉语作为第二语言教学的名称被广泛使用,学科名称的变化,为对外汉语教学带来了无限的机遇与巨大的挑战。随着海外汉语学习者人数的与日俱增,大量汉语教师和汉语教学志愿教师被派往海外,新的矛盾暴露,新的问题随之产生。缺少适应海外汉语教学需求的合格的汉语教师,缺乏适合海外汉语学习者使用的汉语教材,原有的汉语教学方法又难以适应海外汉语教学实际,这三者成为制约提高对外汉语教学质量、提升对外汉语教学水平的瓶颈。

面对世界汉语教学呈现出来的这些现象,在进行深入研究、寻求解决办法的同时,也产生了一种急于求成的情绪,急于解决当前的问题。故而研究所谓"三教"问题,一时成为热门话题。围绕教师、教材和教法问题,结合实际情况,出现一大批对具体问题进行研究的论文。与此同时,在主管部门的导引下,轻视理论研究,淡化学科建设,舍本逐末,视基础理论研究为多余,成为一时倾向。由于没有在根本问题上做深入的理论探讨,将过多的精力用于技法的提升,以至于在社会上对汉语作为一个学科产生了不同认识,某种程度上干扰了学科建设。本书系《汉语作为第二语言教学的学科理论研究》和《汉语作为第二语言教学的教学理论研究》两册集中反映了学科建设与教学理论问题,显示学界对基本理论建设的重视。

2007年国务院学位办设立"汉语国际教育硕士专业学位",目前已有200余所高等院校招收和培养汉语国际教育专业硕士。10多年来,数千名汉语教师和志愿者在世界各地教授汉语、传播中国文化,这支师资队伍正在共同为向世界推广汉语做出贡献。

一种倾向掩盖着另一种倾向。社会上看轻汉语作为第二语言教学的观点,依然存在。这就是将教授外国人汉语看成一种轻而易举的事,这是一种带有普遍性的错误认知。这种认知导致对汉语作为第二语言教学科学性认识不足。一些人单凭一股热情和使命感,进入了汉语国际教育的教师队伍。一些人在知识储备和教学技能方面并未做好充分的准备,便匆匆走向教坛。故而如何对来自不同专业、知识结构多层次、语言文化背景多有差别的学习者,进行汉语作为第二语言教学的专业培养和培训,如何安排课程内容,将其培养成一个合格的汉语教师,就成为当前迫切需要解决的问题。本书系增设的《汉语作为第二语言教学的教师发展研究》《汉语作为第二语言标准与大纲研究》以及《汉语作为第二语言教学的课程研究》，都专门探讨这些有关问题。

自1985年以来，实行近20年的汉语水平考试（HSK），已构成了一个水平由低到高的较为完整的系统，汉语水平考试（HSK）的实施大大促进了汉语教学的科学化和规范化。废除HSK后研发的"新HSK"，目前正在改进与完善之中。有关考试研究，最近10年来，虽然关于测试理论和技术等方面的研究仍然有一些成果出现，但和以往相比，研究成果的数量有所下降，理论和技术方面尚缺乏明显的突破。汉语测试的新进展主要表现在新测验的开发、新技术的应用和对重大理论问题的探讨等方面。《汉语作为第二语言测试研究》体现了汉语测试的研究现状与新进展。

十几年来，汉语作为第二语言教学史的研究越来越多，也越来越深入。既有宏观的综合性研究，又有微观的个案考察。宏观研究中，从学科建设的角度探讨汉语教学史的研究。重视对外汉语教学历史的发掘与研究，因为这是对外汉语教学学科建设中不可缺少的一部分。宏观研究还包括对某一历史阶段和某一国家或地区汉语教学历史的回顾与描述。微观研究则更关注具体国家和地区的汉语教学历史、现状与发展。为此本书系增设《汉语作为第二语言教学史研究》，以飨读者。

本书系在汉语本体及其教学研究、汉语技能教学研究、文化教学与跨文化交际研究、教育技术研究和教育资源研究等方面，也都将近10年的成果进行汇总，勾勒出研究的大致脉络与发展轨迹，也同时可见其研究的短板，可为今后的深入研究引领方向。

　　本书系由商务印书馆策划，从确定选题，到组织主编队伍，以及在筛选文章、整理分类的过程中，商务印书馆总编辑周洪波先生给予了精心指导，在此深表谢意。

　　本书系由多所大学本专业同人共同合作，大家同心协力，和衷共济，在各册主编初选的基础上，经过全体主编会的多次集体讨论，认真比较，权衡轻重，突出研究特色，注重研究创新，最终确定入选篇章。即便如此，也还可能因水平所及评述失当，容或有漏选或误选之处，对书中的疏漏和失误，敬请读者不吝指教，以便再版时予以修正。

综　述

一

汉语作为第二语言/外语教学界以"教学模式"为名进行研究大约是在20世纪末和21世纪初，如陈莉《试论教学模式的建立及意义》（1997）、洪芸《速成汉语教学模式设计》（1998）、崔永华《基础汉语教学模式的改革》（1999）、马箭飞《以"交际任务"为基础的汉语短期教学新模式》（2000）、王玮《对外汉语教学中的"1+1"教学模式》（2000）等。之前的研究大都以"教学法""教学路子""教学设计""课程设置"等名称进行，如吴勇毅和徐子亮《建国以来我国对外汉语教学法研究述评》（1987）、吕必松《对外汉语教学发展概要》（1990）和《汉语教学路子研究刍议》（2003）等，可见教学模式与这些存在着这样或那样的相关性。

这些年来（2005—2016）教学模式研究从边缘走到中心，越来越为学界所关注，近年来更是成为研究热点，学界发表了大量的文章和学位论文（据笔者不完全统计至少有四五百篇）。这些研究涉及面极广，内容极其丰富（但良莠不齐）：既有总结教学模式演变与发展的，又有评价现行教学模式之优劣的；既有宏观建模，又有微观实施；既有理论反思，又有实证检验；既有尝试

2 综 述

模式变革的，又有探寻模式改良的；既有设计某种/某类课程的教学实施程序的，又有分析不同课程、技能（包括教材、教师）合理配置的；既着重教师在建构教学模式中的作用，又凸显新技术在建模中的革新；既涉及教学模式本身，也涉及教学的管理模式；既讨论教学模式的支撑条件，又讨论教学模式的适用环境（及环境对教学模式的制约）；既有呼吁借鉴国外教学模式的，又有强调依据汉语特点构建模式的。林林总总，不一而足。《华文教学与研究》2014 年第 2 期与 2016 年第 1 期发起关于教学模式的专栏讨论，"第一期专栏一经推出，即在学界引起了很大反响"①。这两期专栏讨论对促进教学模式的深入研究起到了重要的促进作用。

教学模式之所以成为研究热点，原因大致上有以下几点：（1）大家对现有教学模式的不满。这种不满既来自课堂教学，也针对教学管理，核心是对教学质量、教学效率/效果的不满，因此试图从各个角度去探索改革与创新。赵金铭指出，"汉语作为第二语言教学的终极目标，是培养学习者具有在现实生活中自由运用汉语进行交际的能力，而且要在最短的时间内取得最佳的学习效果"②，而教学模式是最重要的保障条件之一。（2）随着汉语学习的蓬勃发展，汉语作为第二语言/外语教学的规模不断扩大，但师资培养和培训却跟不上，因此，不少人希望寻找到或创建出一些可以"简单"复制或克隆的"有效"的教学模式以应对日益庞大的学习群体，应对"教学规模化的发展趋势"（行不行则另当别论）。（3）为了解决教学理论与教学实践互相脱节

---

① 参见本书第二章第三节。
② 参见本书第四章第一节。

的问题，因为教学模式被视为沟通教学理论和教学实践的中介和桥梁。[①] 新的教学理念、教学法（包括"后方法"的教学思想）层出不穷，如何贯彻到教学实践乃至课堂教学中去，需要通过一定的作为媒介的教学模式去实施才行。（4）学界逐渐认识到，由于"教学模式不但与教学有关，更与管理息息相关，可以说是牵一发而动全身"，因此，"在对外汉语教学诸多研究问题中，教学模式研究是重中之重"[②]。

二

《华文教学与研究》发起的两期专栏讨论其实是围绕着刘颂浩《中国对外汉语教学模式的创建问题》[③] 一文展开的（专栏讨论结合了先前的一些研究和观点）。在这篇文章中，刘颂浩认为，在教学模式上，问题的关键不是模式的有无，而是模式的质量和效果如何，能否称得上优秀模式。中国对外汉语教学目前所缺乏的，也是优秀教学模式（他并没有论述何谓"优秀模式"，但从字里行间或许可以得出，质量和效果是评价优秀模式的标准），中国高校对外汉语教学之所以缺乏有影响的教学模式，主要原因出在管理方面。要想创建优秀的对外汉语教学模式，首先要改变的也是管理机制。为此，他提出要在具备和加强四个意识（管理

---

① 张志勇《对教学模式的若干理论思考》，《中国教育学刊》1996年第4期。
② 参见本书第二章第三节。
③ 参见本书第二章第一节。

4 综　述

意识、环境意识、教师培养意识和技术意识）的基础上，构建一个由学校、院系和教学主管三级体制组成（形成联动机制）的"教学管理模式"。以往专门从教学管理视角讨论教学模式的文章很少,刘颂浩的研究以教学管理为中心进行思考,富有启发意义,"教学管理模式"虽是"构想"，但有很强的改革和创新意识。

　　中国的对外汉语教学经过几代人的不懈努力，砥砺奋进发展至今，已成气候，是产生过有影响的，甚至优秀的教学模式的。姜丽萍认为，"对外汉语教学在 60 多年的发展进程中，积累了丰富的教学经验，总结、归纳了一些有效的教学方法和教学模式，比如以结构为主的句型教学，以听说法为主的'听说领先、读写跟上'，以交际法为主的'结构、功能、文化相结合'等等。这些行之有效的方法在教学中发挥着巨大的作用，并在学科发展中产生了深远的影响"[1]。曹贤文也认为，"对外汉语教学模式研究向来受到学界的重视，几十年来涌现了许多各具特色的教学模式"[2]。这一点刘颂浩自己也承认：（在回应汲传波关于对外汉语教学缺乏优秀模式的根本原因的观点时）"这些学者为什么无法带来优秀的模式，或者带来的优秀模式（鲁先生的'分技能教学模式'）（注：下划线是笔者加的）逐渐沦为不那么优秀的模式，原因也许只能从管理方面寻找，而和教学、科研体制并没有特别直接的关系。"[3] 窃以为，刘颂浩所指，"中国对外汉语教学目前所缺乏的，也是优秀教学模式"，是对当下的一种批评和担忧。刘川平指出，我国对外汉语教学几十年的实践证明，一个好的教

---

[1]　参见本书第五章第五节。
[2]　参见本书第三章第三节。
[3]　参见本书第二章第三节。

学模式对于提高教学效率的作用往往是决定性的。[①] 显然他也是承认有好的教学模式的。

评价教学模式可以从现实和历史两个角度看。从现实的角度评价，第一个标准是模式的有效性（包含针对性，有效性产生于针对性），即看它能否针对特定的教学对象，达到甚至超过既定的教学目标（尽管检验模式有效性的方式不一、标准不一，甚至看法也可能不一），实践是检验效果的唯一有效的标准。鲁健骥道出了关键："一双脚穿一个号码的鞋。不能设想有一种万能的教学模式，不能因为一种教学模式对它特定的对象和目标成功了，就认为这种教学模式用于其他对象、其他目标也必然成功；反之，也不能因为一种教学模式不能适用于所有对象、所有目标，就认为这种教学模式有问题。评价一种教学模式，要看它是不是适合它特定的教学对象和教学目标。"[②] 曹贤文强调："从语言项目视角考察教学模式的有效性，不能只看教学模式在理论上设计多么先进，更重要的是看哪一种教学模式最适合特定语言项目的师生和具体教学情境。"[③]

第二个标准是模式的适用性（也是一种针对性），主要指教学模式对环境的适用性。刘颂浩认为创建优秀教学模式必须具备"环境意识"。适用于特定教学环境的才可能是好的、有效的教学模式，而环境对教学模式的推广和复制具有制约性。不存在最佳的、万能的、用之四海而皆有效的教学模式，这是大家的共识。

从历史的角度评价，要看某个教学模式产生的历史背景和环

---

① 参见本书第六章第一节。
② 参见本书第二章第四节。
③ 参见本书第三章第三节。

境，及其在当时所产生的作用、影响和有效性。历史在发展，教学理论和教学实践在历史的长河中也会发生变化，而且可能是巨大的。评价某个教学模式是否有效乃至是否优秀还要看其在历史长河中所起的作用。某个教学模式今天不优秀了，或有效性出了问题，影响力式微，并不能代表和说明它在某个历史时期就不优秀，就无有效性和影响力。今天我们是站在另一个高度去诟病某个教学模式。

如果我们从现实和历史的角度客观地评价讨论众多的"分技能模式"（目前被批评很多的模式），就会得出比较公允的结论。汲传波在指出该模式缺陷的同时，也充分肯定"该模式在国内对外汉语教学中发挥了重要作用"。作为该模式的亲历者的鲁健骥先生是这样说的：

> 分技能模式的一个重要特征，或者说，分技能模式的实质，就是改变了此前我国对外汉语教学贯彻的"全面要求，突出听说"的口号（这跟外语教学的口号一致），提出"突出听读"。这是我们根据对外汉语预备教育的特点，经过对学生入系后的需要进行思考的结果。分技能模式也由此而生：把听力和阅读单独设课。如今有人对分技能模式培养出来的学生的语言能力表示怀疑。如果论者批评我们当时还没有意识到运用现代的研究方法对这种模式进行评估，也不无道理。但是如果因此就否认这种模式相对于综合模式的优越性，似乎也有失公允。
>
> 我们当时已经通过考试的方式、要求和考试结果等方面与综合模式班进行过比较。分技能班的考试方式比综合模式班难度大，要求高，考试结果也说明这一模式培养出来的学生，汉语能力比综合模式的学生有所提高。正因为这种模式给教学带来了新气象，所以当时综合模式班的学生要求调班的也并非个别。当时参与分技能模式试验的任课教师曾到北大对两个实验班的学生入系后的汉语能力做过跟踪调查，访问了学生和专业课的老师，他们都反映这样的学生的语言能力特别是听、读能力

比较强。这也是事实。应该说，学生的语言能力达到了我们的预期。

分技能模式是我们对外汉语预备教育的模式。它之所以后来被国内许多院校所采用，以至于被认为是整个对外汉语教学的主流模式，可能是因为那些学校认为这一模式适合于它们的汉语教学的对象。①

这一模式适合它所规定的教学对象，也达到了预期的"突出听读"的效果，因而得到推广，以至于为国内有同类教学对象的高校所采用。②

《华文教学与研究》的这两期专栏讨论，虽是小小的涟漪，但确实激起了一些波澜。讨论中有争论、有交锋、有碰撞（尽管程度尚不够激烈），不仅促进了教学模式研究的深入发展，开拓了研究的视野，也营造了健康、开放、有活力的学术氛围，所起的作用不容小觑。尽管参加这次讨论的人并不算多，但涉及的问题却很多、很广。对这些问题，虽有一些共识，但分歧依然巨大。刘颂浩总结了七点"基本形成"的共识：

1. 教学模式并不是一个单义的术语，而是一个可以分层级的系统；从不同层级去观察，涉及的影响因素也不一样，得到的结果当然也有差别。

2. 影响教学模式的因素多种多样，任何一个因素的改变都可能会牵涉到教学模式的大局，因此不存在最佳的、放之四海而皆准的教学模式。

3. 国外教学模式有重要的参考价值，但优秀的中国对外汉语教学模式的构建，需要从本土出发，考虑所在院校的实际情况。在中国大陆，各对外汉语教学单位的情况（教学对象、教学环境和教师构成等）不尽相同，因此需要进行多方位的探索，从而构建多元的、而非定于一尊的教学模式。

4. 教学模式和教学理论并没有直接关系，教学理论的新潮与否不一定是创建优秀教学模式的关键。

5. 教学管理是教学理念得以实施的重要保障，优秀的教学模式离不

---

① 参见本书第二章第四节。
② 参见本书第一章第三节。

开得力的管理手段。在目前的教育和学术环境中，构建优秀的对外汉语教学模式，必须高度重视教学管理的作用。

6. 语言环境在教学模式构建中具有重要的地位。即使在中国学习汉语，语言环境也需要经过设计，才能更好地发挥作用。

7. 就现状而言，中国对外汉语教学中，虽不断有人致力于教学模式的研究和探讨，但总体说来，已有的技能教学模式呈现出问题多多、难以为继的趋势，但优秀的有影响力的教学模式尚未出现，这一现状亟待改观。[①]

说这些都是"共识"，未必尽然，比如对第四条的前半句笔者就不敢苟同，但大部分是同意的。吴中伟明确地指出："如果教学模式的构建没有一个合理的教学理念，脱离特定的教学对象、教学环境和教学目标的具体限定，那么这个教学模式本身就有问题。"[②]

三

汉语教学模式研究至今，取得了丰硕的成果，本书选取了其中的 30 篇文章以章节形式编成书，共分八章。第一章（汉语教学模式的发展：历史与现状）主要是回顾汉语作为第二语言教学模式演变的历史和发展轨迹，归纳不同时期的教学模式，总结当下状况并思考如何应对快速发展的汉语教学给我们带来的挑战。

吴勇毅把中国的对外汉语教学模式分为三个阶段：[③] 第一个

---

① 参见本书第二章第三节。
② 参见本书第三章第四节。
③ 参见本书第一章第一节。

阶段是从20世纪70年代初到80年代中期（1986年），采用的基本上都是"结构驱动的（以结构为纲的）综合教学模式"。这种教学模式的特点可以概括为"一套教材、一门课、四种技能综合训练"，"听说读写全面要求，突出听说，读写跟上"。第二个阶段是20世纪80年代中期（1986年前后）（鲁健骥主编的《初级汉语课本》系列教材1986年开始陆续出版，但分技能教学的实验在80年代初就开始了）至今，采用的是"技能驱动的分技能教学模式"。跟前一种模式不同，这种模式首先考虑的是如何进行语言技能的训练，然后按照语言技能训练的要求组织和编排教学内容。① 其最初的形式可以概括为"一套三本、三门课、四种技能分摊训练"。这个模式根据教学需要（预备教育需要跟入系学习专业相衔接和配合）强调"突出听读"。② 这种教学模式一直延续到今天，仍然占主导地位。以"结构驱动"和"技能驱动"划分，显示出这两种模式背后有着不同的教学理念：是强调语言知识的传授/语言能力（狭义）的培养，还是突出语言技能的训练。但无论是"结构驱动的综合教学模式"还是"技能驱动的分技能教学模式"，都是在处理课程设置、语言知识传授、语言技能训练以及教材编写之间的关系，其模式的定义更符合"教学模式，指课程的设置方式和教学的基本方法"③。第三个阶段是新世纪以来教学模式的发展，出现的各种模式变化，包括"'语文分离'的教学模式""'基于任务'的教学模式"等。

---

① 吕必松《对外汉语教学发展概要》，北京语言学院出版社，1990年。
② 鲁健骥《基础汉语教学的一次新的尝试——教学实验报告》，载《对外汉语教学论文选》，北京语言学院出版社，1983年；吕必松《对外汉语教学发展概要》，北京语言学院出版社，1990年。
③ 崔永华《基础汉语教学模式的改革》，《世界汉语教学》1999年第1期。

10 综 述

　　宗世海进一步梳理了 20 世纪 70 年代以来的对外汉语教学模式，①他认为学界通常所说的"分技能模式"（他称之为"（广义）分技能模式"）应该细分为两种："综合 + 分技能模式""（狭义）分技能模式"，区别在于前者有"口笔语综合课"，后者没有，以纯技能设课。在此基础上，他对我国当下使用的汉语教学模式进行了调查（包括 34 所高校的 51 个教学类型），发现有 80.4% 的教学单位采用"综合 + 分技能模式"，有 17.6% 采用"（狭义）分技能模式"，前者是"我国当下最主要的教学模式"（尽管大家对这一模式褒贬不一）。"这一调查，摸清了家底，使我们对对外汉语教学模式的现状有了更为清晰的认识。"② 宗世海经过分析得出：不管是"综合 + 分技能模式"还是"分技能模式"，其中的分技能都有多种不同的分法，而听说合一、读写合一，看来是一种发展趋势。狭义的分技能模式有两种形式，一种是四门课分别对应于四种技能，一种是两门课对应于四种技能（即听说合一、读写合一），他最看好后面这种教学模式。

　　宗文认为，尽管"综合 + 小四门"教学模式（即"综合 + 分技能模式"）是当下我国汉语教学中被最多高校、教学类型采用的分模式，但是它是最差的分模式，最好废止。文章检讨了"综合 + 小四门"教学模式所依赖的教学理念（如结构—功能相结合的理念不利于指导语言教学），从综合课任务太重，小四门过度分散、重复浪费，综合与小四门之间以及小四门内部的配合很成问题，这个教学模式效率不高等方面指出了该模式存在的问题，并认为这个教学模式比起美国的明德模式以及我国 1986 年以前

---

① 参见本书第一章第四节。
② 参见本书第二章第三节。

的综合模式是个大倒退，既不科学，又没有效率，还不公平。宗文提出，应该大力推广"听说+读写"教学模式。

鲁健骥的文章[①]对厘清我国对外汉语教学模式的演变过程具有重要的意义，它还原了事情的本来面目和过程，比如，他认为从中华人民共和国对外汉语教学创始至"文革"前的主要模式应该称为"复习—讲练—练习"模式才比较确切（而非"讲练—复练"模式），而且这个模式跟"明德模式"是同源的。这个模式在"文革"后期对外汉语教学恢复之后，还延续了一段时间，后来就变成了"讲练—练习"模式，它是"复习—讲练—练习"模式的"变体"。文章对分技能模式的产生也有详细的描述和说明，消除了一些误解。

第二章和第三章（汉语教学模式构建的理论探索：创新与优化）主要是从各个角度对创建/构建汉语教学模式的理论思考。教学模式的创建是一个复杂的系统工程，涉及的因素方方面面（既涉及模式本身的建构因素，也涉及制约模式建构的环境因素和影响因素），学者们对于如何创建汉语二语教学模式、创建何种教学模式从不同的角度加以论述，表达了许多不同的观点和意见。

在教学模式，尤其是优秀的教学模式的创建问题上，刘颂浩充分探讨和阐释了管理在其中的重要性，强调要有管理意识。[②]他认为，优秀的教学模式"千呼万唤出不来"的根本原因在于管理跟不上，因为"长久以来，我们几乎就没有意识到管理对于教学模式的重要性"。他的意见很尖锐，至少戳中了一根软肋。他之所以强调管理的重要性，"暗含"的意思是"国内对外汉语教

---

① 参见本书第一章第三节。
② 参见本书第二章第一节、第三节。

学界已有的理念中，优秀的不在少数，只要管理跟上了，就能形成优秀的教学模式"。正是从这个视角，他提出了一个"教学管理模式"。

在探讨国内缺乏有影响力的或者优秀的教学模式的原因（假设或认定中国没有优秀的教学模式，虽见仁见智，但一定不能绝对）时，汲传波认为，国内没有一套有影响的对外汉语教学模式，主要症结可归纳为以下四点：缺乏理论总结，缺乏危机意识，缺乏品牌意识，宣传、推广力度不够。[①] 此外，汲传波进一步认为，导致国内缺少有影响的对外汉语教学模式，根本原因首先是在于高校的教师评价体系导致教学与科研分离，理论研究与教学应用脱节。[②] 另外，大多数教师的科研选题都与教学实践关联不多，或者对教学的指导价值有限。针对前四条，刘颂浩更倾向于赞同赵金铭等的说法：

> 由于对外汉语教学理论研究和教学实践的时间局限，其教学模式基本处于一种并未完全定型的阶段，与第二语言教学较成熟的教学模式相比，模式的框架和程序还不完整，典型意义还不够突出，示范作用和影响也不够广泛。这是因为，大多数教学模式以借鉴和转化国外第二语言的教学模式为主，或者同时受多种语言教学理论的影响，具有多种教学模式的痕迹，而较少反映汉语规律或汉语教学的规律，但其中也有不少具有特色的教学模式。[③]

刘颂浩反驳了汲传波认为教学科研体制使得教师不得不专注科研，不敢把主要精力投入到教学上，是对外汉语教学缺乏优秀模式的根本原因的观点，强调"原因也许只能从管理方面寻找，

---

① 参见本书第三章第一节。
② 参见本书第三章第二节。
③ 赵金铭主编《对外汉语教学概论》，商务印书馆，2004年。

而和教学、科研体制并没有特别直接的关系"。"中国大学的对外汉语教学之所以难以形成自己的模式,根源在于采取了大学里通用的专业课教学管理模式,而这一模式,本质上不适合第二语言教学。"①

吴勇毅认为讨论教学管理问题,乃至构建"教学管理模式",涉及的都是教学模式创建的外部条件;教学模式的创建固然需要外部保障,但依然要从教学本身出发。②他强调教学模式是一个层级系统,可以分为宏观、中观和微观等不同层次,③这就可能导致不同层面的教学模式的产生。而要形成一种汉语作为第二语言或者汉语作为外语的教学模式,除了各种理论的支撑外,必然会涉及以下这些问题:(1)设定什么教学目标/学习目标,培养何种能力(语言能力、交际能力、跨文化交际能力、语感能力);(2)在教学中,如何处理语言和文化的关系;(3)在教学中,怎么解决语言和文字的关系;(4)在教学中,如何协调语言知识传授和语言技能训练的矛盾,包括知识传授的核心和技能训练的重点;(5)在教学中,怎么解决课程设置、技能训练与教材(乃至教师)的配合问题;(6)在教学中,采用什么教学程序,使用何种/类教学策略与方法以快速高效地达到教学目标的问题;(7)在教学中,如何合理运用现代教(学)育技术/手段的问题;(8)在教学中,如何利用教学环境(包括社会环境与课堂环境)的问题。任何教学模式的改变、创新与创建都必然会在上述问题

---

① 参见本书第二章第一节、第三节。
② 参见本书第二章第二节。
③ 张皎雯《汉语国际推广背景下的汉语作为第二语言/外语教学的教学模式研究与探索》,华东师范大学硕士学位论文,2010年;吴勇毅主编《对外汉语教学法》,商务印书馆,2012年。

中寻求突破点。尽管管理的体制和方式与教学模式的形成和操作有时密不可分,比如美国明德汉语教学模式以及曹贤文讨论的语言项目视角下的教学模式,[①]但管理毕竟不是教学本身。

这些年关于教学模式的研究和讨论有"两多":

一是介绍、讨论美国明德汉语教学模式的多,从20世纪90年代开始,光是介绍、讨论、研究的文章就有几十篇,还不算硕、博士论文。本书的不少章节也都有涉猎。这些文章从各个角度对明德模式进行分析,对这个教学模式的成功,尤其是其带来的教学效果给予了充分的肯定,推崇有加。但与此同时,客观认识、冷静批评的也不少,比如,汲传波[②]、曹贤文[③]等,刘颂浩直截了当地说:"不管从理论上还是实践上,明德模式的问题一点儿也不少。"[④]对明德模式研究比较全面深入的是娄开阳。[⑤]对美国明德模式"这双鞋"究竟适不适合穿在国内汉语教学的"这双脚"上,我们究竟能借鉴或移植什么、如何借鉴或移植还存在很多分歧,也值得进一步思考。

二是诟病分技能教学模式的多。主要集中在:(1)语言技能究竟能不能按照课型分而授之、分而习之?[⑥]这是在理论层面的根本分歧,语言观不同、语言教学/习得观不同,结论自然就不一。(2)教材编写未能很好地体现各课型之间的共核,教材

---

① 参见本书第三章第三节。
② 参见本书第三章第一节。
③ 参见本书第一章第二节。
④ 参见本书第二章第一节。
⑤ 娄开阳《美国明德汉语教学模式移植研究》,中央民族大学出版社,2016年。
⑥ 吴勇毅、徐子亮《建国以来我国对外汉语教学法研究述评》,载《对外汉语教学研究会第二次学术讨论会论文选》,北京语言学院出版社,1987年。

选用则更是胡乱搭配，远离了模式设计者的初衷。[1]（3）各课型之间不配合，教材不配套是一方面，教师之间不配合或很难配合是另一方面（这确实跟管理模式有关，比较明德模式严格的统一规范，教师之间是必须配合，甚至可以说是强制配合的）。（4）教学效率不高，教学效果不够显著。[2] 前面我们说过，评价一个教学模式要客观地从现实和历史两个维度看，另外，也应该把模式本身与模式的实施区分开来。在这一点上，曹贤文所说是对的："理论设计和实际运行是两个层面的问题。目前的分技能教学模式饱受诟病，我们认为并非该模式缺乏理论依据，而是由于该模式在设计时没有从项目管理上严格界定实施的条件，或者说在实际运行时要达到其理论要求存在种种障碍。"[3] 从这个意义上说，分技能模式存在的问题，有些也许是模式本身固有的，有些则是在实施运行时因未达到模式设计时的要求而出现的，比如所谓各种配合问题。鲁健骥就明确阐释过，在分技能模式下，各门课的教材是要求配套的，课程是要配合的，教师也是要求互相合作的，"课程之内和教师之间的不配合，不是分技能模式的问题"。[4]

总之，在世界范围内第二语言教学理念多元（比如"后方法时代"强调的教学原则），汉语作为第二语言/外语教学的对象、规模、性质和形式发生巨大变化的今天，分技能教学模式是否仍然适合国内的（主要是对成人学生的）汉语教学，的确是值得我

---

[1] 吴勇毅、徐子亮《建国以来我国对外汉语教学法研究述评》，载《对外汉语教学研究会第二次学术讨论会论文选》，北京语言学院出版社，1987年；崔永华《基础汉语教学模式的改革》，《世界汉语教学》1999年第1期。

[2] 参见本书第一章第四节。

[3] 参见本书第三章第三节。

[4] 参见本书第二章第四节。

们深思的，也是我们面临的一个挑战。对现有的教学模式是"革命"还是"改良"，学者们从不同视角做出了自己的回答。刘颂浩构建了一个"教学管理模式"；曹贤文提出借鉴明德模式，建立"语言项目"式的国际汉语教学模式；宗世海大力提倡"听说+读写"模式。但鲁健骥却认为，在教学模式上，要慎谈"革命"，而要搞"改良"。"革命"往往是轻易地把前边的推倒重来。其实那样做对教学的冲击会很大。明德在教学理念上与时俱进，但还是"听说法"的模式。这也是值得借鉴的经验。宗世海也说，假如不采用"听说+读写"模式，可以选用除了"综合+小四门"以外的其他"综合+分技能"的分模式，总之课头越少的分模式越好。吴中伟强调，我们应该积极探索适应不同的教学对象、教学环境和教学目标的多样化的教学模式，满足国际汉语教学背景下对于多元教学模式的需求，但教学模式的集成与创新，有赖于多样化的、不同特色的教学模式在现有基础上的不断优化和完善，而复旦大学的"细化级次、逐层递进、纵横配套"的长期进修教学模式就是一种实践。

第四章《汉语教学模式形成的基础：教学理念与汉语特点》从不同视角阐释了教学理念与教学模式（形成）之间的关系，讨论了汉语教学模式形成的关键因素。

教学理念是形成教学模式的基础，汉语作为第二语言/外语教学与其他语言作为第二语言/外语教学具有共通性，因为它们都是第二语言/外语教学（这种共通性既体现在教学理念上，也表现在教学法上）；汉语作为第二语言/外语教学具有特殊性，因为汉语和汉字不同于其他语言和文字。正是基于此，赵金铭提出，我们要关注世界第二语言教学新的教学理念，除旧布新，寻求汉语作为第二语言教学模式的创新与突破,"创建基于汉语和汉字特色的对外汉语教学模式"。他特别强调,汉语教学的主旨可由"学以致用",转而注重"用中学""做中学""体验中学";汉语教学与汉字教学之关系乃教学设计的关键;加强书面语教学是培养学习者汉语综合运用能力的当务之急。[1] 在这些理念的驱动下,他总结并提出了许多具体的做法,其中之一是处理汉语教学与汉字教学的:

我们可以实验一种新的教学范式,其基本出发点是"先语后文",大致步骤如下:(1)从口头交际开始,充分利用《汉语拼音方案》,只学口语,不见汉字。也就是说,在过去的语音教学阶段,不再出现汉字。这一时段,是"口耳之学",应持续多长时间,可做试验,但不宜太长。(2)具有极初步的汉语口语之后,开始进入认字、阅读阶段,对于汉字,只认不写,开始接触"目治",进入识字阶段。(3)大约认识300个左右汉字之后(多少个汉字,哪些汉字,都有待于实验),开始"描红"。这个阶段不能缺少。(4)开始写汉字,应注意笔顺、笔画规范。这时听、说、读、写并进,并不断增加泛读。至于语言点和功能项目的处理,视不同的教学法而有不同的考虑。

赵金铭对汉语教学模式下过一个具有代表性的定义:"所谓对外汉语教学模式,就是从汉语、汉字及汉语应用的特点出发,结合汉语作为第二语言教学理论,遵循大纲的要求,提出一个全面的教学规划和实施方案,使教学得到最优化的组合,产生最好的教学效果。"[2] 探索符合汉语和汉字的特点,适合汉语教学和汉字教学的模式是大家当下与未来共同努力的方向。

---

[1] 参见本书第四章第一节。
[2] 赵金铭《对外汉语教学模式创新与教材编写》,载《第八届国际汉语教学讨论会论文选》,高等教育出版社,2007年。

张朋朋一贯强调"字本位"的汉语教学思想,[①] 以此设计的"语文分开、语文分进的教学模式"别具一格,与"语文一体、语文并进的教学模式"在教学理念、教材编写和教学方式上截然不同。他从"语"和"文"、"语言能力"和"文字能力"、"语言单位"和"文字单位"的相对独立性方面详细阐述了这个教学模式的理念。在模式的具体运行上,"语文分开"就是"语言教学"和"文字教学"分别设课:"语言教学"设"汉语课",进行听说能力教学;"文字教学"设"中文课","中文课"再分"写字课"和"识字课"。先教写字,主要是字形教学,后教识字,主要是阅读写作教学;根据"语"和"文"的教学目的分别编写各自的教材(已出版多种教材)。"语文分进"就是"文不从语",分别采用不同的教学法教"语言听说能力"和"文字读写能力"。张朋朋的模式是要在语言和文字的关系处理上寻求突破点,使"语"和"文"的学习能互相促进。

王初明强调,教学理念是教学模式的灵魂和心脏,建立在人们对语言学习规律的认识之上。脱离语言学习规律谈语言教学模式,便成无源之水、无本之木,难以判定教学模式的优劣。他从外语/二语学习的角度提出的"学伴用随"("学相伴、用相随")模式,其核心理念就是基于四个影响语言学习的关键变量,即交际意图、互动协同、语境相伴、理解与产出相结合。而"语境相伴"又是语言学习和语言使用的纽带。通过举例阐释这些理念的应用,他认为,按此理念打造对外汉语教学模式,进一步细化和优化教学操作环节,开发潜力大,应用前景广。[②]

---

① 参见本书第四章第二节。
② 参见本书第四章第三节。

周健指出，先进的教学模式不仅明确指导和规范课堂程序、教学管理，也是特定的语言获得观和教学理念的具体体现。他所提出的汉语语感教学模式就是建立在以语感培养为二语教学终极目标的理念之上的。所谓语感是"对语言的直觉，是人们在长期的言语实践中培养出来的对语言文字的直接感知、领悟和把握能力"。他总结了语感培养教学模式的四条主要原则和方法：扩大输入、熟读背诵、交际语境、讲解与点拨。① 《语感培养模式——对外汉语教学的理念与实践》② 一书对这个模式有很好的总结。语感培养涉及二语/外语教学的关键，尽管如何培养、如何检验（测量）还有许多问题要探讨，但它很值得关注。

四

改革和创新是汉语教学持续发展的生命。吴勇毅阐释了要形成一种汉语作为第二语言或者汉语作为外语的教学模式，除了各种理论的支撑外，必然会涉及的八个问题，并指出任何教学模式的改变、优化（完善）、创新与创建都必然会在这些方面寻求突破点。③ 如果沿着这个思路，我们会发现，在上一节的讨论中，实际上赵金铭、周健涉及了模式中教学/学习目标的设定；赵金铭、

---

① 参见本书第四章第四节。
② 周健、陈群《语感培养模式——对外汉语教学的理念与实践》，外语教学与研究出版社，2011年。
③ 参见本书第二章第二节。

张朋朋尝试解决教学中语言与文字、口语与书面语关系的处理问题；王初明则着重语境的利用。本书的第五、六、七章，也都是在寻求或尝试在上述八个问题的某个方面进行突破，而第八章则是不同教学模式的有效性验证。

第五章（汉语课堂教学模式变革的尝试：教什么与怎么教）侧重在具体的课堂教学模式的创新，涉及不同的课型和技能训练方式。

通常听力课采用的都是"听后理解"的教学模式，谭春健[①]反其道而行之，提出了一个"理解后听"的模式，并进行了教学实验以检验这个模式的有效性。刘颂浩则提出了一个更大的听力教学模式。这个模式以兼顾思想（指在实现主要教学目的的同时，兼顾其他教学目的，从而使教学效益最大化）及其构拟的交际能力框架为依托，不以微技能为训练目标（杨惠元有《听力训练81法》，现代出版社，1988年），而以"交际语言能力"统领，认为听说读写等不同技能所蕴含的交际语言能力基本上是相同的。[②]这个完整的交际语言能力模型，为技能训练提供了共同的目标。听力教学主要是从聆听的角度培养学习者的交际语言能力，与其他技能教学是有机联系的、兼顾的。具体语料的选择与处理，听力训练的方法都基于此。

吴中伟归纳了以往口语课的三种教学模式，即"基于教材的模仿活动式""无教材的主题发言式""基于教材的专题讨论式"，分析其利弊，提出了克服弊端的相应对策。在此基础上，着重探

---

① 谭春健《"理解后听"教学模式探讨》，《云南师范大学学报》（对外汉语教学与研究版）2004年第4期。

② 参见本书第五章第一节。

索"基于任务的过程式口语教学"的新模式。① 这一模式的主要特点是：任务驱动，关注过程。"过程式教学"可以是对整体任务的分解合成，即，通过一个个小任务的排练，最终汇合为一个完整的任务，并通过延伸性任务强化语言学习成果。每个小任务的环节包括：准备、活动、反馈。这四种教学模式具有不同的教学法背景："听说法""强式交际法"和"任务法"，教学法不同，教学目标也不同。口语教学关键是要把握好四个平衡，即输入和输出的平衡，学和用（说）的平衡，语言产出的准确度、流利度和复杂度的平衡，教师、教材的指导性与学生的主体性之间的平衡。这恰恰道出了一个好的口语教学模式所应该具备的"素质"。

在技能训练方面，大家除了关注听力课/听力教学、口语课/口语教学的改革与创新以外，写作课/写作教学也有很好的成果，例如，杨俐基于任务教学法的"过程写作"，"创建了一个全新的写作课教学模式"；② 宗世海等的"写长法"模式也对提高学习者的汉语写作能力具有显著效果。③

姜丽萍针对初级汉语综合课构建了一个"任务—活动"型教学模式，该模式以建构主义和任务型语言教学理论为指导，"其核心是以具体汉语交际任务为载体，以完成任务为动力，把语言知识和语言技能融为一体，通过听、说、读、写等活动，鼓励、要求学生用所学语言去完成特定的任务，在完成任务的过程中培养学生的语言综合运用能力"。课堂教学流程为：

---

① 参见本书第五章第二节。
② 杨俐《外国人汉语过程写作》，北京大学出版社，2006年。
③ 宗世海、祝晓宏、刘文辉《"写长法"及其在汉语二语写作教学中的应用》，《世界汉语教学》2012年第2期。

教学过程：知识讲解→技能训练→情境体验→任务完成

教学目标：准确性——流利性——得体性——创造性

在这个教学过程中，更强调的是不同阶段的师生关系的变化，知识讲解阶段的师生关系是"教师主导、学生主体"，技能训练阶段是"师生、生生互动"，情境体验阶段是以学生为主的"生生协作"关系，任务完成阶段是以学生为中心的"自主建构"。这个模式比较全面地协调、处理了课堂教学中的各种关系。①

语法教学一直是汉语教学的重点，但传统的语法教学，无论是分散的语言点教学，还是专门的语法课教学主要都是"讲解式"的，都存在学习者即使是全听明白了，也还是"一用就错"的问题。在李晓琪看来，原因有二，一是"语法和词汇分家"，二是"语法和语境脱离"。对此，她依据对外汉语教学语法的特点及现代语言理论的启示（语言由语法化的词汇组成、语言由大量的板块构成），提出建立一个以虚词为核心的词汇—语法教学模式，以解决教学与实际运用的问题。② 张宝林则针对"语法知识课"教学存在的问题提出，应使"教用法"成为对外汉语语法教学的一条基本原则。他提出了"用法主导的教学模式"以改进目前的语法知识课。③

第六章（非学历汉语教学模式的设计：教学类型与特殊目的驱动）讨论不同类型和特殊目的汉语教学的模式设计。

外国学生来中国学习汉语的目的和需求是多样的，形式也是多种的，因此，根据不同的教学类型和教学目的设计不同的教学

---

① 参见本书第五章第五节。
② 参见本书第五章第三节。
③ 参见本书第五章第四节。

模式，可以使教学更具针对性。刘川平在明确长期进修教学的性质，即"准常规语言教学"的基础上，归纳出它的四个特征，以及区别于常规语言教学（汉语言专业）与非常规语言教学（短期培训）的特质，以此设计教学模式，这个模式具有三"新"：增加"输入"，主要是增加词汇量，求得较多的"输出"；增加练习量，促进语言要素的习得；增加任务教学比重，通过"用中学"，切实提高交际能力。实践下来，效果明显优于以往的模式。[①] 毛悦设计的是特殊目的短期汉语教学模式，针对的是海外企业人员，以对象分析和需求分析为基础，三种不同类型的课程（也是三个教学环节）相结合（课堂教学、语言实践课、一对一个别课程），环环相扣。其建构主义理念指导下的教学不仅很有特色，而且效果显著，"七期的教学实验表明本模式具有稳定性、可操作性和可推广性，为海外企业人员短期内接受汉语教学提供了可借鉴的教学模式"。[②] 针对特殊目的的汉语教学，如何设计教学模式是汉语教学多元化、多样化发展的一个重要研究课题。

近年来国内汉语教学有一个明显的变化，即语言进修生逐渐减少（原因是多样的），而学习专业的学历生（本、硕、博）快速增加。就专业而言，与汉语教学相关的有两个专业，一个是相对传统的"汉语言专业"（以经贸方向为主），另一个是新增的"汉语国际教育（留本）"，后者原先主要是中国学生学习的。另外大量学习理工农医等专业的学生，需要进行以汉语为主的预备教育（预科）。虽都要学习汉语，但与以往长期进修式的汉语学习

---

① 参见本书第六章第一节。
② 参见本书第六章第二节。

不同，教学模式显然也不应一样。这是我们需要特别关注的。

第七章（新技术条件下的汉语教学模式革新：技术意识与技术驱动）专论现代化教育技术在不同模式中的运用或以此构建教学模式。

新技术革命与创新不仅彻底改变了人们的生活方式和工作环境，也给语言教学带来了巨大的变化，从事语言教学的人应该对此有充分而又深刻的认识。郑艳群特别强调要重视在汉语教学中、在教学模式建构中的技术意识。她从技术角度归纳分析了多种已有的汉语教学模式，这些模式或是基于某类技术产生的，例如基于多媒体技术的"汉语多媒体课件教学模式""多媒体口语教学模式"，基于网络技术的"线上线下混合学习模式"等；或是基于与技术相关的学习理论，乃至在原有模式基础上形成新的与技术相关的学习理论，如"多媒体驱动汉语学习模式"等。从中我们可以看到新技术在汉语教学或模式构建中应用的两条主线：一条是技术辅助汉语教学，另一条是技术主导的汉语教学（技术全面支持教学设计，也许是今后发展的主流），前者如为解决日本学生汉语日常会话水平较低这一问题而设计的"早稻田大学 Tutorial 汉语远程教学模式"，后者如基于"多媒体驱动学习"的模式，"它强调体验和实践的原则，以技术应用的形式开展教学，并一以贯之"。技术运用于教学中不只是形式上方法上的变革，其主要目的还是在于提高教学效率和效果，而"没有技术的支持，没有技术意识，没有技术素养，未来的汉语教学就很难发展和适应新形势的需要"。郑艳群指出："在信息时代的汉语教学中，技术不再只是作为教学的组成部分融入教学，而是已经成为教学赖以生存的支柱；不再是单纯地充当辅助工具，而是已经引发了教学模式，乃至教学结构和学校形态的变革。"① 这是具有前瞻性的看法。

仇鑫奕探讨了如何利用"虚拟现实"技术支持汉语教学，建立一个"课堂教学与自然习得相结合、班级授课和个别教学优势互补"的对外汉语教学模式。其核心内容是在虚拟世界中进行日常口语教学，口语先行。而虚拟现实技术必须能满足一些条件：能根据教学内容构建汉语词汇、语法的认知环境和口语习得场景；学习者能够与计算机（虚拟世界中的交际对象）直接进行"人—机语音对话"；计算机能根据学生的言语和非言语表现及时调整输入，降低句法和词汇的难度。② 我们认为尽管虚拟现实技术如何能实际运用到汉语教学中也许还有很长的路要走，但它具有极其广阔的发展空间。

陈育焕等把自主学习理念带到华语教学中，探索了一种"以元认知为主导、信息科技为辅的口语教学模式"，这是针对新加坡中二年级的华语教学而设计的，目的是考察在接受以元认知为主导的训练后，学生的命题说话能力是否有提高。而借助有声博客技术建立起来的博客网站在这个教学/学习过程中发挥了重要的作用，它是一个具有自主学习功能的展示与分享、反思与评价、互动与交流的平台。③

混合学习是在新技术，尤其是信息技术条件下发展起来的一种学习方式。袁萍基于以往混合学习的理论与实践，设计汉语综合课混合学习模式。她将循环模式的四个子模式中"就地循环"和"翻转课堂"结合起来（另外两个是"实验室循环"和"个别

---

① 参见本书第七章第一节。
② 参见本书第七章第二节。
③ 参见本书第七章第三节。

循环"）应用于汉语综合课教学并形成了一套教学步骤。混合学习的内涵极其丰富，形态多样，可以形成各种教学模式，且"总有一款适合你"。①

新技术革命已经、正在或必将给语言教学，包括汉语教学带来巨大的变化，我们已经可以看到，课内与课外、线上与线下、现实与虚拟、单一形式学习与混合学习、固定与移动相结合使汉语教学呈现出一派崭新的气象，如何将新技术运用于语言教学，形成既形式多样又切实可行的教学模式是摆在我们面前的重要课题。

近些年来关于教学模式的研究，探索建构模式的多，尽管有些已有实践基础和经验，但真正以实证、实验方式报告检验模式有效性的文章并不多。本书第八章（汉语教学模式的实证研究：有效性检验）介绍了三个实证研究案例。

李大遂的中高级汉字课新模式实验，进行了约10年。该模式的核心是："汉字知识讲授与集中识字相结合；知识讲授重汉字系统性揭示，特别是内部结构关系揭示；集中识字内容数量有计划、分层次，与学生识字水平接轨；识字教学推展以偏旁为纲，以字为目；单字教学与词语教学相结合，以字为本。"其实验结果表明，经过这门课的学习，"中级汉字短期生、长期生人均综合识字量分别提高472字和572字；高级汉字短期生、长期生人均综合识字量分别提高674字和602字"。② 都说汉字难学，李大遂的实验告诉我们，一个好的教学模式可以带来意想不到的好的教学效果。

李蕊和叶彬彬就"语文并进"与"语文分进"进行了一项为时两年多的针对非汉字文化圈学习者的实验研究。研究将学习者

---

① 参见本书第七章第四节。
② 参见本书第八章第一节。

分为"语文分进组"和"语文并进组",对每组均采用两次相同的测试,测试内容主要是针对已学和未学的汉字,结果表明"'语文分进'教学模式下的非汉字圈学习者在汉字能力中的音形义的联结、形旁和声旁的分辨利用及语素义分解组合三方面均有较为突出的优势",并据此推断语文分进的教学模式对学习者的汉字能力有较显著稳定的影响。[1]

在分技能教学模式占主导地位的今天,课程配置及先后顺序安排依然是一个值得研究的问题。邱睿尝试采用实验的方法探讨"分技能教学课型之间的先后顺序是否会对教学效果产生影响"。他"通过对泰国孔敬大学商贸汉语专业本科一年级的两个平行班分别进行为期五个月的'听说领先''读写领先'模式的教学实验,发现'读写领先'模式下学生听说技能提高明显"。此结果也在短期泰国本土教师培训过程中得到了印证。他在实验中发现,"深层输入输出训练—读写训练,浅层次输入输出训练—听说训练,在进行顺序上存在影响因素",且读写能力与听说能力相互转化的难度不同。[2]

五

综观这10多年来多维度、多视角、多层次的汉语教学模式研究,我们可以看出以下特点:在指出目前占主流地位的"分技

---

[1] 参见本书第八章第二节。
[2] 参见本书第八章第三节。

能模式"存在的问题的基础上,探索构建多样化的教学模式,寻求在不同层面上突破现有框架;不仅重视教学模式本身的改革,也提出构建教学管理的模式,且把管理意识和管理模式的重要性提高到了更高的层面;不仅注重具体课堂教学模式的改革与创新,更注重模式的整体设计与关联;强调教学模式对不同环境的适应性以及环境对模式的制约性;不同类型、不同性质的汉语教学,尤其是特殊目的的汉语教学要求教学模式的设计更有针对性;新技术的介入使得原有的教学模式发生了巨大的变化,也从根本上改变了教学模式的设计理念;在关注教学模式的理论设计的基础上,开始注重检验教学模式的实际运行效果。

由于"人们对语言学习规律的认识一直在深化,加上国内外社会需求和环境的变化,致使教学模式也在调整更新,不断优化完善。因此,语言教学模式没有最好,只有更好"[1]。汉语教学的现实告诉我们,汉语教学模式的优化、改革与创新是一个亟待解决的问题,也是汉语教学界所面临的一个挑战,还有许许多多需要研究的地方,其重要性是毋庸置疑的。但我们应该清楚地认识到,无论我们设计出什么样的"鞋子",它总要适合穿在汉语教学"这双脚"上,恰如赵金铭所指出的,"汉语作为第二语言教学的教学模式与教学方法的创新,归根结底,要从汉语和汉字的特点出发,要结合汉语和汉字应用的特点,而不能生搬硬套现成的以印欧系语言为对象而设计出来的语言教学法。这是大家的共识"[2]。

---

[1] 参见本书第四章第三节。
[2] 参见本书第四章第一节。

第一章

汉语教学模式的发展：历史与现状

第一节 汉语作为第二语言/外语教学模式的演变与发展 ①

21世纪蓬勃发展的汉语作为第二语言教学（TCSL）、汉语作为外语教学（TCFL），与以往相比呈现出几个显著的变化：一是到中国学习的留学生人数仍在继续大幅增长，但与此同时，世界各地，或者说各国"本土"的汉语教学持续升温，可谓"遍地开花"；二是学习汉语的对象由过去主要是成人变为有越来越多的青少年开始学习汉语；三是华侨、华裔子弟汉语学习的"回归"。② 第一个变化使得我们开始注意到汉语作为第二语言与汉语作为外语教学的差异，③ 第二个变化使得我们更加注重成人学习汉语和青少年学习汉语之间的差异，第三个变化使得我们清楚地意识到华裔学生与非华裔学生汉语学习的不同，也从另一个角度认识对外汉语教学不等于华文/华语教学。

---

① 本文以《汉语作为第二语言/外语教学模式的演变与发展》为题，发表在《华东师范大学学报》（哲学社会科学版）2009年第2期，作者吴勇毅。

② 郭龙生《对外汉语教学中的语言规划价值及其中的问题与对策》，《修辞学习》2006年第3期。

③ 吴勇毅《论汉语作为第二语言教学（TCSL）与汉语作为外语教学（TCFL）》，《汉语教学学刊》第2辑，北京大学出版社，2006年。

对现实的认识与语言教学理论的发展以及国际上第二语言/外语教学的潮流对传统的汉语教学模式提出了挑战,促使新的汉语教学模式得以萌芽。

一、关于教学模式

教学模式有不同的定义。详细一些的,如:"教学模式,就是给学生提供一种能使学习得以产生的学习环境,这种学习环境的创设是在一定教学理论和教学思想指导下,通过教学实践的检验,将课堂教学诸要素用科学的方法组成稳固的教学程序,通过运用恰当的教学策略,规范教学课程中的各种形式的交互活动,以促使学习的真正产生。"[1] 简单一些的,如:"教学模式,是指在一定教学理论指导下,通过对教育教学实践经验的概括和总结所形成的一种指向特定教学目标的比较稳定的基本教学范型。"[2] 最简明的,如:"教学模式,指课程的设置方式和教学的基本方法。"[3] 其实,这三个定义的侧重点或者说层次并不相同。

要形成一种汉语作为第二语言或者汉语作为外语的教学模式,必然会涉及以下几个问题:(1)设定什么教学目标/学习目标,培养何种能力(语言能力、交际能力、跨文化交际能力);(2)在教学中,如何处理语言和文化的关系;(3)在教学中,怎么解决语言和文字的关系;(4)在教学中,如何协调语言知

---

[1] 周淑清主编《初中英语教学模式研究》,北京语言大学出版社,2004年。
[2] 褚远辉、辉进宇《谈当代教学模式的发展趋势》,《教学与管理》2003年第22期。
[3] 崔永华《基础汉语教学模式的改革》,《世界汉语教学》1999年第1期。

识传授和语言技能训练的矛盾,包括知识传授的核心和技能训练的重点;(5)在教学中,怎么解决课型设置与技能训练的配合问题。而教学模式的改变也必然会在上述问题中寻求突破点。

二、传统的对外汉语教学模式

首先,我们追溯一下中国国内传统的对外汉语教学模式的演变。从20世纪70年代初(1973年)到80年代中期(1986年),对外汉语教学采用的基本上都是"结构驱动的(以结构为纲的)综合教学模式"。这种教学模式的特点可以概括为"一套教材、一门课、四种技能综合训练","听说读写全面要求,突出听说,读写跟上"。所谓"一套教材"是指(在最初阶段)只使用一套综合性的通用教材,不分什么听力、口语、阅读、写作教材;所谓"一门课"是说不把四种技能分成四门课来上,而是以一贯之("一门课"即"综合课",也称"精读课")。课堂教学时,一位教师上句型(语法),另一位教师上课文(带操练),或一位教师上句型、课文,另一位则负责操练。依靠一套教材、一门课,把四种技能的全面训练综合承担起来(经过相当一段时间的教学之后,再使用不同的教材,分口语、听力、阅读、写作等课程,以加强单项技能的训练)。"突出听说,读写跟上"包括两个方面:一是说在四种技能中,"听说"的地位应先于"读写",即以听说带读写;二是说在具体的每堂课教学中,学生可以不看书,先进行听说训练,再进行阅读或写作训练。教学目标是培养学生语言的准确性和技能的熟练性。这个模式并不注重考虑正确的语言形式和熟练的技能能否顺利完成各种交际任务。教学模式(课程、教材、技能之间的关系展示）见下图（图1）：

```
┌─────┐
│听│说│
│ 句型 │
│读│写│
└─────┘
```

图1

　　20世纪80年代中期（1986年前后）至今，对外汉语教学采用的是"技能驱动的分技能教学模式"。跟前一种模式不同，这种模式首先考虑的是如何进行语言技能的训练，然后按照语言技能训练的要求组织和编排教学内容。[①] 其最初的形式可以概括为"一套三本、三门课、四种技能分摊训练"。一套三本是指教材是一套有"共核"的三本书，包括读写、听力、说话三种单项专用教科书；三门课是读写、听力、说话课；四种技能分摊在三门课中。这种教学模式可以说一直延续到今天，仍然占主导地位，尽管新世纪开始后出现了一些变化。教学模式见下图（图2）：

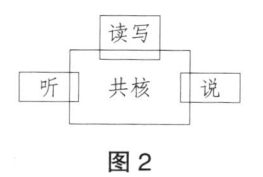

```
         ┌──读写──┐
   ┌听┤  共核  ├说┐
         └──────┘
```

图2

　　后来有许多变式，但都是以"分"为主，即按语言技能分设课程。由于三种教材和四项技能训练要相互配合和衔接，比如词汇和语法点，哪些是共有的，哪些是独有的或可以扩展的，于是"共核"变得尤其重要，最后"精读课"或称"综合课"被确定为核心，"精读课的教学内容被假定为整个单元的共核"[②]。这

[①] 吕必松《对外汉语教学发展概要》，北京语言学院出版社，1990年。
[②] 崔永华《基础汉语教学模式的改革》，《世界汉语教学》1999年第1期。

种按语言技能划分课型、设置课程的主要理由是：（1）不同的语言技能通过不同的方法来训练。听、说、读、写是四种不同的语言技能，习得方法也不同。过去的精读课虽然要求对听、说、读、写进行全面训练，但在实际教学中并不是同时训练四种技能。（2）精读课的训练方式实际上是口语和书面语不分。[①]这种教学模式把语言交际技能的培养设定为自己的教学目标。

吴勇毅、徐子亮（1987）[②]曾对这种教学模式提出过不同的看法。崔永华（1999）[③]也认为，这种教学模式有三个不足：（1）不利于学习者对语言项目的掌握。教学设计者希望每个单元都以精读课的内容为共核，其他课程在对精读课的内容进行复练和巩固的基础上，发展到分技能的运用。但是迄今为止，还没有看到能够很好地体现共核的教材。特别是现在，除个别学校在固定使用完整的系列教材，多数学校都是多种教材搭配使用，各课型包含的内容差异越来越大，已远离了模式设计者的初衷。（2）按技能分课型，未必是学习语言技能的最佳途径。（3）现行模式的重大弱点是它对近些年来语言学、教育学、心理学，包括对外汉语研究的新成果，反应甚微。

三、汉语作为第二语言/外语教学模式的发展

进入新世纪以来，汉语作为第二语言/外语教学模式有了新

---

① 吕必松《基础汉语教学课型设计和教材编写的新尝试》，《语言教学与研究》1985年第4期。

② 吴勇毅、徐子亮《建国以来我国对外汉语教学法研究述评》，载《对外汉语教学研究会第二次学术讨论会论文选》，北京语言学院出版社，1987年。

③ 崔永华《基础汉语教学模式的改革》，《世界汉语教学》1999年第1期。

的发展。有的教学模式比较成熟,已经在推广使用;有的还在摸索尝试之中;还有的提出了理论框架,期待实践检验。这当中有几个模式值得我们关注。

首先是美国的 AP 中文教学模式。这是一个汉语作为外语的教学模式,教学对象是美国的高中学生。AP 中文可以概括为一、二、三、四、五,即:一个大学先修课程项目(Advanced Placement Program)、两项内容(AP 课程和 AP 考试)、三种交际/沟通模式(人际交流模式,Interpersonal Mode;理解诠释模式,Interpretive Mode;表达演示模式,Presentational Mode)、四项语言技能(听、说、读、写);五大教学目标(5C:交流/沟通,Communication;文化,Cultures;贯连,Connections;比较,Comparisons;社区,Communities)。曾妙芬(2007)[1]把 5C 诠释为:学生必须具备运用中文沟通的能力、认识中国多元文化、贯连其他科目、比较语言文化之特性并应用于国内及国际多元化社会。5C 中,"交际/沟通"是核心,而人际交流、理解诠释和表达演示三种交际模式又是核心中的核心,"交际/沟通"是通过这三种交际模式来实现的。

AP 中文不是把听说读写按不同技能分成不同的课型来分别培养,而是综合的。但跟以往不同,它们是在第一个 C 下,被三种交际模式重新组合了:听、读(理解诠释模式),说、写(表达演示模式),听、说、读、写(人际交流模式)。

教学模式见图 3(引自 NAEP):

---

[1] 曾妙芬《推动专业化的 AP 中文教学》,北京语言大学出版社,2007 年。

第一节 汉语作为第二语言/外语教学模式的演变与发展　7

图3

AP中文是一种新的汉语作为外语的教学模式，是为高中学生学习汉语而设计的。它是交际法/交际语言教学理论的一种具体运用。

在中国国内，也有学者在反思以往占据主流地位的教学模式。吕必松（2005）[①]从汉语的特点和如何正确处理书面汉语教学与口头汉语教学之间的关系出发，认为以往的"语文一体"和"词本位"的教学模式完全背离了汉语的特点。他提出建立"'语文分离'的教学模式"，主张"字本位"教学（后者源于法国白乐桑）。传统的对外汉语教学模式在处理口语与书面语的关系上，虽有过种种尝试，但"语文并进""词本位"（以词汇为教学单位，词汇跟汉字同步学习，随文识字，"识/认写同步"，"语文同步"）最终成为主流。吕必松批评"语文一体"的教学模式，不严格区分口语和书面语，不系统介绍口语体语言和书面语体语言的区别，不做语体转换练习；对阅读训练，尤其是大量和快速训练的重视程度远远不够。而"词本位"教学把词作为基本教学单位，把汉字作

---

① 吕必松《语言教育与对外汉语教学》，外语教学与研究出版社，2005年。

为单纯的书写符号，使其附属于词汇教学。把词作为基本教学单位，学生难以对双字词和多字词中的汉字形成独立的概念。汉字不能形成独立的概念，就不便于在大脑中单独存储和提取。与"语文一体"和"词本位"教学相联系的是教说什么话，就教写什么字，无法按照汉字形体结构的特点由易到难地进行汉字形体结构的教学。

"'语文分离'的教学模式"首先是分别建立书面汉语教学和口头汉语教学两种不同的教学系统。前者主要承担汉字教学、阅读教学和写作教学的任务，它是一种以教授书面语为重点的汉字与读写教学系统；后者主要承担语音教学、听力教学和说话教学的任务。两者都要进行语法教学，但是语法教学的内容各有侧重。这两种教学系统既相对独立，又互相补充。教学模式见图4：

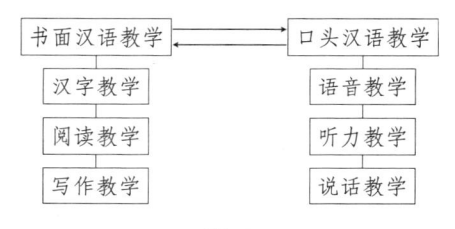

```
书面汉语教学 ⇄ 口头汉语教学
   │              │
 汉字教学        语音教学
   │              │
 阅读教学        听力教学
   │              │
 写作教学        说话教学
```

图 4

这个模式的框架，以书面汉语教学系统为例，其构想是：（1）单独设立与口头语言教学课型相平行的汉字与读写教学课型，阅读和写作也可分开，专门进行汉字、阅读和写作教学。可以分为三个教学阶段：第一阶段是字的结构和用法教学阶段；第二阶段是字的用法和阅读教学阶段；第三阶段是阅读和写作教学阶段。（2）字的结构的教学包括字形、字音和字义的教学；字的用法的教学实际上就是语法教学，主要是教字与字的组合规则，包括字组（复合词和词组）和句法规则。（3）第一阶段的教学重点是字形结构（笔画、笔顺、部件、部首），结合字形进行字音和字义的教学，兼顾教授字的用法。第二阶段的教学重点是字的用法，兼顾阅读教学。第三阶段的教学重点是大量和快速阅读，逐渐加强写作教学（以应用文为主）。①

在吕必松看来，语文分离后，口头汉语教学就自动摆脱了本来与己无关的汉字的干扰，从而使书面汉语教学与口头汉语教学的关系从互相制约改变为互相补充和互相促进。

吕必松的这个新的教学模式还在建构之中。而"字本位"教学模式虽有许多实践，但争议仍然很大。

近年来，另一种"'基于任务'的教学模式"已成为对外汉语教学界不少学者探索的时尚，最早的大约是马箭飞（2000）② 构想的以"交际任务"为基础的汉语短期教学模式。以后有一些学者尝试建立不同的"'基于任务'的教学模式"，比如吴勇毅（2005）③ 提出，在教材编写和课堂教学时，不再像以往那样，分成课文和练习两大板块，而以任务统领全课的活动，形成一个任务链，"课文"已不是传统意义上的（学习）"样板"，而是任务链中的一环。"学生在执行或完成这些任务的过程中接触语言、学习语言和使用语言。"④ 汉语是完成任务的工具，可以采用听说读写等不同的方式去完成任务。这类任务类似真实世界（学习、生活、工作）的活动，是学生在学校或进入社会很可能要做的事，材料也完全是真实的（如来自生活、报刊、广播、影视等），有多种语言技能的参与。

---

① 吕必松《语言教育与对外汉语教学》，外语教学与研究出版社，2005年。
② 马箭飞《以"交际任务"为基础的汉语短期教学新模式》，《世界汉语教学》2000年第4期。
③ 吴勇毅《从任务型语言教学反思对外汉语口语教材的编写》，《国际汉语教学动态与研究》第三辑，外语教学与研究出版社，2005年。
④ 程晓堂《任务型语言教学》，高等教育出版社，2004年。

它以集体/小组活动为主，也有个人独立完成的事情。活动中有信息差、意见差和推理差，任务完成后有一个结果。教学模式见图5：

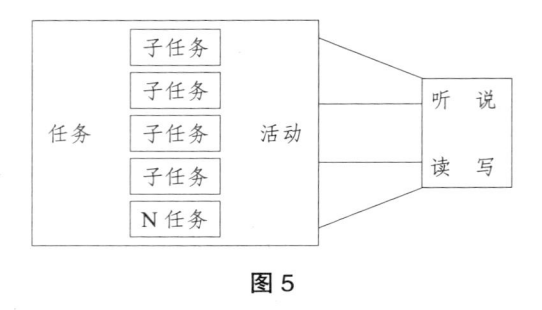

```
        ┌─────────────────────────┐
        │     子任务              │
        │     子任务              │      ┌───────┐
        │                         │      │ 听 说 │
   任务 │     子任务     活动     │──────┤       │
        │                         │      │ 读 写 │
        │     子任务              │      └───────┘
        │     N任务               │
        └─────────────────────────┘
```

图 5

四、结语

笔者从资料上看到，新加坡于 2005 年公布了新的华语教学计划，"'新的教学方法'被概括为多听多说、有效识字、读写跟上、快乐学习'16字真言'和'四大原则'"[①]。这也许会逐渐形成新加坡自己独特的华语教学模式。

影响汉语作为第二语言/外语教学模式形成的因素很多，例如汉语自身的特点（如句法、词汇、汉字等）、教学的环境（汉语作为二语还是作为外语等）、教学的对象（孩子、成人等）等，而更重要的是语言观和语言学习观，在不同的语言观和语言学习观下会形成不同的教学模式。而我们评价一种语言教学模式的优劣，不仅要看它能否达到具体的教学目标，培养了学习者的汉语能力和汉语交际能力，而且要看它能否提高学习者的学习能力，让他们掌握学习方法，使他们成为终身的汉语学习者。

---

① 郭熙《海外华语教学研究的现状与展望》，《世界汉语教学》2006 年第 1 期。

第二节 明德模式与中国高校基础汉语教学常规模式比较[①]

近年来,不少学者提出要重视对外汉语教学的模式和模式化研究,[②]并从理论上进行了较为深入的总结和阐发。本节则根据笔者10余年在中国高校和近些年在美国明德暑校、CET和CIEE的教学经历,主要从实践层面对明德模式和中国高校基础汉语教学常规模式进行粗略的比较,并附带论及汉语教学的精英模式与大众模式的差异和互补,以期对我们进一步把握对外汉语教学模式有所裨益。

一、明德暑校与明德模式

明德暑校是美国外语教学的重镇,也是同行公认最负盛名的暑期语言学校。它隶属于美国一所著名的私立博雅学院(Liberal Arts College)——明德学院,全称为明德学院暑期语言学校。虽然明德暑校只是明德学院的一部分,但它的名气却远远大于明德学院。暑校创办于1915年,最初只有德语学校,现在已发展到包括德语、法语、西班牙语、意大利语、俄语、中文、日语、阿拉

[①] 本文以《明德模式与中国大陆高校基础汉语教学常规模式之比较——兼谈汉语教学的精英模式与大众模式的差异和互补》为题,发表在《暨南大学华文学院学报》2007年第4期,作者曹贤文。

[②] 崔永华《基础汉语教学模式的改革》,《世界汉语教学》1999年第1期;马箭飞《汉语教学的模式化研究初论》,《语言教学与研究》2004年第1期;赵金铭《汉语与对外汉语研究文录》,外语教学与研究出版社,2005年。

伯语、葡萄牙语和希伯来语在内的10所语言学校。暑校主要从事相当于本科课程的外语教学，1927年又设立了文科硕士学位和现代语言博士学位。[①] 明德中文暑校创立于1966年，2006年中文暑校正式招收第一届中文教学硕士，恰巧跟中国国务院学位办批准设立汉语国际教育硕士专业选在了同一个时间点上。

　　明德模式是明德暑校采用的一套独特的全浸式外语教学法，已为美国外语教学界广泛采用，也是许多美国在华中文项目所遵从的圭臬。[②] 关于明德模式的介绍可参见施仲谋（1994）、张和生（1997）、崔永华（1999）、张喜荣和田德新（2004）、张美青（2004）、汝淑媛（2006）、汲传波（2006）等。[③]

---

　　① 现在明德暑校的教学主要包括两种学制，一种是本科程度的外语教学（教学时间又分成两类：法语、德语、意大利语、西班牙语、葡萄牙语和希伯来语等与英语比较接近的语言，教学时间是7周；而中文、日文、阿拉伯文和俄文等难度较大的语言，教学时间是9周）；另一种是研究生教学（主要是硕士和博士学历教学，也有少数的非学历研究生课程班，其教学时间一般都是6周）。明德大学的常规学制是四年制的本科教育，而它的暑期学校——明德暑校却拥有硕士和博士程度的研究生教育，这在世界上大概是独一无二的，这也是明德暑校（子体）的名气大大超过明德学院（母体）的原因之一。

　　② 据笔者所知，美国在华知名的中文项目，如CET、PIB、IUP、HAB、ACC等都采用跟明德模式同出一辙的全浸式外语教学法，而且在学术或师资等方面也跟明德暑校曾经或现在有着这样那样的联系。

　　③ 施仲谋《明德中文暑校经验的启示》，《世界汉语教学》1994年第1期；张和生《美国明德大学的汉语教学》，《中国高等教育》1997年第1期；崔永华《基础汉语教学模式的改革》，《世界汉语教学》1999年第1期；张喜荣、田德新《美国明德学院的中文教学》，《世界汉语教学》2004年第1期；张美青《短期中文强化教学的运作模式及它与日常循序教学的衔接》，《国外汉语教学动态》2004年第6期；汝淑媛《美国明德中文暑校的教学理念特点与教学策略评介》，《国际汉语教学动态与研究》第2辑，外语教学与研究出版社，2006年；汲传波《论对外汉语教学模式的构建——由美国明德大学汉语教学谈起》，《汉语学习》2006年第4期。

二、中国高校基础汉语教学常规模式

对外汉语教学界从20世纪50年代初就开始了教学模式的探索,就基础汉语教学而言,先后得到广泛采用的教学模式主要有以下三种:"讲练—复练"模式,"讲练—复练+小四门"模式和"分技能教学"模式。① "讲练—复练"模式定型于60年代,70年代后期为了适应新的需要,开始在"讲练—复练"模式的基础上开设少量的口语、听力、阅读和写作课,逐步形成了"讲练—复练+小四门"模式。从80年代中后期开始,针对听说读写技能的"分技能教学"模式正式确立并开始在全国范围内推广,从此它一直在国内各种类型的基础汉语教学中占据主导地位。

三、模式比较

(一)模式的选择

明德模式以沉浸法为内核,并在发展中逐步加入了听说法、功能法和任务法的合理元素,是一种典型的强化教学模式。课堂教学基本采用"大班讲练—小班操练——对一谈话"范式,同时针对不同年级,适当加上一些分技能课型。从总体上看,明德模式比较接近国内的"讲练—复练+小四门"模式。自明德暑校创校以来,明德模式的理论基础和基本格局一直没有大的变动,不但在美国赢得了很高的声誉,而且在世界上产生了广泛的影响。

---

① 吕必松《对外汉语教学发展概要》,北京语言学院出版社,1990年;崔永华《基础汉语教学模式的改革》,《世界汉语教学》1999年第1期;赵金铭《汉语与对外汉语研究文录》,外语教学与研究出版社,2005年。

如前所述，国内的基础汉语教学经历了从"讲练—复练"模式到"讲练—复练+小四门"模式，再到"分技能教学"模式的更迭，目前普遍采用"分技能教学"模式。从第二语言教学理论上讲，"分技能教学"模式的确有它的合理之处，不过令人感兴趣的是，促使国内大多数教学单位放弃"讲练—复练+小四门"模式，转而采用"分技能教学"模式的最直接原因却并不是教学理论发展的必然结果，而主要是为了节省教师的工作时间，减轻行政管理的负担。对此，任远（1998）① 总结："（在'讲练—复练'模式中）为了搞好配合，双方都需拿出相当的时间和精力用于共同的协调磋商……分技能设课首先有利于发挥每个教师课堂教学的积极性、创造性……（分技能设课）在课程安排调度等方面，也趋于简化、单一，从而可以提高（管理）效率。"钟梫（1979）② 认为："短期实践外语教学采取分科的好，还是综合的好，这个问题在国内国外都有争论……主张分科的意见从未占过优势。"显然，放弃"讲练—复练+小四门"模式转而选择"分技能教学"模式，更多是出于现实便利的需要，可增加教师的自由度，并减轻教学管理上的负担。这样的改变当然会受到教师和教学管理人员的欢迎，因此很快在全国高校中推广开来。

美国在华项目则一部分采用明德模式，一部分采用"分技能教学"模式。我们把美国在华项目大致分为两类，一类如 CET、PIB、IUP、HAB、ACC 等项目，虽然名义上是跟中国的某个大学合办，但招生、财务、课程设置、教师聘任等实际权力都由美方支配，中方高校不过起一个租借教学场地的角色而已，我们称

---

① 任远《70年代以来北京语言学院对外汉语教学法之发展》，载《第二届国际汉语教学讨论会论文选》，北京语言学院出版社，1988年。
② 钟梫《15年汉语教学总结》，《语言教学与研究》1979年第4期。

之为"美方主导型"项目。另一类如 CIEE 和很大一部分美国高校组织的本校学生来华学习项目,这一类项目美方负责招生,然后按照中方学校的标准交纳学费,课程设置和教师聘任基本上由中方安排,我们称之为"中美合作型"项目。有趣的是,"美方主导型"项目基本上都采用明德模式,而"中美合作型"项目基本上采用国内的"分技能教学"模式。

(二)实施步骤和操作程序

明德模式有一套严格的实施步骤和操作程序。每天、每课都有非常明确的目标,教师每一节课教什么、怎么讲解、怎么操练、怎么展开任务,上课的每一个环节包括操练的例句,备课时都计划得非常仔细;学生学什么、跟老师谈什么、做什么练习、每天的小考考什么、每周的大考笔试考什么、口试考什么,课表和每天的讲义上都写得清清楚楚。教师有精心设计的操作程序可以遵循,学生每天、每节课都有成就感。明德模式对操练程序也有一套严格的规定,操练时焦点明确,程序清晰,从"领唱"到"跟唱",从"独唱"到"合唱",从梯形合唱到替换练习,从句型转换到完成句子,从半开放问答到有控制的开放问答,从半真实的任务交际到师生的真实互动交际,上课以前每一步都设计得很清楚,具有相当可控的操作性。在明德暑校,如何提高学生的语言学习效率,是一切工作服务的中心,只要有益于这个主要目标的实现,教师和管理人员就可以为此付出更多的时间和努力。每个星期大班、小班和个别谈话都要重新编班、编组和排序,每周都要换一次课表,学生每周在不同的大班和小班学习,老师每天轮流在不同的小班面对不同的学生上课。教师教学采用团体合作制,除了每天都要互相沟通教学情况以外,每周还至少专门安排两个半天集体备课，用以集体智慧讨论出的教学方案和统一进度授课。

而国内的教学为了节省教师的工作时间，常常把保持教师的个性和创造性放在重要位置，很多学校，不但同班级授课教师之间缺少对教学内容和教学方式等方面的沟通，同年级、同水平等级、同课型教师之间也缺少必要的交流，更遑论集体备课。由于缺少或不能遵循一套严格的教学操作程序，上课时教师随意的知识讲解所占比例较高。虽然我们很早就提出了"精讲多练"的教学原则，甚至有学者提出三七开、二八开一类的比例，但实际教学中讲授所占比重太大，常常是一种"水漫式"的输入，无形中"练"就退居到次要位置。另外"精讲多练"也只是一个教学原则，在实际教学中怎么精讲，怎么多练，缺少一套严格的操作程序，随意性很大。

(三) 评价系统

明德暑校实行严格的师生评估与考核制度。在入学和学期结束时，所有的学生都要参加计算机自适阅读能力考试（CARPT）和口语能力考试（OPI），这两种考试属于语言能力水平考试，首尾两次考试成绩为学生分班、项目评估和学习者本人的比较提供必备的参考。学习成绩测试则有每天的小考、每周的口试和笔试、期中和期末大考等。另外，在第3、6、9周还分别给学生进行三次综合评量报告，暑校结束的时候要根据每位学生的学习表现，给出书面评语，并根据学生的历次作业、日考、周考、期中期末大考、上课出勤和表现等统计出最终成绩。除了教师对学生的评定，学生也要对每一位教师和整个项目进行期中和期末两次书面评估，各暑校校长也要跟该校每个学生逐一面谈一到两次，亲自听取学生对教学和管理的意见。学校办公室则把评估的结果和征询的意见汇集起来，及时反馈给教师和管理人员。学生的评估和建议是暑校改进暑期教学和聘请教师及管理人员的重要参考。

　　国内的高校绝大多数在留学生汉语学习这一块缺少严格的教学评估体系，教师给学生的分数主观性较强，学生对学校管理和教学的评估更是束之高阁，即使有，也不起什么实质性的作用。

　　除了上述几方面差异以外，两种模式在生源、师资、语言环境、学习效率、后勤保障和投入等方面也存在一定差异。因篇幅所限，暂不展开。单以投入为例，明德暑校教学时间非常集中，教师投入精力特别多、工作强度很大，但因学费高，师生比可以维持在1∶4左右的水平。与之相对照的是，国内高校学费普遍偏低，例如，南京大学每学期学费只有1200美元左右（有的学校一学期的学费甚至不到800美元）。以如此低廉的学费，要维持像明德暑校那样高的师生比，并且让教师和管理人员付出那样高强度的劳动是不可想象的。而从另一方面看，美国在华的许多项目，如CET、PIB、IUP、HAB和ACC等却都能采用明德模式，我们认为除了学术上的渊源以外，充裕的学费是必不可少的经济基础。以CET为例，一个学期的学费是9000多美元，六个星期的暑期项目是5000多美元，差不多是国内高校学费的十倍（其他几个项目的学习费用跟CET的差不多）。因此，任何科学可行的教学模式，设计者在放眼远望的同时，必须保持一只眼睛盯着脚下。

四、基础汉语教学精英模式与大众模式的互补

　　通过上述比较，从模式设计、实际操作和语言学习的效率几个重要方面来看，明德模式明显优于国内常规教学模式。那么是否意味着我们都应当放弃国内常规教学模式，转而采用明德模式呢？答

案是否定的。明德模式是语言学习精英模式的代表，精英模式的特点是：学习动力非常强的高质量学习者、富有合作精神的高度专业化教师队伍，小班化个性化的教学方式，精致的教学实施程序，严密的自我评估系统，高投入的运行成本，等等。由此可见，精英模式对各方面的条件要求很高，不易于推广。目前"汉语热"在全球迅速升温，汉语学习人数大幅增加，采用高成本的精英模式不能满足如此庞大的学习需求，而大众模式对内外条件的要求相对较低，易于实施。再从另一个方面看，社会需求是多样的，学生个性是多样的，学校规格是多样的，教学单位的师资和物质条件也是多样的，这些都决定了教学模式的多样化，也说明汉语教学的大众模式和精英模式是可以互补的。我们应当鼓励少数各方面条件较好的学校采用精英模式，而大多数学校应当立足现实继续使用并逐步完善大众模式。因此，探索出一种或几种在投入偏低的情况下仍能高效运行的汉语教学大众模式是汉语国际推广工作亟待解决的课题。

第三节　对外汉语教学模式演变过程中的两点重要事实 ①

近读曹贤文《明德模式与中国大陆高校基础汉语常规模式之比较》② 一文，受到很大启发。但文章对于我国高校对外汉语教

---

① 本文以《澄清对外汉语教学模式演变过程中的两点重要事实》为题，发表在《华文教学与研究》2009 年第 3 期，作者鲁健骥。

② 曹贤文《明德模式与中国大陆高校基础汉语常规模式之比较》，《暨南大学华文学院学报》2007 年第 4 期。

学模式的产生和演变情况的表述,不够确切。作为我国对外汉语教学模式的亲历者,我觉得有责任做些必要的澄清。

一、关于"讲练—复练"模式

这种说法很普遍,但确切地说,这样概括这个模式是不准确的,"讲练"之后应该是"练习",而不能是中间插一个"复习"再"练习",所以应该说"复习—讲练—练习"模式才对。这是从新中国对外汉语教学创始至"文革"前的主要模式。这种模式应该说与美国现在仍然流行的包括"明德模式"的"大班""小班"结合的课堂教学安排是同源的。这种模式源于二战期间美国陆军专门训练计划部研究出的语言教学法。Richard T. Thompson(1980)[①]说,这种教学法"就是后来由语言学家和说所教语言的教师合作授课的教学法。说来出人意料,这种教学法直到今天,在美国非普遍教授的语言的教学法中仍多有体现"。当时美国使用这种教学法的有 55 所接受军方派出的 15 000 名学习 27 种语言的士兵的高校。该项目的汉语教学是由赵元任主持的。赵先生是语言学家同时也是汉语母语者,上"大班"课(但该教学法并不要求上"大班"课的语言学家必须是母语者),有 20 多位汉语母语者助教上"小班"课。邓懿就是这些助教之一。1950 年清华大学成立东欧交换生中国语文专修班时,邓懿先生已经回国,专修班的主任周培源教授就请邓懿先生负责筹划教学工作,并编写教材。邓先生基本上采用了这种大班小班结合的课堂教学模式,

---

① Richard T. Thompson《美国汉语教学综述》,《语言教学与研究》1980 年第 1 期。

后院系调整将清华的中国语文专修班调整到北京大学，教学模式沿袭下来。20世纪60年代初北京外国语学院（现北京外国语大学）开始接受非洲留学生后，把这一模式移植过来，但有些变化。当时由两位教师包一个班，一位是有经验的教师，上"讲练课"，一位新教师上复习和练习课。1962年以前，后者往往是懂外语的教师，所以还承担教学翻译的任务，就是说，新教师第一节上复习课，第二、三节给讲练课教师当翻译，第四节上练习课，每天上四节课。1962年后，一部分懂外语的教师开始担任讲练课，另一位新教师上复习和练习课。这种情况一直延续到"文革"开始。"文革"后期对外汉语教学恢复之后，也曾延续了一段时间，后来就变成了"讲练—练习"模式。

说起来，这种变化却是完全从教师省时间考虑的。当时主要是上复习和练习课的教师提出来的，他们上午第一节课和第四节课有课，中间两个小时空着，却做不成什么事，所以就要求两位教师分前两节和后两节，前两节是讲练课，后两节是练习课。这样一改，方便了教师，对教学却造成了影响。按这种安排，复习和讲练占两节课，假如复习是充分的，那么讲练的时间只有一节课多一些，而练习却用两节课，时间的分配上是不合理的。这种影响至今仍然存在。

二、关于分技能教学模式的产生

曹文引述别人的说法，认为分技能教学模式完全是为了节省教师的工作时间，减轻行政管理的负担。事实并非如此。如果为了减轻教师的工作时间，那么由"复习—讲练—练习"转为"讲练—

练习"已经解决了这个问题（尽管这一转变并不合理）。这里有个误解，以为分技能设课之后，教师之间可以不沟通、不协调。实际上不是这样的。以使用《初级汉语课本》为例，分技能设课，仍然以口笔语综合课为主，其他如听力、汉字读写课、阅读课必须跟主课配合，进度必须协调，是三位教师之间的配合。另一套分技能模式的教材《现代汉语教程》的读写、听力、说话三种课型之简单配合关系也较不分技能设课时要复杂。①

至于说减轻行政管理的负担，更是不能成立，不管是"复习—讲练—练习"模式，还是其变体"讲练—练习"模式（我们不提"讲练—复练"），行政管理的工作其实比分技能模式的负担要轻，那时排课很简单，每个班一个教室，每天四节课，两位教师，一人两节。而分技能教学由于课型增加，行政管理方面，无论是教师的配备、教室的安排都比原来复杂得多。

因此，曹文说的两个分技能设课的原因既不能成立，也不是事实。那么真正的原因是什么呢？笔者《基础汉语教学的一次新的尝试——教学实验报告》②中已有阐述，2003年在《口笔语分科　精泛读并举——对外汉语教学改进模式构想》③一文中又对这一模式的产生过程做过进一步的说明，现摘引如下：

20世纪70年代，外国新的教学法理论已经介绍到中国，如功能—意念大纲、交际法等，都引起我们对对外汉语教学现状的思考。始于1979

---

① 李德津《新编系列教材〈现代汉语教程〉的主要特点》，载《第一届国际汉语教学讨论会论文选》，北京语言学院出版社，1986年。
② 鲁健骥《基础汉语教学的一次新的尝试——教学实验报告》，载《对外汉语教学思考集》，北京语言文化大学出版社，1999年。
③ 鲁健骥《口笔语分科　精泛读并举——对外汉语教学改进模式构想》，《世界汉语教学》2003年第2期。

年初的教学改革,就是在这种情况下进行的。首先是考虑如何在有限的一年时间里,加强学生的语言能力的培养,改变教学以语言知识为纲的状况。经过认真的分析,我们认为,四种语言能力不能平均使用力量……对于在华学习汉语并且又要进入中国高等学校学习专业的外国学生来说,这四种能力如何安排得合理,就成为我们思考的核心问题。我们认为,在一年的时间里,"说"应该控制在一定的限度。这限度就是学生"说"的能力应该能够满足生活上的需要,而不必提出更高的要求。在他们专业学习阶段,"说"的能力的提高,是跟他们的专业学习同步的;在一年的汉语预备教育阶段,没有必要也不可能顾及那么多。但是"听"和"读"就不同。从学生的实际情况考虑,他们学习专业的时候,课上要听讲,课下要阅读大量的讲义、参考文献。外国学生如果缺乏听和读的训练,不掌握听和读的技能,没有养成听和读的习惯,是很难适应的。因此,我们把"突出听、说"改为"突出听、读",这就是改革后的教学模式的总格局。

按照这个总格局,我们对原来的课程做了调整,即以口笔语综合实践课(相当于原来的"讲练课")为中心,另开设听力课,上学期开汉字读写课,下学期开阅读课。我们不难发现,在这个模式中,由于听和读单独设课,听读能力的训练显然得到了保证和加强。当时(1981—1982年)两轮实验和对已到其他学校学专业的学生的跟踪调查的结果表明,这一模式适合它所规定的教学对象,也达到了预期的"突出听、读"的效果,因而得到推广,以至于为国内有同类教学对象的高校所采用。

任何一种教学模式,都不是从天上掉下来的,分技能教学模式也是如此。如果说这种教学模式创始的时候,由于当时时代的局限和我们自己学识所限,其理论准备不够充分,那是事实,但若是说它"不是教学理论发展的必然结果,而主要是为了节省教师的工作时间,减轻行政管理的负担",却未免过于武断,也不符合实际。至于说分技能模式存在的问题，本人在《口笔语分科，精泛读并举——对外汉语教学改进模式构想》中有所分析，此处不赘。

以上就是本人对我国高校对外汉语教学模式的演变过程所做的说明。

第四节　我国汉语教学模式的历史、现状和改革方向[①]

关于教学模式，学界引述的或者创造的已有多种，我们比较同意乔伊斯（2002）[②]等的看法：教学模式是构成课程、选择教材、指导教学活动的一种计划或范型。以及一种简化定义："教学模式，指课程的设置方式和教学的基本方法。"[③] 因为这两个定义正是对外汉语教学界多数人谈论的教学模式。由于教学模式是在教学法思想指导下形成的系统计划，所以必然涉及教学法思想、教材乃至教学目标、教学评测；完整的教学模式应该包括这几个方面，对一种教学模式的评价也应从这几个方面入手。

本节所讲的对外汉语教学模式主要指一年级的教学模式，不包括半年制教学。下文提出的"听说＋读写"教学模式实际上也

[①] 本文以《我国汉语教学模式的历史、现状和改革方向》为题，发表在《华文教学与研究》2016年第1期，作者宗世海。

[②] 乔伊斯等《教学模式》，荆建华等译，中国轻工业出版社，2002年。

[③] 崔永华《基础汉语教学模式的改革》，《世界汉语教学》1999年第1期。

大体适合二年级的汉语教学。

一、20世纪70年代以来我国汉语教学模式梳理

讨论教学模式，必须对我国有关教学模式的历史发展有基本的了解。但查览现有文献发现，对我国20世纪70年代以来汉语教学模式的认识存在不小分歧，需要梳理。

阐述我国20世纪70年代以来汉语教学模式的文献，崔永华（1999）[1]是一个代表。该文说：

1973年以来，我国基础汉语教学模式大致经历了下述变革过程：

（1）"讲练—复练"模式（1973—1980）。以当时北京语言学院《基础汉语课本》的课程设置和教学方法为代表。[2]

（2）"讲练—复练+小四门"模式（1980—1986）。在北京语言学院，这种模式是"讲练—复练"模式的发展，是由"讲练—复练"模式向"分技能教学"模式发展的中间状态。

（3）"分技能教学"模式（1986—现在）。是"讲练—复练+小四门"模式的发展和完善，是一种复合型模式。实践这一模式的代表性教材有两种，一是以鲁健骥主编的《初级汉语课本》为代表，包括精读课本、听力理解课本、汉字读写课本和阅读理解课本；授课方式为"精读+精读+听力+汉字（阅读）"。二是以李更新、李德津主编的《现代汉语教程》为代表，包括读写课本、听力课本、说话课本；授课方式为"读写+读写+听力+说话"。[3]

---

① 崔永华《基础汉语教学模式的改革》，《世界汉语教学》1999年第1期。

② 引按：此处可能有误。根据鲁健骥的回忆，《基础汉语课本》是1979—1982年陆续出版的，不能称为1973年的模式的代表。

③ 引按：学界在谈论教学模式、课程时常将综合和精读当作同一概念使用，但是鲁健骥给笔者的邮件中一再强调要严格区分综合和精读。

第四节　我国汉语教学模式的历史、现状和改革方向　25

现结合其他文献，将笔者研究的主要结果先用表 1[①] 展示，然后做一些讨论。

表 1　20 世纪 70 年代以来我国汉语教学模式分析表

模式代表文献	I. 讲练—复练模式（综合模式）	II. 讲练—复练＋小四门模式	（广义）分技能模式	
^	^	^	III. 综合＋分技能模式	IV.（狭义）分技能模式
吕必松，1985			鲁健骥：听说[②]，读写，听力（第一学期）；精读，写作，听力（第二学期）	按语言技能划分课型：读写，听力，说话；或者听说，阅读，听力 附：70 年代，听说（打头）、读写两条线，效果不错
吕必松，2003	综合教学路子		综合教学与分技能教学相结合路子[③]	分技能教学路子

---

①　表中"模式代表文献"如下：吕必松《基础汉语教学课型设计和教材编写的新尝试》，《语言教学与研究》1985 年第 4 期；吕必松《汉语教学路子研究刍议》，《暨南大学华文学院学报》2003 年第 1 期；崔永华《基础汉语教学模式的改革》，《世界汉语教学》1999 年第 1 期；赵金铭《对外汉语教学模式创新与教材编写》，载《第八届国际汉语教学讨论会论文选》，高等教育出版社出版，2007 年；鲁健骥《澄清对外汉语教学模式演变过程中的两点重要事实》，《暨南大学华文学院学报》2009 年第 3 期；赵金铭《对外汉语教学法回视与再认识》，《世界汉语教学》2010 年第 2 期；李泉《教学模式与分技能设课教学模式思考》，载《多维视野下的对外汉语教学研究——第七届国际汉语教学学术研讨会论文集》，广西师范大学出版社，2009 年；吴勇毅《汉语作为第二语言／外语教学模式的演变与发展》，《华东师范大学学报》（哲学社会科学版）2009 年第 2 期；吴勇毅《关于汉语教学模式创建之管见》，《华文教学与研究》2014 年第 2 期；刘颂浩《中国对外汉语教学模式的创建问题》，《华文教学与研究》2014 年第 2 期。表中只呈现文献作者及发表年份。

②　下一则文献这里写作"精读"，似更可取。

③　本节的"路子"即教学模式（参看刘颂浩《中国对外汉语教学模式的创建问题》，《华文教学与研究》2014 年第 2 期）。又，"综合教学与分技能教学相结合"路子是否包括"讲练—复练＋小四门"模式，不详。这里姑且判断为不包含。

(续表)

模式代表文献	I. 讲练—复练模式（综合模式）	II. 讲练—复练＋小四门模式	（广义）分技能模式	
^	^	^	III. 综合＋分技能模式	IV.（狭义）分技能模式
崔永华，1999	讲练—复练 1973—1980	讲练—复练＋小四门 1980—1986	分技能（复合型模式）1986—现在 鲁健骥《初级汉语课本》 李更新、李德津《初级汉语教程》	
赵金铭，2007	讲练—复练	讲练—复练＋小四门	分技能（复合型模式）1986—现在 听说打头鲁健骥《初级汉语课本》，目前占主导地位 读写打头李更新、李德津《现代汉语教程》	
鲁健骥，2009	"复习—讲练—练习"，"文革"前的主要模式，源于美国，"文革"后不久变成"讲练—练习"		分技能 《初级汉语课本》口笔语综合＋听力，汉字读写/阅读。 《现代汉语教程》读写，听力，说话。	
赵金铭，2010	综合教学法　代表教材多部，含鲁健骥1980《初级汉语课本》①			
李泉，2009			分技能教学 鲁健骥《初级汉语课本》	
吴勇毅，2009	结构驱动的综合教学模式			技能驱动的分技能教学模式　一套三本、三门课：读写，听力，说话

---

① 原文并未讲综合教学法是综合教学模式，也没有讲综合教学法包括或者只包括前三种模式，如此列表只是引者的判断。鲁健骥教材的出版年份疑误，应该是1986—1989。

（续表）

模式代表文献	I.讲练—复练模式（综合模式）	II.讲练—复练+小四门模式	（广义）分技能模式	
			III.综合+分技能模式	IV.（狭义）分技能模式
吴勇毅，2014			分技能 鲁健骥《初级汉语课本》	
刘颂浩，2014	综合教学模式		分技能教学模式主课综合，听力、阅读与之配合	按技能设课 　　分技能教学模式在全国流行后，一般将听说读写四项技能分摊到三门课即读写、听力、说话课中进行训练 ▲北京语言大学听说、读写两条线教学试验

（一）"讲练—复练+小四门"（模式 II）是不是一个独立的教学模式

根据崔永华(1999)、赵金铭(2006, 2007)，以及汲传波(2006)、曹贤文（2007），[①]"讲练—复练+小四门"是一种独立的教学模式；但是根据鲁健骥（2009），[②] 不是；根据吴勇毅（2009，

[①] 崔永华《基础汉语教学模式的改革》，《世界汉语教学》1999 年第 1 期；赵金铭《从对外汉语教学到汉语国际推广（代序）》，载李泉主编《对外汉语课程、大纲与教学模式研究》，商务印书馆，2006 年；赵金铭《对外汉语教学模式创新与教材编写》，载《第八届国际汉语教学讨论会论文选》，高等教育出版社，2007 年；汲传波《论对外汉语教学模式的构建——由美国明德大学汉语教学谈起》，《汉语学习》2006 年第 4 期；曹贤文《明德模式与中国大陆高校基础汉语教学常规模式之比较——兼谈汉语教学的精英模式与大众模式的差异和互补》，《暨南大学华文学院学报》2007 年第 4 期。

[②] 鲁健骥《澄清对外汉语教学模式演变过程中的两点重要事实》，《暨南大学华文学院学报》2009 年第 3 期。

2014)、刘颂浩（2014）[1]也不是。鲁健骥邮件告诉笔者："小四门"实际上是综合模式的一种补充，但与分技能模式有很大的不同。看来"讲练—复练＋小四门"不但是一个历史概念，而且不宜看成一种独立的教学模式。

根据鲁健骥邮件指正，崔永华（1999）[2]所说的（1）和（2）并不是先后关系，也不是以 1980 年为界。表 1 中的Ⅰ和Ⅱ其实是一回事。

由于历史文献的原因，容易造成今天的误解。我们需要注意，不要将上述"讲练—复练＋小四门模式"（模式Ⅱ，假如算模式的话）与模式Ⅲ中占主流的分支模式"综合＋小四门"（详见下文）混淆。

（二）学界所说的"分技能教学"模式实际上内含两个不同的模式

经过仔细研究，我们将学界所说的"分技能教学"一分为二，分别由北语鲁健骥团队的《初级汉语课本》和李更新、李德津的《现代汉语教程》为代表。这两个分技能模式的最大不同是前者有口笔语综合课，后者没有。后者的"读写"虽然也兼有系统处理语言结构的任务，但是其"读写"课不管听说，无论如何是不能视同于综合课的。为了便于区别和理清三者关系，我们将前人所说的"分技能教学"模式称为"（广义）分技能模式"，把以鲁健

---

[1] 吴勇毅《汉语作为第二语言／外语教学模式的演变与发展》，《华东师范大学学报》（哲学社会科学版）2009 年第 2 期；吴勇毅《关于汉语教学模式创建之管见》，《华文教学与研究》2014 年第 2 期；刘颂浩《中国对外汉语教学模式的创建问题》，《华文教学与研究》2014 年第 2 期。

[2] 崔永华《基础汉语教学模式的改革》，《世界汉语教学》1999 年第 1 期。

骥为代表的教学模式称为"综合+分技能模式",把李更新、李德津为代表的教学模式称为"(狭义)分技能模式"。

这样区分的理由还有：

第一，吕必松（2003）[①] 说，汉语教学有三种路子：综合教学路子、综合教学与分技能教学相结合路子、分技能教学路子，这三种教学路子分别对应于我们的模式Ⅰ、模式Ⅲ和模式Ⅳ，可见Ⅲ和Ⅳ的区别是明显的，吕必松的分类更加严谨。

第二，赵金铭（2010）[②] 在论述我国对外汉语教学综合教学法传统的时候，也将鲁健骥等人的《初级汉语课本》列在其中，可以证明"综合+分技能模式"（模式Ⅲ）包括综合课，与"(狭义)分技能模式"（模式Ⅳ）是不同的。

第三，复旦大学吴中伟在回答笔者请教时对教学模式做过这样的阐述：

讲练—复练，是结构驱动的，重视语言知识的教学的系统性。彻底的分技能教学，不可能做到这一点。分技能教学，就是"读写+听说"，或者"听力+口语+阅读+写作"。

问题出在"阅读课"/"读写课"/"精读课"的性质上。当我们让阅读课承担起语言知识（语法词汇）教学的主要任务，而不是培养阅读技能的时候，阅读课就成为了实际上的"综合课"（这里还涉及对"综合课"的性质的认识）。于是另有一门所谓"泛读课"来承担起培养阅读技能的任务。由此就有了这么五门课：精读+口语+听力+泛读+写作。也就是：综合课+小四门。

[①] 吕必松《汉语教学路子研究刍议》，《暨南大学华文学院学报》2003年第1期。

[②] 赵金铭《对外汉语教学法回视与再认识》，《世界汉语教学》2010年第2期。

国内汉语教学,从来都十分重视语言知识教学(因此把综合课/读写课/精读课叫作"主课"),因此,严格意义上的狭义的分技能教学,是否存在,或者是否曾经存在,确实是一个问题。李德津《现代汉语教程》也许代表了分技能教学的模式(分为读写、听力、说话),但是,这里的"读写",是跟"听力""说话"同等性质和地位的吗?是否承担了较多的语言知识教学的任务?值得讨论。

不过,想到两部教材,似乎有一点"分技能"的意思,如果我们同意"分技能"不一定就得"分课型"也不一定得"分教材"的话。这就是吴勇毅等人的《汉语入门》和丁安琪的《走遍中国》。

吴中伟的回答全面而深刻。显然他对分技能教学模式持严格的观点。我们非常认同他的看法,"听说+读写""听力+口语+阅读+写作"都应该看作真正的分技能模式;另外,"读写+听+说"(李更新、李德津所代表的模式),或者"听说+读+写"(下文的调查发现存在这种分支模式)也应该看作真正的分技能教学模式。毕竟在这样的课程结构中,读写、听说不再负担听说或者读写教学的任务,不是综合课了。

另外,从列表可见崔永华(1999)、赵金铭(2007)[①]都说"分技能教学"模式是"复合型模式",而狭义分技能模式(模式Ⅳ)并不具有复合型的特点,最好予以区分,将"复合型"特点仅用于"综合+分技能"模式(模式Ⅲ)。

总之,无论是从课程、教材的实际出发,还是从概念的逻辑性和术语的明晰性考虑,将学界所说的"分技能教学"模式细分为两种是必要的,而且要注意限定它们的不同性质,只有前者才

[①] 崔永华《基础汉语教学模式的改革》,《世界汉语教学》1999年第1期;赵金铭《对外汉语教学模式创新与教材编写》,载《第八届国际汉语教学讨论会论文选》,高等教育出版社,2007年。

是"复合型"模式。这样区分,对于下文观察我国当下的汉语教学模式也有好处。

(三)不同的文献在提及"分技能教学"模式时,可能所指不同

前人、时贤的文献都不区分模式Ⅲ和模式Ⅳ。他们在称引分技能模式的时候多数能兼顾这两个方面,比如崔永华(1999)、赵金铭(2007)、刘颂浩(2014),[①]即他们所说的分技能教学模式都既包括模式Ⅲ,又包括模式Ⅳ。大概是由于模式Ⅲ在1986年以后影响日益扩大,逐步成为国内的主流,所以有的文献在称引分技能教学模式时仅以鲁健骥团队为代表,比如马箭飞(2004)、李泉(2009);[②]也有的学者在不同的文献中提及分技能模式的时候时而指鲁健骥团队所代表的模式Ⅲ,[③]时而指李更新、李德津所代表的模式Ⅳ。[④]吴勇毅(2009)[⑤]是这样说的:

> 80年代中期(1986前后)至今,中国的对外汉语教学采用的是"技能驱动的分技能教学模式"。跟前一种模式(引按:结构驱动的综合教

[①] 崔永华《基础汉语教学模式的改革》,《世界汉语教学》1999年第1期;赵金铭《对外汉语教学模式创新与教材编写》,载《第八届国际汉语教学讨论会论文选》,高等教育出版社,2007年;刘颂浩《中国对外汉语教学模式的创建问题》,《华文教学与研究》2014年第2期。

[②] 马箭飞《汉语教学的模式化研究初论》,《语言教学与研究》2004年第1期;李泉《教学模式与分技能设课教学模式思考》,载《多维视野下的对外汉语教学研究——第七届国际汉语教学学术研讨会论文集》,广西师范大学出版社,2009年。

[③] 吴勇毅《关于汉语教学模式创建之管见》,《华文教学与研究》2014年第2期。

[④] 吴勇毅《汉语作为第二语言/外语教学模式的演变与发展》,《华东师范大学学报》(哲学社会科学版)2009年第2期。

[⑤] 同④。

学模式）不同，这种模式首先考虑的是如何进行语言技能的训练，然后按照语言技能训练的要求组织和编排教学内容。其最初的形式可以概括为"一套三本、三门课、四种技能分摊训练"。所谓"一套三本"是指教材是一套有"共核"的三本书，包括读写、听力、说话三种单项专用教科书；"三门课"是读写、听力、说话课；四种技能分摊在三门课中。这种教学模式可以说一直延续到今天，仍然占主导地位，尽管新世纪开始后出现了一些变化。

他画的教学模式图如下：

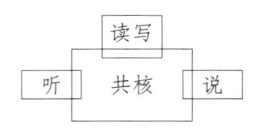

```
        ┌──────┐
        │  读写 │
┌───────┼──────┼───────┐
│  听   │ 共核 │   说   │
└───────┴──────┴───────┘
```

图 1　"分技能教学"模式示意图

这说明，他 2009 年和 2014 年对分技能教学模式（模式Ⅳ和模式Ⅲ）的看法似乎都不够全面，如不详加说明，会让人觉得自相矛盾。

（四）"综合 + 分技能模式"和"（狭义）分技能模式"何者更为流行

文献表明，崔永华（1999）[①] 转引吕必松（1993）[②]，认为鲁健骥所代表的分技能教学模式（模式Ⅲ）"一直延续至今"；赵金铭（2006，2007）[③] 也说鲁健骥模式"目前占主导地位"；李

[①]　崔永华《基础汉语教学模式的改革》，《世界汉语教学》1999 年第 1 期。
[②]　吕必松《对外汉语教学研究》，北京语言学院出版社，1993 年。
[③]　赵金铭《从对外汉语教学到汉语国际推广（代序）》，载李泉主编《对外汉语课程大纲与教学模式研究》，商务印书馆，2006 年；赵金铭《对外汉语教学模式创新与教材编写》，载《第八届国际汉语教学讨论会论文选》，高等教育出版社，2007 年。

泉（2009）[①]也认为鲁健骥模式至今仍是国内对外汉语教学的主流模式。而吴勇毅（2009）[②]却说，李更新、李德津所代表的模式（模式Ⅳ）"可以说一直延续到今天，仍然占主导地位，尽管新世纪开始后出现了一些变化"；刘颂浩（2014）[③]也说到这种模式"在全国流行"等意思。两种意见分歧不小。哪种说法更加可靠，还需考证；不过下文的调查基本上可以回答当前我国对外汉语教学模式的现状，请参看表2。

（五）历史上曾经出现过"听说+读写"教学试验，如果归类，只能归于模式Ⅳ一类

吕必松（1985）[④]说：20世纪70年代初，北京语言学院进行了一次把听说和读写分开来教学的试验，大约从第三周开始，每天上四节课，前两节听说，后两节读写。试验第一次证明：在对外国人的汉语教学中把听说和读写分开来教，不但是可能的，而且会取得更好的效果。但由于一些原因，试验只进行了一年就停止了。吕必松（1990）[⑤]再次说到1975年的教学试验当时叫"两条线"教学试验。刘颂浩（2014）[⑥]也提到此次试验。但是经过

[①] 李泉《教学模式与分技能设课教学模式思考》，载《多维视野下的对外汉语教学研究——第七届国际汉语教学学术研讨会论文集》，广西师范大学出版社，2009年。

[②] 吴勇毅《汉语作为第二语言/外语教学模式的演变与发展》，《华东师范大学学报》（哲学社会科学版）2009年第2期。

[③] 刘颂浩《中国对外汉语教学模式的创建问题》，《华文教学与研究》2014年第2期。

[④] 吕必松《基础汉语教学课型设计和教材编写的新尝试》，《语言教学与研究》1985年第4期。

[⑤] 吕必松《关于教学内容与教学方法问题的思考》，《语言教学与研究》1990年第2期。

[⑥] 同③。

咨询相关学者，我们判断这个听说、读写两条线教学试验和后来的分技能教学实验不具有继承关系。

（六）"讲练—复练""讲练—复练+小四门""分技能"教学模式是先后关系还是同时并存

仔细查览，发现赵金铭（2006，2007）[①]和崔永华（1999）[②]的表述略有出入。比如赵金铭（2006）说：

> 目前，对外汉语教学界所采用的教学模式略显单调，不够丰富。80年代以后，大多沿用以下三种传统教学模式："讲练—复练"模式、"讲练—复练+小四门（说话、听力、阅读、写作）"模式、"分技能教学"模式。目前被广泛采用的是分技能教学模式。

这里的差异是三种（主要是第一种）模式的开始时间。通过电邮请教鲁健骥，得知 1980 年后综合模式和分技能模式并行了一段，这样看来赵金铭的说法无误；不过崔永华说的是先后三种模式分别出现，形成三个阶段，赵金铭说的实际是同时。结合两者的意见，实际的情况可能是：第一种模式从 1973 年开始，到 1986 年前后结束；至于第二种模式，鲁健骥邮件告诉笔者，开始的时候更早。

又查汲传波（2006）[③]得知：

> 目前在对外汉语教学界实施的主要教学模式略显单调，不够丰富多

[①] 赵金铭《从对外汉语教学到汉语国际推广（代序）》，载李泉主编《对外汉语课程大纲与教学模式研究》，商务印书馆，2006 年；赵金铭《对外汉语教学模式创新与教材编写》，载《第八届国际汉语教学讨论会论文选》，高等教育出版社，2007 年。

[②] 崔永华《基础汉语教学模式的改革》，《世界汉语教学》1999 年第 1 期。

[③] 汲传波《论对外汉语教学模式的构建——由美国明德大学汉语教学谈起》，《汉语学习》2006 年第 4 期。

样，不外乎以下三种：(1)"讲练—复练"模式；(2)"讲练—复练+小四门"模式；(3)"分技能教学"模式。

这里的说法与崔永华的说法差异更大：崔文说的是先后关系，汲文变成了三种并列，也没有了赵金铭的最后一句。结合其他文献判断，汲说有误。

除了上述六点以外，赵金铭(2007)[①]说鲁健骥团队的《初级汉语课本》是听说打头，李更新、李德津团队的《现代汉语教程》是读写打头，但鲁健骥并不认同《初级汉语课本》是听说打头的说法。

二、我国高校当下之汉语教学模式考察

为了深入了解我国高校当下主要的汉语教学模式，笔者进行了一次邮件调查。调查对象是我国开设对外汉语教学的高校，来自北京、上海、天津、南京、湖北、广东、浙江、福建、安徽、黑龙江等省市，计34所，含教学类型51个。[②]调查教师、教学管理人员59人，有的教师、教学管理人员跟笔者进行了多次交流。调查结果中另有四个教学类型的数据来自张宁焕(2013)[③]的调查。

笔者调查的问题有四个：

(1)请问，贵校的汉语课程设置算不算"综合(精读)+小四门"？原来现在都是吗？根据何在？如果不是，那是什么课程设置模式呢？

[①] 赵金铭《对外汉语教学模式创新与教材编写》，载《第八届国际汉语教学讨论会论文选》，高等教育出版社，2007年。

[②] 关于教学类型，参吕必松《汉语和汉语作为第二语言教学》，北京大学出版社，2007年。

[③] 张宁焕《在中国的韩国留学生成功进入中韩企业的相关条件研究》，上海师范大学学士学位论文，2013年。

(2)所用的教材是不是"综合(精读)+小四门"？本来就配套吗？谁的？

(3)教师们能配合吗？

(4)您对"综合(精读)+小四门"怎么看？

下面对本次调查结果做一简述。其中这里先只报告第（1）个问题的结果，其余问题的结果，将在后面以及下文介绍或引用。由于调查人曾经承诺不公开有关教学机构的信息，所以简述中采用匿名的方式。

表2　我国高校当下汉语教学模式调查统计表

		综合/精读	听	说	读	写		教学类型频数、比例
I.综合		综合					1	1　2%
III.综合+分技能	1	综合/精读/读写	听力	说话/口语	阅读	<写作>	22	41　80.4%
	2	综合/精读/读写	听力	口语			7	
	3	综合	听说			<汉字>	2	
	4	综合	听说		泛读/阅读	<写作>	4	
	5	综合	听力	口语	读写		1	
	6	综合/精读	听说		读写		5	
IV.分技能	1		听力	会话	阅读/精读,泛读	写作	5	9　17.6%
	2		听说		读写		4	

注：表中"/"表示"或"，"< >"表示有关课程不是每个教学类型都有，或者名称分别用了"汉字"或"写作"。阴影显示了三类模式的明显差别。

表中教学类型指相对独立的教学组织形式的类别。有的大学有不同的学院，分属不同的教学类型；①有的大学、学院同时具有多个教学类型，比如暨南大学华文学院有汉语言本科专业语言文化方向，同专业商贸方向，还有华文教育本科专业，分属三个不同的教学类型。本研究调查的教学机构有34个，但是教学类型有51个。

本次调查未能精确区分初级上和初级下，甚至也没有限制不包括中级阶段，是个缺陷。回答中不管是初级上、下，只要提到了综合、听、说、读、写的，就归入了相应的模式、分模式中了，但是上下不同的不重复计算。有特殊情况的下文会予以说明。

本表分析出的教学模式共有三类，和吕必松（2003）②所概括的三种教学路子（模式）对应；而没有四类，也就是说历史上出现过的讲练—练习+小四门模式（表1中的第Ⅱ种教学模式）没有出现。但是为了和表1对应，这里的罗马数字编号仍然延续表1的编法。

表中模式Ⅰ是综合教学模式。模式Ⅲ是传统所说的分技能模式1，也即由鲁健骥团队及《初级汉语课本》所代表的模式。模式Ⅳ代表传统所说的分技能模式2，也即由李更新、李德津及《现代汉语教程》所代表的模式。

统计数据表明，模式Ⅰ只有1个教学类型采用；模式Ⅲ有41个教学类型采用，占80.4%，是我国当下最主要的教学模式，可见吕必松（1993）、崔永华（1999）、赵金铭（2006，2007）、

---

① 半年以内的短期培训不在统计范围之内。
② 吕必松《汉语教学路子研究刍议》，《暨南大学华文学院学报》2003年第1期。

李泉(2009)等[1]所说属实;模式Ⅳ只有9个教学类型采用,占17.6%,说明吴勇毅(2009)[2]所说不宜采纳。

本表显示,不管是综合+分技能模式还是分技能模式,其中的分技能都有多种不同的分法,而听说合一、读写合一,看来是一种发展趋势。

下面对三种模式的调查结果做进一步说明。

(一)模式Ⅰ:综合模式

有1个教学类型采用了模式Ⅰ,是一所大学的教改班;其具体教学方案基本是明德模式,一本书《新实用汉语课本》,两个教师分工合作完成讲练—练习任务。据说实验进行了9轮,效果非常明显。

调查还发现有两所大学初级上用综合模式(其中一所也是"讲练—练习"模式),初级下及以后采用了别的模式,本节就未将其计入综合模式。

(二)模式Ⅲ:综合+分技能模式

首先说明,笔者调查前采用的名目是"综合(精读)+小四门",但是这里并没有采用这个名目,而是改为采用"综合+分技能"的名目。这是因为,首先,有的模式或者分模式中小四门并不齐

---

[1] 吕必松《对外汉语教学研究》,北京语言学院出版社,1993年;崔永华《基础汉语教学模式的改革》,《世界汉语教学》1999年第1期;赵金铭《从对外汉语教学到汉语国际推广(代序)》,载李泉主编《对外汉语课程大纲与教学模式研究》,商务印书馆,2006年;赵金铭《对外汉语教学模式创新与教材编写》,载《第八届国际汉语教学讨论会论文选》,高等教育出版社,2007年;李泉《教学模式与分技能设课教学模式思考》,载《多维视野下的对外汉语教学研究——第七届国际汉语教学学术研讨会论文集》,广西师范大学出版社,2009年。

[2] 吴勇毅《汉语作为第二语言/外语教学模式的演变与发展》,《华东师范大学学报》(哲学社会科学版)2009年第2期。

全,特别是在初级上的时候常常没有写作;其次,有的分模式是听说合一或读写合一,这样一来分技能课就不够四门;再次,历史上曾经有过"讲练—练习+小四门"(模式Ⅱ),本次调查那种模式并没有出现,所以本节还是以不用小四门的名目为好;但是请注意,在"综合+分技能模式"中,有一种分模式确实是"综合+小四门",这两者是包含关系;最后,用"综合"而不再提"综合(精读)",是因为鲁健骥明确表示口笔语综合和精读并不是一回事,而业界也越来越多人采用"综合"名目。只有在必要的时候本节才会注明"精读"字样。

这种模式的最大特点是既有综合课,又有分技能课。它大体可以归入鲁健骥团队及其《初级汉语课本》为代表的"分技能教学"模式,但内部还有不少变化,表现在有的技能课的有无,有的技能课的合与分,以及"汉字""写""写作"的所指是何,等等。

1. 模式Ⅲ之1。

调查发现,在模式Ⅲ内部,采用Ⅲ之1分模式的教学类型数量是最大的,达22个。[1] 这一分模式中有的综合课用"精读"课之名,有的甚至用"读写"课之名,但答者说明实际都是综合课(下同)。其中有6家没有设置阅读课,这大约是因为"综合课"承担了较多的阅读课任务之故。有的教学机构中并无写作,但有"汉字读写",或"汉字"课,所以我们标为<写作>(下同)。

这种分模式是"综合+分技能"教学模式中的典型分模式,其对课程之间、教材之间、教师之间配合的要求最多。

---

[1] 凡是答卷中回答是"综合(精读)+小四门"模式的,都归入这一分模式,不排除简化、不精确的倾向。

2. 模式Ⅲ之 2。

采用这种分模式的教学类型共有 7 个。这种分模式的特点是综合课外另设了听力、口语课,但是没有阅读、写作课。其中阅读教学的任务可能由综合课负担,写作课则放到中级才开。

3. 模式Ⅲ之 3。

采用这种分模式的教学类型只有两个,其中有一个教学类型还开设了汉字课。由于综合课兼赅了读写任务,所以这种分模式在第Ⅲ类模式中课型最少,课程、教材、教师之间配合的要求最少。

4. 模式Ⅲ之 4、5、6。

这三个分模式的共同之处是有一个听说合一,或者一个读写合一,或者既听说合一又读写合一。其中分模式 6 是课程门数相对而言最少的分模式,比较节约。

5. 一个重要补充。

在上述列表中,遗漏了一个教学类型的模式,因为只有一家学校提及,且不能归入Ⅲ之 1 到Ⅲ之 6 的任何分模式中。该模式的适用教学类型是预科班,其具体的课程设置是:上学期"综合课 + 听力课、汉字课";下学期"综合课 + 普汉听力/科技听力 + 科技汉语 + 数理化课"。据说这是按照国家留学基金委的要求设置的;并说预科班很像我们的高考,有指挥棒,结业统考,还有大排名,目前国内这样的高校已经有 10 所。

我们知道当年鲁健骥团队的"分技能教学模式"就是针对预科教育而设置的(李更新、李德津的是不是待考),但是如今的预科教育课程设置变成了这样。至于现存的、在鲁健骥以及李更新、李德津等教学模式基础上发展出的种种分模式,是否用于预科教育,缺乏调查。估计没有,因为刚才这家学校说到留学基金委的要求是统一的。这样看来问题就更大了,当初适用于预科教育的模式被广泛沿用,不但模式变化大,教材没有沿用当初的教材,管理落后了(配套落空了或者大大降低了要求),而且甚至连教学对象也完全不同了。这一现象实在值得深思。

6. 赞成、肯定、支持模式Ⅲ的主要观点。

调查中得知,赞成、肯定、支持模式Ⅲ的主要观点有:

▲我院的汉语课程设置属于"精读(综合)+小四门"模式,原来和现在基本都是按照这一模式组织教学。主要依据是基于我们对语言能力的认识及教学实践的成果。我们认为语言能力固然是一种综合能力,但这种综合能力可以分解为不同的语言技能,一个比较有说服力的例子是比如华裔子女汉语听说能力较强,但读写能力较弱;而像日本学生,阅读能力较强,但听说能力较弱。因此,语言能力是可以分技能训练的,"综合+小四门"模式能够较好地将综合能力和分项能力分开训练,而后又回到综合能力的提升。

▲"综合课+小四门"的形式还是可行的。

▲各课程的内容重复较少,学生不会感到枯燥。

▲好处就是一个生词如果精读课学过,口语课再作为生词出现时,学生可以复习一下。

▲"精读+小四门"对于具有一定汉语水平的学生来说,还是很有效的。

▲国内长期进修生按这样的课程设置进行教学很正常,除非有特殊的要求,否则每周20个学时你怎么安排。"精读+小四门"还有一个好处就是排课方便。

▲"精读+小四门"倒是符合高校教师的教学习惯,教师各自独立,互不干涉。

▲精读还是有必要的,是一种综合技能训练课。

对模式Ⅲ特别是其中第1分模式的批评意见也不少,下文再做引述。

（三）模式 IV：分技能模式

该模式对应于历史上狭义分技能教学模式，也就是李更新、李德津及其《现代汉语教程》所代表的教学模式。这种教学模式的最大特点是没有综合课，几门技能课之间地位完全平等。

1. 模式IV之1。

调查得知共有5个教学类型采用了这一分模式，其中个别教学类型同时开设精读和泛读课，至于所用教材，调查得知有一家采用自编、出版的《汉语纵横》系列教材，别的不详。

2. 模式IV之2。

调查发现共有4个教学类型采用了这一分模式，其中有一家采用"读写大班+听说小班"的方式组织教学。至于教材，除了这一家教学机构采用自编、出版的《会通汉语》外，别的不详。另外，南京师范大学肖奚强告诉笔者，他们的课程设置摈弃了传统的"综合+小四门"，只设汉语、听说两门课；相应的，教材也是综合、听说两本书，分别是《汉语初级强化教程·综合课本1—4》《汉语初级强化教程·听说课本1—4》。就是说，虽然在表2他们的模式归于III之3，但是实际上和"听说+读写"模式也即IV之2很接近。

模式IV之1和IV之2之间的差别在于前者4门课分别对应于4种技能，后者只有2门课对应于4种技能，后者的配合要求明显少于前者，效率也应该高于前者。模式IV之2与历史上（1975年）出现过的听说、读写两条线教学方式相似，但是它是作为对"综合+小四门"教学模式的改革方略而出现的新的分技能教学模式。笔者最看好这种教学模式，进一步的讨论见下文。

三、"综合＋小四门"教学模式最好废止

这里的"综合＋小四门"教学模式指的是表2的模式Ⅲ之1。上文的调查表明，模式Ⅲ之1是当下我国汉语教学中被最多高校、教学类型采用的分模式，但是我们却认为它是最差的分模式，最好废止。

提出这样的观点，可以说是冒天下之大不韪。但是笔者绝非标新立异或者哗众取宠，而是思考多年，并参考了很多文献和调查结果，慎重得出的结论。

（一）"综合＋小四门"教学模式所依赖的教学理念需要检讨

任何教学模式都是由特定理念主导的，讨论"综合＋小四门"教学模式必须从理念入手。

1. 语言教学应有的理念、目标和手段。

笔者认同如下理念：

第一，语言是一种能力；[①] 语言教学的目的不是知识传授，而是能力训练。宁春岩和宁天舒（2007）[②] 说，语言教学不是知识的传授，而是能力的训练。"学外语和学物理化学不一样，和学历史地理也不一样，倒十分像学弹钢琴。弹钢琴的能力在人脑神经、指间运动等许多方面得以实现，会弹钢琴的人和不会弹钢琴的人之间的差别在脑神经上，在指间运动上。学弹钢琴则是一个训练神经和手指协调运动的过程，学外语是训练人脑主管语言活动的神经和语言器官协调运动的过程，学外语的过程显然（是）

---

① 有一位叫几布里德的外教20世纪80年代在延安大学外语课堂上讲过：Language is a skill, not just knowledge.

② 宁春岩、宁天舒《试论外语教学的自然法则》，《中国外语》2007年第2期。

和学物理化学、历史地理完全不同的过程……总之，外语学习是技能性的学习活动。"不能"把外语教学这种更像体育、艺术这类技能训练课，等同于历史地理或物理化学这类知识型、研究型的课程"。我们完全认同这种理念。

第二，语言教学的目标是使学习者掌握使用目的语交际的技能。就语言教学而言，能力训练是第一目标，知识传授是附带目标。能力训练追求的是会、形成习惯、变为熟巧；知识传授追求的是知道、懂。赵元任说："学讲中文远比学正确笔画重要。"[1] 赵金铭（2008）[2] 说："第二语言教学的目的，无疑是语言学习者的语言交际能力。"李晓琪（2004）[3] 说："虽然语法教学一直受到重视，也有其优点，但是问题仍然存在，常听到和看到的普遍情况是，对于课堂上老师对语法知识的讲解，学生听得清楚，课上的语法练习或课后的语法作业也都能按照要求完成，但是在实际应用中（无论是书面的还是口头的），按照课上所学的规则造句，往往是一用就错。"这些说法都表明，语言教学的技能训练是首要任务，知识教学应该放到第二位。

第三，语言教学的手段主要是指导学生进行有意义的操练。吕必松（2003）[4] 说，语言交际能力属于个人技能，需经训练才

---

[1] 转引自赵金铭《汉语作为第二语言教学：理念与模式》，《世界汉语教学》2008 年第 1 期。

[2] 赵金铭《汉语作为第二语言教学：理念与模式》，《世界汉语教学》2008 年第 1 期。

[3] 李晓琪《关于建立词汇—语法教学模式的思考》，《语言教学与研究》2004 年第 1 期。

[4] 吕必松《汉语教学路子研究刍议》，《暨南大学华文学院学报》2003 年第 1 期。

能掌握。据施仲谋（1994）[①]介绍，美国明德暑校的操练法强调在教师控制下的、以学生为主的教学方法，上课不做不必要的讲解，课堂不能一味地辨义，只须针对学生的需要，不断进行矫正和操练。张朋朋（2011）[②]也说，最近国际上流行的"母语式自然教学法""浸入式教学法"和"任务教学法"，其实都是遵循儿童母语习得的规律，在课堂上不是讲解词汇和语法，而是创造出一个真实的语言环境，让学习者浸入其中。明德模式和我国汉语教学界早期使用的模式以讲练—练习方式组织教学，非常有理；如果照字面理解，这里的讲只占1/4的时间，大量的时间应该是教师指导下的学生的操练。英语对语言教师的称呼是"instructor"，其所包含的意思之一就是"指导者"。

2. 结构—功能相结合的理念不利于指导语言教学。

如果认同上面的几点理念，那么就会对支撑"综合+小四门"教学模式的"结构—功能相结合"理念产生质疑。

崔永华（1999）[③]说："这种教学模式（指'综合+小四门'模式）根据技能项目设置课程，教材采用结构—功能法安排。"吕必松（2003）[④]也说，我国几种占主流地位的教学路子（即教学模式）的特点之一是"主张结构与功能相结合"。类似的说法还有很多。可见，"综合+小四门"教学模式的指导思想是结构—功能相结合。

---

① 施仲谋《明德中文暑校经验的启示》，《世界汉语教学》1994年第1期。
② 张朋朋《怎么教外国人听说"普通话"和读写"汉文"——谈"第二语言"和"第二文字"的教学理念》，《海外华文教育》2011年第1期。
③ 崔永华《基础汉语教学模式的改革》，《世界汉语教学》1999年第1期。
④ 吕必松《汉语教学路子研究刍议》，《暨南大学华文学院学报》2003年第1期。

至于结构怎么和功能相结合？未见十分明确具体的表述，至少一定体现在综合课教学内容的设计上。吕必松（1996）[①]说："因此，在语言教学中，特别是在第二语言教学中，必须把语言要素教学跟言语技能训练有机地结合起来。也可以说，第二语言教学就是通过语言要素教学进行言语技能训练，通过言语技能训练进行语言要素教学。"这两个"通过"不好理解，但是可以肯定的是，综合课教材把结构作为首要考虑因素是一定的。赵金铭（2006）[②]也说，语言要素教学是综合课教学的首要任务。它在综合课教学中占有相当大的比重，……综合课的语言要素教学具有全面与系统的特点，在教学内容上，注重对语言知识全面而系统的传授；在教学方式上，围绕所教授的语言项目要进行听、说、读、写综合训练；教学目标是使学生对所学知识达到听说读写"四会"的要求。

我们知道，语言结构有自己的系统和秩序，语言的功能（请求、拒绝、恭维等，指导听说教学的大纲）、语言的体裁（指导读写教学的大纲[③]）有另外的系统和秩序。既然我们认可语言的性质是能力，语言教学的目标是培养交际能力，语言教学应取的手段是能力训练，那么以结构为主要大纲就南辕北辙了。这样做

[①] 吕必松《对外汉语教学概论（讲义）》，国家教委对外汉语教师资格审查委员会办公室，1996年。

[②] 赵金铭主编《汉语可以这样教——语言技能篇》，商务印书馆，2006年。

[③] 目前我国汉语教学用功能大纲建设还不是很成熟；体裁大纲还阙如，笔者和研究生刚开始研制，见曾祥燕、宗世海《海外华语教材课文（篇章）的体裁研究》（华文教育国际学术研讨会论文，暨南大学华文学院，2013年），宗世海《论国际汉语教学用汉语体裁大纲的研制》（第12届国际汉语学术研讨会论文，北京第二外国语学院，2015年）；另外宗世海《论国际汉语教学之写作能力目标》（首届两岸华文教师论坛大会，暨南大学，2011年）也是体裁大纲研制的重要基础。

的结果是：综合课虽然也训练听说读写，但是因为是结构为纲，所以其听、说、读、写的项目不可能完善，听、说、读、写项目应有的难度、顺序不可能贯彻。这样的主课，如果不配套另外的能力训练教材，或者虽然配套了能力训练教材，仍然跟着综合教材的能力项目走，则学生交际能力的培养势必出现不系统、有遗漏的弊病；而如果配套另外的、以功能大纲（听说）、体裁大纲（读写）指导的能力训练教材，则又不好和综合课配合。在实际教学上，由于我国大多数汉语教师更熟悉汉语本体知识，而实践中又没有切实的课程规范、没有教师配合和客观评测约束，出现把综合课教成知识课的倾向是必然的。

正因为以结构—功能为纲，此类综合教材存在着因结构损害功能的语言生硬弊端。例如周健和陈群（2011）[1]举例分析的那样：《汉语教程》第1册（上）第13课为了突出形容词谓语句这个语法点，课文的会话完全围绕它展开，以致两个角色的对话"自说自话"，"不太符合我们平时说话的习惯"。

与此相关，国内对外汉语教学界过分看重汉语特点，汉字特点，讲究先语后文，认写分开，笔者并不认可。没有证据证明汉语的这些特点严重到汉语教学要主要以结构为纲。

据了解，20世纪70年代，英国学者提出功能—意念教学大纲，是对传统的以语言结构为教学体系的结构大纲的挑战。结构大纲强调以语法结构的难易开展教学，如先教一般现在时，接着教一般过去时，再教现在完成时等。现在这种大纲似乎过时了。

---

[1] 周健、陈群《语感培养模式——对外汉语教学的理念与实践》，外语教学与研究出版社，2011年。

此次调查发现,有受访者表示:"综合+小四门"模式虽有苦劳,但弊端很多。关键是以老师为中心,以概念为指针。我们要以学生为中心,以实际交际和应用为指针。

(二)综合课任务太重

"综合+小四门"模式下的课程任务如图2所示:

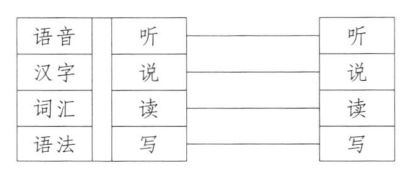

语音	听	听
汉字	说	说
词汇	读	读
语法	写	写

综合课任务　　　　小四门课任务

图2 综合课与小四门课任务示意

周小兵和李海鸥(2004)[①]说:"精读课(综合课)要以基础语言知识为中心进行综合训练;精读课的听说读写应相互配合。"但是由于综合课(精读课)既要统率分技能课(小四门),它本身又是以结构为主纲,而不是以"功能"之类为纲,势必存在综合课内部知识与技能的分离,听、说、读、写技能的难以顾全,以及统帅另外的小四门课程的乏力。显然,以交际能力培养为目标的课程体系不宜那么看重结构,不宜由一门综合课负担那么多的任务。

在实际的执行中也能看出这一点,比如某受访者说,"综合"和"读写"无论是语言要素还是语言技能都交叉较多,所以,他们的课程体系没有综合,只有"精读"。前文列表中取消综合课者(模式Ⅳ)也与该综合课太大而无当,既涵盖小四门又不能代替小四门有关。

---

① 周小兵、李海鸥《对外汉语教学入门》,中山大学出版社,2004年。

（三）小四门过度分散，重复浪费

崔永华（1999）[①]指出，按技能分课型，未必是学习语言技能的最佳途径。语言的多种技能是相互关联、协调发展的，各种技能很难截然分开培养。我们大体同意这种说法，不过并不是完全反对分课型；适当地将听说、读写合并，应该是可行的。

张述娟和徐新伟（2014）[②]指出，听与说分立两门课程不利于协调发展两种能力。笔者以长期教授写作课的经验观察，写作课与阅读课不易配合，与综合课更不易配合，因为阅读课、综合课的体裁范围太狭窄，很多体裁未出现，写作必须单独编写讲义；而为了给出多样的范文，实际上本人的写作课变成了读写课了。

此次调查也发现受访者在这方面的意见不少：

▲师生普遍反感听力课，教学效果差，老师们也都认为作为听和说是言语交际中不可分割的两项技能，所以后来就把听力课和口语课合并为听说课。

▲听力课如果不结合听后说，就十分枯燥。听说本身就应该是一个完整的过程，互相推动。阅读不结合写，也总是纸上谈兵。

▲以前听说是分成听力和说话两门课的，后来改成了听说课一起上，主要是听力课单独上不太好上，光听的话学生的注意力集中不了那么长时间，容易上得枯燥，肯定不能只听，所以将两者合一，既有输入，又有输出，这样好一些。

▲我个人认为读写尚能单列，但是听说很难分开，纯粹的听很无聊，而纯粹的说也缺乏交互性。

▲抛开说话来练听力，抛开阅读来练写作，本身就是有问题的，听

---

① 崔永华《基础汉语教学模式的改革》，《世界汉语教学》1999年第1期。
② 张述娟、徐新伟《对外汉语听说一体化教学模式新探——以初级阶段听说教学为例》，《华文教学与研究》2014年第1期。

和说、读和写本来就应该结合起来。

▲根据我的观察,很多单位单立的那些"听力课""报刊阅读课""写作课"还有不少也是起着给老师补零工作量的作用,实际教学效果如何就没人知道了。

总之,小四门并列的课型必须摒弃;如果要开技能课,必须改为听说合一、读写合一。

(四)综合与小四门之间,以及小四门内部的配合很成问题

"综合+小四门"模式的一个最大问题就是课型太多,存在课程之间、教材之间和教师之间配合难的问题。

1. 课型之间配合难度大。

从数学的角度来看,综合与小四门之间要有 10 重配合:

综合—听力;综合—说话;综合—阅读;综合—写作;
听—说;读—写;听—读;说—写;听—写;读—说。

这样的设计,实在是太不经济、太浪费了。

此次调查也有受访者指出了该模式的课程配合问题:

▲主要问题是各门课程之间缺少衔接。

▲如果是互相之间不配套的精读+小四门,内容会重复,有浪费学生时间之嫌,如口语课和听力课有重复之处,阅读课和写作课有重复之处。

"综合+小四门"模式中课程之间的重复是必然的。比如说话课,你得给学生说话的样板、范例,这样板、范例不就是听力课的材料吗?同样,写作课的样板、范例也就是阅读课的材料。听说读写分列,重叠是必然的。

其实,课型之间的不配合问题不只是重复,更重要的是遗漏。比如体裁方面的遗漏。很多教材不但对应用性体裁收罗太少(笔者编写的应用文写作讲义含有 32 种体裁),而且连说明文尤其

是议论文这样的基础性体裁也很少。

"综合+小四门"模式之课程配合问题集中在两点，第一是综合课和小四门之间的配合，第二是小四门内部特别是听和说、读和写之间的配合，其中第一个层次的配合问题最大，所以我们的结论和陈贤纯（1999）[①]、杨惠元（2000）[②]一样，取消综合课（精读课）。前文调查所得也显示，模式Ⅲ中凡是没有采用"综合+小四门"（分模式1）的，都是在改革该分模式之弊病。

2. 教材之间。

教材是教学计划的细化，教材的配合具有重要的意义；教材之间若不配合，即使教师想配合也难度很大。

调查发现，目前采用模式Ⅲ的教学机构并未选用鲁健骥《初级汉语课本》，选用较多的教材是杨寄洲主编的《汉语教程》系列教材（本科系列教材），以及李泉主编的《发展汉语》系列教材，而且可能国内只有这三套教材是按照综合+分技能的理念编写的，除此之外并无其他同类系列配套教材。

调查发现，即使是选用后两套教材，也有的教学类型仅仅是选用，即和别的教材搭配使用。此外，有的教学类型采用李晓琪主编《博雅汉语》系列教材，与北京大学初级、中级、高级汉语口语系列教材配合使用。还有的教学类型采用《成功之路》系列教材，有的教学类型"汉语交际"（汉语听说）课采用马箭飞主编的《汉语口语速成》系列教材。

---

① 陈贤纯《对外汉语中级阶段教学改革构想——词语的集中强化教学》，《世界汉语教学》1999年第4期。

② 杨惠元《第二语言教学的新模式（实验设计）》，《汉语学习》2000年第6期。

多数受访者表示他们的教材不配套，是搭配使用；统计发现回答不配套的、配合程度不高、随意搭配的、拼凑的受访者有14位。有的教学类型因为找不到合适的汉字课教材、阅读课教材而取消了这两门课。有几位受访者说法比较尖锐：

▲据我所知，很多高校所使用的教材都不配套；教材之间不配套是如此繁多的分科不好协调的重要原因。

▲我发现教材之间语言点或词汇重复或者难度不一的情况比较普遍，甚至存在口语难度超过综合的情况。

▲现在看上去有的教材也叫配套，但在语法、词汇、功能等方面的具体处理上往往貌合神离。

同时，笔者指导研究生尝试研究了上述后两套配套教材的配合问题，研究发现：

《汉语教程》与《汉语阅读教程》：在词汇量方面，第三册《汉语阅读教程》中的词汇比同册《汉语教程》多了25%以上，不太匹配；在词汇难度方面，两本教材不太匹配；在词汇的复现方面，抽样研究发现不太匹配；在语法点复现方面，抽样研究发现也不太匹配。[1]

《发展汉语》中级听力教材、口语教材与综合教材在话题方面配合欠佳；听力教材和写作教材词汇难度偏大，而口语教材词汇难度偏小，都与综合教材的配合不太理想。[2]《发展汉语》已经出了第二版，据李泉介绍，第二版跟第一版差别巨大，有关问

---

[1] 刘青霞《〈汉语教程〉与〈汉语阅读教程〉匹配度研究》，暨南大学硕士学位论文，2013年。

[2] 黄禧媛《〈发展汉语〉综合与分支教材的配合研究》，暨南大学硕士学位论文，2012年。

题应该有所改进。笔者还在指导研究生对第二版初级阶段进行研究，完成以后再向学界汇报。

大家知道美国明德教学模式、我国的综合课模式（复习—讲练—练习，或讲练—练习）都十分强调配合，甚至用同一本书来约束。但"综合＋小四门"模式走到了反面，而且走到了极端，由一本书变成了五本，导致教材的难配合不配合问题格外突出。①

3. 教师之间。

"综合＋小四门"模式的教师配合也是个大问题。

问及各门课授课教师之间是否能够配合，回答能配合的只有四个教学类型；有两个教学类型的回答是：教师仅从教材配合/仅靠教材隐性配合。有的受访者回答，即使教材配合，也不能完全决定教师能够配合。更多的受访者回答说，教师很少沟通；教师无交流、无配合；基本上无配合，配合少。还有的受访者说：

▲教师之间的分工合作也比较麻烦。

▲这种模式容易造成好上的内容各门课都讲，不好上的内容大家都不上，容易互相推诿或扯皮。

▲教师不能配合，也不愿配合。

笔者遇到的教师配合问题是：课时多的综合课老师们抢着上，课时少而难上的小四门特别是听力、写作没人上。这说明该模式

---

① 所谓教材的配套，指步调一致，教材之间有字、词、语法点的合理重复、重现，但又不能完全重叠。至于具体的度如何把握，刘青霞《〈汉语教程〉与〈汉语阅读教程〉匹配度研究》（暨南大学硕士学位论文，2013 年）做了初步尝试，但还远远不够深入。

对不同课程的任课教师存在不公平问题。在笔者的学院，写作课长期被教师们视为畏途。谁都知道写作课很重要，写作教学也是学生汉语水平达到高级的关键。像我们的汉语言、华文教育等专业，学生不管起点高低，都要上到本科毕业，都要用中文写实习报告、教案、学年论文、学位论文（10 000 字以上），但写作课换老师的情况最为频繁，包括由 B 岗、外聘老师上，包括给每门写作课每学期一些劳务补贴，给外聘老师付出租车费，都不能扭转写作课没人上的命运。根据王初明等（2000）[①]的研究，写作具有促学作用，写作课上不好，不但学生写作不好，而且也影响阅读，甚至影响听说。赵金铭（2011）[②]曾说过的我国对外汉语教学多数停留在初级水平的问题是存在的，严重的。这与写作课没有落实好很有关系。

（五）"综合＋小四门"模式教学效率不高

因为我国对外汉语教学效率不高，陈贤纯（1999）[③]、杨惠元（2000）[④]都曾明确主张取消精读课。[⑤]我们根据学理和本校实际经验，坚持认为"综合＋小四门"模式结构松散，效率不高。查国内几个改革案例，包括陈贤纯（1999，2005）、杨惠元（2000），

---

① 王初明、牛瑞英、郑小湘《以写促学——一项英语写作教学改革的实验》，《外语教学与研究》2000 年第 3 期。
② 赵金铭《初级汉语教学的有效途径——"先语后文"辩证》，《世界汉语教学》2011 年第 3 期。
③ 陈贤纯《对外汉语中级阶段教学改革构想——词语的集中强化教学》，《世界汉语教学》1999 年第 4 期。
④ 杨惠元《第二语言教学的新模式（实验设计）》，《汉语学习》2000 年第 6 期。
⑤ 鲁骥健对此有不同看法。

还有毛悦（2010）、张朋朋（1999），[①] 效率都远高于国内"综合＋小四门"教学模式。

此次调查也发现受访者在这方面有同感：

▲我校也曾如此分科上过，但效果不好。// 学习的效果不理想。

▲生词或句法复现率低，不利于学生语言能力的发展。

▲课头繁多，学生也容易顾此失彼，甚至普遍存在重精读（因为课时多）轻分科课程（各课课时不及精读课的一半）的现象——出勤率很不一样就是明证。

▲确实觉得原有的教学模式效率不高、不利于学生汉语水平的短期强化及快速提高。

▲如果没有相应的沟通和整合，多套生词、多套语法的学习可能泛而不精，一方面加重了学生的学习负担，另一方面我个人相信对外语学习来说，深度（甚至过度）学习、反复操练效果可能更佳。

总而言之，"综合＋小四门"模式比起美国的明德模式以及我国1986年以前的综合模式是个大倒退，这种既不科学，又没有效率、还不公平的教学模式最好废止。

四、"听说＋读写"教学模式应该大力推广

这里的"听说＋读写"教学模式指模式Ⅳ之2。

笔者在教学、研究中产生"听说一体、读写一体"的理念，

[①] 陈贤纯《对外汉语中级阶段教学改革构想——词语的集中强化教学》，《世界汉语教学》1999年第4期；陈贤纯《汉语强化教程初级写作》，北京语言大学出版社，2005年；杨惠元《第二语言教学的新模式（实验设计）》，《汉语学习》2000年第6期；毛悦《海外企业人员短期汉语教学模式研究》，《世界汉语教学》2010年第1期；张朋朋《语文分开、集中识字的思路和具体做法》，《汉语速成教学研究》第二辑，华语教学出版社，1999年。

形成建立"听说+读写"教学模式的想法已有多年，多次与同事交流过。后来查览了有关文献，看到孟宇等（2009）、尹晓琴（2013）、胡晓清（2010）、张述娟和徐新伟（2014）等关于英语、汉语教学中"听说一体"教学法的文献，①深以为然。2012年笔者应邀赴马来西亚，在柔佛州峇株巴辖、新山两地开展过华文教学"读写一体"教学法讲座会，2015年笔者以第一作者身份发表了关于"读写一体"理念在华文教学方面的应用的论文。②最近的文献研究表明，北京语言学院在1975年就施行过听说、读写两条线教学实验，而且效果不错；此次面向国内一线教学管理人员的调查也发现，有9个教学类型没有采用"综合+分技能"教学模式（模式Ⅲ），其中有4个教学类型用的就是"听说+读写"的教学模式。

我们要论证大力推广"听说+读写"分教学模式的必要性和操作要点。

需要说明的是，我们用"听说+读写"模式，而不是"语+文"模式或者"口语+笔语"模式，这同样基于我们对语言教学性质的认识，语言教学是能力训练，语文教师是 instructor，更像教练、导演，所以有关的课程模式名称应回归听说读写。

（一）"听说+读写"教学模式符合语言教学先进理念

首先，语言教学的性质不是知识教学而是能力训练，围绕听

---

① 孟宇、陈琛《探析"听说一体，以说促听"的听力教学模式》，《大学英语》（学术版）2009年第2期；尹晓琴《大学英语听说一体教学新模式实证研究》，《教育与教学研究》2013年第10期；胡晓清《汉语听说一体化教学模式探析》，《语言教学与研究》2010年第1期；张述娟、徐新伟《对外汉语听说一体化教学模式新探——以初级阶段听说教学为例》，《华文教学与研究》2014年第1期。

② 宗世海、韩小萍《读写一体理念下的马来西亚〈华文〉分析》，《华文教学与研究》2015年第3期。

说、读写能力设课，抓住了能力训练的关键。

其次，与能力训练最相关的教学法是交际教学法、任务型教学，甚至沉浸式教学，直接教学，所以只有把听说合一，读写合一，才方便组织学生由输入到输出，由模拟练习到真实交际的课堂活动。国外教学理论中有一种广泛使用的贯穿教与学全过程的三P模式：①

Presentation（展示：教师陈述、呈现知识）

Practice（练习：学生做复述性、机械性操练）

Production（表达：学生产出真实的话语文章）

"听说一体""读写一体"很符合三P的原则。例如：口头练习问路、自我介绍，都可以由第一个P过渡到第三个P了；练习"我的母亲"这样文章的读写，学生听讲或自学别人的文章是第一个P；就该文章问答讨论（旨在理解文意，学习章法技法）是第二个P；进而达到写一篇自己母亲的写人记叙文，到达第三个P。

第三，"听说+读写"模式不会影响语言知识的教学。

前文说过，以结构—功能为纲违背语言教学规律。那么以功能、体裁为纲会不会影响语言知识的教学呢？答案是不会。

请看图3：

---

① 郭晓冬《汉语作为第二语言语法教学的PPP模式和PACE模式对比研究》，华东师范大学硕士学位论文，2011年。

听 ←——→ 说

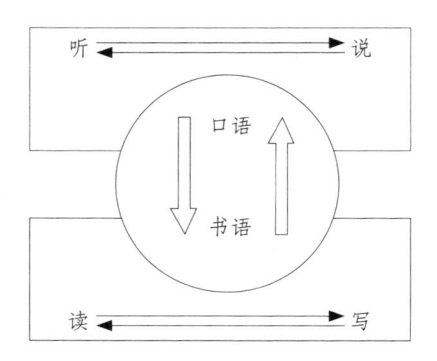

口语 ↓↑ 书语

读 ←——→ 写

图 3　"听说 + 读写"教学模式下语言知识和语言技能关系示意

以往"综合 + 小四门"模式的教材因为是结构大纲统帅，语言知识的安排被过度强调，功能、体裁大体处于服从的地位，违背了语言教学的目的。"听说一体""读写一体"教学模式是以功能、情景、话题大纲（听说教学），以及体裁、主题大纲（读写教学）为依据组织教学、教材的。这样一来，有关的语言知识大体上区分为听说的和读写的两类，由两门课、两本教材、两个或两组教师分工负担，其中拼音知识系统由听说课解决，汉字知识系统由读写课解决，词汇、语法项目随教学需要出现，越到高级越体现出口语与书面语的差别。

这样做，语言知识并不会遗漏：只要功能大纲、体裁大纲制定科学，教材编写控制严格，该教的知识都会教到，只不过知识是随技能需要而出现，知识的地位降低了，组织顺序变了。

会不会过度重复？答案是否定的。首先，听与说之间，读与写之间，重复是非常必要的，听完就说，读完就写，不但不是问题，反而正是我们孜孜以求的境界。这时，我们不怕其重复，倒是害怕它们像小四门那样听与说、读与写互相脱节。至于听说与读写之间的配合，只要基础研究做得好，它们是可以很好配合的，就

第四节 我国汉语教学模式的历史、现状和改革方向

是说会大体同步,有一定复现;但是到中高级阶段更多的是分流:口语和书面语的分流。①

以功能、体裁为纲为依据安排教学内容,是该分模式和综合模式或者"综合+小四门"模式的最大不同。具体操作(主要是设计大纲和编写教材)时结合情景、话题(听说),以及题材(读写)安排,而不是以语言点的难度、频率为主要依据安排。因为语言能力主要表现在功能和体裁,在功能、体裁统率下,听说高度一致,读写高度一致,这不叫重复,而是语言学习达到熟巧的必须;至于听说与读写之间的不太一致,以及越到高级越分流,那也无伤大雅。试想:原来的五门课、五本教材,怎么可能处理好这几个简单的关系呢?

当然就功能、体裁广度而言,多听读,少说写,符合认知规律和现实需要,这个不成问题。例如读四篇关于"我的家庭"话题的文章,写一篇关于学生自己的家庭的文章即可;假若用于读的课文体裁有20种,需要教学生会写的只有15种就够了。

贯彻功能、体裁大纲为主的原则,也可以避免人造例句、人造对话的弊端。

---

① 所谓基础研究做得好,指的是随着口语语料库的进步,口语词汇、口语句法大纲尽快建立;书面语词汇表、书面语句法表也尽快建立。例如刘华、吕荣兰《基于语料库的对外汉语口语教学话题库及话题词表库构建》(载曾毅平主编《海峡华文教学论丛》第1辑,暨南大学出版社,2012年)已经以话题为根据,研究了汉语口语中和话题高度相关的高频词汇;又如李培蕾《"汉语教学用书面语词表"的研制》(暨南大学硕士学位论文,2015年)初步研制了一份汉语教学用书面语词汇表,笔者指导。另外,初级阶段使听说与读写保持联系的方式是"话题",很多教材为会话编写篇章,或为篇章编写对话,都是基于这个目的。不过这样编出的会话篇章质量常不尽人意,有待提高。

（二）"听说＋读写"教学模式具有很多优势

表2所列的模式、分模式共有九种，我们这里排出其中四种典型的做一比较：

A. 综合课模式（模式Ⅰ）：听说读写一体，齐头并进

B. 综合＋听说读写小四门模式（模式Ⅲ之1）：以结构—功能为纲、主课次课配合的方式教授语言知识，操练语言技能

C. 听＋说＋读＋写模式（模式Ⅳ之1）：四门分列，齐头并进

D. 听说＋读写模式（模式Ⅳ之2）：两门分列，齐头并进

A模式在执行的时候被分解为复习—讲练—练习等课型，一本书，三门课，多教师配合；其源头是美国陆军专门训练计划部研究出的教学法，在汉语教学中该法首先由赵元任先生在美国使用，至今活跃在美国高校，明德教学模式的直接源头是赵元任在哈佛开创的汉语教学培训班。这种方法已被长期广泛使用，证明是非常有效的。不过它是汉语作为外语的教学模式，并不一定适合作我国的对外汉语教学（汉语作为第二语言教学）模式。因为，第一我们有充足的师资，第二我们有充足的课时，第三我们有良好的目的语环境。至于汲传波（2006）[①]认为该模式限制了教师的首创精神，笔者倒不这么看。我们认为，综合模式有很多的优点值得吸取，但作为整体教学模式，对外汉语教学不必采用。

B模式头绪太多，课程、教材、教师需要配合的层次太多，也不利于排课，不利于学生的学习，是一种既不科学，又没有效率、还不公平的教学模式，不宜延续。

C模式头绪比B模式少，取消了综合（精读），但四门课分列，

---

① 汲传波《论对外汉语教学模式的构建——由美国明德大学汉语教学谈起》，《汉语学习》2006年第4期。

仍嫌头绪太多。与"综合+小四门"中小四门的问题一样，该模式同样存在听力很难单独上，写作没人愿意上的问题，几门课之间应有的联系被割裂，不平衡、不好执行的弊端明显；有不少学校已将听说合一，读写合一，说明听说分裂、读写分裂不被认可。

D 模式是相对而言最佳的教学模式。该模式符合口语、书面语相对分离、"听说一体""读写一体"的原理，[①] 而且方便排课，方便考核，课程、教材、教师之间的平衡、公平容易得到保证，所以说它是最佳的教学模式。与 A 模式比，它适当分解，方便排课（有教师说，一周 20 节课，没有几门课的话无法排课），与 B、C 模式比，则层次大大减少，效率可以大大提高。

对表 2 的分模式进一步评论，我们认为模式Ⅲ的 6 种分模式中，最差的是分模式 1，其余分模式中课型越少的越优越，减少课型、合并听和说、读和写，都是对分模式 1 的优化；模式Ⅳ中的两个分模式相比，分模式 2 明显优于分模式 1。在所有模式Ⅲ和模式Ⅳ的分模式中，分模式Ⅳ之 2 是最优越的教学模式。

概括而言，"听说+读写"模式有以下四个优势：摆脱了综合和小四门配合困难的弊端；消除了听力课没法上、写作课没人上的问题；消除了听与说、读与写的联系被割裂的问题；方便制定更加系统统一的教学目标，方便管理，方便考核。

（三）"听说+读写"模式的适用对象

鲁健骥（2016）[②] 一再指出任何教学模式都应该有明确的教

---

① 设想：听读一体没法上，说写一体也一样；至于听写一体、说读一体更是不伦不类，无法执行。

② 鲁健骥《关于对外汉语教学模式的对话》，《华文教学与研究》2016 年第 1 期。

学对象和教学目的，笔者基本认同。不过我们坚持较宽的标准，认为"听说+读写"这样的基本教学模式有较大的适用面，能够适用于一年及二年的汉语教学类型。所需要的只是实际教学中的微调而已。当年鲁健骥等人的教学改革是因为学生听、读太差，不能兼顾说写，才做的变通。如今整个教学界的水平有所提升，教学条件有所改善，一年之内听说读写大体并进应该作为目标。笔者非常同意刘颂浩（2014）、鲁健骥（2016）等文献[①]中关于加强管理的观点，认为再好的模式，管理跟不上也是白搭；而具体的管理形式我们建议把刘颂浩（2014）[②]说的教学主管分为两个：课程主管（课长）、年级主管（级长）。

（四）"听说+读写"模式的操练要点

1. 课程安排。

考虑到对外汉语教学之全日制教学、教师充裕、学习时间充裕、语言环境优越的实际情况，为了保证教学效果，特吸收以往模式中的长处，设计课程表如表3：

表3　听说+读写模式课程表

时间	上午				下午		课外
节次	1	2	3	4	5	6	
教学方式	讲练				练习		自学
Ⅰ听说	讲练Ⅰ				练习Ⅰ		泛听
Ⅱ读写			讲练Ⅱ			练习Ⅱ	泛读

[①] 刘颂浩《中国对外汉语教学模式的创建问题》，《华文教学与研究》2014年第2期；鲁健骥《关于对外汉语教学模式的对话》，《华文教学与研究》2016年第1期。

[②] 刘颂浩《中国对外汉语教学模式的创建问题》，《华文教学与研究》2014年第2期。

这个模式吸收了讲练—练习的要素,也吸收了鲁健骥(2003)①关于精泛读并举的精神(扩大至同时也加强泛听),主体还是"听说＋读写"分技能模式。它共有两门课,四个课次,四个教师；讲练Ⅰ要求练习Ⅰ予以配合,讲练Ⅱ要求练习Ⅱ予以配合,如此而已。至于听说之间、读写之间的配合,前文已述；泛听与讲练Ⅰ练习Ⅰ的配合,泛读与讲练Ⅱ练习Ⅱ的配合,仅靠仔细研制的泛听、泛读材料来保证即可奏效。泛听、泛读材料要求与主课高度相关,重现率高,生词少。②同时,这些自学的泛听材料除了两种不同速度的音频外另附相应的文本供自学参考,并随附练习答案；自学的阅读材料则除了文本外,另附供听的音频以及练习答案。

另一种排课方法:多人合上一门课,一般是二人合上一门课。

2. 听说读写齐头并进。

我国汉语教学界曾经长期为先语后文还是语文并进以及是认写分流还是认写同步纠结；当前大多数学校在初级阶段不设写作课,或者只设汉字读写课、③汉字书写课,最快也是初级下开始设写作课。美国汉语教学界则在一开始就开设写作课(教材如姚道中、刘月华的《中文听说读写》)。其实,听说读写四种能力完全可以同步发展,只不过开始的写除了写汉字外,作文写得短一些,写作的题型难度小一些而已。比如写30个、50个字的短文,比如看图写作,读后笔头复述,甚至影视观后笔头复述都难度不

---

① 鲁健骥《口笔语分科,精泛读并举——对外汉语教学改进模式构想》,《世界汉语教学》2003年第2期。

② 比如控制在1.5%—2%之间,像"汉语风"系列读物那样。

③ 读指的是认读。

大，效果良好。此外，抄写也是一种训练写的有效方法。① 语言能力中要将读写能力作为终极目标，给予高度重现。学生只有大量说、适量写，才能由知识进入到能力，形成习惯，变成熟巧。

有学者认为听、说、读、写能力应该分开，可以只教某些学生听说，完全不教读写，我们的设计是从初上开始就同时训练听说读写，因为这四种能力有时联合训练效果更好，甚至有学者证明写不但可以发展写作能力，而且可以促进听、说、读的学习。② 认知心理学还告诉我们，有的学生是视觉型认知风格，只接触听说很难有牢固的记忆；而一旦有了文字，书写，则情况大为改观。因此我们主张听说读写尽量同时施教。

有学者认为听、说、读、写四种能力互相关联，协调发展，似乎不宜分开，③ 这种说法有一定道理，但并不影响我们将听说与读写适当分开。至于有的练习方式，或曰题型，跨了听说与读写之界，仍可采用，只不过听说、读写两位教师要清楚自己重点需要的是哪种能力而已。举例来说，"抄写对话"跨听说、读写课型，若主要目的是加强对对话的熟悉和记忆，听说教师完全可以采用；"听后写"（全文听记）对提高听力和写作能力都有很大作用，写作教师为了训练学生记听课笔记的能力，完全可以采用。这里，"抄写对话"形式对于写作的贡献，"听后写"形式对于"听"的贡献，就算各教师对另一方的奉献了，也是友好配

---

① 王汉卫《初级阶段"抄写策略"的运用》，《广州华苑》2009 年第 2 期。
② 王初明、牛瑞英、郑小湘《以写促学——一项英语写作教学改革的实验》，《外语教学与研究》2000 年第 3 期；郑超主编《以写促学：英语"写长法"的理念与操作》，科学出版社，2004 年。
③ 崔永华《基础汉语教学模式的改革》，《世界汉语教学》1999 年第 1 期。

合的表现。

当然,"听说+读写"模式中四种能力即使是同步推行,内部的顺序还是不能乱的,这就是先练听说能力,再练读写能力;先输入,后输出。比如同一天的四节课,前两节听说,后两节读写。

3."听说+读写"教学模式中的优秀训练方式。

下面是笔者认为极富价值的听说、读写训练法列表(见表4),其中贯穿了"听说一体""读写一体"的很多原理。

表4 "听说+读写"教学模式常用操练法

A."听说一体"操练法	X.跨"听说+读写"操练法	B."读写一体"操练法
朗读对话	读出对话(文本)	抄写课文
听后口头复述	阅读对话(文本)	读后笔头复述
听后转述(转为独白)	抄写对话(文本)	看图写作
看图说话	听后读(文本)	读后续写
角色扮演	听后写(全文听记)	读后改写
听后讨论	听后笔头转述	读后扩写
观后口头复述	说后写	读后缩写
观后讨论	观后写	读后仿写
开放对话	观后笔头复述	读后评论
命题演讲	朗读课文	开放限裁写作
		命题写作

其中A、B栏所列的练习方式,题型分别是听说课和读写课各自独用的方式,集中体现了"听说一体""读写一体"联合训练的特点;X栏所列则是跨听说、读写课型的。表4中的这些练习方式、题型很多都是非常有效的,其中听后写、看图作文等笔者不但在十几年教学中经常采用,而且指导研究生撰写了学位论

文，[1] 其中读后笔头复述[2] 是新 HSK 六级写作题型。

（五）"听说 + 读写"教学模式效率的部分证据

由于管理体制的限制，本模式的可行性和效果并未经过笔者系统验证，不过有一些间接的、局部性的经验。

首先，如前所述，我国在 1975 年已经进行过听说、读写两条线的教学试验；1986 年李更新、李德津的教材《现代汉语教程》已有"读写一体"的倾向。同时，当前国内不少学校已经将听说合一、读写合一；至少有四所高校已经采用"听说 + 读写"的教学模式。这些事例都证明"听说 + 读写"模式有一定的经验基础。其中南开大学从 2004 年就开始了教学模式的改革，并且自编了配套教材（《会通汉语》，卢福波主编）。他们的改革是系统的，效果也很明显。据报道，"开始一句汉语也不会讲的学生在新模式下经过一个学期的汉语学习，可以流利地用汉语讲话，能够通顺地用中文写文章。实验班的学生大部分取得了汉语水平考试的三级成绩，其余的小部分取得了四级成绩，还有少数同学甚至达到五级水平。实验班取得了很大的成功"。"采用新模式后，教学质量全面提高。以基础班（零起点班）为例，通过一个学期的教学，学生普遍能够流利地进行口语表达，与他人交流没有障碍，能写 500 字左右的短文。许多人下一个学期要求跳过初级班，升入中级班学习，还有些学生要求直接升入高级班学习。"[3]

---

[1] 张萃《"听后写"：一种强化式汉语写作训练手段的理念和实践》，暨南大学硕士学位论文，2011 年；敖敦图雅《汉语看图作文测试命题质量研究》，暨南大学硕士学位论文，2014 年；罗金《汉语二语"读后续写"教学法探索》，暨南大学硕士学位论文，2015 年。

[2] HSK 自己称这种题型是缩写，不当。缩写是允许学生看原文的。

[3] 石锋、施向东《南开汉语教学新模式的探索》，《南开语言学刊》第 2 期，商务印书馆，2007 年。

第四节 我国汉语教学模式的历史、现状和改革方向

其次，胡晓清（2010）、张述娟和徐新伟（2014）都发表了汉语"听说一体"教学方面的论文，①其中后者还进行了这方面的实证研究，证明实施该教学模式提高了教学效率。

再次，笔者长期从事汉语写作教学，并自编讲义。由于阅读课、综合课教材选文体裁与写作教学要求出入较大，可做写作范文的文本不多，顺序不合要求，而且选文从写作的角度看也不尽典范，所以笔者只好自选范文，而这样做的结果实际上也具有了"读写一体"的价值。作为练习形式，笔者大量尝试表3之B栏的题型，以及X栏的部分题型，训练效果十分明显。从问卷调查、学生评估看，学生很认可本人的方法，也明确表示自己学有所获，具有很强的成就感。就写作的结果看，以2015年秋季为例，学生是零起点第三个学期，算中级上，并未开设过初级写作，每周2课时的写作课，共学习范文26篇左右，长度多在800字以上；写"听后写"9次，每篇长度200来字，写看图作文，读后续写以及其他体裁、命题或给材料作文13篇，字数在800个以上；限时抄写2篇（各20分钟），另有日记若干，积极性高的同学日记总量比作文总量还大。这些事实证明笔者对写作课之训练强度的重视。10年来，笔者明确地使用了听后写、看图作文、读后续写等题型，并指导研究生撰写了专题论文6篇，验证了很多题型的效度乃至促学效应，笔者和同事也在《世界汉语教学》上发表了"写长法"的研究报告。②关于"读写一体"，笔者也发表过专题学

---

① 胡晓清《汉语听说一体化教学模式探析》，《语言教学与研究》2010年第1期；张述娟、徐新伟《对外汉语听说一体化教学模式新探——以初级阶段听说教学为例》，《华文教学与研究》2014年第1期。

② 宗世海、祝晓宏、刘文辉《"写长法"及其在汉语二语写作教学中的应用》，《世界汉语教学》2012年第2期。

术论文，证明了该法的科学性和适用性，以及主要的操作题型。[1] 笔者指导的硕士学位论文《汉语二语"读后续写"教学法探索》[2] 则用实证的方法证明了"读后续写"在汉语教学中的有效性，并应邀在广东外语外贸大学"读后续写教学成果交流会"上做大会发言（2015年12月3日—4日）。我院的综合课至少8课时每周，还有阅读课、泛读课等，假若把其中的阅读课时都交给笔者支配，施行"读写一体"的教学法，与听说课配合，可望达到陈贤纯（2005）[3] 一年教会5000词汇的效果，纯粹的零起点学生新HSK一年超过五级目标。[4]

五、结语

本节从文献研究入手，结合邮件调查等方法，研究了汉语教学界教学模式的发展历史和当下态势，提出了破"综合+小四门"教学模式、立"听说+读写"教学模式的主张，并结合时贤及笔者的教学经验、研究基础，提出了施行"听说+读写"教学模式的操作要点，报告了一些间接教学效果和局部性经验。

我们相信，美国陆军专门训练计划部研究的教学法和明德模式不见得是最好的对外汉语教学模式，也并不是唯一高效的教学模

---

[1] 宗世海、韩小萍《读写一体理念下的马来西亚〈华文〉分析》，《华文教学与研究》2015年第3期。
[2] 罗金《汉语二语"读后续写"教学法探索》，暨南大学硕士学位论文，2015年。
[3] 陈贤纯《汉语强化教程·初级写作》，北京语言大学出版社，2005年。
[4] 即使是目前的课程，我院华文教育专业零起点学生一年可望达到新HSK5级，两年达到新HSK6级的目标（其中写作课多数采用本人的写长法教材）。

式。"听说+读写"教学模式符合汉语二语教学有关理念,抓住了汉语交际能力这个关键,又吸收了口语—书面语适当区分、"听说一体"、"读写一体"的方法,讲练—练习的方法,以及鲁健骥关于加强泛读的理念等理念,可以克服时下采用最广泛的"综合+小四门"模式的种种弊端。我们坚信,只要进行实验,一定能获得远远高于"综合+小四门"的效果,为振兴汉语二语教学服务。

同时,我们认为"听说+读写"模式也可以在海外华校中课时较多的机构(比如东南亚华校),以及海外汉语教学中课时比较多的教学类型中(比如大学汉语及相关专业,国民中学的汉语专科)应用,因为这些教学类型有相对充足的课时,和相对充足的教师,也有引进中国理念方法和教材的愿望,只要我们能够做好基础研究,积累实验数据,编出"听说+读写"模式的教科书及配套泛听泛读材料,我国向世界输出理论、方法、标准和产品的理想一定会变为现实。

当然,我们并没有全盘否定"综合+分技能模式"(模式Ⅲ)。假如不采用"听说+读写"模式,可以选用"综合+分技能模式"中2—6的其他分模式,其中课头越少的分模式越好。

本研究还存在一些不足。第一,我们以一年为单位考察教学模式,但是实际上第一学期和第二学期的课程设置差别比较大,而我们没有做过细的区分,需要今后做进一步调查。第二,课程、教材、教师应该怎样配合,是非常专业的问题,笔者和学界的研究都还很不够,需要深化。第三,限于篇幅,究竟怎样设计更为科学的功能大纲、研制汉语教学用体裁大纲,以及设计和编写"听说+读写"模式用汉语教材、读物,未能展开。

第二章

汉语教学模式构建的理论探索：
创新与优化（一）

第一节　对外汉语教学模式的创建问题[①]

中华人民共和国对外汉语教学自 1950 年发轫，迄今已走过 60 多年的历史。在这 60 多年中，如何提高教学质量和教学效率始终是对外汉语教学界关注的核心问题。解决这个问题的途径，学界一般是从教学或教育的角度进行考虑的，探讨的核心问题是教学法、课程设置和教材编写等。把这些问题综合起来，从更宏观的角度概括中国对外汉语教学的特点时，研究者倾向于使用"教学模式"[②] 这个术语，其他术语如"教学路子"[③] 使用者较少。本节

[①] 本文以《中国对外汉语教学模式的创建问题》为题，发表在《华文教学与研究》2014 年第 2 期，作者刘颂浩。

[②] 曹贤文《明德模式与中国大陆高校基础汉语教学常规模式之比较——兼谈汉语教学的精英模式与大众模式的差异和互补》，《暨南大学华文学院学报》2007 年第 4 期；鲁健骥《澄清对外汉语教学模式演变过程中的两点重要事实》，《暨南大学华文学院学报》2009 年第 3 期；汲传波《论对外汉语教学模式的构建——由美国明德大学汉语教学谈起》，《汉语学习》2006 年第 4 期；吴勇毅《汉语作为第二语言/外语教学模式的演变与发展》，《华东师范大学学报》（哲学社会科学版）2009 年第 2 期。

[③] 吕必松《汉语教学路子研究刍议》，《暨南大学华文学院学报》2003 年第 1 期。

对这方面的讨论进行简单梳理，①探讨中国高校缺乏优秀对外汉语教学模式的原因，并对如何创建优秀对外汉语教学模式提出自己的看法，目的在于抛砖引玉，将教学模式的讨论引向深入。鉴于问题的复杂性，本节将只限于勾勒轮廓，具体细节留待以后。目前国内对外汉语教学有很多类型，诸如汉语言专业教学、预科教学、长期或短期进修教学、强化教学等。本节以长期进修（一个学期或以上）为切入点，但所提思路可以应用在其他类型的教学中。

当然，提高教学质量和教学效率还有别的思路，比如，一部分学者从语言入手，认为目前的汉语教学未能充分尊重汉语的事实和特性，应该从汉语的独特性出发考虑教学问题，才能更好地提高教学效果。书面语教学和字本位教学的倡导者大多遵循这样的思路。②本研究暂不涉及这一思路，但建立优秀的对外汉语教学模式，需要参考这方面的工作。

一般认为，教学模式是在一定理论思想指导下，为实现特定教学目标而设计的比较稳定的教学程序及其实施方法的策略体系。③这就是说，教学模式包括这样几个因素：指导理论、教学

---

① 详细评论可参考亓箭飞《汉语教学的模式化研究初论》，《语言教学与研究》2004年第1期；赵嫚《对外汉语教学模式研究述评》，《合肥师范学院学报》2010年第1期。

② 比如白乐桑《汉语教材中的文、语领土之争：是合并，还是分离，抑或自主？》，《世界汉语教学》1996年第4期；冯胜利《韵律制约的书面语与听说为主的教学法》，载《汉语口语与书面语教学——2002年国际汉语教学学术研讨会论文集》，北京大学出版社，2004年；王若江《由法国"字本位"汉语教材引发的思考》，《世界汉语教学》2000年第3期。

③ 李雁冰《简论教学模式》，《山东教育科研》1994年第3期。转引自汲传波《论对外汉语教学模式的构建——由美国明德大学汉语教学谈起》，《汉语学习》2006年第4期。

目标、教学程序以及实施办法。以此来衡量，比较正式的语言教学都有自己的教学模式。因此，在教学模式上，问题的关键不是模式的有无，而是模式的质量和效果如何，能否称得上优秀模式。中国对外汉语教学目前所缺乏的，也是优秀教学模式。

一、中国目前的对外汉语教学模式

中国目前的主要教学模式可以简单概括为"分技能教学模式"。鲁健骥（2003）[①] 指出，"分技能教学模式"的设立是由于原有的综合教学模式无法适应新形势的要求。他认为，综合教学实际上是以语言知识为纲，对语言能力的培养十分薄弱。而自20世纪60年代初开始，中国开始接受大量的来自第三世界国家的学习理工农医的学生，他们先学一年汉语，然后去学习专业，对外汉语教学因此具有了预备教育的性质。原来的以语言知识为纲的教学模式，难以适应这一新的情况。为解决这一矛盾，设计了分技能教学的模式。目的是在一年时间内解决学生的语言问题。从学生的需求考虑，听读技能对于专业学习更为重要，因此，新模式在四种语言能力上不平均使用力量，而是"突出听、读"（以前是"突出听、说"）。从教学上，主课是综合课，其他如听力、阅读课要跟主课协调进度，教师之间要互相配合。鲁健骥指出，80年代初北京语言学院对新模式进行了两轮实验，同时对已开始专业学习的学生进行了跟踪调查，结果表明，新模式适合它所规定的教

---

① 鲁健骥《口笔语分科　精泛读并举——对外汉语教学改进模式构想》，《世界汉语教学》2003年第2期。

学对象，也达到了预期的"突出听、读"的效果，因而得到推广。

鲁健骥设计的这一模式，和当时北京语言学院进行的另一教学实验（听说、读写"两条龙"教学实验），使人们对按技能设课的可行性和具体做法有了更为切实的认识。在此基础上，吕必松于1982年提出了"用不同的方法训练不同的语言技能"的理论主张：

> 用不同的方法训练不同的语言技能，是语言教学的基本规律之一。其道理就像吃饭必须用嘴、走路必须用腿一样明显。实际上每个教师都是这样做的，可以说是课堂教学的家常便饭。谁也不会用限制学生看书的方法去培养学生的阅读能力，或用限制学生开口的方法培养学生的口语能力，或仅仅通过视听教学培养学生的写作能力。①

刘颂浩（2011）②将之称为"对应理论"。这一理论为分技能设课提供了最重要的理论基础。此后，在北京语言大学汉语预备教学中，综合教学模式以及一门精读课独霸天下的格局销声匿迹了，代之而起的是按语言技能划分课型。其他院校也渐次仿效，按技能划分课型成为对外汉语教学的主流做法。分技能教学模式在全国流行后，其主要特点是，按照语言技能训练的要求组织和编排教学内容，一般将听说读写四项技能分摊到三门课（即读写、听力、说话课）中进行训练，使用读写、听力、说话三种单项专用教科书，但三者含有一定的"共核"。③④

---

① 吕必松《对外汉语教学发展概要》，北京语言学院出版社，1990年。
② 刘颂浩《关于"用不同的方法训练不同的语言技能"》，《国际汉语》第1期，中山大学出版社，2011年。
③ 吴勇毅《汉语作为第二语言／外语教学模式的演变与发展》，《华东师范大学学报》（哲学社会科学版）2009年第2期。
④ 不过，在北大等不少院校，说话课的地位进一步上升，听力课的地位则随之下降，变成了以综合课和口语课为主、听力和阅读为辅的模式。

关于分技能教学的缺点，鲁健骥（2003）[1]指出，首先是主干课即综合课任务庞杂，什么都想兼顾，又什么都没有兼顾好。其次是缺少泛读内容，精读和泛读一直处于失衡状态。崔永华（1999）、吴勇毅（2009）认为，[2]该模式的问题在于，综合课的教材未能很好地体现各课之间的共核；此外，大部分院校都是多种教材搭配使用，各课型包含的内容差异很大，课程之间缺乏配合。最新的研究发现，与《汉语教程》配套的《汉语阅读教程》在配合上也有一定的问题，第一和第二册词汇量不足，而第三册词汇量偏高。[3]刘颂浩（2011）[4]则详细分析了对应理论本身存在的问题，得出了与王若江（1999）[5]相同的结论："分课型教学缺乏非常充分的理论依据。"

尽管如此，分技能教学模式仍是目前中国高校最流行的模式。除此之外，对外汉语教学界还存在其他模式，赵金铭（2004）[6]提到的就有张朋朋的语文分开、集中识字教学模式，陈贤纯的词语集中强化教学模式，孟国的实况视听教学模式，马箭飞的汉语交际任务教学模式，卢百可的以图片为基础的汉语教学模式，崔

---

[1] 鲁健骥《口笔语分科 精泛读并举——对外汉语教学改进模式构想》，《世界汉语教学》2003年第2期。

[2] 崔永华《基础汉语教学模式的改革》，《世界汉语教学》1999年第1期；吴勇毅《汉语作为第二语言/外语教学模式的演变与发展》，《华东师范大学学报》（哲学社会科学版）2009年第2期。

[3] 刘青霞《〈汉语教程〉与〈汉语阅读教程〉匹配度研究》，暨南大学硕士学位论文，2013年。

[4] 刘颂浩《关于"用不同的方法训练不同的语言技能"》，《国际汉语》第1期，中山大学出版社，2011年。

[5] 王若江《对汉语口语课的反思》，《汉语学习》1999年第2期。

[6] 赵金铭主编《对外汉语教学概论》，商务印书馆，2004年。

永华的以挖掘潜能为基础的汉语速成教学模式，杨惠元的以微技能训练为重点的汉语技能教学模式等七种。这些模式，使用范围和影响均不及分技能模式。此外还有周健和陈群（2011）[①] 的语感培养模式、王玮（2000）[②] 的 1+1 模式等。其中，语感培养模式吸收了传统语文教育的经验，强调"扩大输入，针对（汉语）特点，综合训练，强化记诵"，很值得关注。

二、国外教学模式的启发

在探讨如何建立和改进对外汉语教学模式时，研究者对国外的一些教学模式，特别是明德模式以及以明德模式为基础的美国高校暑期汉语教学项目（如普林斯顿大学北京暑期班，简称"普北班"；哥伦比亚大学暑期在京项目，简称 CIB），颇为推崇。关于明德模式的介绍，从 20 世纪 90 年代就开始了。[③] 对这一模式的研究目前已经比较深入，比如，亓华和李雯（2009）[④] 通过对普北班师生互动的微观定量分析，认为"普北班"最成功之处就在于师生之间、学生之间的多样化、高密度的话语互动；娄

---

① 周健、陈群《语感培养模式——对外汉语教学的理念与实践》，外语教学与研究出版社，2011 年。

② 王玮《对外汉语教学中的"1+1"教学模式》，《天津师大学报》（社会科学版）2000 年第 2 期。

③ 施仲谋《明德中文暑校经验的启示》，《世界汉语教学》1994 年第 1 期；朱志平《目的语环境中的强化教学一例——北京师范大学"普北班"评介》，《语言教学与研究》1996 年第 3 期。

④ 亓华、李雯《中美联办普北班中、高年级课堂话语互动模式研究》，《北京师范大学学报》（社会科学版）2009 年第 6 期。

开阳、吕妍醒（2011）[1]认为美国明德汉语教学模式的课堂操练方法可分为单纯机械型和引导编码型，并深入分析了其内在理据；马薇（2012）[2]以在 CIB 实习的小班教师为例，研究了实习期间新手教师实践性知识的发展过程，等等。研究国外模式的目的，当然是为了借鉴。卫澜（2008）[3]通过对 10 位参与过明德模式教学的教师的调查指出：明德模式的理念、对操练的重视、操练的手段、教师之间的配合、不同课型生词和语法的统一、大量的输出练习等，都值得我们借鉴。有学者甚至提出，应该将该模式"移植"到中国高校的对外汉语教学中。[4]

不过，对明德模式的缺点，研究者也一直有清醒的认识：

> 教师投入精力多、工作强度大。与"交际法""表演法"等重视学生课堂模拟语言交际的教学模式相比，明德的"操练"模式有些机械，时间过长容易使学生产生厌倦情绪。尤其对于高年级的学生来说，会感觉到没有表达的自由。因此，明德中文暑校的汉语教学模式非常适合在对初学者的短期强化教学中采用。……另外，明德模式强调集体备课，统一教学，忽视了教师的个性和创造性。[5]

明德模式中的有些做法，和最新的语言教学理念是有冲突的。比如，在明德模式中，一个传统的做法是，学生要签署语言誓

---

[1] 娄开阳、吕妍醒《美国明德汉语教学模式课堂操练方法的类型及其理据》，《语言教学与研究》2011 年第 5 期。

[2] 马薇《对外汉语学生教师实习期间实践性知识发展的个案研究》，北京大学硕士学位论文，2012 年。

[3] 卫澜《明德中文暑校为代表的美国中文项目教学模式的思考》，载《第九届国际汉语教学研讨会论文选》，高等教育出版社，2008 年。

[4] 同[1]。

[5] 汲传波《论对外汉语教学模式的构建——由美国明德大学汉语教学谈起》，《汉语学习》2006 年第 4 期。

约，在项目中学习时，除非特殊情况，否则不能使用母语。Hall 和 Cook（2012）[①]指出，一直到最近，语言教学文献的假设都是：新语言（new language）最好使用单语进行教授和学习，不用学习者自己原有的语言（own language）。但是，最近几年，这一单语假设日益受到质疑，人们已经开始重新评估在教学中将新语言和原有语言联系起来的做法。Hall 和 Cook 从心理语言学、认知研究、普通学习理论、社会文化学、特殊环境中的需求等五个方面，论述了在第二语言教学和学习中使用原有语言（即母语）的必要性和优势。换句话说，不管从理论上还是从实践上，明德模式的问题一点儿也不少。

令人困惑的是，明德模式为什么这么有吸引力，而在国内流行的分技能模式却如此被人诟病呢？或者，我们可以换一个角度：

> 与美国从事对外汉语教学的条件相比，国内的条件可谓得天独厚。比如国内有着天然的汉语学习环境，有大批科班出身的对外汉语教师，有政府大量财力的投入，有国家汉办的统一领导。既然条件如此优越，为何没有形成一套有影响的对外汉语教学模式？[②]

汲传波总结了四点原因：（1）缺乏理论总结；（2）不愁没有生源，缺乏危机意识；（3）把对外汉语教学作为创收的来源，不重质量，缺乏品牌意识；（4）宣传、推广力度不够。这里的

[①] Hall, G., & Cook, G. (2012). Own-language use in language teaching and learning. *Language Teaching*, 45(3): 271-308. "新语言"和"原有语言"是 Hall 和 Cook 使用的新术语，分别相当于常见的"目的语"和"母语"。

[②] 汲传波《论对外汉语教学模式的构建——由美国明德大学汉语教学谈起》，《汉语学习》2006 年第 4 期。

(1)和(4)的潜台词是,国内有好的模式,但没有上升到理论,或者宣传推广力度不够,其实和汲所提问题(暗含着国内没有好模式)是有一定的矛盾的。在这个问题上,本人倾向于赞同赵金铭(2004)[①]的说法,国内对外汉语教学模式的"框架和程序还不完整,典型意义还不够突出,示范作用和影响也不够广泛"。

马薇(2012)[②]是本人指导的。与此同时,本人还指导了另一篇硕士学位论文《国内外汉语强化项目教学管理对比研究》[③]。该文从教学质量管理、测试管理、师资管理和学生管理四个方面,对北大强化班和CIB项目进行了对比研究。

指导这两篇论文的经历,进一步坚定了我在教学模式方面的看法。[④] 我认为,中国大学的对外汉语教学之所以难以形成自己的模式,根源在于采取了大学里通用的专业课教学管理模式,而这一模式,本质上不适合第二语言教学。大学专业课的特点是:(1)自成体系,内部有比较明确的方向,不同方向的课程靠内在逻辑联系在一起。(2)A课程的内容一般不需要在B课程进行重现,相反,课程的内容越独特,往往越受欢迎,因为这一般意味着任课教师有自己独特的研究。第二语言课程与此不同。受制于学习时间的有限和学习内容的"无限",理想的语言教学项目必须进行规划:(1)课程内容必须经过挑选,择而

---

① 赵金铭主编《对外汉语教学概论》,商务印书馆,2004年。
② 马薇《对外汉语学生教师实习期间实践性知识发展的个案研究》,北京大学硕士学位论文。
③ 曾璐蔚《国内外汉语强化项目教学管理对比研究》,北京大学硕士学位论文,2012年。
④ 刘颂浩《我的语言教学理论》,http://blog.sina.com.cn/s/blog_c19f75760101lt6y.html,2013年。

后教。(2)所学语言要经过多次重复才能学会,因此项目内各个课程的关系要进行总体设计,使各课在语言上保持必要的关联。不过,这个关联,需要探索一个合适的"度",太松了不利于学生语言能力的形成,太紧了不利于教师发挥自己的才能。根据前面的讨论,国内对外汉语教学模式的问题在于关联太松,明德模式的问题似乎是关联太紧。

三、创建优秀教学模式的前提

要想创建优秀的教学模式,首先需要明确一些前提条件。

(一)不存在最佳教学法

大约在20世纪90年代前后,第二语言教学研究者基本上形成了一个共识:不存在适用于所有学习者的最佳学习方法。[1] 语言教学的重要特征之一是多样性,表现在教学的主体(教师、学生)和客体(语言本身)上,也表现在时间(教学阶段)和空间(教学环境)上。只有多样的方法,才能满足多样的需求。因此,即使是同样环境下教授同样类型的学生,也应该存在着多个可行的优秀教学模式。换句话说,创建优秀教学模式的空间是有的。

(二)教学理论的新潮与否,不是创建优秀教学模式的关键

鲁健骥(2009)[2] 指出,新中国对外汉语教学开始至"文革"

---

[1] 如 Kumaravadivelu, B. (1994). The postmethod condition: Emerging strategies for second / foreign language teaching. *TESOL Quarterly*, 28(1): 27-48; 又如 Prabhu, N. S. (1990). There is no best method—why? *TESOL Quarterly*, 24(2): 161-176。参看刘颂浩《对外汉语教学中的多样性问题》,《暨南大学华文学院学报》2006年第4期。

[2] 鲁健骥《澄清对外汉语教学模式演变过程中的两点重要事实》,《暨南大学华文学院学报》2009年第3期。

前的主要教学模式,是"复习—讲练—练习"。这种模式,与美国现在仍然流行的包括明德模式在内的"大班""小班"相结合的课堂教学安排是同源的,始于二战期间美国陆军专门训练计划部研究出的语言教学法。这一军队教学法战后被推广到大学和中学的外语教学中,进一步发展成为"听说法"。其理论基础是行为主义的刺激反应论,强调的是在强化训练的基础上形成新的目的语习惯。[①]众所周知,在第二语言教学界,一个不争的事实是,行为主义理论自20世纪六七十年代后,从来就不是主流的语言教学理论。目前流行的交际教学和任务教学,理论基础也都不是行为主义心理学。但是,这并不妨碍明德模式成为优秀教学模式。正相反,明德模式最重要的特征就是基于行为主义理论的反复操练。另一方面,目前的分技能教学模式尽管饱受诟病,而且有别于国际第二语言教学界流行的多技能综合教学模式,[②]但在理论上为分技能教学找到依据还是可以的(比如,训练不同的技能时,方法不能完全相同[③])。

(三)创建优秀的教学模式,并不需要额外的资金

应用明德模式的项目,大都收费高昂,也因此被称为"精英项目"。[④]不过,这些高昂的学费中的大部分,并没有进入讲

[①] Mitchell, C., & Vidal, K. (2001). Weighing the ways of the flow: Twentieth century language instruction. *Modern Language Journal,* 85(1): 26-38.

[②] Hinkel, E. (2006). Current perspectives on teaching the four skills, *TESOL Quarterly*, 40(1):109-113.

[③] 刘颂浩《关于"用不同的方法训练不同的语言技能"》,《国际汉语》第1期,中山大学出版社,2011年。

[④] 曹贤文《明德模式与中国大陆高校基础汉语教学常规模式之比较——兼谈汉语教学的精英模式与大众模式的差异和互补》,《暨南大学华文学院学报》2007年第4期。

课老师的钱包。特别是在项目中实习的学生的报酬，如果以小时计的话，也并不高，甚至还低于目前大学外聘对外汉语教师的时薪。① 因此，以高校现有的运行经费为基础，完全可以构建新的教学模式。换句话说，资金问题并不是制约教学模式创建的瓶颈。

四、创建优秀教学模式必须具备的意识

本人认为，中国高校要想创建优秀的对外汉语教学模式，必须具备并加强以下四个方面的意识：管理意识、环境意识、教师培养意识和技术意识。

（一）管理意识

如前所述，对分支能模式，学者们提到的最重要的问题是配合问题：教材不配套，不同课程的共核难以建立；即使教材配套，教师之间的配合又很难默契。我们认为，这些问题的根源在于管理不力。而明德模式之所以成功，最重要的原因是采取了强有力的管理手段，以保证能够进行高质量的反复操练。按照曹贤文（2007）② 的研究，明德模式有"严格的实施步骤和操作程序"：

每天、每课都有非常明确的目标，教师每一节课教什么、怎么讲解、

---

① 在明德模式中，实习学生教师除了自己上课以外，还要旁听主讲教师的课，参加集体备课，跟学生一起吃饭，时间投入非常大。

② 曹贤文《明德模式与中国大陆高校基础汉语教学常规模式之比较——兼谈汉语教学的精英模式与大众模式的差异和互补》，《暨南大学华文学院学报》2007年第4期。

怎么操练、怎么展开任务，上课的每一个环节包括操练的例句，备课时都计划得非常仔细；学生学什么、跟老师谈什么、做什么练习、每天的小考考什么、每周的大考笔试考什么、口试考什么，课表和每天的讲义上都写得清清楚楚。……明德模式对操练程序也有一套严格的规定，操练时焦点明确，程序清晰，从"领唱"到"跟唱"，从"独唱"到"合唱"，从梯形合唱到替换练习，从句型转换到完成句子，从半开放问答到有控制的开放问答，从半真实的任务交际到师生的真实互动交际，上课以前每一步都设计得很清楚，具有相当可控的操作性。

"严格的实施步骤和操作程序"要靠人来实施。明德模式中，大班教师是教学活动的全面负责人。① 配合大班教师的，都是年轻教师或学生教师，要无条件地听从大班教师的指挥和领导。如果没有这样一个"一把手"，以上步骤和程序是很难贯彻下来的。反观国内的技能教学模式，虽然也强调配合，但同一院系的教师之间，并没有上下级关系，配合只能停留在较高同时也较空洞的层面上；而语言教学中的配合需要落实到最低的层面上（学哪个词、用哪个例句学、学多长时间、怎么练习等）。

因此，创建优秀教学模式，首先需要建立强有力的管理机制，设立教学主管，从总体上负责某一组学生的课程设置和具体实施（包括教师选择）问题，保证语言教学需要的配合能够到位。

（二）环境意识

任何一个教学模式，都必须考虑所在环境的具体特点。在中国学习汉语，是二语环境，学生随时可以在生活中和中国人用汉语交流，接触中国文化，这是一个巨大的优势。对这个环境怎

---

① 当然，大班教师是"小老板"，项目负责人才是"大老板"。从这方面讲，明德模式是一个人的模式，贯彻的是一个人的思想。

么利用，是任其自然，完全由学生自我决定，还是精心设计，把汉语环境变成教学项目的一个有机组成部分？目前大部分院校采取的是任其自然的方法，这其实是不够的。如能把文化活动和教学实践变成教学项目的有机组成部分，即使做不到体验文化教学法①要求的深度，对学生理解中国文化、掌握汉语知识也还是有重要帮助的。

除此以外，环境还指留学生日常学习的小环境。从教学设计的角度，至少可以在两个方面有所作为，让这个小环境更适合留学生学习的需求：（1）建立留学生专用语言学习（主要是聆听和阅读）图书馆，有专人负责，在留学生听读时提供咨询服务，帮助扩大学生的阅读量和聆听量。目前有这样图书馆的院系还很少。（2）充分利用二语环境中母语者多，特别是与留学生同龄的中国大学生多的优势，将这些非教师母语者请进课堂（比如设立完全自由、开放的会话课），增加留学生聆听和开口说话的机会。具有讽刺意味的是，外国大学之所以把暑期项目搬到中国，主要是为了利用中国的语言环境，但国内高校却有"来了中国就是利用了中国的语言环境"这样的想法。这其实是不完全正确的。语言环境和自然环境不同，需要精心设计，才能充分发挥其潜在的作用。

（三）教师培养意识

二语环境有大量的会说汉语的母语者，这是天然的人才优势；环境意识中的一个重要方面就是如何利用人才优势。这方面目前有更好的资源，但似乎尚未引起注意。这就是众多高校正在

---

① 吴伟克、王建琦、杨双杨《体验文化教学法若干原则》（上、下），《国外汉语教学动态》2004年第2期、第3期。

培养的对外汉语教学和汉语国际教育硕士研究生。他们可以算是人才优势中更专业的人员。但是，一般来说，高校对外汉语教学单位并没有把这些学生看成是宝贵的教学资源，以至于这些学生连实习都成问题。[①] 我们认为，在中国高校创建优秀教学模式，一定要把对外汉语教学和汉语国际教育硕士的培养和实习工作有机地融合进来。这样做的好处是显而易见的：可以充分利用人才资源，为留学生提供更多与母语者接触的机会；可以为本专业的硕士研究生提供更多的教学机会，提高培养质量；可以降低教学成本，减少院系经济压力。

同时还必须意识到，把本专业的硕士研究生融合到教学项目中，并不是一种单边的关系（院系给学生提供机会），而是一种双向互赢活动。硕士生朝气蓬勃，充满活力，有强烈的教学欲望和热情。他们的加入，会使整个项目更青春更阳光。尤其重要的是，年轻学生对新技术更加敏感，掌握更为纯熟，可以弥补大龄教师技术方面的不足（参下）。

（四）技术意识

互联网技术的发展，给语言教学提供了新的可能。很多年前，刘颂浩（2006）[②] 就指出，教育技术方面的进步将会"彻底改变对外汉语的面貌"。目前就更是如此，诸如微博、微信、播客等虚拟社区，都可以用在对外汉语教学上。白乐桑和栾妮（2012）[③]

[①] 刘颂浩、曹巧丽、李振华《汉语国际教育硕士实习方案探讨》，《国际汉语教育》2011年第3期。

[②] 刘颂浩《"对外汉语（教学）"的重新阐释》，《国际汉语教学动态与研究》2006年第4期。

[③] 白乐桑、栾妮《播客教学在对外汉语教学改革中的重大突破》，《汉语学习》2012年第6期。

探讨了播客在对外汉语教学中的应用,他们认为,"播客在对外汉语教学中的具体应用,不仅为对外汉语教学增加了一种辅助设备,还带来了课程设置的转变、教学理念的更新和教学方法的新突破"。不过,国内高校在利用教育技术促进对外汉语教学方面,一直没有大的突破。一个重要的原因,是教师对新技术不够熟悉。如上所述,如果项目设计时把本专业的硕士生包括进来,就可以充分发挥他们在技术方面的优势。另一个原因是,新技术一般需要不菲的财力。不过这一要求目前已经有了改变。像上边提到的微博、微信、播客等,基本上都是免费的,只要有电脑或智能手机就可以利用。

五、中国高校对外汉语教学模式构想

至此,我们可以简单勾勒一下设想中的中国高校对外汉语教学模式。一个完整的模式,需要多方的协作和配合,我们先从教师说起。

(一)教学主管

教学主管是新模式中最主要的角色,全权负责教学设计、教学组织、教学管理以及教师的聘用。如前所述,第二语言教学中的配合需要落实到最低的层面。设立教学主管的主要目的是保证这样的配合能够落到实处。教学主管大约负责一组30名左右的水平接近的学生。[①] 包括项目教学主管在内,每组中有经验的教师2—3人,对外汉语研究生若干名。教学设计的原则是,从学生的角度看,各个课型在语言方面要有比较密切的关联。从另一

---

① 这里和下边的一些数字源自作者粗略的估计,并没有经过精密的计算。教学主管负责的学生人数,要对教学有利,同时能够最大限度地节约院系成本。

个角度讲，甲乙丙等教师讲课中要有较多共同的东西（但侧重点可以不同），要互为学生语言学习和应用的场所。总体上，各个课程要互相配合，形成合力，共同构成符合二语学习规律的小环境。大组的课程设置，大小班的分合，可以参考明德模式等比较成熟的教学模式。不过，要明确认识到，长期教学和短期强化不同，明德模式中的许多做法，在长期班上是不太合适的。长期教学中，要给学生留下有指导的自由听读的时间，要避免过多的机械训练。此外，如果同一水平级别有不同的主管，可以采用统一的模式，也可采用不同的模式（这可能需要院系来决定）。

（二）院系

将组织教学的权力彻底下放给教学主管之后，院系的工作重点从负责日常教学行为转到为教学（特别是教学主管）提供服务。当然，院系并不是只有一名教学主管，因此，院系层面上的管理工作仍然是需要的。综合起来看，在教学模式方面，院系的主要工作是：（1）选择胜任的教学主管。教学主管要有较高的业务水平和管理能力，要有培养研究生的经验。（2）组织测试和评估。教学主管负责教学，但测试由院系统一负责。最理想的是一个学期测试三次，开学初对学生进行分班考试，在学期中和学期末还要组织两次统一考试。学期中的考试兼有分班考试的意思，学生根据期中考试成绩，在大组之间进行微调。学期末的考试也作为对教师进行评估的一个参考。在任何一个完整的教学模式中，测试都是重要的组成部分。（3）教学支持。院系负责建立留学生专用图书馆，要求学生定期到图书馆听读（比如每星期至少听读2个小时），指派专人（教师或本专业的硕士生）为学生提供答疑咨询服务。图书馆的资料，基本上包括：各种层次的对外汉语教材、对外汉语泛读泛听材料、幼儿读物（特别是绘本）和有声读物、中小学教材及读物、汉语连环画以及专门编写的听读材料等；此外还可以有一些中文报纸杂志、少量普通中文图书等。

（4）建立合理的薪酬分配体系。教学主管老师责任大，要和报酬挂钩。如上所述，考虑到聘用研究生的报酬低于外聘教师，新模式从总体上看应该不增加院系成本。

（三）大学

大学要认识到语言教学的独特性，在教室资源方面提供便利。对语言学习而言，最理想的学制是把一个学期分为前半段和后半段，每段7—8周。同时，把一个学期中的公共假期集中到学期中间，大约一周。学生利用这一周假期到各地旅游，体验中国文化，在实践中运用学到的汉语知识，这从各个方面看都是大有好处的。大学应该允许对外汉语院系做出这样的调整。

总之，要充分利用二语环境的文化和语言人才优势，把教学和研究生培养工作有机结合起来，由教学主管来组织日常教学，院系和大学在更高的层面上配合教学主管。这样的三级体制建立起来之后，相信会涌现出多种适合国内长期汉语教学特点的教学模式。

六、结束语

创建优秀的教学模式，是提高对外汉语教学效率和教学质量的关键，同时也是提高研究生培养水平的重要措施。一个优秀的教学模式，能够充分发挥教师的潜能，有助于充分实现教师个人的专业成长。教学模式体现的不只是教学理论研究和实际教学水平，更是人才和资源管理水平。我们认为，中国高校之所以缺乏有影响的教学模式,原因在于目前走的基本上是学术院系的管理路子,教师们处于单兵作战的状态,语言教学所需要的配合无法实现。要创建优秀的语言教学模式,就需要深刻地认识到,教学模式和教学有关,但更和管理密不可分。本节分析了在中国这个大环境中创建优秀教学模式需要具备的四种意识,简单勾勒了创建优秀教学模式需要的管理机制。基于上述认识,也许使用"教学管理模式"更能凸显语言教学的特点。

从"教学+管理"的角度来认识教学模式,这是目前教学模式讨论中缺少的角度,因此,本节重在勾勒与教学模式相关的意识和管理机制。篇幅所限,本节对教学方面的因素(比如教学理念、教学方法)等讨论不多,这只能俟诸来日了。希望我们的分析能为教学模式的创建提供更广的视角和独特的思路,更希望有影响的中国对外汉语教学模式能够早日建立起来。

第二节　汉语教学模式创建管见[①]

一、关于教学模式

要谈对外汉语教学模式的创建,首先要明了创建的对象。关于教学模式,学界尚无统一的认识。教育学界有从学习环境来定义的,如"一种教学模式就是一种学习环境。这种环境有多种用途,

---

[①] 本文以《关于汉语教学模式创建之管见》为题,发表在《华文教学与研究》2014年第2期,作者吴勇毅。

从如何安排学科、课程、单元、课题到设计教学资料,如:教材、练习册、多媒体程序、计算机辅助学习程序等"[1];有从教学程序、活动框架来定义的,如"教学模式是开展教学活动的一整套方法论体系,是在一定教学思想或教学理论指导下建立起来的、较为稳定的教学活动框架和活动程序"[2];也有从教学范式来定义的,如"教学模式是在一定教学理论的指导下,通过对教育教学实践经验的概括和总结所形成的一种指向特定教学目标的比较稳定的基本教学范型"[3]。凡此种种,不一而足。叶丽新(2003)[4]把教学模式的内涵归纳为:(1)教学模式蕴含着特定的教学思想;(2)教学模式提供参考性的教学活动结构或教学程序;(3)特定的教学模式需要具有与其相匹配的基本教学策略或方法。既是模式,就必有其结构框架和构成要素,后者学界有所谓"四要素说""五要素说""六要素说"等。这些构成要素大致可以概括为:教学理念/思想、教学目标、操作程序、实现条件、师生关系/组合、评估(指依据教学模式所制定的评价标准和方法,对教学过程和效果进行评估。这里虽然不是直接指对教学模式本身的评价,但对教学质量和教学效果的检验,也就意味着对模式本身之优劣的间接评价)。

对外汉语教学界对教学模式的研究虽然不多,但对教学模式是什么,也持不同的看法,有"设计说""方法说""范式说""结

---

[1] 乔伊斯等《教学模式》,荆建华等译,中国轻工业出版社,2002年。
[2] 黄甫全、王本陆《现代教学论学程》,教育科学出版社,1998年。
[3] 褚远辉、辉进宇《谈当代教学模式的发展趋势》,《教学与管理》2003年第22期。
[4] 叶丽新《走出"假性"繁荣——浅论我国教学模式理念的模糊性及对策》,《教育理论与实践》2003年第2期。

构说""程序说"等。① 这里只举一个具有代表性的定义,赵金铭(2007)②认为,所谓对外汉语教学模式,就是从汉语、汉字及汉语应用的特点出发,结合汉语作为第二语言教学理论,遵循大纲的要求,提出一个全面的教学规划和实施方案,使教学得到最优化的组合,产生最好的教学效果。这是一种把汉语作为第二语言教学的特定的教学范式。

我们把教学模式视为一个在一定的教学和学习理论指导下(这种理论或明示或隐含/explicit or implicit),以实现教学各基本要素(教学目标、教学大纲、教学内容、教材、教学技术/手段、教学方法/策略、师生角色、教学活动和教学环境等)之间组合为最优化方案的系统,优化组合的结果体现为一种可以拷贝的"标准样式"。我们强调教学模式是一个层级系统,可以分为宏观、中观和微观等不同层次,③这样就可能产生不同层面的教学模式,比如"分技能教学模式"是属于"课程设置方式"④的一种模式,而课堂教学模式,比如听力或口语课教学模式,则是课堂操作的具体程序和方式。"明德模式"既涉及课程安

---

① 参见陈莉《试论教学模式的建立及意义》,《北大海外教育》第一辑,北京大学出版社,1997年;崔永华《基础汉语教学模式的改革》,《世界汉语教学》1999年第1期;马箭飞《汉语教学的模式化研究初论》,《语言教学与研究》2004年第1期;赵金铭《对外汉语教学模式创新与教材编写》,载《第八届国际汉语教学讨论会论文选》,高等教育出版社,2007年;史有为《教学法和教学模式的解析与重组——兼及日本汉语教学中的相关课题》,《世界汉语教学》2008年第3期。

② 赵金铭《对外汉语教学模式创新与教材编写》,载《第八届国际汉语教学讨论会论文选》,高等教育出版社,2007年。

③ 张皎雯《汉语国际推广背景下的汉语作为第二语言/外语教学的教学模式研究与探索》,华东师范大学硕士学位论文,2010年。

④ 崔永华《基础汉语教学模式的改革》,《世界汉语教学》1999年第1期。

排（如大小班制），又涉及具体课堂的操作程序（如操练时从"领唱"到"跟唱"，从"独唱"到"合唱"等）。其实明德的这种大班"讲"、小班"练"的做法在中国国内使用过很多年（只是那时都是相对小班，故不分大小班而已），而且效果很不错。笔者1980年入行时就曾使用过，一个上午四课时，前两节课一位教师主要讲内容（生词、课文）和规则及用法，后两节课另一位教师主要就是练习和操练。我们暂且不谈这种做法背后的教学理念，但它另有一个好处就是上练习课的教师由于不负责讲解，可以完全不懂外语（即使懂也不许讲）。那时有不少教师不懂外语，就是这么上出来的，后来就逐渐练就了一身好本领（上课就是不说外语，还照样上得很好）。

我们要强调的另一点是，不存在一种放之四海而皆可用的教学模式，当然这个前提是已经有了或者创建了教学模式。张皎雯（2010）[①]指出，既然教学模式是在一定教学理念指导下用来实现教学各基本要素的最优化，那么教学理论间的不同组合就会形成要素间不同的组合方案。因此没有任何一种教学模式可以满足所有的情况。正所谓教学有模，但无定模，贵在得模。"有模"是指在教学理论指导下能够形成教学要素间的组合方案，每一套方案都是系统经过优化后的某一特定教学模式的表现形式。"无定模"体现了系统的动态效应，即系统中所含要素可以形成不同的组合，不存在固定的教学模式。"得模"则是研究教学模式的根本目的，也就是最终要提升出能够在某些相似环境中进行使用和推广的教学模式。

---

① 张皎雯《汉语国际推广背景下的汉语作为第二语言/外语教学的教学模式研究与探索》，华东师范大学硕士学位论文，2010年。

二、关于教学模式的创建

刘颂浩《中国对外汉语教学模式的创建问题》[①]（以下简称《创建》）一文中从大学、院系和教学主管三个方面论述了关于中国高校对外汉语教学模式的构想：大学要认识到语言教学的独特性，在教室资源方面提供便利，在学制安排上允许院系做出调整（即放权）；院系要将组织教学的权力彻底下放给教学主管，院系的工作重点从负责日常教学行为转到为教学（特别是教学主管）提供服务，包括选择胜任的教学主管、组织测试和评估、教学支持和建立合理的薪酬分配体系等（即功能转变）；教学主管是新模式中最主要的角色，全权负责教学设计、教学组织、教学管理以及教师的聘用（即组织教学）。我们认为这是在讨论教学模式创建时的外部条件，从某种意义上或许可以说是教学模式创建的"保障"。这个三级体制或许可以成为教学模式创建的"土壤"或"温床"，但设教学主管（个体）依然会有问题存在。设教学主管的初衷也许是要让教学主管从教学理念到教学设计乃至课堂操作形成个体的特点和范式，这容易"百花齐放""推陈出新"，创建教学模式。但国外一些短期项目目标比较单一，设教学主管容易统一"流程"，而国内许多高校，留学生成百上千，甚至几千人的规模，如果教学主管人人"自由发挥"，从行政上会很难管理；若要统一在一个"标准样式"下，亦非易事。国内高校留学生（语言）教学的管理体制多样，具体情况很不相同，但设教学主管的构想无疑是有创意的，体制机制的改革，目的就是要为创新提供动力和保障。

---

① 刘颂浩《中国对外汉语教学模式的创建问题》，《华文教学与研究》2014 年第 2 期。

教学模式的创建需要外部保障，但依然要从教学本身出发。吴勇毅（2009）[1]指出，要形成一种汉语作为第二语言或者汉语作为外语的教学模式，必然会涉及以下几个问题：（1）设定什么教学目标/学习目标，培养何种能力（语言能力、交际能力、跨文化交际能力）。（2）在教学中，如何处理语言和文化的关系。（3）在教学中，怎么解决语言和文字的关系。（4）在教学中，如何协调语言知识传授和语言技能训练的矛盾，包括知识传授的核心和技能训练的重点。（5）在教学中，怎么解决课型设置与技能训练的配合问题。现在看来，似乎还应该增加：（6）在教学中，采用何种/类教学策略与方法以快速高效地达到教学目标的问题。（7）在教学中，如何解决现代教（学）育技术/手段合理运用的问题。[2]（8）在教学中，如何利用教学环境（包括社会环境与课堂环境）的问题。[3]我们强调任何教学模式的改变、创新与创建都必然会在上述问题中寻求突破点。举例来说，"语文并进""语文分离""语文分进""集中识字""'字'本位"等教学模式，是要处理语言和文字的教学关系；"分技能模式"是要解决技能训练与课型设置的配合问题；"'基于任务'的教学模式"是要提高用语言解决实际问题的能力（综合运用语言的能力）；"Tutorial 汉语远程教学模式"（Tutorial Chinese

---

[1] 吴勇毅《汉语作为第二语言/外语教学模式的演变与发展》，《华东师范大学学报》（哲学社会科学版）2009 年第 2 期。

[2] 郑艳群《多媒体汉语课堂教学方法》，《语言文字应用》2006 第 1 期；仇鑫奕《虚拟现实技术支持下的对外汉语教学模式》，《外语电化教学》2006 年第 1 期；孙雁雁《基于多媒体初级汉语口语课堂的"互动—理解—输出自动化"教学模式》，《长江学术》2009 年第 4 期。

[3] 郑艳群《虚拟现实技术和语言教学环境》，《世界汉语教学》1999 年第 2 期；邱军《环境、模式及其关联性分析》，《世界汉语教学》2009 年第 2 期。

Distance Instruction，简称"TCDI 模式"）是要寻求利用教育技术进行远程学习的可能；"海外企业短训教学模式"[①]是通过有针对性的课程设置，采用有效的教学策略以实现特殊学习需求；"普北班""CIB（哥大班）"等"明德"类暑期班模式是要利用教学环境，解决外语与二语的环境差异给汉语学习带来的问题，等等。

教学模式的创建可以走"自下而上"或"自上而下"的路子，前者基于归纳，以具体问题驱动；后者基于演绎，以理论驱动。"听说法"教学模式的建立可以说是后者的代表；而当年我们国内的"分技能教学模式"的建立走的则是"自下而上"的路子，是从解决教学目标的实际问题出发的（当然也受到当时教学理论的影响），对此鲁健骥（2009）[②]有很好的说明，我们不再赘述。笔者在20世纪八九十年代从事过第三世界国家预科留学生的汉语教学工作。当时学校制定的目标就是，必须在一年内解决汉语的问题，并且能在第二年入系跟中国学生一起听课。针对这个具体目标，我们进行了实验（笔者既是实验的"教学主管"，也是授课教师之一）：第一学期采用每天上午四节课，一位教师负责讲授内容、语言规则及其使用，另一位教师专司操练，下午则两位教师分别进行个别辅导；第二学期除了在汉语教学内容中加入一些专业词汇和内容（主要是数、理、化的词语等，由入系后讲授专业课程的三位教师分别提供专业课所"必须"的"子弹"，汉语教师进行组合和挑选）以外，还拿出一部分时间由数、理、

[①] 毛悦《海外企业人员短期汉语教学模式研究》，《世界汉语教学》2010年第1期。

[②] 鲁健骥《澄清对外汉语教学模式演变过程中的两点重要事实》，《暨南大学华文学院学报》2009年第3期。

化三位教师每周分别各上一次"数学课""物理课"和"化学课",说是专业知识课,又带有点儿专业汉语课的性质。三位教师的责任是把学生中学学习的内容与大学本科衔接起来(包括复习中学的一些内容),必须用汉语授课(目的之一是让学生熟悉专业课教师的各种普通话"口音"),但多用各科的公式帮助理解(当时的另一种模式是在汉补阶段,教师用英语各上一门或一段时间的数理化课,以期补习和衔接中学与大学的课程)。这个模式实验下来效果不错,学生入系后基本可以跟中国学生一起听课或接受用汉语单给他们授的课。于是这个模式就逐渐固定下来了。

三、关于对外汉语教学模式的创建

《创建》一文的核心是提出要创建中国对外汉语教学自己的模式,这是一个非常重要而又迫切的命题。我们这里暂不讨论以往的对外汉语教学有没有模式的问题,[①]但新世纪以来汉语教学的形势和发展,尤其是身处新媒体和大数据时代,更需要我们去研究和创建新的汉语教学模式。

所谓"中国的对外汉语教学模式"其实已经从教学环境做了区分,即是在中国教汉语还是在外国教汉语,是把汉语作为第二语言进行教学,还是把汉语作为外语进行教学,[②]可以有中国的

---

① 具体看法,可参见汲传波《论对外汉语教学模式的构建——由美国明德大学汉语教学谈起》,《汉语学习》2006年第4期;吴勇毅《汉语作为第二语言/外语教学模式的演变与发展》,《华东师范大学学报》(哲学社会科学版)2009年第2期。

② 吴勇毅《汉语作为第二语言教学(TCSL)与汉语作为外语教学(TCFL)》,载《汉语教学学刊》第2辑,北京大学出版社,2006年。

对外汉语教学模式,也可以有外国的汉语教学模式。2004年底,"新世纪对外汉语教学——海内外的互动与互补"学术交流会举行,在某种意义上可以说就是海内外汉语教学模式的一种交流与碰撞。20多位海内外专家或演讲或操作(模拟上课),90多所高校的300多名师生参加了这次交流。会后出版了文集《汉语教学——海内外的互动与互补》[①],是一本很值得读的书。

汉语教学模式的创建,无论是汉语作为第二语言教学还是汉语作为外语教学,都会受到很多因素的影响,比如教学环境、教学对象、教学条件、教学目标等。模式的创建者(专家或教师)更会受到其自身的语言观、语言教学观和语言学习观的影响。但创建的核心是要"从汉语、汉字及汉语应用的特点出发","教学模式创新应体现汉语与汉字特点"[②],比如汉语的声调特点(与无声调语言相比;与有声调但又与汉语声调不同的语言相比,如泰语、越南语等);汉语无严格意义上的形态变化,故词序和虚词是极其重要的特点;汉语信息结构的特点;汉语不同于拉丁文字的文字系统的特点,等等。只有从汉语、汉字及汉语应用的特点出发,才能创建出真正符合汉语特点,尤其是不同于印欧语言教学的教学模式。李晓琪提出的以虚词为核心的"词汇—语法教学模式"是基于汉语语法特点的思考;邓守信提出现代汉语信息结构的教学(在第四届东亚汉语教学研究生论坛的演讲,越南河内国家大学下属外国语大学,2014)是从汉语句子结构的表达特点出发的;白乐桑提出的"'字'本位教学模式"是基于

---

① 崔希亮主编《汉语教学——海内外的互动与互补》,商务印书馆,2007年。
② 赵金铭《对外汉语教学模式创新与教材编写》,载《第八届国际汉语教学讨论会论文选》,高等教育出版社,2007年。

汉语的"语""文"特点提出的；郭春贵的平声（55）与上声（214）的对比教学模式，是基于上声在语流中通常发作低平调（211）的特点而设计的。在声调教学上，其实我们很少去研究其他声调语言，如泰语、越语等是如何教外国人学习声调的，其声调教学模式又是怎么样的。越语有平声、玄声、问声、跌声、锐声和重声六个声调，其中既有跟普通话相似的声调，又有其特有的声调，那么越南教师是如何教中国学生，乃至母语为无声调语言的欧美学生学习越语声调的呢？当然，基于汉语、汉字特点的教学模式，还要接受教学效果和速率的检验，还要看其是否能够达到预期的教学目标和学习目标，这涉及教学模式的评估问题。教学模式好与不好还"要看它能否提高学习者的学习能力，让他们掌握学习方法，使他们成为终身的汉语学习者"[1]。

第三节　教学模式讨论和对外汉语教学学术环境建设 [2]

本节首先对《华文教学与研究》两期（2014年第2期、2016年第1期）教学模式讨论专栏发表的文章进行简单综述（重点放在2016年第1期文章上），然后从教学模式构建以及学术环境维

---

[1] 吴勇毅《汉语作为第二语言/外语教学模式的演变与发展》，《华东师范大学学报》（哲学社会科学版），2009年第2期。

[2] 本文以《教学模式讨论和对外汉语教学学术环境建设》为题，发表在《华文教学与研究》2016年第1期，作者刘颂浩。

护两方面探讨两期专栏对对外汉语教学学科建设起到的积极作用。

一、两期教学模式讨论专栏简述

第一期（2014年第2期）专栏于2014年6月推出。先有主题文章《中国对外汉语教学模式的创建问题》（刘颂浩，以下简称《创建》），四篇讨论文章就主题文章涉及的不同方面进行有侧重的评述：《关于汉语教学模式创建之管见》（吴勇毅）探讨教学模式外部因素和内部因素的关系；《再论对外汉语教学模式的构建》（汲传波）从中外模式对比的角度审视国内对外汉语教学模式；《技术意识与对外汉语教学模式创建》（郑艳群）重点探讨技术因素在创建对外汉语教学模式中的地位；《教师培养意识和教学模式》（马秀丽）则着力研究教学模式中的教师培养意识问题（包括研究生培养和教师自我发展两个方面）。

教学模式不但与教学有关，更与管理息息相关，可以说是牵一发而动全身。在对外汉语教学诸多研究问题中，教学模式研究是重中之重。因此，第一期专栏一经推出，即在学界引起了很大反响。不过，鉴于教学模式的复杂性，第一期专栏中讨论不深入甚至没有探讨到的问题，还有很多。因此，在筹划第二期专栏时，我们采取了更为开放的方式，不规定具体的方向，专家在阅读第一期专栏之后，就自己熟悉并感兴趣的问题，撰写成文即可。因此第二期（2016年第1期）专栏讨论到的问题就更广泛，既有对具体模式的介绍和评述（王初明《"学伴用随"教学模式的核心理念》、鲁健骥《关于对外汉语教学模式的对话》、周健《试论汉语语感培养教学模式的确立》），也有对新模式的设计和构思（宗世海《我国汉语教学模式的历史、现状和改革方向》），还有对模式本身的思考和探讨（吴中伟《汉语教学模式的集成、创新和优化》、曹贤文《试论语言项目视角下国际汉语有效教学模式研究》）。

王初明《"学伴用随"教学模式的核心理念》认为，教学理念创新在构建对外汉语教学模式中至关重要，因为理念的改变会给教学模式带来根本性的变化。他归纳出四个高效促学语言的条件：交际意图、互动协同、语境相伴、理解与产出相结合，这些思想也构成了"学伴用随"模式的核心理念，为解决对外汉语教学和学习效率问题提供一个新思路。

周健《试论汉语语感培养教学模式的确立》介绍的是自己主张的语感教学模式。周健认为，语言综合运用能力的培养是外语教学的目的，这种能力又可以概括为学生的语感能力。因此，发展语感应该成为语言教学的终极目标。他提出了语感培养教学模式的四条主要原则：扩大输入、熟读背诵、交际语境以及教师点拨式的讲解。

鲁健骥《关于对外汉语教学模式的对话》指出，任何教学模式都必须适合它的教学对象和教学目标，一个教学模式能不能推广，对它如何评价，都要从这一点出发。鲁文在详细分析了分技能教学模式产生的背景和其优点之后，强调指出，最初的分技能教学模式是"分工又配合"，从总体设计到教材均是如此。此外，鲁健骥还强调，在教学模式上要搞"改良"，而不能动辄就谈"革命"。

宗世海《我国汉语教学模式的历史、现状和改革方向》认为，学界所说的"分技能教学"模式实际上应该分为两个模式，即"综合+分技能"模式和"狭义分技能"模式。前者除技能课外，还包括一个综合课,后者纯粹按技能的不同设课。他通过调查发现,在 34 所高校的 51 个教学类型中,"综合 + 分技能"教学模式比例最高,达 80.4%;其中又以"综合 + 小四门"分模式为代表。这一调查,摸清了家底,使我们对对外汉语教学模式的现状有了更为清晰的认识。宗世海认为,"综合 + 分技能"教学模式存在较多问题,在配合方面更是如此。他强调指出,一个教学模式中,课头越少,需要的配合越少,效果也越好。因此,狭义分技能模式中的"听说 + 读写"模式应该大力推行。

吴中伟《汉语教学模式的集成、创新和优化》和曹贤文《试论语言项目视角下国际汉语有效教学模式研究》重在从理论角度对教学模式问题进行探讨。吴中伟认为,教学模式的构建是多角度、多层次的,教学模式需要集成、创新,更需要在现有基础上加以完善。吴文重点分析了形成优秀教学模式的困难所在,也指出了创造优秀模式的主要途径。吴文认为,构建新模式固然值得尝试和努力,对现有模式进行深化和完善,也是非常重要并且难度很大的工作。这和鲁健骥强调的要慎谈"革命"、要搞"改良"有异曲同工之处。

曹贤文指出,教学模式包含教学法和语言项目两个层面。教学法层面涉及的因素相对简单,主要是以课堂教学为中心的教学设计和操作程序,一般由任课教师主导。语言项目层面涉及的因素较多,除了课堂教学以外,还包括项目系统中的课程设置、学时安排、教学环境、师生员工、项目管理、经费支撑、测试评估等相关因素以及项目效益等目标因素。语言教学项目模式关注的是整个项目的运行成效,需要对语言项目进行顶层设计,并协调各方力量整体实施。曹贤文认为,从语言项目视角考察教学模式的有效性，不能只看教学模式在理论上是否先进，更重要的是看哪一种教学模式最适合特定语言项目的师生和具体教学情景。

二、教学模式讨论和对外汉语优秀教学模式构建

通过两期专栏的探讨，在一些问题上，在一定程度上，学者们形成了共识；在另外一些问题上，尚有比较大的分歧。下面先探讨这些共识和分歧，然后对优秀对外汉语教学模式的特点进行一些说明。

（一）两次讨论中形成的共识

综观两期讨论发表的文章，在以下问题上，参与讨论的学者分歧较少，可以说基本形成了共识：

1. 教学模式并不是一个单义的术语，而是一个可以分层级的系统；从不同层级去观察，涉及的影响因素也不一样，得到的结果当然也有差别。

2. 影响教学模式的因素多种多样，任何一个因素的改变都可能会牵涉到教学模式的大局，因此不存在最佳的、放之四海而皆准的教学模式。

3. 国外教学模式有重要的参考价值，但优秀的中国对外汉语教学模式的构建，需要从本土出发，考虑所在院校的实际情况。在中国大陆，各对外汉语教学单位的情况（教学对象、教学环境和教师构成等）不尽相同，因此需要进行多方位的探索，从而构建多元的、而非定于一尊的教学模式。

4. 教学模式和教学理论并没有直接关系，教学理论的新潮与否不一定是创建优秀教学模式的关键。

5. 教学管理是教学理念得以实施的重要保障，优秀的教学模式离不开得力的管理手段。在目前的教育和学术环境中，构建优秀的对外汉语教学模式，必须高度重视教学管理的作用。

6. 语言环境在教学模式构建中具有重要的地位。即使在中国学习汉语，语言环境也需要经过设计，才能更好地发挥作用。

7. 就现状而言，中国对外汉语教学中，虽不断有人致力于教学模式的研究和探讨，但总体说来，已有的技能教学模式呈现出问题多多、难以为继的趋势，但优秀的有影响力的教学模式尚未出现，这一现状亟待改观。

上述这些共识，是构建优秀对外汉语教学模式的基础，也是两次教学模式讨论为学界留下的重要成果之一。[①]

（二）目前尚存的分歧

在一定程度上形成一些共识固然不易，但尚存的分歧更需要关注。仔细分析可以看出，共识所涉及的基本上都是外围的一些理念和判断；而分歧则集中在构建优秀对外汉语教学模式的核心领域（目前的模式是什么，缺乏优秀模式的症结是什么，等等），

---

① 什么是"共识"，其实是比较难处理的问题，因为两期专栏讨论中的文章，各有侧重，不像调查问卷那样可以有一个数量化的定义。鉴于两期专栏均以《创建》为基础展开讨论，《创建》涉及的问题也比较多，因此，我们采用如下做法确定"共识"：《创建》中提到的看法，如果参与讨论的其他学者没有明确反对，且至少有一位学者明确表达了类似的观点，就视为"共识"。比如，鲁健骥指出，明德模式中的理念"在我们这里，也并不是什么新鲜的东西"，因此这里把"教学理论的新潮与否不一定是创建优秀教学模式的关键"列为"共识"；再如，王初明指出，"明德模式获得成功的关键之处，是注重精心打造语言学习环境并最大限度地安排汉语教师与学生互动"，因此这里把"即使在中国学习汉语，语言环境也需要经过设计，才能更好地发挥作用"列为"共识"。这两处的观点在《创建》中也提到过。

因此，解决起来也更难一些。不过，明确分歧所在及其原因，这本身就是巨大的进步。

1. 中国对外汉语教学的主要模式及其评价。

宗世海《我国汉语教学模式的历史、现状和改革方向》的调查说明，目前大陆高校中存在的（广义）分技能教学模式，主要以"综合＋分技能"为主。对这一模式应该如何评价？研究者的意见也并非完全一致。对分技能教学模式，有各种批评（参看《创建》的概述），其中比较重要的一条是"各课型之间不配合"。不过，作为"分技能教学模式"的设计者，鲁健骥最不同意的可能也是这一点。鲁先生指出，这一模式产生之初，是以综合课为主干，听力练习（贯穿全学年）、汉字读写（上学期）和阅读理解（下学期）为配套的课。就是说，课型之间有分工，更有配合；这种又分工又配合的关系，也表现在教材上。换句话说，要求各课程、各教材之间互相配合，是这一模式的本质特点。不过，鲁先生也提到，即使在北京语言大学，目前采取这一模式时，各课型之间的配合也不理想。鲁先生认为，问题可能主要出在教学管理上：一则对教师的岗前培训没有相关内容，教师之间互相配合的意识不强；二则教材不配套，不同的课选用属于不同系列的教材，甚至把选用教材的主动权完全交给任课教师。这样，课程之间当然互相配合不起来。教材不配套导致的无法配合，从实践的角度看确实很难解决，因为教材决定了教学的主要内容。但是，正如我们已经指出的那样："理想的语言教学项目必须进行规划，……项目内各个课程的关系要进行总体设计。"（参看《创建》）选择教材，也是总体设计时需要考虑的内容。将教材选择权交给任课教师，实际上沿用的是院系管理专业课的方法，对语言教学而言并不合适。

张莉（2014）[①]分析说，这一模式"对于不同技能课程配合的教学设计过于理想化，难以实现。这种模式要求每一个教学单元都以精读课的内容为共核，其他课程要在对精读课的内容进行复练和巩固的基础上展开教学，发展分技能。这就对教材的配套性提出了极高的要求。但是，不同课型的教材往往由不同的教师编写，难免各自为政，难以默契咬合，很难体现共核"。张莉所说，其实是另一种形式的管理。如果要编写的是配套教材，但编者却各自为政，这只能说明教材编写时的管理不到位。

曹贤文的分析也许比较中肯："目前的分技能教学模式饱受诟病，我们认为并非该模式缺乏理论依据，而是由于该模式在设计时没有从项目管理上严格界定实施的条件，或者说在实际运行时要达到其理论要求存在种种障碍。"

2. 中国缺乏有影响力优秀教学模式的症结何在？

教学模式是一个涉及多个因素的系统工程，建立模式也困难多多。正如吴中伟指出的那样："要形成一个系统的、优秀的教学模式，是非常不容易的。教学模式的构建和完善是一个系统性工程，需要基于清晰的教学对象和教学环境分析；需要一支志同道合的团队，其核心人员具有扎实的理论素养与丰富的教学经验和教学管理经验；需要管理机制等外部条件的保障；需要通过长期不懈的努力不断改进、完善。"不过，需要提问的是：对构建优秀对外汉语教学模式这一任务而言，这些因素是否具有同样的

[①] 张莉《中美汉语教学"讲练—复练"模式的合流及借鉴》，《民族教育研究》2014年第3期。

重要性？毋庸置疑，对这个问题的不同回答将会直接影响模式构建方法、过程以及走向。

吴勇毅认为，教学模式的创建需要外部保障，但依然要从教学本身出发。他强调，创建优秀教学模式的核心是要从汉语、汉字及汉语应用的特点出发，要体现汉语与汉字的特点。王初明也强调，语言教学模式的构建必须有正确的语言学习观引导；不管是学习外语还是第二语言，也不管采用何种教法，均应遵循一些不变的原则。这些原则，就是对模式构建起指导作用的教学理念。周健也指出，教学模式是特定的语言获得观和教学理念的具体体现，因此教学理念至关重要。鲁健骥、宗世海也是从教学角度来谈论模式问题。这几位学者强调的是教学模式中的教学因素。

汲传波认为教学和管理应该并重。他指出，构建优秀教学模式需要从三个方面入手：教学与科研结合，加强有效管理，规范教学程序。不过，他也强调指出，"导致国内缺少有影响的对外汉语教学模式，根本原因首先在于高校的教师评价体系导致教学与科研分离，理论研究与教学应用脱节。高校教师职称评定基本上只看科研成果，这导致很多教师不太重视教学或不敢把主要精力投入到教学中，只能重视科研"。吴中伟虽然没有提到哪个或哪些因素重要，但强调教学模式的系统性，更接近教学与管理并重这一角度。

曹贤文从教学法和语言项目两个角度来观察教学模式，重点在于语言项目视角。这一视角涉及的因素比教学法视角要多很多。曹贤文提到的就有课程设置、学时安排、教学环境、师生员工、项目管理、经费支撑、测试评估等。《创建》与曹贤文的语言项目视角比较接近。除曹文提到的因素外，《创建》还提到了语言环境、教师培养、教育技术、语言教学专用图书馆，甚至学期设计等。可以认为，这两位学者更关注的是管理。

对汲传波的观点（教学科研体制使得教师不得不专注科研，不敢把主要精力投入到教学上，这是对外汉语教学缺乏优秀模式的根本原因），我们的看法是：大学对科研的重视确实使得不少老师不愿意在教学上花费大量时间，但这似乎并不能解释为什么对外汉语教学一直缺乏优秀教学模式。原因也不难理解，在对外汉语教学界，有一大批卓有成就的学者，专注于教学研究，也不缺乏教学热情，参加本期讨论的鲁健骥先生就是如此。这些学者为什么无法带来优秀的模式，或者带来的优秀模式（鲁先生的"分技能教学模式"）逐渐沦为不那么优秀的模式，原因也许只能从管理方面寻找，而和教学、科研体制并没有特别直接的关系。

3. 如何构建优秀的对外汉语教学模式？

正如上文所述，我们需要构建的，并非定于一尊的某一个模式，而是多元化的多种模式。因此，对于推动优秀模式构建进程而言，对症结何在这一问题的不同认识，以及由此而来的对模式构建路径的不同主张，都是有积极意义的。不同的高校，可以根据具体情况，选择最适合自己的道路。鉴于《创建》一文提到的思路比较新，涉及的问题也比较多，这里再进行一些说明，同时回应一下其他学者的意见。

《创建》重在探讨教学模式中管理的重要性，这是针对中国对外汉语教学现状而发的。对外汉语教学界在教学理论和教学方法上已有60余年的积累和探索，而优秀的教学模式仍然"千呼万唤出不来"，根本原因在于管理跟不上；而且长久以来，我们几乎就没有意识到管理对于教学模式的重要性。因此，我们浓墨重彩，强调管理的重要性。这里边暗含的意思是：国内对外汉语教学界已有的理念中，优秀的不在少数，只要管理跟上了，就能形成优秀的教学模式。当然，如果有更先进的理念，配以更科学的管理，形成的模式就会更好。我们并不忽视更不是反对教学理论和理念的探索，也没有低估理论和理念在教学模式中的地位。

《创建》认为，第二语言教学中的配合需要落实到最低的层面。设立教学主管的主要目的是保证这样的配合能够落到实处。因此，在《创建》构想的模式中，教学主管处于核心位置，全权负责教学设计、教学组织、教学管理以及教师的聘用。目前对外汉语教学单位的教学与管理是分家的，负责教学的是教师，负责管理的是院系。院系来进行管理，出发点是行政，而不是学生和语言学习。因此，《创建》提出，院系要把组织教学的权力彻底下放给教学主管，要将自身的工作重点从负责日常教学行为转到为教学（特别是教学主管）提供服务。只有做到这一点，才能将"与教学并列的管理"转变成"为教学而进行的管理"。这需要整个体制的改变，而不是在现有体制内的修修补补。

总之，在对外汉语教学已经走过 60 余年历史的今天，在学界研究重点一直是教学理论和教学法的背景下，如果不充分认识到管理的重要性，如果不从根本上改变目前的管理模式，构建优秀的对外汉语教学模式就只能是一句空话。这样来看，《创建》的观点其实是教学、管理并重，只是在目前的情况下，由于管理太弱，所以需要大声呼吁加强管理。而在管理到位以后，教学模式的优劣又必然在相当大的程度上取决于教学理念。因此，本节提到的三种不同看法，并无本质矛盾，在更深的层次上是可以统一的。

对于创建以教学主管为核心的模式，吴勇毅曾担忧："国内许多高校留学生成百上千，甚至几千人的规模，如果教学主管人人'自由发挥'，从行政上会很难管理；若要统一在一个'标准样式'下，亦非易事。"《创建》曾经指出，中国大学的对外汉语教学之所以难以形成自己的模式，根源在于采取了大学里通用的专业课教学管理模式。这一管理模式从本质上来说就是自由发挥。按照我们的设想，每位教学主管负责大约 2—3 个班的学生。因此，即使允许教学主管自由发挥，从院系总体上看，也是减少了自由发挥的变数。另一方面，院系聘任教学主管，是认可其在业务和管理两方面的能力，既然如此，当然需要为教学主管自由发挥提供条件，而不是施加限制。可以认为，《创建》强调"将组织教学的权力彻底下放给教学主管"，就是为了给教学主管自由发挥创造条件。因此，这是一个完全不同于院系专业管理的模式。相应地，院系的管理重点也从组织教学转变到为教学主管提供服务。《创建》对此已有详细说明，兹不赘。至于教学主管是否会采用一个"标准样式"，则完全可以留给实践来解决。

如果说，《创建》一文的出发点是加强管理的话，宗世海的出发点则是：只设"听说"和"读写"两门课，从而减少课型之间的配合。二者的出发点不同，其实是可以互为补充的。减少课型，确实是解决课程配合难的有效途径之一。需要指出的是，即使只有"听说"和"读写"两门课，这两门课之间也是需要配合的。关于这一点，宗文指出："至于听说与读写之间的配合，只要基础研究做得好，它们是可以很好配合的，就是说会大体同步，有一定复现，但是到中高级阶段更多的是分流：口语和书面语的分流。"换句话说，听说课和读写课应该如何配合，至少在目前，还没有特别明确的方案。本人认为，问题的关键是，在较短的一个教学周期（比如一两个星期内），①"听说"和"读写"两门课应该如何配合？② 而要解决这个问题，必须在这两门课之上进行综合设计和管理。

（三）优秀的中国对外汉语教学模式的特点

《创建》只提"优秀教学模式"，而不提"高效教学模式"，是有深层原因的。高效，一般是单位时间内学习了更多内容。优秀，既可以体现在效率卓著上，也可以体现在其他方面。比如，对目的语社会和文化更了解，在学习过程中的感受更愉悦，对基础知识和基本技能的掌握更扎实，等等。仅仅关注效率的提高，就会忽视语言教学中很多重要的内容。除此之外，提高学习效率，原则上应该没有人反对。但这里边存在着一个逻辑困境：提高到什么程度算"高"？什么时候就无法再高了？在对外汉语教学界，陈贤纯（1999）③提出过"词汇强化教学"的设想，杨惠元（2000）④提出过"从听力入手强化教学"的模式，二者的相同点是要在一年之内教会学生一万个词语。我们知道，旧版《汉语水平词汇与汉字等级大纲》中规定，四年汉语本科毕业需要达到的词汇量是

---

① 语言课程的配合，必须理解为较短时期内的配合。假定在 A 课学习到的某个语言现象，两个月之后出现在了 B 课中，这种"配合"意义不大。原因在于，如果该语言现象已经学会，配合不配合已经关系不大；如果尚未学会，两个月之后残留的记忆痕迹也所剩无几，近于新学。

② 在这个问题上，本节与宗教授的观点差别较大。本节认为听说课和读写课的配合需要有明确的方案，要将配合落实到具体的语言要素上，而宗教授在来信中则认为："听说内部、读写内部必有自己的共核。至于听说和读写的配合，只求大概，不求很配合或者共核。"

③ 陈贤纯《我们能把汉语教得更好》，《语言文化教学研究集刊》第三辑，华语教学出版社，1999 年。

④ 杨惠元《第二语言教学的新模式》，《汉语学习》2000 年第 6 期。

8822个。就词汇量而言,陈、杨的设想或模式,意味着在一年之内做完四年的事情,这应该是很快了。问题是,这算不算最快、最好的?如果不算,那多长时间才算?十一个月、十个月或者九个月?恐怕没有人能够回答。① 当然,效率低下的模式一定不是优秀模式,但也并不是只有效率超高的模式才能称为优秀模式。

就个人的学术兴趣和写作习惯而言,在参与类似的讨论时,本人更愿意探讨更加具体的问题。但是,这个专栏讨论是面向全国的,作为主持人,也不能仅仅考虑个人的学术兴趣,当然也不能仅仅站在本人工作的单位(北京大学对外汉语教育学院)的角度。因此,《创建》一文是针对中国对外汉语教学模式的创建而写的。考虑到国内各个地区各个高校在师资力量、教学目的、生源等方面的多样性,《创建》一文只是提出了一些原则性的参考意见,以便为多种优秀教学模式的出现留下空间。下面我们再从另一个角度,讨论一些类似的参考性意见。我们希望,优秀的中国对外汉语教学模式,能够包含这样几个因素:融入、享受、成长。

1. 融入。

首先指融入学习社团,和班里的同学以及老师亲密相处,珍惜在中国的学习时间,充分利用学习社团中出现的语言学习机会。一个优秀的班级或社团,具有强大的内在活力。其次,学习者要尽可能多地融入周围或更大社区,充分利用环境中大量存在的汉语资源。融入环境,提供了重要的外在学习动机。需要注意的是,

---

① 详细讨论请见刘颂浩《对外汉语教学中的多样性问题》,《暨南大学华文学院学报》2006年第4期。

这里的"融入"是日常意义上的"融入",和第二语言习得研究中"融入性动机"中的"融入"不同。①

2. 享受。

教学活动组织者要尽力使用有趣的语言材料,设计出有吸引力的教学活动,创造幽默的语言使用环境,让学习者享受学习过程。学习者也要充分发挥自己的能动性,在课堂之外,参与到自己感兴趣的语言活动中,并从中感受到语言学习的乐趣。庄舒雯(2012)②指出,趣味性问题在汉语第二语言教学中一直备受关注,但英语第二语言教学中却并非如此。为什么会出现这样的情况?我们推测,这和对外汉语教材一直缺乏趣味性有关。别的不说,仅仅从印刷和版面设计一个环节,就可以知道国内教材和国际教材的差别。现实如此,就需要我们在教学模式构建中更加注意趣味问题,为学生享受学习过程创造条件。趣味和享受,是内在的心理过程,强调这两点,意味着对内在学习动机的关注。

3. 成长。

教学活动的最终目的,是帮助学生发展其汉语文化能力。成长,也是判断教学活动是否有效的标准。应该充分认识到,成长不是单维的直线过程,而是多个维度上的复杂变化的过程。在设计新的语言教学模式时,需要对成长的内涵做出清晰的规定。对成长的定义,既是教学模式设计的起点,也贯穿在教学模式各项活动中,其重要性再强调也不过分。不过,定义成长又殊非易事,

---

① 刘颂浩《第二语言习得导论》,世界图书出版公司,2007年,第二章。
② 庄舒雯《华语教材趣味性编写原则研究——布鲁纳理论的应用》,新加坡国立大学博士学位论文,2012年。

下面稍微展开加以论述。

制定语言学习的成长目标时，需要参考有关交际语言能力的研究。一般认为，培养学习者用目的语进行交际的能力，是现代语言教学的目的，对外汉语教学同样如此。[①] 不过，学者们对交际语言能力的定义并不完全一致。本人曾经在吸收已有研究成果的基础上，提出过一个供语言教学使用的交际语言能力模型，详见图 1。[②] 这一模型中，除学者们经常提到的语言能力、语用能力和策略能力外，还将背景知识能力和流畅能力纳入进来，并和语言教学中经常提到的知识性、准确性、得体性、灵活性和流利性进行了对应（当然，这一对应将复杂的问题简单化了），更便于在教学中采用。交际语言能力的细化，为确定教学目标提供了比较完整的框架。

```
                      交际语言能力
        ┌─────────┬─────────┼─────────┬─────────┐
    背景能力    语言能力   语用能力   策略能力   流畅能力
    （知识性）  （准确性） （得体性） （灵活性） （流利性）
```

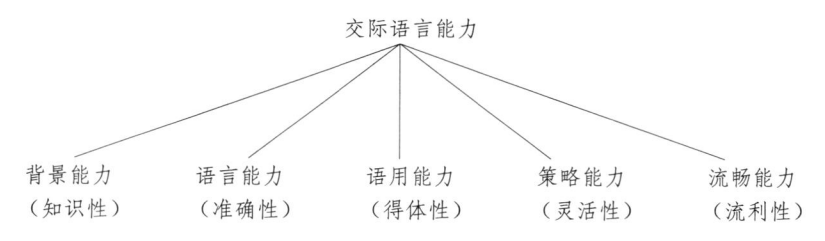

图 1　供语言教学使用的交际语言能力框架

但是，交际语言能力并非语言教学的全部。在《欧洲语言共同参考框架》(*Common European Framework of Reference for Languages*)[③] 的第一页，我们就看到这样的说法："从跨文化的

---

① 程棠《关于对外汉语教学目的的理论探索》，《世界汉语教学》1999 年第 3 期。

② 刘颂浩《第二语言习得导论》，世界图书出版公司，2007 年。

③ http://www.coe.int/t/dg4/linguistic/source/framework_en.pdf.

观点来看，语言教学的一个核心目标是，通过与不同语言文化的接触，增长见闻，促进学习者整体人格和认同感的良性发展。"这里，"整体人格和认同感的良性发展"就不是交际语言能力能够包括的。刘珣（2000）[①]对对外汉语教学的教学目的做了如下归纳："掌握汉语基础知识和听说读写基本技能，培养运用汉语进行交际的能力；增强学习汉语的兴趣和动力，发展智力，培养汉语的自学能力；掌握汉语的文化因素，熟悉基本的中国国情和文化背景知识，提高文化素养。"这里的发展智力、提高文化素养等，也不是交际语言能力能够包括的。

交际语言能力的培养，可以看成是语言教学的职业目的；动机人格等的培养，是语言教学作为教育的一个环节所承担的育人目的。交际语言能力可以教授和培养，动机和人格、认同感等似乎只能施加影响，无法直接教授和培养。但是无论如何，在为教学模式确定教学目的时，需要考虑语言教学本身的职业目的，也需要考虑语言作为教育的一部分所承担的育人目的。

（四）创建优秀中国对外汉语教学模式的意义

教学模式是连接教学理论和教学实践的桥梁。因此，优秀的教学模式，既体现了模式使用者在教学理论方面的水平，也反映了在教学实践方面的高度。关于这一点，应该不需多说。这里重点从三个关注较少的方面阐述创建优秀教学模式的重要意义。

首先，创建优秀对外汉语教学模式，有助于进一步推动教育技术在对外汉语教学中的应用。中国的对外汉语教学，特点是劳动密集型而非技术密集型。国内高校在利用现代教育技术推动对

---

① 刘珣《对外汉语教育学引论》，北京语言文化大学出版社，2000年。

外汉语教学发展方面，一直乏善可陈。最近情况稍微有些改变，比如，北京大学最近推出了中级语法、基础口语和汉字等慕课，仅基础口语一门课，注册的学生就近50万，受众非常之广。但是在教育技术和日常课程的紧密结合方面，我们需要做的工作还很多。《创建》把"技术意识"列为创建优秀教学模式必须具备的四个意识之一。郑艳群指出，新技术的应用，会改变传统的课程设置和课程结构，教师的角色和地位会发生变化，更重要的是，"这一切的变化将对汉语教师的知识和能力结构提出新的要求和标准，其中会特别强调教师用技术解决问题的能力，对汉语教师信息素养的要求将会愈发突出"。在创建优秀对外汉语教学模式时，如果能够抓住时机，推动现代教育技术在教学中的应用，必将为对外汉语教学带来全新的面貌和生机。

其次，创建优秀对外汉语教学模式，有助于提高对外汉语教师培养水平。汉语国际教育专业硕士设立以来，如何提高这些未来的对外汉语教师的水平，就一直是一个热门的话题，但解决办法却不是很多。《创建》把"教师培养意识"列为创建优秀教学模式必须具有的一个意识，并且建议在创建优秀对外汉语教学模式时，要把对外汉语教学和汉语国际教育硕士的培养和实习工作有机地融合进来。这一构思，基本解决了学生教师的实习问题；如果模式中的实习指导能够进一步结构化、规范化，会更有利于学生教师的成长。不仅如此，马秀丽还进一步指出，在指导学生教学实习的过程中，教师主管也可以获得自身专业发展。可以认为，这是优秀教学模式带来的教学相长。

此外，创建以教学主管为核心的模式，不仅有助于提高教学水平和研究生培养水平，也有助于提高本学科的科研水平。

对自己负责的一组学生，在保证教学正常进行的前提下，教学主管可以设计诸多教学实验并观察其效果，可以允许年轻教师和研究生进行教学实习并观察其成长过程，这些都是教学研究和教师发展研究的极好素材。两位或多位教学主管合作，也可以进行教学方法对比试验。由于每组学生都在 30 人左右，每组学生都由一位教学主管负责，协调起来就非常容易，研究设计中的变量也可以得到有效控制。对外汉语教学的很多问题，都需要在实践中观察实际效果，但在目前的体制下，找到足够数量的学生，对教学过程中的变量进行有效控制，即使不是不可能，也是极其困难的。《创建》构想的模式如果能够实现，将从根本上改变这一现象。

三、教学模式讨论和对外汉语教学学术环境建设

在第一期专栏的"主持人语"中，我们提到："希望本期专栏的文章，能够引导业内人士深入研究和思考教学模式这个学科建设和发展的重大问题。此外，我们也特别希望本期专栏能在形式方面起到引领作用。一方面，一篇主题文章加若干讨论文章同时在一期刊物上发表，对外汉语教学界似乎还没有先例；另一方面，本期专栏力倡学术争论和交锋，我在组稿时，特别请各位参与讨论的作者，'把批评的话直接写出来，不回避，不模糊'。"这里所说，其实是学术环境建设问题。

对外汉语教学学科目前所处的学术环境，比之以前，改善了很多。但总的来说，距离理想尚有很大差距。一方面，刊登对外汉语教学论文的高质量刊物仍然不多；另一方面，一些重要的本

学科的刊物却用大量的篇幅刊登汉语语言学论文,甚至把汉语语言学论文排在对外汉语教学论文之前。在国际语言教学期刊上,刊登语言学论文是不能想象的。

在对外汉语教学界内部,则是异常沉闷:有观点但无争论,有交流但无交锋;对自己的观点不证明,被质疑时不回应。这些毫无疑问是对外汉语教学界最令人无奈的"传统"。然而,我们需要清醒地认识到,唯有针锋相对的学术争论与交锋,才能促使双方不断寻找证据,逐步完善各自的观点和理论,学术自然能够不断进步。建设一个健康的学术环境,学者能够充分地发表自己的看法,不同观点之间能够互相坦诚地进行争论、交锋,这是对外汉语教学能够不断进步的最重要的外界因素,也是促使学者尽快成长的最佳动力。

学术杂志推出专刊,对某一话题进行集中讨论,在国际上是很常见的。以外语教学界历史最悠久的 *Modern Language Journal* 为例,在 2000—2009 年这 10 年期间,共推出了 7 期专刊(special issue 或 focus issue)。特别值得指出的,2007 年专刊是 1997 年专刊的延伸,讨论的主题均围绕 Firth 和 Wager 所写的《语篇、交际及若干二语习得的核心概念》一文,2007 年的专刊上甚至把这篇 10 年前的文章重印了一遍。当然,争论、交锋、反驳等国外学术讨论中常见的现象,在专刊中表现更充分。比如,Gass 等人 2007 专刊的文章题目直接就是"Firth 和 Wager(1997):新观点还是新表达?"。但是,这样的专刊在 2014 年之前的对外汉语教学中还没有出现过。以前常见的形式是,杂志为庆贺创刊若干周年等,会推出所谓的"专家笔谈"。这些笔谈,多是些随想、感想,虽然和学术不无关系,但并不是严格意义上的学术论文,更不是围绕某个专题而进行的深入探讨。

　　从这个意义上讲,《华文教学与研究》是开了风气之先的。从上面所讲,也可以看出,两期专栏中,学者们在很多问题上意见并不一致;特别是比我年纪小的汲传波、曹贤文等学者,也都直接对拙稿提出了批评意见。本节中,我也对其中的一些批评进行了回应。这些不同意见,对于从不同角度深入思考教学模式问题,是非常有益的。尽管在"过招的激烈程度"上跟国外学术期刊尚有很大差距,但已经略具争论和交锋的意味。在目前的学术环境中,《华文教学与研究》推出的这两个专栏也许只是两个小小的涟漪。但是,我们仍然希望,这两个小小的涟漪,能够激起一些波澜,获得一些认同,进而唤起更多学者和杂志对学术环境建设的关注。关注的学者和杂志多了,对外汉语学术研究环境才有可能得到进一步改善。

四、结束语

　　我们简单概述了《华文教学与研究》两期教学模式讨论专栏的主要内容,总结了讨论中形成的共识,并深入分析了尚存的分歧和原因,对优秀对外汉语教学模式进行了展望。最后集中探讨了《华文教学与研究》设置专栏这一举措对对外汉语教学学术环境建设具有的重大意义。我们相信,不管是在教学模式问题上,还是在学术环境建设上,这两期专栏已经并将继续产生持久而深入的影响。希望在不久的将来,我们不但能够目睹优秀的中国对外汉语教学模式的出现,而且也能感受到一个更加开放、更有生机的对外汉语教学学术环境带来的活力与愉悦。

第四节　对外汉语教学模式的再审视[①]

客：鲁先生，最近对外汉语教学界对教学模式有一些讨论，不知您注意到了没有。

鲁：有所耳闻，也拜读过几篇文章[②]。

客：那您对这一波的讨论有何见解，能否与我分享？

鲁：我所知甚少，虽然有些看法，但很可能言不及义。

客：不妨说来给我听听。

鲁：我的感觉是，大家对教学模式本身的界定不太一致，有的窄一些（窄式），有的宽泛一些（宽式）。所以若要讨论对外汉语教学模式，大家先要对什么是教学模式有共识，起码大家在同一个范围里讨论。否则就成了"各唱各的调，各吹各的号"，说不到一块儿去了。

我本人倾向于"窄式的教学模式"，简言之，教学模式是针对一定教学对象、教学目标对教学所做的教学形式上的安排。

客：那么，其他相关因素呢，比如教学法体系、教材、教师培训？都不属于教学模式的范畴吗？

鲁：那些都只能看成是相关因素。有的相关因素跟教学模式有一定的关系，但并不是一种固定不变的关系。比如，与教学模式关系最密切的，是教学法体系，这是教学理念问题。有些教学

---

① 本文以《关于对外汉语教学模式的对话》为题，发表在《华文教学与研究》2016 年第 1 期，作者鲁健骥。

② 包括《华文教学与研究》杂志 2014 年第 2 期的几篇文章和我自己找的几篇文章。

模式是根据教学法体系设计的，但在教学模式不变的情况下，采用的教学法体系却可以不断变化（发展），只有这样，教学才能与时俱进。比如大家谈得比较多的"明德模式"，大家的共识是，这种模式与源于20世纪30年代末40年代初的"听说法"一脉相承。但我们认为，这仅仅是就其对教学形式的安排来说的，而其教学法体系大概除了坚持句型操练（这是"听说法"留给外语教学的一份最重要的传统，作为一个教学环节，它是很有效的）之外，其他的训练都与最初的"听说法"大相径庭了。外语教学法体系至今已经有了很大的发展，如自20世纪60年代以来的交际法、功能法、任务法之类。从几篇介绍明德模式的文章可以看到，明德做到了与时俱进，在其教学模式不变的情况下，不断给教学注入新的教学法体系的理念。

客：好，就按您的"窄式教学模式"的思路说下去吧。那么，"窄式教学模式"说明什么呢？

鲁：窄式教学模式就意味着，教学模式应该是多元的，因为教学对象、教学目标都是多种多样的。教学对象的复杂性是显而易见的。对外汉语教学的对象，有成年人，也有未成年人，有正规的学习者（如在学校参加一个专业汉语课程）和非正规的学习者（业余、短期的），等等。教学目标也如此，我国高等学校——我希望我们的讨论限定在这一范围——的对外汉语教学就有汉语预备教学、汉语本科教学、汉语进修教学、汉语速成教学、汉语短期教学等。显然，对这样复杂的教学对象和教学目标，不能使用一种模式。任何想用一种模式统摄所有对象和所有目标的做法，都必然会失败。至于想把我国高校的对外汉语教学模式用到在外国的汉语教学（如孔子学院）去，则更是行不通的。同样，外国的教学模式也不能简单地引入国内的对外汉语教学上来。一双脚穿一个号码的鞋。不能设想有一种万能的教学模式，不能因为一种教学模式对它特定的对象和目标成功了，就认为这种教学模式用于其他对象、其他目标也必然成功；反之，也不能因为一种教学模式不能适用于所有对象、所有目标就认为这种教学模式有问题。评价一种教学模式，要看它是不是适合它特定的教学对象和教学目标。

客：我同意您的这种看法。那么，按照您说的窄式教学模式，目前有几种啊？

鲁：从理论上说，上述几种教学对象和目标应该有各自的教学模式。就汉语预备教育而言，无非是两种模式：综合模式和分技能模式。

客：就这么简单？

鲁：就这么简单。至于这两种模式如何实施，体现什么教学法体系和教学理念，那是另外的问题。同一教学模式，可以跟某种教学法体系和某些教学理念挂起钩来。但教学法体系是在不断发展的，教学理念和教学手段也不断有所创新。不管采取哪种模式，都应该跟上教学法体系和教学理念的前进步伐。

客：按照您这一番议论，咱们再回过头来谈谈，应该如何看待大家关注比较多的美国的明德模式呢？

鲁：明德模式是一种适合它的教学对象和教学目标的好模式，它没有固守最初的听说法的教学理念，而是与时俱进，跟上了教学理念的发展，形成了它自己的特点，很成功。

客：既然如此，是否我们的对外汉语教学可以仿效呢？

鲁：不可简单地这么说。不要忘了，明德模式仅仅是一个在美国（非汉语环境）的大学里的短期强化的中文课程的模式。严格地说，它不能叫"暑期中文学校"，而应该叫"夏学季中文学校"。[①]其特色是结合语言教学的特点，给学生在非汉语环境下创造一个汉语"小气候"，再加上实行师生"三同"（同吃、同住、同活动），弥补了听说法的某些不足（如有的学者指出，明德上课还是以句型操练为主），使课上所学，能够在课外得到运用。还有就是严格的管理，如学生要发誓在学习期间只讲汉语，不讲英语。还有一个因素，就是对教师的管理，教师要经过岗前培训，掌握并严格实施该校的教学理念和教学方法，而且要随时接受教学质量的检查。这些措施都保证了这种模式的成功。

但这种模式和做法恐怕只适合其特定的对象（主要是外交人员、情报人员等教育程度较高、学习动机极强烈的成年人），适合短期强化教学。这种模式，我想，美国的小学、中学的汉语教学不可能仿效。即使明德学院正规的（另外三个学季）汉语教学恐怕也不是采用这种模式。明德学院的正规班有多少课时，我不清楚，但我知道，俄亥俄州立大学的汉语教学，是每个学季11周，上课10周，复习考试1周，实际上课50学时，每周5学时（每天1学时）讲课，另加课外与助教（研究生）练习口语和答疑。显然，这也是听说法的教学模式。试想，这样的教学安排，如何

[①] 据我所知，美国多数大学采用学季制（semester system）。一学年分春、夏、秋、冬四个学季。秋、冬、春三个学季是正规教学时间，每个学季11周；夏学季略长于其他三个学季，其作用，一是照顾学生打工，挣学费或生活费；二是为那些不能正规上课的学生（主要是在职的）利用假期，集中上课，一个学季修完另外那三个学季正规班的内容。成绩合格，可获得一门课（假设这门课是三个学季的课程）的学分，学分积累够了，同样可以毕业。明德语言学校，就是属于这种班。

能按明德模式进行？据我所知，与明德模式相类似的只有美国陆军外语学院一家，他们的"军队法"（实际上也是"听说法"），独树一帜，效果也很好，入学时也要宣誓。从第一个星期起，每周有考试，连续两次考试不过关的，就会被除名；学生自己不能适应那种军事化教学管理的，也可以自动退学，其淘汰率高达50%。[①]

可以想象，这样强化的训练，三个月或者再短一些，是可以的，若是长期（比如一年、两年）采取这个办法，恐怕就行不通了。作为正规班，中文只是学生选课的一种，所以诸如创造"中文小气候"、宣誓不说英语只说汉语、教师与学生"三同"之类，都不具可操作性。

所以，即使在美国，包括美国其他大学的暑期语言学校在内，明德模式也未能普及。这不是推理，而是实际情况。

一个在其本国都不能被仿效的教学模式，如何能为中国高校的对外汉语教学仿效呢？我也来介绍一点儿历史情况。我们在20世纪60年代以前采取综合模式（经过一定变通的听说法模式）的时候，也是上午上四节课（复习—讲练、讲练—练习），下午和晚上教师给学生个别辅导。而这种做法"文革"后期北京语言学院复校时，还有一点儿，到了80年代就成了有些教师给学生有偿辅导了（不是教学安排的），现在可能连这种有偿辅导也很少了。主要是大环境变了。比如，50—60年代对教师只要求上好课，不要求（甚至可以说是限制）教师从事科研或其他非教学学术活

[①] 这是20世纪80年代该校校长来北京语言学院（现北京语言大学）访问时介绍的，对其教学法，有《军队法》一书可以参考。

动，所以教师可以把全部时间花在教学和辅导上。80年代以后，情况变了，再那样安排，已经不现实了。明德模式中，在三个月的时间内，让教师和学生"三同"可以，如果要求教师长期如此，恐怕也不现实。另外，对外汉语教学是在汉语环境中开展教学，没有必要让教师跟学生"三同"，为他们创造学习汉语的"小气候"。因此，提出我们模仿明德模式，恐怕只是一种愿望。明德的这双鞋，未必适合我们的脚。因为对外汉语教学有它自己的特点。

客：那么我们可以从明德模式中借鉴什么呢？

鲁：如果说明德学院的教学有什么值得关注的，应该是它在教学理念上与时俱进的精神，是他们对教学的严格管理。张喜荣、田德新二位先生归纳了明德模式体现的七个方面的理念：学以致用，情景教学，授人以渔，真实材料①，实际运用，以学生为中心，定期严格测试。② 我国对外汉语教学界，从20世纪80年代开始，去明德教过书的教师不在少数，应当对这里总结的七条是否恰当有发言权。本人无此经历，不敢妄加评论。但假定这七条都说得对，那么我要说，这几条理念，反映了明德与时俱进的思想。如果拿这几条跟最初意义上的听说法对比，就可以发现，明德模式的实际操作，早已"现代化"了，他们一点儿也不保守，或许这就是明德成功的根本原因之所在。这是值得我们学习的。

---

① 关于"真实材料"，我认为原则上是对的，但在具体做法上，似乎应有个过渡。不知明德的做法如何。我想，这有点儿像"交际法"的情况。最初的交际法，完全从交际出发安排语言材料，不管语言的难度。事实上行不通，过了一段时间，就往回拉了，兼顾交际的需要和语言的难度。"真实材料"的选用，可能是一样的，开始时比较绝对，渐渐地就要照顾语言的难易，对材料加以简化、改写，这都是很正常的。

② 张喜荣、田德新《美国明德学院的中文教学》，《世界汉语教学》2004年第1期。

但若是说这些理念是"独特"的(即为明德所特有),却也不见得。因为这些不但在美国,而且在我们这里,也并不是什么新鲜的东西。但明德通过对教师的岗前培训和对教学的严格检查,保证了这些教学理念的落实。我们跟明德的差距,恐怕就在这里。

客:那么,我们国内的对外汉语教学模式呢?大家都不约而同地谈到了目前流行的所谓分技能模式。您作为这一模式的亲历者,对这些议论有什么看法?

鲁:我有一个感觉,就是有些论者似乎对分技能模式的了解不够准确、不够全面。比如,(1)这种模式产生的背景是什么?如何把它放到 70 年代末 80 年代初去认识?(2)这种模式的适用对象和要达到的教学目标是什么?这些我在几篇文章①中都涉及了,这里不必重复,但我想概括地说几句:

首先要肯定的是,我们这里说的分技能模式是汉语预备教育的模式,②检验它的成功与否,要看它能不能满足汉语预备教育的需要,能不能完成预备教育的教学目标,衡量的标准是学生的汉语能力能不能适应入系后的语言要求,他们的汉语能力比此前的综合模式是提高了,还是没有提高甚至降低了。

---

① 鲁健骥《基础汉语教学的一次新的尝试——教学实验报告》,载鲁健骥《对外汉语教学思考集》,北京语言文化大学出版社,1999 年;鲁健骥《口笔语分科 精泛读并举——对外汉语教学改进模式的构想》,《世界汉语教学》2003 年第 2 期;鲁健骥《建议给入专业的学生开设汉语后续课》,载鲁健骥《对外汉语教学激创法散论》,北京大学出版社,2013 年。

② 我们现在所说的综合模式和分技能模式,都是就对外汉语预备教学而言的。一般地说,这两种模式都可能用于其他对象和目标的教学。比如张朋朋提倡的"语文分开,集中识字",其课程分为口语课和写作课、识字课。就教学模式来说,也是一种分技能模式。吕必松近年来提倡的"组合汉语",则是一种综合模式。

分技能模式的一个重要特征，或者说，分技能模式的实质，就是改变了此前我国对外汉语教学贯彻的"全面要求，突出听说"的口号（这跟外语教学的口号一致），提出"突出听读"。这是我们根据对外汉语预备教育的特点，经过对学生入系后的需要进行思考的结果。分技能模式也由此而生：把听力和阅读单独设课。如今有人对分技能模式培养出来的学生的语言能力表示怀疑。如果论者批评我们当时还没有意识到运用现代的研究方法对这种模式进行评估，也不无道理。但是如果因此就否认这种模式相对于综合模式的优越性，似乎也有失公允。综合模式时听力和阅读的训练几乎等于零（时间无保证，缺乏科学的训练方式），而分技能设课之后，用一半的课时进行听力和阅读训练，初步建立了这两种语言能力的训练系统，在这种情况下，学生的听读能力如何，即使从直觉也会得出正确的结论。何况，我们当时已经通过考试的方式、要求和考试结果等方面与综合模式班进行过比较。分技能班的考试方式比综合模式班难度大，要求高，考试结果也说明这一模式培养出来的学生，汉语能力比综合模式的学生有所提高。正因为这种模式给教学带来了新气象，所以当时综合模式班的学生要求调班的也并非个别。当时参与分技能模式试验的任课教师曾到北京大学对两个实验班的学生入系后的汉语能力做过跟踪调查，访问了学生和专业课的教师，他们都反映这样的学生的语言能力特别是听、读能力比较强。这也是事实。应该说，学生的语言能力达到了我们的预期。[1]

---

[1] 鲁健骥《基础汉语教学的一次新的尝试——教学实验报告》，载鲁健骥《对外汉语教学思考集》，北京语言文化大学出版社，1999年。

客：那么，为什么大家还对分技能模式有一些怀疑呢？

鲁：这要从两方面看。一方面，这种模式确实还有应该改进之处，另一方面，也确实与有些论者对其了解不够全面有关。比如，说这种模式不利于课程内部和教师之间的配合。关于前一方面，下面再说。我先说一下课程内部和教师之间的配合。实际上，我们从1980年第一轮试验开始，就把这门课看成一个整体：综合课为主干，听力练习（贯穿全学年）、汉字读写（上学期）和阅读理解（下学期）为配套的课，这种又分工又配合的关系，同时表现在教材上：《初级汉语课本》（三册）为主干教材，《听力练习》（三册）、《汉字读写练习》（上学期用）和《阅读理解》（下学期用）。在每一本书的说明中，都是开宗明义说它们是与《初级汉语课本》的课本配套的教材。假如大家看过这套书的话，就会发现，单从形式上也可以看出这种配合关系，如《听力练习》与《课本》是一课配一课，《汉字读写练习》与《课本》第一、二册一课配一课，《阅读理解》与《课本》第三册（精读）则是两课配一课（体现阅读量大于精读量），在语言的难度控制上，为了保证语言能力的训练，配套的听力、阅读尽量做到不出或少出生词和新的语法现象。对于这种配合关系，我在《基础汉语教学的一次新的尝试——教学实验报告》一文中，也曾列表说明。

课程上既然有这种配合关系，那么任课的教师们，就一定会互相配合，我们也要求参加试验的教师们相互配合，共同完成教学任务。因此在当时是不存在教师之间不配合的问题的。[1]

---

[1] 分技能模式中各种课型的相互配合，不仅体现在《初级汉语课本》中。李德津主编的《现代汉语教程》（北京语言学院出版社，1988年）也很强调各种课型的配合关系，虽略嫌过细，但其理念是很清楚的。

客：可是现在的分技能课，好像削弱了甚至没有了这种配合关系。

鲁：我前几年作为北京语言大学的教学督导员听课，也发现了这个问题，而且有些老师也注意到这一点。有些上听力课和阅读课的老师比较强调"独立"，不同意"配合"，不主张听力课和阅读课要控制生词量。有的老师还提出，应以听力作为骨干课，更有人主张泛读材料难度应该大于精读。这些观点，都跟有些教师对对外汉语教学的课程特点，特别是对分技能教学模式缺乏了解有关。但我觉得问题可能主要出在教学管理上。一则对教师的岗前培训没有相关内容，二则教材不配套，不同的课选用属于不同系列的教材，甚至把选用教材的主动权完全交给任课教师。这样，课程之间当然互相配合不起来。这跟我们最初设计的分技能模式和教材已经是两回事了。因此，课程之内和教师之间的不配合，不是分技能模式的问题。

客：经您这一说，我明白了，分技能而互相不配合，有违分技能模式的初衷，要打板子也不应该打到分技能模式的屁股上。

鲁：再有一点应该明确，分技能模式是我们对外汉语预备教育的模式。它之所以后来被国内许多院校所采用，以至于被认为是整个对外汉语教学的主流模式，可能是因为那些学校认为这一模式适合于他们的汉语教学的对象。

所以，有人因为它不适用于汉语本科专业的教学，或者短期速成教学，就认定是这种模式的问题，这也有失偏颇。

客：那么，汉语预备教育能不能仍然采用综合模式呢？

鲁：我并不排除这种可能，可是当初在我们设计分技能模式的时候，没有人提出在综合模式的框架内改革教学。我觉得，保留综合模式应该有前提,就是能够针对原来综合模式发生的问题,解决问题,比如,如何提高学生的听力理解和阅读理解能力。如果解决不了存在的问题,那么什么模式都会失败的。

客:好了,咱们进一步说说分技能模式存在的问题吧。

鲁:我 2003 年在《口笔语分科 精泛读并举——对外汉语教学改进模式的构想》一文中对分技能模式的问题,已经有了一些认识,即主干课(口笔语综合实践课)任务庞杂,口语不是口语,书面语不是书面语,二者都得不到充分的科学的训练,所以我主张把这门课一分为二,分设口语课和笔语课(或书面语课)。这样,这个模式就变成了:上学期设口语、听力、笔语三种课型,下学期设口语、听力、精读、泛读四种课型。

客:还有呢?

鲁:就模式来说,就是这样。但就教材和教学内容、教学方式、教学手段来说,应该体现与时俱进的精神。毕竟这些都是 30 多年前确定的。而这一时期又是外语教学发展最迅速、变化非常活跃的时期。比如解决教学内容的时效性,本来就是编写教材时的一个难点,但教材还是要随着时代的进步,变化内容。再如训练方式,当时虽然初步建立了训练体系(如听力、阅读),但只是"初步"的,距离完善还有不小的距离,应该按照发展了的训练方式加以改进。还有,教学技术手段,当初与今天更不可同日而语。当时还是以录音机为主要电教设备,而后就发展到录像、电脑、互联网、博客、微博、微信,现在又进入了所谓云时代、大数据时代,还有什么慕课,等等,层出不穷,课堂教学中,多媒体课件的运用也越来越普及与成熟。这些都给对外汉语教学带来了巨大的变化,变化之快,真使人有应接不暇之感。尤其对我这样的患有"恐高症"的老年人，常发赶不上趟之叹。但就对外汉语教学来说，肯定要与时俱进，才能有发展，才能跟上时代的脚步。这种与时俱进，不应该受教学模式的制约。在这一点上，我们应该学习明德学校。

客：那么，今后应该怎么办呢？您有什么建议吗？

鲁：两条。第一条，对现在一些与分技能模式的本义相违背的做法，要改变，在此基础上，对分技能模式进行实事求是的总结，并加以改进。第二条，根据对外汉语教学的不同对象和不同教学目标，设计各自的教学模式，比如，汉语本科专业的语言课应该采取什么模式，长期进修班的教学应该采取什么模式，汉语短期强化班的教学应该采取什么模式，① 都是需要加以研究的。

举例说，汉语本科专业阶段的教学，就不应继续采取突出听读的分技能模式。我倒有个想法，这一阶段可以设计一个突出读和写的模式。学生已经完成了汉语预备教育，进入本科专业学习，这跟他们进入其他学校学习专业是一样的。这时候的"听"和"说"，主要是在专业学习的过程中逐步提高的，"听"的是专业课，"说"的主要是专业内容。这时候的主要矛盾变为"读"和"写"。学生要阅读大量的教材和参考书，这对他们来说，难度是很大的。20世纪50年代，北京大学给每个留学生配备一个中国学生辅导员，主要帮助他们提高阅读能力，今天显然无法做到，只能靠教

---

① 根据国家对外汉语教学领导小组办公室编的《高等学校外国留学生汉语教学大纲》，长期进修教学，是指对母语为非汉语的外国人和海外华人华侨进行的，半年以上、三年以下的……非学历教育；短期强化教学是指以来华短期（以八周为标准教学周期）学习的母语为非汉语的外国人和海外华人华侨为对象的汉语教学。

学来解决。"写"主要指学术论文的写作。这是一种技术性很强的训练，不是讲一讲要求就可以奏效的。美国俄亥俄州立大学对刚入学的外国研究生，要进行两学年英文学术论文的写作训练。我们或可借鉴。我曾经提出要给进入专业学习的外国留学生开设汉语后续课，就是这个意思。应该开设配合学生的专业课、以训练专业阶段的学生的阅读能力为目的的课程。这样设计好了，就会形成一种教学模式。

客：说了半天，我看您的意思就是，任何教学模式都必须适合它的教学对象和教学目标，一个教学模式能不能推广，对它如何评价，都要从这一点出发。

鲁：还有一点，我想强调一下，就是在教学模式上，要慎谈"革命"，而要搞"改良"。"革命"往往是轻易地把前边的推倒重来。其实那样做对教学的冲击会很大。您看，明德在教学理念上与时俱进，但还是"听说法"的模式。这也是值得借鉴的经验。

在教学理念上，我还有一点希望，就是要研究我们自己的经验，使之上升到理论，再借鉴外国的教学理念中适合我们对外汉语教学的部分，最终形成我们自己的教学理念即对外汉语教学法体系。一味地跟着外国跑并不意味着与时俱进。我们只有创造出自己的教学模式、教学法体系，才有资格跟世界对话。

第三章

汉语教学模式构建的理论探索：创新与优化（二）

第一节　论对外汉语教学模式的构建[①]

美国明德大学的汉语教学蜚声已久，目前除了北美许多大学的汉语教学机构外，美国在中国的许多汉语培训项目也都采用或部分采用明德大学的汉语教学模式，如北京师范大学普林斯顿暑期班、首都经贸大学 ACC、北京外国语大学 IES、北京大学哥伦比亚暑期项目等。[②] 当然，我们也看到不同的汉语教学项目对明德大学的经验有继承也有创新。因此，我们所提到的明德汉语教学经验实际上已不仅仅指明德一个大学的经验，也包括普林斯顿等许多大学的汉语教学经验，可以说是北美许多高校集体智慧的结晶。

为适应新世纪对外汉语教学发展的需要，推动海内外汉语教学界的沟通与合作，2004 年 12 月在北京语言大学举办的"新世纪对外汉语教学——海内外的互动与互补"学术讨论会上，美国的多位学者就明德中文教学的核心"操练法"与国内对外汉语界

[①]　本文以《论对外汉语教学模式的构建——由美国明德大学汉语教学谈起》为题，发表在《汉语学习》2006 年第 4 期，作者汲传波。

[②]　当然这些项目与明德的教学有一些差异，但是总体上是一致的，那就是重视"操练"。这些项目中最有影响的要数北京师范大学的普林斯顿暑期班。

的学者、教师进行了交流,并于会后进行了教学现场演示。此前,明德大学汉语教学的经验已有几位学者撰文介绍。[①] 我们通过对其教学经验的分析、总结和对其课堂教学的观摩,认为明德大学的汉语教学已经形成了一套有特色、易操作的教学模式,值得我们国内对外汉语教学界借鉴、推广和应用。本节从教学模式的概念、特征入手,分析明德大学的汉语教学经验已形成一套教学模式的原因,简要论述其教学模式带给我们的思考,并讨论如何构建对外汉语教学模式及其意义。

一、明德大学的汉语教学模式

(一)教学模式的定义

最早对教学模式进行研究的是美国的乔伊斯(B. Joyce)和威尔(M. Weil),1972年他们出版了《当代西方教学模式》一书,拉开了教学模式研究的序幕。我国教学理论界对教学模式的研究是从20世纪80年代中期开始的。目前,国内外学者从不同的角度界定教学模式,意见不一。[②] 我们倾向于采用这样的界定:教学模式是在一定理论思想指导下,为实现特定教学目标而设计的

---

① 施仲谋《明德中文暑校经验的启示》,《世界汉语教学》1994年第1期;邰云雁、张鹰、龚映杉《美国的"汉语热"与汉语教学——美国明德大学中文系主任姜贵格访谈录》,《新民晚报》1996年5月29日;张和生《美国明德大学的汉语教学》,《中国高等教育》1997年第1期;张喜荣、田德新《美国明德学院的中文教学》,《世界汉语教学》2004年第1期。

② 闫守轩《教学模式理论建构的逻辑定位解析》,《教学管理》2003年第19期。

比较稳定的教学程序及其实施方法的策略体系。①

（二）教学模式的特点

我们汲取教育理论界学者的研究成果，从教学模式的定义出发，认为一套教学模式应该具备以下特点：整体性、理论性、简明性、可操作性、创新性和明晰的目的性。

1. 整体性。任何教学模式都是由一定的指导思想、主体、目标、程序、策略、内容和评价等基本因素组成的，本身都有一套比较完整的结构和机制。②从教材编写、教师备课、课堂教学（延伸至学生的课前预习及课后复习）到测试、教学评估都成为一体，是一个有机的系统工程。③美国明德大学汉语教学的整个过程符合教学模式整体性的特点。明德暑期中文学校每期9周，实行封闭式教学，从入学测试、课堂教学、课外活动到期末评估等环节组成了一个有机的整体。应该说，只要是正规的对外汉语教学机构，每个教学过程都应该包括以上这些环节。因此，整体性是教学模式的一个基本特征。而教学法和教学模式不同，一般是指课堂教学中所使用的方法，不涉及入学测试、课外活动评估等环节。

2. 理论性。任何教学模式都不可能没有理论指导，或者说不可能没有一个理念。④在对外汉语教学模式中，起关键作用的理论是语言学习理论。它描述、解释和预言学习的过程和规律，为

---

① 李雁冰《简论教学模式》，《山东教育科研》1994年第3期。
② 李秉德《教学论》，人民教育出版社，1991年。
③ 陈莉《试论教学模式的建立及意义》，《北大海外教育》第一辑，北京大学出版社，1997年。
④ 当然，我们承认有时候一些成功的教学经验并不是事先有了什么理论作为指导，而是在实践中通过总结得来的。教学经验和教学模式的不同之处在于教学模式要在已有成功经验的基础上，进行理论总结。

模式构建提供具体的指导。目前，学习理论主要有经验主义、行为主义、认知主义和建构主义等几类。经验主义学习理论以洛克为代表，其理论核心是知识的灌输；行为主义学习理论以斯金纳为代表，以"刺激—反应"心理学理论为基础，深信"条件反射"和"强化"的作用，其核心是反复操练；认知主义学习理论强调整体观，其核心是外部刺激和认知主体内部心理过程的相互作用；建构主义学习理论强调学生的主动性，重视学生的主体作用。明德汉语教学虽然强调操练的重要性，但是所采用的操练法与行为主义学习理论衍生出的操练法不完全一样。明德的操练法强调是在教师控制之下的、以学生为主的教学方法。[①] 原明德中文暑期学校校长周质平谈到，上课不做不必要的讲解，课堂不能一味地辨"义"，只须针对学生的需要，不断进行矫正和操练。[②]

3. 简明性。简明性或简约性也是许多学者认为教学模式所应具备的特征。[③] 任何一个成功的教学模式都是用极其精练的语言就能概括出来的。比如，我国语文教学界的"三主四式""自学六步法"等教学模式。美国明德中文暑期学校的课堂上，教师以学生为中心，尽力创造真实的语言环境，通过灵活多样的方式反复操练，直至学生学懂会用。课外活动更加强调语言的实际应用。[④] 虽然明德没有提出一个简明的教学模式名称，我们认为其模式的

[①] 朱永平《控制式操练教学法在不同年级汉语教学中的运用》，新世纪对外汉语教学——海内外的互动与互补学术讨论会论文，北京，2004年。

[②] 施仲谋《明德中文暑校经验的启示》，《世界汉语教学》1994年第1期。

[③] 李晓华《教学模式的定位及其特点》，《青海师范大学学报》（哲学社会科学版）1998年第2期；余小明《教学模式的特点和构建》，《福建教育学院学报》2003年第4期。

[④] 张喜荣、田德新《美国明德学院的中文教学》，《世界汉语教学》2004年第1期。

核心是"操练",可以称之为"操练模式",即大课(导入课)练—小课(操练课)练—个别谈话课练—课外练。当然,不同的课,操练的方式和内容会不一样,但是操练的基本思想是不变的。

4. 可操作性。教学模式的简明性与可操作性可以说是相辅相成的。没有简明性,就谈不上可操作性。明德汉语教学的操练模式具有很强的可操作性。比如,学习某个句法结构,让学生跟读句子、齐读、复述、在教师提供的语境下快速造句等。当然,作为一套汉语教学模式,除了课堂教学之外,还有其他的一系列与之配套的教学活动。比如,教师集体备课、师生一对一谈话、辅导答疑、课前学生必须预习、每周有周考、组织各种活动等,都有章可循,比较规范,易于操作。又如北京师范大学普林斯顿暑期班教师课堂操作有以下特点:不回避学生目光;课前板书语言点;课堂由教师控制,以学生为中心;提问顺序不固定;不考察学生的记忆;强调纠错;上课准备提示卡;不要求学生下定义;不问不可发展的问题等。对没有多少对外汉语教学经验的年轻教师,用这套教学模式进行培训,大概三天左右的时间就能基本掌握。

5. 创新性。明德汉语教学模式非常有特色,具体表现在:明德暑校采取"全面浸入式"教学法,一切课堂用语,宿舍、餐厅用语,以至各种课外活动用语,都只用学生的目的语进行。学生正式入学之初,都必须签署誓约,保证在学期间,只可以用该语言作为交际语言,校园内完全没有英语电视、广播和报刊等。[①]有学者对其特色总结了七条:学以致用,注重学生的实际需求;情境教学,注意使语言教学活起来;授人以渔,想方设法教会学

---

① 施仲谋《明德中文暑校经验的启示》,《世界汉语教学》1994年第1期。

生怎样学;真实语料,教科书及课内外不使用人造的不自然的语言材料;实际运用,强调学生随时随地使用所学语言;以学生为中心,用学生的学习成绩检验教学效果;定期严格测试,保质保量完成教学计划。① 随着北美各教学项目在国内的开展,因为有了真实的汉语环境,各个项目对明德的"全面浸入式"都有一些发展与改进,形成了一些自己的特色,比如北师大普林斯顿暑期班打通听说读写,不讲英语的"立班精神"。

6. 明晰的目的性。作为教学模式,必须要有明晰的目的性。明德中文暑期学校的教学目的非常明晰,就是在较短的时间内对学生的汉语能力进行强化训练,使其迅速提高。由于目的明确,训练严格,因此在明德暑期中文学校学满9周的学生,基本可以用汉语进行日常交谈,汉语水平可达中级或中级以上。② 明德非常重视汉语初学者的语音、语调,在明德学习过的学生发音大都非常标准。北京师范大学的普林斯顿暑期班所有的学生按照水平的不同分年级严格教学,严格的管理加上高质量的教学使学生在两个月内培养的听说读写能力超过在美国学习一年的。

(三) 对明德对外汉语教学模式的评价

明德的汉语教学已经形成了十分有特色的对外汉语教学模式,并且其良好的声誉也证明它是非常成功的。随着中美两国对外汉语教学工作者的交流日益频繁,目前国内熟悉这一套教学模式的教师也在日益增多。但任何一个教学模式都不是万能的,都有其局限性。明德中文暑期学校的汉语教学时间非常集中,教学

---

① 张喜荣、田德新《美国明德学院的中文教学》,《世界汉语教学》2004年第1期。

② 同①。

相对封闭在人造的目的语环境中,教学对象的母语都是英语,教师投入精力多、工作强度大。与"交际法""表演法"等重视学生课堂模拟语言交际的教学模式相比,明德的"操练"模式有些机械,时间过长容易使学生产生厌倦情绪。尤其对于高年级的学生来说,会感觉到没有表达的自由。因此,明德中文暑校的汉语教学模式非常适合在对初学者的短期强化教学中采用。我们也可以汲取其精华,在长期班的汉语教学中加以创新性地运用。另外,明德模式强调集体备课,统一教学,忽视了教师的个性和创造性。

二、明德汉语教学模式引发的思考

陈莉(1997)[①]呼吁国内应该建立对外汉语教学模式,并且谈了建立对外汉语教学模式的意义。时至今日,讨论对外汉语教学模式的学者不断增多,并有一些成果问世。比如,有学者提出要建立适应新形势的对外汉语教学新模式,[②]有些学者在教学经验的基础上,提出构建具体的教学模式:"随意学汉语"教学模式,[③]速成汉语教学模式设计,[④] "1+1"教学模式,[⑤] 初、中级对外汉

---

① 陈莉《试论教学模式的建立及意义》,《北大海外教育》第一辑,北京大学出版社,1997年。
② 李世之《对外汉语教学新模式刍议》,载《语言文化教学与研究》,人民教育出版社,2001年。
③ 杜秀丽、刁小卫《"随意学汉语"教学模式初探》,《伊犁师范学院学报》(社会科学版)1998年第4期。
④ 洪芸《速成汉语教学模式设计》,《北京第二外国语学院学报》1998年第2期。
⑤ 王玮《对外汉语教学中的"1+1"教学模式》,《天津师大学报》2000年第2期。

语教学听力课应进行"理解后听"教学模式,[①] 等等;有些学者讨论教学模式在对外汉语教学过程中的正负作用以及如何运用好模式的若干实践经验,总结出若干种模式的运用法。[②] 另外,一些大型的对外汉语教学讨论会也开始关注对外汉语教学模式的问题。[③] 虽然国内出现了不少对外汉语教学模式,但是真正有影响的、得到成功推广的模式还很少。赵金铭(2005)[④] 认为,对外汉语教学界从20世纪50年代初即进行教学模式的探索,主要围绕着如何处理"语"和"文"的关系上。目前在对外汉语教学界实施的主要教学模式不外乎以下三种:"讲练—复练"模式;"讲练—复练—小四门"模式;"分技能教学"模式。"十一五"期间要进行教学模式的改革,提出具有典型意义的标准化的教学范式。

与美国从事对外汉语教学的条件相比,国内的条件可谓得天独厚。比如国内有着天然的汉语学习环境,有大批科班出身的对外汉语教师,有政府大量财力的投入,有国家汉办的统一领导。既然条件如此优越,为何没有形成一套有影响的对外汉语教学模式?

我们认为国内没有一套有影响的对外汉语教学模式,主要症结可归纳为以下四点:(1)缺乏理论总结,许多优秀的对外汉语教师有许多成功的经验,但是大多只停留在经验的层面,没有

---

① 谭春健《"理解后听"教学模式探讨》,《云南师范大学学报》(对外汉语教学与研究版)2004年第4期。

② 王际平《试论教学模式在对外汉语教学中的作用与发展》,上海交通大学国际教育学院网页(http://www.sie.sjtu.edu.cn),2004年。

③ 比如第八届国际汉语教学讨论会的主要议题之一就是"汉语作为第二语言教学的教学模式和教学法研究"。

④ 赵金铭《"十五"期间对外汉语学科建设研究》,《对外汉语研究》第一期,商务印书馆,2005年。

上升到理论的高度；（2）缺乏危机意识，国内从事对外汉语教学有那么多的优势，即使没有什么有特色的教学模式也不愁没有生源，因此缺乏危机意识；（3）缺乏品牌意识，很多高校的领导把对外汉语教学作为创收的来源，根本不重视对外汉语教学的质量问题，更不用说要创立什么"品牌"；（4）宣传、推广力度不够，很多高校因为没有"品牌"意识，有好的教学模式也不宣传、推广或者宣传、推广的力度不够。①

三、如何构建有影响的对外汉语教学模式

关于如何构建教学模式，很多教育学界的专家进行过论述。归纳起来，方法不外乎有两种：演绎法和归纳法。演绎法是指从一种科学理论假设出发，推演出一种教学模式，然后用严密的实验证实其有效性，它的起点是科学理论假设，形成的思维过程是演绎。归纳法是指从教学经验中总结归纳出来的教学模式，它的起点是经验。② 目前国内构建对外汉语教学模式的学者大都是采用归纳法，很少采用演绎法。

构建一套对外汉语教学模式，可以在已有教学经验的基础上进行归纳、总结，但是更多的还是需要教学实验。在北京市第三届对外汉语教学讨论会上，吕必松就曾大力倡议对外汉语教师要

---

① 申报国家对外汉语教学基地，其中非常重要的一个条件就是要有"成熟有效的教学模式"。目前已经成为基地的对外汉语教学单位应该都有一套或几套对外汉语教学模式，可惜的是没有得到推广。

② 郝志军、徐继存《教学模式研究20年：历程、问题与方向》，《教育理论与实践》2003年第12期。

大胆地搞教学实验。我们认为，这对摆脱国内缺乏有影响的对外汉语教学模式的现状来讲是必须着手的第一步。

构建一套对外汉语教学模式，要对前人的成果加以借鉴。任何教学模式都要在前人的基础上创新、发展，我们可以借鉴英语作为第二语言的教学模式、国内的语文教学模式、国外的汉语教学模式等的成功经验，在此基础上，构建起国内有影响的对外汉语教学模式。

构建一套对外汉语教学模式，单靠个人的力量是不行的，需要集体的协作与配合。不但需要有语言学背景的教师参与，还应该有教育学、心理学等学科背景的教师共同参与。构建一套对外汉语教学模式，需要各单位领导的支持与配合，更需要国家汉办的大力支持。只有在政府的大力支持下，教学模式的大面积实验、推广才有可能，单靠某个高校的力量还是不够的。

四、构建对外汉语教学模式的意义

许多学者从教育学的角度谈到这个问题，认为教学模式的提出为教师选择合适的教学法和出色完成教学任务提供有益的帮助。教学模式既是教学过程理论体系的具体化，又是教学实际经验的系统总结。相对于教学的基本理论而言，它是低层次的，因而具体、简明、易于操作；相对于教学而言，它又是高层次的，因而概括、完整和系统，便于教师理解和掌握，有利于提高教学质量。[①] 凡是采用过"操练"教学模式的教师都会有一种深切的

---

① 李雁冰《简论教学模式》，《山东教育科研》1994 年第 3 期。

感受：虽然老师很累，但是学生水平提高得很快，教学质量也很高。原因是什么呢？

明德"操练"模式要求教师必须集体备课，每个教师都必须与其他教师很好地配合才能完成一个班的教学任务，不容许一个教师懈怠。也就是说，是教学模式本身的一些制约机制使每个教师都能发挥最大的潜力、把精力都投入到教学中去。目前国内各高校的对外汉语教学机构若能采用明德的教学模式，就不会存在有些教师上课不备课的现象，也不会存在口语课上"教师讲授时间比学生练习时间还多"的现象，教学质量应该能够大幅度提高。

结合对外汉语师资培训的现状，我们认为对于刚踏上对外汉语教学岗位的年轻教师来讲，用很短的时间掌握一套教学模式，可以避免重复前人所经历的摸索期，较快地进入角色。目前国内很多对外汉语教学单位编制都很少，面对留学生逐年增加的现状，不得不大量外聘兼职教师。虽然兼职教师队伍里也有一些科班出身的，但是为数甚少，大多没有接受过专业训练。怎样才能在短期内把兼职教师培训成合格的对外汉语教师，我们认为采用一套非常易于操作的教学模式非常重要。Bruce Joyce & Emily Calhoun （2003）[①] 就提出，谁都无法教会你一种教学模式，我们不能，你的教授、教师培训伙伴、优秀教师也都不能。你只能根据学习模式的基本步骤及其顺序，并反反复复地进行练习，自我为师。

对外汉语教学是我们国家和民族的事业。从事这一神圣职业

---

① Bruce Joyce, & Emily Calhoun《归纳教学模式》，赵健译，中国轻工业出版社，2003年。

的一线对外汉语教师负有义不容辞的责任，我们只有大力倡导教学实验，构建有影响的对外汉语教学模式，提高对外汉语教学质量，形成自己的特色，创出自己的品牌，才能吸引更多的留学生到大陆来学习，才能为国家的和平崛起做出更大的贡献。

第二节 再论对外汉语教学模式的构建[①]

笔者拟在汲传波《论对外汉语教学模式的构建——由美国明德大学汉语教学谈起》[②]、刘颂浩《中国对外汉语教学模式的创建问题》[③]（以下简称《创建》）的基础上，从教学模式的构成要件出发重新审视目前的对外汉语教学模式，进而对国内的汉语教学模式构建问题发表看法。

一、目前对外汉语教学模式之再审视

要讨论对外汉语教学模式的构建，首先应该清楚构建一个模式所需要件。关于此问题，有些学者进行了讨论，如：马箭飞

---

① 本文以《再论对外汉语教学模式的构建》为题，发表在《华文教学与研究》2014年第2期，作者汲传波。

② 汲传波《论对外汉语教学模式的构建——由美国明德大学汉语教学谈起》，《汉语学习》2006年第4期。

③ 刘颂浩《中国对外汉语教学模式的创建问题》，《华文教学与研究》2014年第2期。

(2004)[①]认为完整的教学模式应包含五个基本要素：理论基础、教学目标、操作程序、实现条件（手段和策略）、评价。史有为（2008）[②]认为教学模式由六个因素组成：教学法、教学目标、课程和课时、课程间关系、教学技巧和训练方式、考核或测试。谷陵（2013）[③]则认为教学模式的构成要素分为：宏观层面（理念、设计和实施）、中观层面（教学和管理）、微观层面（操作层面的策略、程序、技巧和措施）。马箭飞和史有为的观点大同小异，谷陵则在其基础上增加了管理这一要素。

因为教学模式是沟通教育教学理论和教学实践活动的中介和桥梁，[④]所以，我们尝试对以上三位学者的看法进一步概括，把教学模式的构成要件简化为：理论层面（教学理念和教学目标）、实践层面（教学程序和管理体系）。根据教学模式的实践层面是否有严格的教学程序和与之配合的管理体系，可以把"教学模式"分为严模式与宽模式。"严模式"指教学模式有严格的教学操作程序，严格的管理体系；"宽模式"指教学模式在教学程序和管理体系上相对宽松，没有非常严格的程序化要求。严模式与宽模式是相对而言的，二者都应该具有教学模式的构成要件。如果根据这一分类来检视目前国内外的对外汉语教学模式，应该会有新的发现。

---

① 马箭飞《汉语教学的模式化研究初论》，《语言教学与研究》2004年第1期。
② 史有为《教学法和教学模式的解析与重组——兼及日本汉语教学中的相关课题》，《世界汉语教学》2008年第3期。
③ 谷陵《美国名校在华汉语强化教学模式研究——兼谈国际汉语教学模式研究理论与方法》，中央民族大学博士学位论文，2013年。
④ 张志勇《对教学模式的若干理论思考》，《中国教育学刊》1996年第4期。

先来看国外比较有影响的明德模式。这一模式吸引了众多学者参与讨论，其主要特点在于：课堂教学有严格的操作程序和管理机制。[1] 因此，该模式可看作是一种严模式。按常理推论，严模式会束缚教师与学生，但事实并非如此。比如卫斓（2008）[2]认为，作为一个模式，有一个固定、成熟的程式有利于使教学各环节整齐化、标准化，而且正是这种程式化的教学使得美国在华中文项目的教师在短时间内迅速掌握并能按照标准高质量地授课。所有的老师都认为通过在这些项目中的教学，自己的教学水平提高了，这种提高不仅得益于项目严格的管理，也得益于其程式化教学，因为这种规范可以比较清楚地告诉教师应该怎么做。

明德模式有许多优势，但是也应该清楚地看到其局限性。[3] 笔者同意邱军（2009）[4]的看法：有效的教学模式一定根植于最适宜的教学环境。明德模式产生于汉语作为外语的教学环境中，教学对象是美国大学生，有较强的学习动机，母语背景一致。而国内的对外汉语教学情况非常复杂，有预科、本科、长期进修、短期速成（强化）等，教学对象的母语背景多样，学习动机多样。因此用某一特定环境下产生的教学模式在其他环境中使用，肯定会有很多局限。

再来看国内许多教学单位正在使用的分技能教学模式。这种模式虽然按照技能划分课型，具备教学模式的要件，但是课堂教

---

[1] 崔永华《基础汉语教学模式的改革》，《世界汉语教学》1999年第1期。
[2] 卫斓《明德中文暑校为代表的美国中文项目教学模式的思考》，载《第九届国际汉语研讨会论文选》，高等教育出版社，2008年。
[3] 汲传波《论对外汉语教学模式的构建——由美国明德大学汉语教学谈起》，《汉语学习》2006年第4期。
[4] 邱军《环境、模式及其关联性分析》，《世界汉语教学》2009年第2期。

学程序不具体、管理体系不严密，可以看作是一种宽模式。该模式在国内对外汉语教学中发挥了重要作用，但与严模式相比，其最大的缺陷可能由于其课堂教学程序不具体、管理体系不严密导致各课型之间缺少联系，教师之间缺少协作。卫斓（2008）[1] 也谈到：不同的技能课之间缺乏配合，教授同一门课的教师有不同的教法，使我们的课程缺乏标准，不能保证教学的整体质量。正因如此，这将不利于学习者对语言项目的掌握。[2] 马箭飞（2004）[3] 也认为目前国内汉语教学模式的框架和程序还不完整。其言外之意是目前国内缺少严模式。当然，我们也应该看到，在宽模式下，教师会有更多的自主权，有更多的自由发挥空间，可能更有利于教学方法的创新。但这在很大程度上要依靠教师个人的自觉，有些教师可能就会因此而不备课，新手教师或实习研究生在此模式下会无所适从，因此宽模式不能从整体上保证教学质量。

二、构建对外汉语教学模式之再思考

新中国对外汉语教学已走过 60 多年，但迄今为止尚未形成类似于明德模式的具有广泛影响力的教学模式。为此，汲传波（2006）[4] 曾初步总结出了四条原因。《创建》在此基础上进一

---

[1] 卫斓《明德中文暑校为代表的美国中文项目教学模式的思考》，载《第九届国际汉语研讨会论文选》，高等教育出版社，2008 年。
[2] 崔永华《基础汉语教学模式的改革》，《世界汉语教学》1999 年第 1 期。
[3] 马箭飞《汉语教学的模式化研究初论》，《语言教学与研究》2004 年第 1 期。
[4] 汲传波《论对外汉语教学模式的构建——由美国明德大学汉语教学谈起》，《汉语学习》2006 年第 4 期。

步指出中国大学的对外汉语教学之所以难以形成自己的模式,根源在于采取了大学里通用的专业课教学管理模式,而这一模式,本质上不适合第二语言教学。这一视角非常新颖,但似乎仍未触及问题核心。下面就国内缺少有影响模式的原因进行分析,尝试提出解决方案。

(一)教学与科研结合

在教育学界看来,教学模式研究能够解决教学理论与实践脱节问题。[①]笔者认为,导致国内缺少有影响的对外汉语教学模式,根本原因首先是在于高校的教师评价体系导致教学与科研分离,理论研究与教学应用脱节。高校教师职称评定基本上只看科研成果,这导致很多教师不太重视教学或不敢把主要精力投入到教学中,只能重视科研。另外,大多数教师的科研选题都与教学实践关联不多,或者对教学的指导价值有限。正因如此,目前高校对外汉语教学的基础研究和教学应用研究被割裂。[②]有些不搞科研的教师也不愿意在教学上花费更多的时间,因为把精力放在教学上常常缺少物质、精神的激励。众所周知,教学模式的构建常常需要团队的协作,因而需要付出更多的个人时间,这在教学不被重视的环境下很难做到。而与高校相比,在我国中学英语教学中,教学模式却异彩纷呈,出现了诸如任务型教学模式、分层教学模式、和谐教学模式、信息技术与英语学科课程整合模式、自主学习模式、活动—交往教学模式、情景—互动教学模式等。[③]中学

---

① 张志勇《对教学模式的若干理论思考》,《中国教育学刊》1996年第4期。
② 马箭飞《汉语教学的模式化研究初论》,《语言教学与研究》2004年第1期。
③ 周淑清主编《初中英语教学模式研究》,北京语言大学出版社,2004年。

出现那么多教学模式，可能与中学把教学作为主业有关。

要解决以上问题，不是某个学者所能做到的，需要学界的共同呼吁：转变单一的科研评价体系，将基础研究与教学应用相结合，将教学与科研结合，支持对外汉语教学单位真正把教学作为主业，科研真正为教学服务。教育主管部门要给予教学模式实验大力支持，提供研究经费，鼓励在教学模式构建中出科研成果。另外，学术刊物应鼓励、支持教学模式研究的论文发表，激发"教学科研结合型"教师的积极性。

（二）加强有效管理

笔者非常同意《创建》提出构建优秀对外汉语教学模式需要管理意识，这隐含着目前对外汉语教学单位的管理意识不到位。教学模式的构建不是一个人能够完成的，需要统筹规划、协作实施。明德模式的成功之处很大程度上是依赖其严格的管理体系。比如，谷陵（2013）[1]认为美国在华精英式强化教学模式的管理体系合理而有效，对教学模式的顺利实施起着至关重要的作用，应该视为教学模式整体不可或缺的一部分。

当然，仅有管理意识还不够，还需要切实可行的管理体系，形成教学和管理的规范。如果课堂教学的内外都有一套严格的管理体系，教师和学生都能有据可依，有序可循。即使没有优秀的管理者，教学也能有序运转、高效运转，从而保证教学质量。《创建》的观点非常具有可操作性：教学主管是新模式中最主要的角色，全权负责教学设计、教学组织、教学管理以及教师的聘用。

---

[1] 谷陵《美国名校在华汉语强化教学模式研究——兼谈国际汉语教学模式研究理论与方法》，中央民族大学博士学位论文，2013年。

笔者担任过教学主管职务，体会到如果能够有时间、资金、权限、有志同道合的优秀教师支持，构建新的教学模式是可行的。当然，教学主管最好是教授，没有评职压力，有充裕的时间和精力，教学、科研、管理都非常出色，善于交际，能够团结一批优秀教师。

在教学主管确定之后，最为重要的就是要组建有新教学理念的优秀教师团队。《创建》中未提及教学理念在构建教学模式中的重要作用，应该说是一种缺憾。因为模式的构建基于教学理念；[①] 在不同的语言观和语言学习观下会形成不同的教学模式；[②] 改革教学模式必须以转变观念为先导。[③] 构建新模式如果不汲取最新的理论成果，即使构建了教学模式也可能是重复劳动。当然，教学主管最好选择理念能够达成一致的教师团队。专家型教师经常不愿意纳入统一的新教学模式，因其已经形成比较稳定的教学信念，较难改变。因此，主管教师在组建团队时，困难重重，要慧眼识才。与《创建》的看法不同，笔者不建议在构建模式之初使用新手教师或者研究生，因为他们的教学经验不足，教学信念处于发展阶段，很难在模式构建过程中贡献智慧。另外，模式尚未构建，教学与管理尚未有明晰的要求，对培养新手教师和研究生来说也达不到应有的效果。但笔者同意在教学模式构建完成之后的实验阶段使用研究生，把研究生培养与模式的完善、实施结合起来。这点与《创建》的看法相同，要充分利用国内的研究生

[①] 萧好章、王莉梅《大学英语教学模式改革初探》，《外语与外语教学》2007 年第 2 期。

[②] 吴勇毅《汉语作为第二语言/外语教学模式的演变与发展》，《华东师范大学学报》（哲学社会科学版）2009 年第 2 期。

[③] 崔永华《基础汉语教学模式的改革》，《世界汉语教学》1999 年第 1 期。

资源优势。

组建好了优秀教师团队之后,激励措施非常重要。因为构建教学模式需要大量的个人时间,需要给参与团队的教师提供物质、精神激励。因此构建时需要花费更多的成本,一旦构建完成,有研究生参与,就可以节约成本了。

(三)规范教学程序

借鉴明德模式的经验,在有效管理的前提下,一旦教学程序(包括教学内容、进度、方法)明确,具有可操作性,汉语课堂教学就不再依赖于个别优秀教师,实习研究生也可以胜任。

当然,可以针对不同的教学类型和不同的任课教师构建宽、严不同的教学模式。比如针对短期强化、预科或者新手教师、研究生任课的项目就可以构建强模式,在教学程序上要有明确的要求;而针对长期班、本科班或专家型教师任课的项目就可以构建宽模式,教学程序上不必非常严格。因为长期项目,教学程序严格,教师、学生都会感觉非常疲劳,有可能事倍功半。当然,笔者同意《创建》的看法,这里的宽模式也要注意课型之间的适度关联,教师之间的适度协作。另外,宽模式也要给予课堂教学适度的自由发挥空间,不能太过随意,在教学目标、教学重点、教学难点、教学进度方面最好也要有明确的规范。

三、结语

时隔八年,笔者再次就对外汉语教学模式的构建发表看法,主要源于《创建》一文的启发。中国具有得天独厚的汉语学习环境,有大批优秀汉语教师,有充足的实习研究生后备人才,但至今未出现有影响的对外汉语教学模式，值得深思。时不我待，希望有理想、有追求的学界同人携起手来，共同为优秀对外汉语教学模式的构建贡献力量。

第三节 语言项目视角下国际汉语有效教学模式研究[①]

　　国际汉语教学的效果如何，跟教学模式具有密不可分的关系。对教学模式的研究显示，每一种教学模式的产生都有其时代背景与现实诉求，并指向特定的教学目标。没有一种教学模式是放之四海而皆准的唯一有效样板，设计和实施何种教学模式，必须考虑到特定的教学对象、教学情境和教学目标。对外汉语教学模式研究向来受到学界的重视，几十年来涌现了许多各具特色的教学模式。近年来随着国际汉语教育事业的重心从国内向国外的发展，教学模式研究表现出以下趋势：从单一教学模式向多样化教学模式发展，从以"教"为主向重视以"学"为主发展，从关注课堂教学向关注整个语言项目系统发展，从重视教学模式的理论设计向重视教学模式的实效运行发展。本研究打算从语言项目[②]视角探讨国际汉语教学模式的系统运行和有效性问题。

---

　　① 本文以《试论语言项目视角下国际汉语有效教学模式研究》为题，发表在《华文教学与研究》2016年第1期，作者曹贤文。
　　② "语言项目"为国际二语教学界通用术语"language program"的直译，相当于汉语中的"语言教学/学习项目"之意，为保持简洁起见，这里仍直接采用"语言项目"这一名称。

一、国际汉语教学模式的基本要素与模式层级

美国学者乔伊斯（Bruce Joyce）和威尔（Marsha Weil）合著的《教学模式》[①]于1972年出版，该书通常被视为教学模式理论研究的起始标志。其实，外语教学界早在19世纪就已经开始了类似教学模式的教学法研究。几十年来，教学模式研究受到了广泛关注，不过学界对教学模式的定义并不完全一致。乔伊斯等认为教学模式是"构成课程、选择教材、指导在教室和其他环境中教学活动的一种计划或范型"。目前国内比较有代表性的看法是，教学模式是"在一定教学思想或教学理论指导下建立起来的、较为稳定的教学活动结构框架和活动程序。它是教学理论的具体化，又是教学经验的一种系统的概括。它既可以直接从丰富的教学实践经验中通过理论概括而形成，也可以在一定的理论指导下提出一种假设，经过多次实验后形成"[②]。一个完整的教学模式应包含五个基本要素：理论基础、教学目标、操作程序、实现条件和评价。[③]

在对外汉语教学界，对教学模式的讨论大多侧重于理论基础、教学设计和操作方法等方面。例如，崔永华（1999）[④]把教学模式概括为"课程的设置方式和教学的基本方法"。马箭飞（2004）[⑤]认为，所谓对外汉语教学模式"就是从汉语独特的语言特点和语

[①] 乔伊斯等《教学模式》，荆建华等译，中国轻工业出版社，2002年。
[②] 黄甫全、王本陆《现代教学论学程》（修订版），教育科学出版社，2003年。
[③] 马箭飞《汉语教学的模式化研究初论》，《语言教学与研究》2004年第1期。
[④] 崔永华《基础汉语教学模式的改革》，《世界汉语教学》1999年第1期。
[⑤] 马箭飞《汉语教学的模式化研究初论》，《语言教学与研究》2004年第1期。

言应用特点出发，结合第二语言教学的一般性理论和对外汉语教学理论，在汉语教学中形成或提出的教学（学习）范式"。赵金铭（2008）[①]指出，对外汉语教学模式"是从汉语、汉字及汉语应用的特点出发，结合汉语作为第二语言教学理论，遵循大纲的要求，提出一个全面的教学规划和实施方案，使教学得到最优化的组合，产生最好的教学效果"。吴勇毅（2014）[②]把教学模式总结为"在一定的教学和学习理论指导下，以实现教学各基本要素（教学目标、教学大纲、教学内容、教材、教学技术/手段、教学方法/策略、师生角色、教学活动和教学环境等）之间组合为最优化方案的系统，优化组合的结果体现为一种可以拷贝的标准样式"。上述认识符合乔伊斯等人关于教学模式的一般定义，而且结合了汉语及汉语运用的特点，很有启发意义。

不过，从过往对外汉语教学模式研究来看，学者们比较关注教学模式中的理论依据、教学目标和操作程序，已有研究多从理论基础和教学设计等方面讨论教学模式的优劣，而对实现条件、支撑系统等教学模式赖以存在的语言项目运行条件讨论较少。这可能是由于我们过去对语言教学模式和教学法之间的关系认识不够清晰。就外语教学学科的发展历程来看，过去一百多年外语教学的历史，其基本特征是探索更加有效的外语教学方法。针对语言教学的种种问题，学界一直在尝试构建各种各样的理想教学法，一百多年来各种教学法层出不穷。重视教学法研究是外语教学学

[①] 赵金铭《汉语作为第二语言教学：理念与模式》，《世界汉语教学》2008年第1期。

[②] 吴勇毅《关于汉语教学模式创建之管见》，《华文教学与研究》2014年第2期。

科的特点，相对于宏观教学理念和微观教学技巧，教学法处于关键的中观层面。① 同样，教学模式也处在中观层面，"教学模式是向上沟通着教学理论，向下沟通着教学方法和教学策略的重要中介。教学模式总是某种教学理论在特定条件下的一种表现形式，因此它比教学理论的层次要低，但又比教学经验的层次要高"②。由于教学模式与教学法都属于中观研究领域，马箭飞（2004）③ 认为，"或者教学法本身就是一种教学模式，或者教学法由先后多个教学模式组成"。由此推知，如果教学模式研究只重视理论基础、教学设计和操作程序，而缺少对实现条件和项目管理等因素的关注，外语教学模式就几乎等同于外语教学法。例如，在孔子学院总部/国家汉办2014年修订的新版《国际汉语教学通用课程大纲》中，就特别列举了四种常用的汉语综合教学模式：常规模式、任务模式、主题模式和跨学科内容模式。这些教学模式跟听说法、交际法、沉浸法等外语教学法处于同一层次。因此，如果把这些教学法作为教学模式的话，不妨称之为教学法层面的教学模式。

近年来，随着研究不断深入，国际汉语教学模式的实现条件和运行管理等因素逐渐受到重视，学者们开始把教学模式的管理和语言项目的运行等因素纳入整体视角来探讨教学模式及其有效性问题。例如，汲传波（2006）④ 将整体性作为教学模式的首要

---

① 曹贤文《国际汉语有效教学研究》，世界图书出版公司，2014年。
② 万伟《三十年来教学模式研究的现状、问题与发展趋势》，《中国教育学刊》2015年第1期。
③ 马箭飞《汉语教学的模式化研究初论》，《语言教学与研究》2004年第1期。
④ 汲传波《论对外汉语教学模式的构建——由美国明德大学汉语教学谈起》，《汉语学习》2006年第4期。

基本特征，认为这一点跟教学法明显不同，教学法一般是指课堂教学中所使用的方法，不涉及入学测试、课外活动评估等环节，而任何教学模式本身都有一套比较完整的结构和机制。曹贤文（2007）[1]在对明德模式与中国大陆高校常规汉语教学模式进行比较时，讨论了两种教学模式在管理和实施方面的差异，及由此带来的不同教学效果。谷陵（2013）[2]明确提出应该把实施条件和管理因素纳入教学模式研究范围，从学生管理、教师管理和教学环境管理这三个方面分析了精英式强化教学模式的管理体系，认为管理体系应该视为教学模式整体不可或缺的一部分。刘颂浩（2014）[3]也明确指出，创建优秀教学模式需要重视管理机制的问题，认为"教学模式体现的不只是教学理论研究和实际教学水平，更是人才和资源管理水平……教学模式和教学有关，但更和管理密不可分"。汲传波（2014）[4]从另一个角度提出了教学模式的管理问题，认为可以把教学模式的构成要件简化为：理论层面与实践层面，前者包括教学理念和教学目标，后者包括教学程序和管理体系。

综合已有研究成果，笔者认为国际汉语教学模式可分为两个

---

[1] 曹贤文《明德模式与中国大陆高校基础汉语教学常规模式之比较——兼谈汉语教学的精英模式与大众模式的差异和互补》，《暨南大学华文学院学报》2007年第4期。

[2] 谷陵《美国名校在华汉语强化教学模式研究——兼谈国际汉语教学模式研究理论与方法》，中央民族大学博士学位论文，2013年。

[3] 刘颂浩《中国对外汉语教学模式的创建问题》，《华文教学与研究》2014年第2期。

[4] 汲传波《再论对外汉语教学模式的构建》，《华文教学与研究》2014年第2期。

层面：教学法层面和语言项目层面。[①] 从教学法层面来看，涉及的因素相对简单，主要是以课堂教学为中心的教学设计和操作程序。从语言项目层面来看，涉及的因素较多，除了课堂教学以外，还包括项目系统中的课程设置、学时安排、教学环境、师生员工、项目管理、经费支撑、测试评估等相关因素以及项目效益等目标因素。根据以上认识，我们把国际汉语教学模式分为两个层级：教学法层面的国际汉语教学模式和语言项目层面的国际汉语教学模式，亦可简称为汉语教学法模式和汉语教学项目模式。语言教学法模式可依据教学法来命名，比较典型的如前文所述的任务模式、主题模式、跨学科内容模式等。语言教学项目模式可用语言项目来命名，比较典型的如明德模式[②]、IUP模式、国内高校常规汉语教学模式等。语言教学法模式的实施一般不需要过多考虑课堂教学之外的其他因素，而语言教学项目模式则要考虑到整个语言项目系统中的各种因素。因此，二者之间存在上下位关系，前者只是课堂教学局部的设计和实施，而后者体现的是整个教学

---

① 笔者非常认同刘颂浩（2014）、汲传波（2014）等所论教学管理在构建对外汉语教学模式中的重要作用。由于以往对外汉语教学模式研究，缺少对管理问题的关注，如果在狭义的教学模式之外，另外提出与之并立的教学管理模式，从理论上说未尝不可。不过本节要强调的是语言项目模式与教学法模式（以及教学管理模式）是一种上下位关系，在语言项目系统中包含教学和管理等多方面的因素，它们类似"一树两枝"或"一树多枝"的关系，"一树"就是语言项目，"两枝"分别是教学和管理。同时从坚持教学中心论的角度来说，笔者不希望抛开教学来讨论独立的管理模式，最好能把教学和管理有机结合，从语言项目系统来考虑管理问题，因此，本节只从教学法和语言项目两个方面来分析教学模式，不单独讨论管理模式。

② 目前学界所论的明德模式实际上包括两个层面：一是着眼于教学层面的教学法模式，一是关于整个项目运作的项目模式。本节所论的明德模式属于后者。

项目系统的设计和运作，可见语言项目层面的教学模式比教学法层面的教学模式更值得重视和研究。

二、语言项目视角下国际汉语教学模式案例剖析

语言教学项目是一个复杂的系统，从这个角度来分析国际汉语教学模式将更加全面。崔永华（2008）[1]对汉语教学项目做过界定，认为"汉语教学项目是指一个在特定教学条件下、具有特定教学目标的汉语教学实体"，并列出了教学项目的特征：有相对稳定的教学对象；有明确的教学目的，并体现在课程计划、课程设置、教学原则、教学方法和组织形式之中；有稳定的教学管理机构和相关管理规章制度；有稳定的教师和教学管理人员；有固定的教学地点和相应的教学硬软件条件。Cornelius, C. K.（2006）[2]从汉语知识、外语等级划分、学习理论、教学方法、课程设计、项目管理、测试评估、学生、教职员工、教学环境和支持系统等方面详细分析了在海外设立基础中文项目时需要考虑到的种种复杂因素。从语言项目视角来看，教学模式是一个系统性的模式，涉及的因素很多，需要从整体上考虑系统内的各个要素及其之间的互动。下面我们以明德模式为例，从语言项目视角对国际汉语教学模式做一个案例剖析。

优秀的教学模式应该有自己的核心理念并能采取有效措施贯

---

[1] 崔永华《对外汉语教学设计导论》，北京语言大学出版社，2008年。
[2] Cornelius, C. K. (2006). NFLC *Guide for Basic Chinese Language Programs (2nd edition)*. Columbus: National East Asian Languages Resource Center, Ohio State University.

彻实施。根据笔者多年在明德暑校工作的亲身经历及对该校历史的研究，明德暑校在项目设计上最核心的教学理念是沉浸式外语教学理论。对全浸式（total immersion）目的语环境的精心构建和有效利用，是明德模式一直引以为傲的最大特色。在一个非目的语大环境中采用全浸式强化语言学习方式，明德模式首要的实现条件是精心构建起目的语校区小环境，并通过严格执行语言誓约来保证全浸式教学理念得以贯彻实施，这是支撑整个项目运行的重要基础。实施语言誓约意味着不管课堂上还是课外的学习和生活中，都只能使用所学目的语作为唯一的交际语言。明德暑校要求每一位来此学习的学生都必须在入学之初宣誓立约，一旦踏入暑校的门槛，就不得在此地使用包括英语在内的任何非目的语语言。由于暑校实行集训式的管理方式，所有的学生跟老师同吃同住，全体教师和学生每个人均有义务互相帮助和监督，因此在这儿语言誓约总是得到了全面的、不折不扣的执行。为了突出语言誓约的地位、强调并保护自己的教学特色，明德大学已经成功申请了"语言誓约"（The Language Pledge）作为注册商标，为明德模式增添了无形的知识资产。

任何成功的语言项目都需要一批高素质教师队伍，教师除了业务水平高以外，最重要的是团队合作精神和对教学工作的热情。因此，成功的语言教学项目都非常重视教师聘任和培训。明德暑校聘任的教师"必须经过严格筛选，每年存优汰劣，同时保持相对稳定"[1]。每年教师聘用由各语言学校校长提出名单，由明德大学分管副校长代表学校亲自签署聘用合同，学校相关部门据此

---

[1] 张和生《美国明德大学的汉语教学》，《中国高等教育》1997年第1期。

办理聘用手续，非常慎重和认真。为了贯彻语言项目的教学理念，凝聚教师的共识，加强团队合作，提高教学水平，成功的语言项目需要在项目开始前和进行中组织教师培训。明德暑校对教师培训极为重视，每次开学前，所有教师都必须参加整整两天的培训会，开学后每周固定召开两次集体备课会，并不定期召开培训会和随时听课。通过采取"岗前培训及在岗督导合并的培训模式"[①]，让教师对本项目开展有效教学所需的教学理念、方法、课程运作及各种规定和制度有一个整体的了解，并通过共同参与的实况教学示范，增强教师的实训体验，提高教学能力。语言项目不是个人行为，只有形成坚强的团队，时刻密切配合，教学工作才能顺利进行。如果没有对项目教学理念、教学程序的深切把握，没有明确的分工合作，没有高度的敬业态度和团队精神，再好的教学计划、再周全的教学安排都不可能实现。"许多在明德暑校任教过的老师都特别怀念及珍惜这种由强烈使命感形成的团队精神及暑期过后老师之间培养出的深厚友谊"[②]，这就是优秀教学模式能够实施所需要的教师团队文化。

除了高素质的教师队伍以外，成功的语言项目非常重视教学和行政管理。明德暑校的课堂操练方法和教学管理可参见娄开阳和吕妍醒（2011）、王学松（2007）等论述。[③] 在行政管理上，明德模式也别具特色。有不少人以为明德模式只是明德中文暑校

[①] 张曼荪《明德中文暑校2006年师资培训纪实与评述》，《国际汉语教学动态与研究》2006年第4期。

[②] 同①。

[③] 娄开阳、吕妍醒《美国明德汉语教学模式课堂操练方法的类型及其依据》，《语言教学与研究》2011年第5期；王学松《"明德模式"研究评述》，《语言文字应用》2007年增刊。

的教学和管理方式，实际上从更广的范围来说，也是整个明德暑校的教学和管理方式。自1915年建立第一所暑期学校——德文学校到去年新建立的韩文学校，明德暑校已经建立了包括德文、法文、西班牙文、意大利文、俄文、中文、日文、阿拉伯文、葡萄牙文、希伯来文和韩文（按照项目设立的先后顺序排列）11所暑期语言学校。整个大语言学校设立一个总办公室，负责大语言学校的整体运作和协调工作，大语言学校的校长一般由明德大学专门负责暑校项目的副校长担任，他直接领导和配合下辖各语言学校校长的工作。各语言学校又有很强的独立性，各自设立独立的办公室。每个语言学校除了校长负责全面的学术和行政工作以外，一般还要聘请校长助理和双语助理若干人，校长助理主要协助校长开展教学和学术方面的工作，双语助理的工作是负责后勤保障和课外活动。各校校长、校长助理和双语助理都是暑期职位，从明德大学以外聘请。另外，每个学校还有一名专职协调员，协调员是明德大学的常年职位，主要负责协调所在语言学校内外的各项事务，包括招生注册、食宿安排、教室安排、书籍订购、来往函件和各种联络等。

开学之前，大语言学校办公室、明德大学各部门及各语言学校办公室要协调做好学生招生、教师聘任、宿舍食堂教室安排等各项工作。为了保证暑校全沉浸式教学的实施，需要让不同语言学校分楼而居、分食堂而食，为每一个语言学校构建一个完整的目的语社区环境，让各语言学校成为所教目的语的独立王国，以防止受到其他语言的"污染"，因此在安排宿舍食堂时暑校每每费尽心力。例如，虽然明德大学在校园总体规划时建设了好几处餐厅，但要同时解决各暑期语言学校独立就餐，餐厅的数量仍然不够，因此学校统一规划让两个或三个语言学校共用一个餐厅，但把就餐的时间错开，并对上课时间进行相应调整。比如俄文学校和中文学校共用一个餐厅，俄文学校上午 8 点开始上课，中午 12 点就餐，而中文学校上午 9 点开始上课，中午 1 点就餐。类似这样在管理上的精心安排随处可见，真正体现了管理为教学服务的理念。总之，大语言学校和各语言学校既分工明确又充分协作，共同构建起了一个有机统一、运行高效的管理体系，保证了明德模式的顺利实施。

成功的语言项目非常重视课外学习的设计和管理。除了高密度的课堂教学以外，明德暑校非常重视课外学习。以不同的语言学校为单位，各语言学校就是独立的语言王国，学生们跟本校老师在同一栋宿舍楼上比邻而居，在各校的食堂里同餐共饮，这样朝夕相处的师生互动为课堂教学内容的持续强化和目的语的自然习得创造了最佳机会。各个语言学校还开设了许多浸润着目的语文化的课外活动课，以中文学校为例，通常开设的课外活动课有汉语广播、学唱中文歌、中国民族舞、学做中国饭、古诗诵读、书法、象棋、麻将、太极、足球、排球、爬山等。这些课外活动课融语言和文化于一体、集学习和娱乐于一身，深受学生欢迎。另外，每个语言学校每周放映所教目的语电影，并组织讲座、圆桌讨论、展览、音乐会和表演等各种各样的文化活动。语言学校之间也常常进行诸如足球、排球等体育比赛。每当两个学校举行这样的赛事，彼此都会派出阵容强大的啦啦队，吹号打鼓声中此起彼伏的是两种语言的叫喊助阵，宛如操两种不同语言的国家之间进行隆重的国际大赛。

成功的语言项目实施严格的评估措施并能实现学术和经济双

重效益。明德暑校实行严格的师生评估与考核制度。对学生的测试和评估可参见曹贤文（2007）[①]。除了教师和项目管理者对学生的评定以外，学生也对教师和管理人员以及整个项目的教学和管理进行期中和期末两次书面评估，各个暑校的校长也要跟学生和教师面谈，亲自征询他们对教学和管理方面的意见。学校办公室则把评估的结果和征询的意见汇集起来，及时反馈到相关人员手中。学生的评估和建议作为暑校改进教学和聘请教师及管理人员的重要参考。除了内部评估以外，暑校还聘请同行专家和相关人员进行定期和不定期的外部评估，严格的评估措施是语言项目不断改进和完善的重要保障。作为独立的语言项目，明德暑校在学术和财务管理上拥有独立的地位，并追求实现暑校自身的项目目标。明德暑校成立100年来，由于优质的教学和管理服务，规模不断扩展，除了传统的面向成人学习者的暑期项目，现在也发展出针对高中生的暑期语言项目，在外语教育界赢得了良好的办学信誉，并实现了学术和经济双重效益。

　　成功的教学模式和语言项目最重要的是赢得学习者发自内心的支持和认同。来明德学习的学生首先要认同全浸式外语学习方式，对高强度的语言学习有心理准备，才能自觉自愿遵守语言誓约，才能在这种具有挑战性、能磨炼意志的高压力强化学习中坚持下去。为了让学生充分了解如何在该项目最有效地学习，明德暑校有非常完善的学生入学指导。每年开学之初，暑校要用整整一天时间来进行入学指导教育，内容主要包括校长和管理人员介

[①] 曹贤文《明德模式与中国大陆高校基础汉语教学常规模式之比较——兼谈汉语教学的精英模式与大众模式的差异和互补》，《暨南大学华文学院学报》2007年第4期。

绍项目理念、项目规章、语言誓约等一般要求，特邀嘉宾演讲亲身体验的语言学习策略，学生当场宣誓和签署语言誓约，以及各个年级的详细学习指导，等等。这些入学指导非常具体和实用，为学生尽快融入项目学习起到了非常大的帮助作用。明德暑校善待每一位来此学习的学生，决不因为是暑期学习而另眼相看。每年暑校开学时，大语言学校校长要分别为所有8周和7周的暑校学生主持两次大型的统一入学仪式，举行仪式之前，礼堂上的大钟早早敲响，提醒人们将有重大的庆典活动。傍晚时分，学生们在悠扬的钟声里鱼贯而入，各语言学校的校长则团坐在前台。在大语言学校校长简短致辞后，各校校长们再分别用不同的语言进行简短介绍，观众席上各语言学校的学生则欢声呼应，现场气氛极其热烈。按照统一的安排，时间为8周的暑校最先开学，然后是7周的暑校开学，最后结束的时间相同。暑校结束时除了各语言学校要举办毕业晚会和晚宴以外，大语言学校还要举行一个统一的毕业典礼，授予硕士、博士学位[①]并表彰各校优秀学生。在严格的语言誓约下，独特的学习经历、高效的教学方式和人性化的管理大大激发了学生强烈的认同感，这种认同感也同样发生在教师身上。凡是在此学习过的学生和工作过的教师，无不把在明德暑校的生活当作人生中最难忘的一段经历，对明德的喜爱常常溢于言表，这种沁入内心的眷恋和认同就是"明德精神"。[②] 任

---

    ① 明德暑校的教学主要包括两种学制，一种是本科程度的外语教学，另一种是研究生教学。明德大学的常规学制是四年制的本科教育，而它的暑期学校——明德暑校却拥有硕士和博士程度的研究生教育，这在世界上大概是独一无二的，这也是在外语教学界明德暑校（子体）的名气超过明德大学（母体）的原因之一。

    ② 陈彤主编《明德之路》，北京语言大学出版社，2013年。

何语言项目或教学模式一旦有了这种"精神"就是成功实施的最高境界。

三、语言项目视角下国际汉语教学模式的有效运行与改革

从教学法视角来看，教学模式是根据某种教学理论，从教学目标和教学程序等方面所做的普适性、理想化设计。然而从语言项目视角来看，任何教学模式都是根据特定的项目条件设计的，只有满足了相应的条件，教学模式才能有效实施。一种教学模式在某种项目条件下是好的，能够充分发挥作用，但换到另一种项目环境中未必能够充分发挥作用。因此，在选用语言教学模式时应注意项目系统需要满足的各种条件。适用于任何教学情境的万能有效教学模式是不存在的，语言项目中任何一个要素发生变化，教学模式的适应性就会发生改变。由此可见，从语言项目视角考察教学模式的有效性，不能只看教学模式在理论上设计多么先进，更重要的是看哪一种教学模式最适合特定语言项目的师生和具体教学情境。单纯从教学理论上讨论教学模式设计的先进性，忽视模式的支撑系统、管理系统和实际运行的实效性，那只是一种乌托邦式的理想。

作为一种中观研究，教学模式在一定程度上是去情境化的，虽然一些学者提出了需将管理纳入教学模式，但教学形态不同，教学情境不同，管理方式必然有所差异。如何结合教学来进行管理，教学法层面的教学模式无法解答。只有从教学项目层面考察，将管理作为项目系统中浑然一体的因素来研究，才能解答不同教

学形态下的管理问题。例如,刘颂浩(2014)[1]构想的中国高校对外汉语"教学管理模式",着重讨论了管理问题,不过该管理模式大概是以北京大学对外汉语教育学院的常规汉语教学作为典型对象,换句话说,这一管理模式不可能适合国内所有的对外汉语教学形态。那么它到底适合什么样的教学形态,适合在什么样的教学项目中实施,如何与教学形式和项目系统中的其他因素相融合,仍需做出进一步的回答。所以,尽管我们已经把国际汉语教学研究的视野从课堂教学扩展到了教学管理,但对教学与管理的分析仍然受限于条块分割的讨论,而从语言项目层面探索国际汉语教学模式则必须以整合的视角来获得系统的答案。

教学模式的设计体现的是一种理想化追求,如果没有这样的追求,教学模式的发展就会失去动力和方向,不过,任何一个教学模式是否有效都有待实践检验。从语言项目角度考察国际汉语教学模式,将有利于将课堂教学与不同的项目情境结合起来,从而避免仅从理想化而非实际可行的层面来研究教学模式,因为理想的教学模式和实际运行的教学模式常常存在差距。以国内大学普遍采用的"分技能教学模式"为例,"分技能教学模式"在理论上要求各种课型相互关联,[2]所以教学时各门课程需采取"捆绑式"合作教学方式,但现实中绝大多数学校并没有真正贯彻这一合作教学方式,而是"采取了大学里通用的专业课教学管理模

---

[1] 刘颂浩《中国对外汉语教学模式的创建问题》,《华文教学与研究》2014年第2期。
[2] 鲁健骥《口笔语分科 精泛读并举——对外汉语教学改进模式构想》,《世界汉语教学》2003年第2期。

式"①。各任课教师独立负责自己所教课程，彼此之间缺少合作，教学基本上处于各自为政的状态。显而易见，理论设计和实际运行是两个层面的问题。目前的分技能教学模式饱受诟病，我们认为并非该模式缺乏理论依据，而是由于该模式在设计时没有从项目管理上严格界定实施的条件，或者说在实际运行时要达到其理论要求存在种种障碍。

教学有效性是"有效教学"（effective teaching）理论研究的核心内容，我们还可以从有效教学理论视角来观察国际汉语教学模式的有效性。最近几十年来，有效教学理论作为一种世界性的教育改革诉求，在国内外引起了广泛关注，追求教学活动的效果、效率和效益日益成为教育工作者评价教学活动的时髦话语与大众术语，成为理想教学活动的时尚代名词。"有效果""有效率""有效益"是评价有效教学的三个核心标准。"有效果"侧重从质量维度对教学的有效性做出评价，"有效率"侧重从时间维度对教学的有效性进行评价，"有效益"侧重从价值维度对教学的有效性进行评价。②就国际汉语教学来说，"有效果"强调具有积极的教学产出成果，显著提高学习者的汉语综合运用能力。"有效率"指在短时间内取得尽可能高的教学产出成果，即"在尽可能短的时间里让外国学生尽快学好汉语"③。"有效益"指教学产出符合社会和学习者个人的需求，不同主体对"效益"有不同的追求：对学习者来说，学习成果要能满足其学习、生活和工作等方面的

---

① 刘颂浩《中国对外汉语教学模式的创建问题》，《华文教学与研究》2014年第2期。
② 曹贤文《国际汉语有效教学研究》，世界图书出版公司，2014年。
③ 陆俭明《卷首语》，《语言文字应用》1999年第1期。

需求；对社会来说，要培养能满足社会需要的具有汉语综合运用能力、跨文化交际能力和国际视野的语言人才；对教学项目来说，需要满足各个项目具体的教学目标和发展目标，等等。

一个教学模式能否顺利运行，除了要考虑教学效果和效率以外，还必须考虑到教学项目的运行效益。以前我们关注的只是从学习者的角度看待教学效果和效率，而忽视了教师和教学项目发展的效益要求。任何一种教学模式即使教学效果再好、效率再高，但如果从语言项目的角度来看是无效益的，或者与大多数教师的个人发展是相冲突的，那么这个语言项目终究是难以保持和顺畅运行下去的。这就是笔者尽管非常推崇明德模式，但却不认同把它直接移植到国内高校常规汉语教学项目中的原因。明德模式是语言学习精英模式的代表，精英模式的特点是：学习动力非常强的高质量学习者、富有合作精神的高度专业化教师队伍，小班化个性化的教学方式，精致的教学实施程序，严密的评估系统，有效的管理方式，以及高投入的运行成本，等等。[①] 明德模式对各方面的条件要求很高，因此，并不适合国内高校的常规项目条件，当然这不排斥对明德模式优点的积极借鉴。从教学效果和效率衡量，现行国内高校常规汉语教学模式尽管不能令人满意，但从成本效应、项目效益和教师工作量投入等方面考虑，分技能教学模式不失为在现有条件下一种可行的教学模式，关键是如何从语言项目的角度在实施中进一步创造条件来贯彻其设计要求，以及如何根据不同项目条件加以调整和优化。

[①] 曹贤文《明德模式与中国大陆高校基础汉语教学常规模式之比较——兼谈汉语教学的精英模式与大众模式的差异和互补》，《暨南大学华文学院学报》2007年第4期。

第三节　语言项目视角下国际汉语有效教学模式研究　*167*

综上所述，从语言项目所代表的系统论角度来看，在中国高校现有教学和管理制度大环境不变的情况下，国际汉语教学常规模式的效果尽管难以令人满意，但仍不失为一种现实的选择。除非能彻底改革语言项目系统中的其他因素，比如中国高校现行人事聘用、评估和管理体制等，否则对包括明德模式在内的国外优秀教学模式的借鉴或者国内教学模式的改革，其效果都将事倍功半。我们认为，只有把语言项目作为一个系统来考察和研究，深入思考如何从整体上推进国际汉语教育工作的综合改革，才能为构建具有中国特色的优秀对外汉语教学模式提供必要的前提条件。例如，要想充分发挥高校对外汉语教学和管理人员的积极性，可以考虑将对外汉语教师分成教学科研岗和教学岗两类岗位，教学科研岗采用大学教授系列人员的聘用管理办法，教学岗采用讲师签约聘用管理办法，[1]教学科研岗主要从事国际汉语师资培养方面的教学工作和与学科相关的研究工作，教学岗主要从事针对国际学生的汉语二语/外语一线教学工作。管理人员则一律采用真正的签约聘用管理办法。只有进行这样的人事改革才能减少教学模式创新与对外汉语教师职业发展等方面的各种矛盾和纠葛，做到人尽其责、人尽其能。刘颂浩（2014）[2]指出，"要想创建优秀的对外汉语教学模式，首先需要改变的，是管理机制"，诚哉斯言。教师聘用制度改革是推进教学和管理工作的核心动力，只有这方面的工作首先有了突破，才能具备实施汉语教学项目模

---

[1] 国外许多大学的外语教师都采用讲师聘用制，与教授系列的聘用制度分属不同的类型，这种制度可供国内高校借鉴。

[2] 刘颂浩《中国对外汉语教学模式的创建问题》，《华文教学与研究》2014年第2期。

式改革和创新所需的人才基础，而这一点恰恰是我们在借鉴国外优秀教学模式时常常忽视的方面。

四、结语

从教学法角度来考察教学模式通常只是从学习者角度关注学生能够达成的语言学习目标，而从教学项目角度来考察教学模式，除了学生的学习目标以外，同时还要考虑项目中教师和管理者的职业目标，以及语言项目自身的发展目标。语言教学法模式关注的重点是课堂教学，一般由任课教师主导；语言教学项目模式关注的是整个项目的运行成效，需要对语言项目进行顶层设计，并协调各方力量整体实施。从教学法和教学项目两个层面来考察教学模式，不但能从理论上加深对教学模式的理解，也有利于从教学实践上科学把握语言项目整个系统的规划和运作。经过多年的努力，教学法层面的国际汉语教学模式研究已经结出了丰硕的果实，但从语言项目视角系统探讨国际汉语教学模式的成果仍相当缺乏。笔者在谷陵《美国名校在华汉语强化教学模式研究——兼谈国际汉语教学模式研究理论与方法》、刘颂浩《中国对外汉语教学模式的创建问题》、汲传波《再论对外汉语教学模式的构建》等重视教学管理问题研究的基础上，进一步从语言项目系统的视角来分析教学模式的实效运行和有效性问题，将国际汉语教学模式研究从传统的语言教学法层面拓展到语言项目层面。我们希望这一新的视角能够拓宽国际汉语教学模式的研究范围，揭示出理想的国际汉语教学模式与实际运行的国际汉语教学模式之间的差异和互动，从而为探索可行的、有效的国际汉语教学模式提供一种新的思路。

第四节　汉语教学模式的集成、创新和优化[①]

教学模式是沟通教育教学理论和教学实践活动的中介和桥梁，[②]体现着相应的理论研究水平、实际教学水平和管理水平。教学模式的构建是一个系统工程。因此，探讨教学模式问题，是面向教学实际开展理论研究的有效推动力，是实现理论和实践相结合的理想切入点，是提高教学质量、完善教学管理的重要途径。但是，目前来看，在关于教学模式的基本认识上，甚至对于什么是教学模式的问题上，学界的看法并不一致。《华文教学与研究》倡导教学模式相关问题的研讨，对于对外汉语教学学科和事业的发展，具有重要意义。

拜读了《华文教学与研究》2014年第2期刘颂浩等五位学者的大作，结合其他相关文献，在此就教学模式的特征和类型，以及教学模式的集成、创新和优化等问题谈一点想法。

一、教学模式的基本特征

关于教学模式的定义和构成要素等，不同的学者有不同的观

[①] 本文以《汉语教学模式的集成、创新和优化》为题，发表在《华文教学与研究》2016年第1期，作者吴中伟。

[②] 张志勇《对教学模式的若干理论思考》，《中国教育学刊》1996年第4期。

点，但对于对外汉语教学中已有的几种典型的教学模式之谓"教学模式"，还是有共识的，这说明学者们对于教学模式的认识是基本一致的。就其基本特征而言，我觉得主要在于其理论应用性、典型适用性和实际操作性。

教学模式是综合应用教育教学理论的产物。第二语言教学模式必然体现（自觉或不自觉）一定的教学思想（基于一定的语言观和语言学习观），同时，它一定是从教学实际出发对教学思想的灵活运用。教学模式并不一定从属于某一种特定的教学法，而一种教学法也可以在不同的教学模式中得到实现。正是在这个意义上，我们赞同张志勇的观点，认为教学模式是沟通教育教学理论和教学实践活动的中介和桥梁。

任何教学模式都有其特定的适用条件、适用对象，为特定的教学目标服务，典型地体现某种教学类型的特点。例如，来华留学生的教学模式和海外汉语教学的模式肯定有差异，针对来华留学生的长期进修教学模式跟短期教学模式也必定有区别，职业汉语培训的模式和学术汉语培训的模式也不可能完全一样，初级汉语口语课的教学模式和高级汉语口语课的教学模式也有所不同。

教学模式一定有一套相对稳定的实施办法，有比较明确的操作规范，具有特定条件下的可复制性。当然，这种操作层面的规定性，其精细程度各不相同，有严有宽；体现的层次也各不相同，有的主要体现在总体设计上，有的主要体现在课堂教学上。正因为教学模式有"操作性"特点，所以与管理密切相关，需要外部保障。至于管理体制在某个教学模式中的重要性，要看教学规模的大小、学生的内部复杂性、师资力量的总体素质等。教学规模大，学生情况复杂，教师理念不同、水平参差，管理上的压力必然偏大，管理因素对于教学模式成败的影响就较大。另一方面，管理的严格程度也要具体分析，一般而言，操作上的组织性、规范性、程序化当然有利于保证教学质量，但限定得太死也不合适，既不符合因人而异、因地制宜的教学理念，也抹杀了教师的个性和创造力。

我完全同意吴勇毅（2014）[①]的观点，教学模式的创建需要外部保障，但依然要从教学本身出发。其实二者并不矛盾。诚然，没有行之有效的管理办法和保障体系，再好的教学模式也会大打折扣，一个教学单位在实践中证明有效的教学模式，到另一个教学单位很可能因为缺乏相应的保障体系而难以实施。但是，如果教学模式的构建没有一个合理的教学理念，脱离特定的教学对象、教学环境和教学目标的具体限定，那么这个教学模式本身就有问题，"管理""保障"得再好也没有意义。教学模式的研究和探索可以是多角度的，可以着眼于其教学理念，可以着眼于其适用条件，也可以着眼于其操作机制。不管研究哪个方面，都是十分必要的。

评价一个教学模式，首先与我们的语言观和教学观相关，比如，我们如何看待语言教学中的语言知识[②]教学和语言技能培养的关系，对于一个教学模式，不同的理念会得出不同的结论。其次，应该区分本质性差异和表面性差异，如目前一些学校开设"精读课"，一些学校开设"综合课"，二者只是名称上的差异还是有实质性的差异，所谓"精读课"的实质是什么，李泉（2011）[③]

---

① 吴勇毅《关于汉语教学模式创建之管见》，《华文教学与研究》2014年第2期。

② 这里的"语言知识"当然不同于"语言学知识"。另外，"语言知识教学"也不意味着必然是显性教学，也可以是隐性教学。

③ 李泉主编《汉语综合课教学理论与方法》，北京大学出版社，2011年。

有细致分析。再如,假如每天 4 课时,听说读写各开一门课,谓之听力课、口语课、阅读课、写作课,这是分技能教学模式;假如每天只有 1 课时,听说读写各占 10 分钟,谓之综合课,但这就一定是综合教学模式吗?问题的关键在于四项技能是融合在一起培养的,还是相对独立进行的。再次,不能脱离特定的适用条件,比如,明德模式有其自己的适用条件,搬到高校的普通来华长期留学项目就不一定合适。最后,应该具体区分影响教学模式成败的不同因素,究竟是理念上有问题,还是用错了对象,还是管理不到位,条件不成熟,不宜以偏概全,轻易否定。

只有通过多角度的分析和研究,才有可能实实在在地发现问题,解决问题,实现教学模式的优化。

二、教学模式的多样性和层级性

教学模式的上述三个基本特点,决定了教学模式从类型上看一定是丰富多样的。首先,我们可以从不同的角度去构建教学模式的类型,如:根据教学理念的不同,可以分为结构主义理念下的教学模式、功能主义理念下的教学模式、人本主义理念下的教学模式等。[①] 根据教育教学的性质,可以分为业余培训模式、学历培养模式。根据教学类型的不同,可以分为长期进修教学模式、短期进修教学模式等。根据教学环境的不同,可以分为汉语作为第二语言的教学模式、汉语作为外语的教学模式。根据学生年龄

[①] 当然,这样的分类可能不是非常确切。如上文所说,一种教学模式不一定完全从属于某一个教学理论,往往是综合的。但是,它终究还是有一个教学理念上的基本出发点。

差异，可以分为幼儿教学模式、少儿教学模式、成人教学模式等。根据学生汉语水平的差异，可以分为初级教学模式、中级教学模式、高级教学模式。根据学习动机和学习潜能的差异，可以分为精英模式和大众模式。根据专门目标的差异，可以分为职业汉语教学模式、学术汉语教学模式。根据技能培养的类型，可以分为听力教学模式、口语教学模式、阅读教学模式、写作教学模式。根据语言要素教学的类型，可以分为语音教学模式、词汇教学模式、语法教学模式、汉字教学模式。根据课型，可以分为综合课教学模式、口语课教学模式、视听说课教学模式等。根据科技手段的差异，可以分为基于多媒体的教学模式、基于网络技术的教学模式。

不同角度的交叉组合，可以产生许多具体模式，如基于任务的少儿口语教学模式、欧洲孔子学院商务人士汉语短期速成模式等。

其次，教学模式是一个层级系统。刘川平（2009）[1]"根据研究对象和涉及范围"把教学模式分为上位模式、中位模式和下位模式。吴勇毅则从课程设计层面、课堂教学层面讨论了几种典型的教学模式，如"结构驱动的综合教学"模式就属于课程设计层面，听力课"理解后听"教学模式则属于课堂教学层面。

其实，课程设计层面和课堂教学层面又各有其下位模式。比如，课程设计模式可以包括长期进修教学模式、短期教学模式等，短期教学模式下，又可以包括短期速成型教学模式和短期普及型[2]教学模式。在课堂教学模式中，我们可以研究综合课教学模式、

---

[1] 刘川平《教学模式设计与长期进修教学新模式》，《云南师范大学学报》（对外汉语教学与研究版）2009年第2期。

[2] "普及型"这个说法是崔永华教授在2015年北京语言大学出版社组织的一次短期教学研讨会上提出的。

口语课教学模式等,关于综合课,我们还可以研究综合课词语教学环节的词语讲练模式,等等。

上面说的只是模式的种类,而不是模式的个例。同一个种类,可以有不同的模式,比如,同样是"基于任务的少儿口语教学模式",或者"欧洲孔子学院商务人士汉语速成模式",依然存在着广阔的创新空间,可以形成不同特色的"基于任务的少儿口语教学模式"或者"欧洲孔子学院商务人士汉语速成模式"。

换言之,教学模式有"大"有"小",可以是比较宏观的,也可以是比较微观的。只有在不同层次和不同角度的教学模式的基础上,才有可能逐步形成教学模式的宏观体系。只有面向多元的教学对象、在多元的教学环境下探索多元的教学模式,才能满足国际汉语教学复杂多样的需求。这就是教学模式的集成问题。

事实上,学界关于教学模式的研究,也正是从不同的角度、在不同层面上进行的,如张朋朋(2007)[1]着眼于汉语言文字的特点针对欧美学生提出"语文分开、语文分进"的教学模式,仇鑫奕(2006)、格桑央京(2009)[2]从网络和多媒体技术的角度具体讨论对外汉语教学模式问题,毛悦(2010)[3]讨论针对海外企业人员的短期汉语教学模式问题,刘川平(2009)[4]讨论长期

---

[1] 张朋朋《语文分开、语文分进的教学模式》,《汉字文化》2007年第1期。
[2] 仇鑫奕《虚拟现实技术支持下的对外汉语教学模式》,《外语电化教学》2006年第2期;格桑央京《长城汉语课堂教学模式设计与研究》,《西北民族大学学报》(哲学社会科学版)2009年第2期。
[3] 毛悦《海外企业人员短期汉语教学模式研究》,《世界汉语教学》2010年第1期。
[4] 刘川平《教学模式设计与长期进修教学新模式》,《云南师范大学学报》(对外汉语教学与研究版)2009年第2期。

进修教学的模式问题。吴中伟（2014）[①]分析口语课的不同教学模式，杨俐编著的《外国人汉语过程写作》教材"创建了一个全新的写作课教学模式"[②]。李晓琪提出"建立以虚词为核心的词汇—语法教学模式"[③]，卢福波（2007）[④]讨论课堂教学中的语法教学环节的"精讲环节教学模式"和"操练环节教学模式"，等等。有时，同一个学者在同一篇文章中对于教学模式的命名也可能着眼于不同角度，如柯传仁等（2012）[⑤]说到"通过前面章节对爱荷华大学中文部汉语口语教学模式进行的深入讨论……（两个方案）将爱荷华的任务教学模式融入具体课堂的教学实践"，这段话中提到的两个教学模式就是从不同角度命名的。

即使是面向类似的教学对象和教学环境，在多元的教学理念下，仍有可能、有必要探索多元的教学模式。在后教学法时代，我们的共识是，没有一无是处的教学法，也没有十全十美的教学法。那么教学模式呢？恐怕也不存在"最佳"教学模式。我们所要探索的，是各种教学模式的优化，而不是寻求某一种"最佳"教学模式。

在教学模式的研究和探索方面，我们应该积极探索适应不同的教学对象、教学环境和教学目标的多样化的教学模式，满足国

[①] 吴中伟《口语课教学模式分析》，《汉语应用语言学研究》第3辑，商务印书馆，2014年。
[②] 赵金铭《序》，杨俐《外国人汉语过程写作》，北京大学出版社，2006年。
[③] 转引自赵金铭《对外汉语教学语法与语法教学》，《语言文字应用》2002年第1期。
[④] 卢福波《对外汉语语法教学中的基本环节与模式》，载崔希亮主编《汉语教学：海内外的互动与互补》，商务印书馆，2007年。
[⑤] 柯传仁、黄懿慈、朱嘉《汉语口语教学》，北京大学出版社，2012年。

际汉语教学背景下对于多元教学模式的需求。我们应该积极探索各类有特色的教学模式，开展教学实验，与时俱进，不断创新，良性竞争，这样才能产生出有影响力的优秀的教学模式。我们应该深入探索各类特定的教学模式的优势和弱势、适用条件和管理体制，开展实证研究，使之不断优化。

三、优秀教学模式的形成条件

要形成一个系统的、优秀的教学模式，是非常不容易的。教学模式的构建和完善是一个系统性工程，需要清晰的教学理念的指导；需要基于准确的教学对象和教学环境分析；需要一支志同道合的团队，其核心人员具有扎实的理论素养、丰富的教学经验和教学管理经验；需要管理机制等外部条件的保障；需要通过长期不懈的努力。

目前存在的问题是：一方面，缺乏实践探索的自觉性和规模性，对一些教学上的新方法、新观点往往停留在理论介绍或初步的教学设想上，局限于个别的小范围的实验上，没有形成团队和影响力，不成系统，不成规模。另一方面，缺乏理论研究的扎实基础，对于实践中自然形成的一些做法，没有能够从理论上加以提升、总结，没有形成汉语语言学、心理学、教育学相关理论以及现代教育技术知识的交融，实证研究成果不足，操作办法不够完善，缺乏可持续的创新能力。

目前，大学仍然是开展对外汉语教学的主要力量。大学的汉语教学有其特殊性。大学教师的多元专业背景和专业研究型特质，大学教师队伍的内部松散型特点，大学的管理体制问题，对教师科研业绩的评估导向等，都制约着系统性教学模式的形成。

大学汉语教学的机制对于构建教学模式也有其积极的一面。大学教师一般都是集科研和教学于一身。核心问题在于，就汉语教学而言，要把教学和科研的结合落实到基础汉语教学这个主业上来。① 我们这里所说的"教学"，是指直接从事对汉语学习者的教学，也就是说，大学汉语教师不仅仅在研究怎么教汉语，也不仅仅在教人怎么教汉语，而且自己也亲自在教汉语，这对于教学模式的构建是非常有利的。高校教师的理论素养比较扎实，研究能力和创新意识比较强，而教学模式的构建，不仅需要丰富的实践经验，同时需要扎实的理论素养。

事实上，中国各高校在教学实践中，从实际情况出发，也一直在探索各类更加有效的教学模式，20世纪80年代以来沿用的传统教学模式，如"讲练—复练"模式、"综合＋小四门"模式、分技能教学模式，80年代后探讨的创新模式，如针对短期进修教学特点的交际任务型教学模式、面向中级词汇教学的词汇集中强化型教学模式、基于汉语言文字特点提出的语文分开集中识字教学模式等，② 这些模式都是基于汉语教学实践而提出的，但是角度各有不同。目前，很多教学单位和教师都在积极探索汉语教学的创新模式，只是因为暂时不成规模、不成系统、不尽完善等原因，影响不大。

---

① 汲传波《再论对外汉语教学模式的构建》，《华文教学与研究》2014年第2期。
② 赵金铭《对外汉语教学模式创新与教材编写》，载《第八届国际汉语教学讨论会论文选》，高等教育出版社，2007年。

四、关于中国高校对外汉语长期进修教学模式的一个个案分析

就中国高校对外汉语长期进修教学而言，情况比较复杂。从教师方面看，上文已经谈到了大学教师的特点，不再重复。从学生方面看，来华进修生几乎包括所有的类型，他们来自世界各地，受教育程度不同，年龄不同，动机不同，母语和文化背景不同，汉语基础和汉语学习目标不同，而且，学生的流动性很大。如果跟明德模式的美国在华项目做一比较的话，可以发现：（1）应用明德模式的美国在华项目，其教师主要由两部分组成——少量完全认同该模式相应理念的经验丰富的专职教师，大批接受统一培训和严格管理、步调一致的研究生兼课教师。而中国高校的汉语教学以在编汉语教师为主，配以部分兼课教师。教师们的理念和方法不可能完全一致，相反，越是有经验的教师，越是具有自己独特的理念和风格，不可能要求他们统一思想、统一步调，乃至统一每一个教学细节的处理方式。（2）应用明德模式的美国在华项目，学生来自美国一流大学，学习能力强，学习动机明确，学习时间较短，属于强化教学，其教学对象的内部均质性很高。而中国高校的汉语进修生，如上所说，类型复杂多样。（3）应用明德模式的美国在华项目收费高，班级规模小，真正是以学生为中心，教学条件完善，教师投入精力大。而中国的高校教师还承担着科研压力和其他工作，何况长期进修项目是常年进行的，且规模很大，要求教师每天如此满负荷工作显然不现实，相应的待遇和条件也跟不上。

第四节 汉语教学模式的集成、创新和优化

大学长期进修教学的特点，刘川平（2009）[1]总结为四大特征，在我看来，其中的第四个特征可能是该教学类型最为典型的特征："虽然该类型总体教学时间为初、中、高共三年。但学习者大多只能学习其中一段。因此，为增强教学适应性，组织教学应'长计划，短安排，多层次'。同时，为了尽量使所学内容相对完整，语言要素应按循环叠加、螺旋上升的原则安排。"因此，长期进修教学模式，应该集中针对这一特点。

如刘颂浩（2014）[2]所说，比较正式的语言教学都有自己的教学模式。这里介绍一下笔者所在的复旦大学所采用的"细化级次、逐层递进、纵横配套"教学模式，这一模式是专门针对长期进修的特点而构建的。[3]该模式酝酿于20世纪80年代，成熟于90年代初，其基本框架是：改变按学期划分教学阶段的传统，将一个学期分为两个教学单位，将学生的基础汉语教学分为八个级次（后来扩大到十个级次），各级次同时开班，形成一个递进、继起的系统，使不同水平的学生各得其所，使学生在短时间内有比较明确具体的学习目标和比较明显的学习成就感。与此相适应，先后编写出版了《新汉语课本》《标准汉语教程》《拾级汉语》三套系列配套教材。在课程设置方面，由低级次到高级次逐渐由"综合"向"综合+专项技能"的课程体系发展，并为高级次学

---

[1] 刘川平《教学模式设计与长期进修教学新模式》，《云南师范大学学报》（对外汉语教学与研究版）2009年第2期。

[2] 刘颂浩《中国对外汉语教学模式的创建问题》，《华文教学与研究》2014年第2期。

[3] 陈光磊、陈阿宝、秦湘、陶炼、吴中伟《细化级次、逐层递进、纵横配套——一种对外汉语教学新模式的构建与实践》，载陈阿宝主编《对外汉语教学研究》，山西人民出版社，2002年。

习者开设多种选修课,在教学内容上,强调在各层级上的循环深化,在运作机制和教学管理方面,形成了一套比较完整的办法和制度。这一模式于 2002 年获上海市教学成果三等奖。《高等院校外国留学生汉语教学大纲(长期进修)》采用了这一模式的等级结构(三等十级)。

但是这一模式还缺乏大量实证性研究成果的支撑,对这一模式的系统阐释和基础研究很不够,一些操作程序上的具体问题也有待细化,如,关于等级系统内部的纵向衔接和横向配合问题,关于技能发展不平衡学生的课程安排问题,关于初等水平学生是否要按照汉字文化圈和非汉字文化圈的背景差异分班教学的问题,学生的差异性和教学进度的灵活性问题,不同等级上的课型设置问题,关于分班测试的效度,信息手段的利用,等等,都还有待进一步总结经验,继续探索。

需要说明的是,我们这里介绍的是复旦的"细化级次、逐层递进、纵横配套"教学模式,而不是笼统的"复旦模式"。这里的主要目的也不在于详细分析这一具体模式,而是想结合这一例子进一步强调以下几点:(1)模式可以发端于不同的角度,不同的模式有不同的针对性,例如这里介绍的模式,是专门针对高等院校来华留学生长期进修教学项目的;(2)模式有不同的层次,总体设计层面上的模式可以是比较宏观的,这里介绍的模式,是总体设计层面的,"细化级次"是该模式的最大特色;(3)当我们讨论一种模式的时候,实际上只是着眼于某一个角度或几个角度,这一个或几个角度与其所针对的教学类型的某个最明显的一个或几个特点相关。如,在复旦的长期进修教学中，必然还涉及教学的其他方方面面，如课程设置[①]、教学方法、班级管理等，但对这些问题的回答，以及可能形成的模式，跟"细化级次"不一定必然相关，比如说，其他大学即便同样"细化级次"，但可以采用不同的课程设置模式；再比如，近年来我们在教学和教材编写中吸收了任务型教学模式、过程式写作模式的一些因素，在零起点入门教学阶段采用了"语音、汉字、会话教学三线并进"的模式，等等，但是二三十年来，复旦"细化级次"这一特色和框架没有变。

由此可见，就一个较大规模的教学项目而言，其实有一个集若干"小模式"而成"大模式"的问题，在一定意义上，这也是一个"集成"的问题，在内部相容的前提下集成，在创新中实现系统内部的动态平衡，从而实现整体教学质量的不断优化。

五、提倡多层级多角度的探索和实践

尽管上文指出了高校形成优秀教学模式的困难所在，但是，毫无疑问，高校逐步形成某些类型的优秀教学模式是完全可能的。我们想到的主要途径有：

第一，依托精品课程建设，形成课堂教学层次上的百花齐放的教学模式。如上文所说，教学模式有课程总体设计层面和课堂

[①] 在课程设置方面，当然有很多问题值得讨论，如，如何看待语言知识教学和语言技能培养的关系问题，如何看待综合教学模式和分技能教学模式的不同以及二者是否可以结合的问题，如何认识不同技能培养之间的关系问题（是融合、结合、互补，抑或其他），但这是另外一个需要专门讨论的大题目，相关的理论探讨和我们的实践，不可能在这里展开，也不是本节的主题。

教学层面两种。目前，各高校都十分重视精品课程建设，高校的汉语教学可以依托这一平台，鼓励一些志同道合的教师形成小型团队，在某一门课程的教学上逐渐形成自己的特色，并产生研究成果，发挥业内影响力。

第二，依托重点教学项目，形成教学和管理上有特色的教学模式。各高校的汉语教学，除了常规性长期生、短期生教学以外，往往有一些中外合作的重点教学项目，这些项目的学生类型比较单一，教学目标比较明确，为形成有特色的教学模式提供了有利条件。只要我们将理论创新和务实精神相结合，从实际出发，就有可能在现有基础上不断完善，形成在课程总体设计和课堂教学上均有特色的，相对系统、完整的教学模式，对于同类项目产生示范效应。

第三，探索针对普及型教学项目的宽式教学模式。汲传波（2014）[①]把教学模式分为严式和宽式，十分必要。目前大部分长期或短期汉语教学属于普及型教学。由来华学生的学习动机、学习目标、学习潜能等多种因素决定，对他们的教学目标定位不宜太高，教学容量不宜太大，而且，由于学生情况的多样性，对这些学生在课程总体设计和教学管理上需要有一定的灵活性，这种一定程度上的灵活性和宽松性（决不是放任），本身就构成了潜在的某种教学模式的核心特点。

探索适合汉语特点、具有中国对外汉语教学特色的第二语言教学模式，这是一个系统性的大工程，有待于学科理论研究的进

---

① 汲传波《再论对外汉语教学模式的构建》，《华文教学与研究》2014年第2期。

一步深化，对于汉语特点和汉语学习特点研究的进一步深化，对于学习者特点研究的进一步深化，需要各教学单位的协同合作，需要理论—实践—理论的多重循环深化，也需要建立在大量的"小模式"的基础之上，即本节题目所表达的：集成、创新、优化。这是一个长期的过程。在这样一个过程中，我们切勿忘了一点：多元。

第四章

汉语教学模式形成的基础：教学理念与汉语特点

第一节 汉语作为第二语言教学：理念与模式①

语言教学理念或称语言教学思想、教学观念，是指导语言教学的根本思想。我国早期对外汉语教学曾提出"实践性"的教学原则，主张"学以致用"，因此采用"语文并进"的教学模式，注重听、说、读、写技能训练，课堂上提倡"精讲多练"。不难看出，这种教学理念已经体现出交际教学法的某些合理内核。几十年来，我们一直强调语言技能的全面发展，不断沿着结构—功能，或曰结构—功能—文化相结合的教学路子摸索前行。进入20世纪90年代，随着学习理论研究的引进，在研究"怎样教"的同时，加强了对"怎样学"的考察和研究。

我们已经注意到，当今世界第二语言教学理念一直处在变动不居之中，派别迭出。然而，尽管流派纷呈，总能摸到世界第二语言教学主流教学思想的脉搏。目前，随着交际语言教学法的深入发展，一些新的教学理念正日趋成熟，引起人们的关注。

---

① 本文以《汉语作为第二语言教学：理念与模式》为题，发表在《世界汉语教学》2008年第1期，作者赵金铭。

反思我们的汉语作为第二语言教学，在教学理念上是否还可以转变观念，拓展我们的思维，开阔我们的视野，除旧布新，寻求汉语作为第二语言教学模式的创新与突破，是我们要探讨的问题。

　　我们拟就下列三个问题展开叙述：（1）汉语教学的主旨可由"学以致用"，转而注重"用中学""做中学""体验中学"；（2）汉语教学与汉字教学之关系乃教学设计的关键，汉语教学法呈现多元化；（3）加强书面语教学是培养学习者汉语综合运用能力的当务之急。

　　下文将结合对外汉语教学的现状，按照世界第二语言教学的新理念反观我们的教学，以之作为创新教学模式、改进课堂教学的一种取向。我们并不把它当作汉语作为第二语言教学应实施的新的教学理念，我们姑且称作可供汉语作为第二语言教学参酌的教学理念。实际上，在对外汉语课堂教学和教材编写中，已开始体现一些新的教学理念，并已取得相当成效。

一、关于"用中学"与"做中学"

（一）第二语言教学的目的

　　关于第二语言教学的目的，无疑是培养学习者的语言交际能力，这是我们一贯的认识。我们以往对语言运用能力也十分重视。不过，我们对语言运用能力的理解，比较侧重于"语言知识"加"语言技能"，或曰将语言知识转换成语言技能，而对学习者的策略能力和心理过程关注不够。汉语作为第二语言教学的终极目标，是培养学习者具有在现实生活中自由运用汉语进行交际的能力，而且要在最短的时间内取得最佳的学习效果，因此关注与培养综合语言运用能力相关的各种因素不仅是十分必要的，而且应该引起我们的高度重视。我们认为应扩展原来对交际语言能力的认识，我们认同汉语教学的目的是培养综合语言运用能力的观点。

我国英语新课程标准指出："综合语言运用能力的形成建立在学生语言技能、语言知识、情感态度、学习策略和文化意识等素质整体发展的基础之上。"语言知识和语言技能是综合语言运用能力的基础；文化意识是得体运用语言的保证；情感态度是影响学生学习和发展的重要因素；学习策略是提高学习效率、发展自主学习能力的保证。[①]

以此反观我们的教学，一般说来，我们十分重视语言技能的训练，强调听、说、读、写均衡发展，仅此是不够的。现在人们更加关注的是，在某个级别学习者以这样的语言技能"能做什么"。过去，我们也注重语言知识的传授，语音、词汇、语法、汉字，近年来又加之篇章，这只是就语言本身而言。现在看来，似应在功能和话题的导引下，更加关注学习者的情感态度，即兴趣、动机、自信、意志和合作精神等影响学生学习过程和学习效果的相关因素。

文化意识和学习策略近年来虽也多有研究，但零散而不成系统，还没有引起汉语教师的高度重视。特别应注意挖掘语言背后的文化内涵。举例来说，教材课文中有《骆驼祥子》的片段，讲到祥子经过奋斗买上了自己的新车，在拉第一个客人时，祥子有考虑："头一个买卖必须拉个穿得体面的人，绝对不能是个女的。"这句话字面上学生都能理解，但想不通的是为什么"绝

---

① 中华人民共和国教育部《全日制义务教育、普通高级中学〈英语课程标准〉》（实验稿），北京师范大学出版社，2001年。

对不能是个女的"？课堂讨论中有的说"因为祥子上过女人的当"，有的说"祥子嫌女人麻烦，不愿意多给钱"，有的说"祥子就是不喜欢女人"。其实这里反映了汉语所承载的深刻的文化内涵，即旧时"男尊女卑"的传统观念在祥子的头脑中根深蒂固。[①] 我们说，语言教学与文化教学的浑然一体，正在于此。

当然，最重要的是，语言技能、语言知识、情感态度、学习策略和文化意识五个方面构成一个不可分割的整体，共同促进综合语言能力的形成。这样的认识，显然比我们原来理解的教学内容要开阔许多，内涵也更加丰富。

（二）第二语言教学法的发展

在世界上，英语作为第二语言教学与研究，已有一百多年的历史。基于印欧语系语言的语言教学法，模式众多。对外汉语教学法的研究在传统蒙学教学法的基础上，走过了引进基于印欧语言的语言教学法阶段，经消化、融合，为我所用，逐渐形成具有综合特色的对外汉语教学法。对外汉语教学界虽也一直在进行教学模式的探索，但主要围绕着如何处理"语"和"文"的关系上。目前实施的教学模式种类偏少，也略显陈旧。我们不妨借鉴国内英语教学模式，思考语言教学的根本目的，创建基于汉语和汉字特色的对外汉语教学模式。

自20世纪80年代以后，对外汉语教学界业内大部分人都认识到，学习者千差万别，学习目的各不相同，不同的教学阶段有不同的教学任务，不同的教学任务又有不同的训练方法，而教师风格又因人而异，因此不可能有一种放之四海而皆准、万能的语

---

① 李泉《〈骆驼祥子〉中所见的语言文化现象》，《中国语言学报》第9期，商务印书馆，1999年。

言教学法。更何况"人的大脑系统有横向变化和纵向变化。横向变化指不同学习者的大脑工作方式各不相同。纵向变化指大脑在不同年龄阶段的变化。正是由于这两种变化,第二语言教学不可能有最佳方法"[①]。那么,以积极的态度来接受世界上语言教学法的不同思潮、不同派别,采取包容、理解的立场,取一种中立的态度,使用综合的处理办法,则是十分明智的,也是目前世界外语教学的明显特点和主要发展趋势。

话虽如此说,也不应不顾及世界第二语言教学法的主流进展。一般认为,20世纪80年代后期至90年代中期,基于任务的语言教学思想开始产生越来越大的影响。"任务型语言教学"大有替代交际语言教学,形成新的语言教学流派的趋势,以至于有人认为,对于应用语言学界来说,20世纪90年代后期可以称作"任务的年代"。[②] 其实,任务型语言教学与交际语言教学有着很深的渊源关系。交际语言教学强调"学以致用",任务型语言教学主张"用中学""做中学""体验中学"。任务型语言教学的语言观是:"语言是一个复杂的交际系统;人们使用语言的首要目的是表达意义;发展语言能力决非仅仅是掌握语法规则,而是发展用语言进行交际的能力;语言不是在真空中使用的,而是在一定的社会文化环境中使用;语言教学应该强调真实语境、真实语言素材。"[③] 可以说,任务型语言教学最突出的特点就是通过完成一定的任务来学习语言。

---

① Arnold, Jane. *Affect in Language Learning*, 外语教学与研究出版社、人民教育出版社、剑桥大学出版社,2000年。
② 程晓堂《任务型语言教学》,高等教育出版社,2004年。
③ 同②。

任务型教学，其教学任务主要有三种类型：信息差任务、观点差任务、推理差任务。这些任务均可用于对外汉语教学。例如下边的"信息差任务"：

解决求职中遇到的问题

先提供给学生一份招聘启事，然后让学生听或看一段求职不成功的录音或录像，最后，分组讨论求职者的行为与招聘启事之间存在的信息差，寻求解决问题的办法和解释采用这些办法的原因。

任务型教学的教学模式大致可分三阶段：任务前，包括介绍话题和任务；任务轮，包括执行任务、计划和报告；任务后，即语言焦点，包括分析和操练。三阶段中，又分若干步骤，自始至终，贯穿着"做中学"的原则。[1]

陈东东（2007）[2]在用任务型学习理论指导美国学生学习汉语时，也列举了若干任务概要，如：

任务名称：打电话。

任务种类：创造性。

任务实施步骤：当堂布置任务；学生准备五分钟；需助教配合；课堂汇报，时间自定；任务后教师讲评，学生操练。

语言技能：听、说、读、写。

任务效果：交际环境明确，交流真实，实用性强。

我们这里介绍任务型语言教学，并非提倡这种基于人本主义心理学的学习理论而提出的教学法，而是要了解这种目前处于主流地位的世界第二语言教学法，吸取其合理内核，为我所用。我

---

[1] 刘壮等《任务式教学法给对外汉语教学的启示》，《世界汉语教学》2007年第2期。

[2] 陈东东《用任务型学习理论指导美国学生的汉语学习》，载《第八届国际汉语教学讨论会论文选》，高等教育出版社，2007年。

们很赞同这样的观点:"语言教学需要的不是一个模式或一种理论,而是一个更大的框架,其中几个模式并存。我们仍然需要决定某种模式是用在什么层次上,不能把一种具体的小的研究领域夸大到整个语言教学。"[1]

(三)任务教学法的教材编写与教学活动

任务型教学法来自实践,具有实践性。它是建构主义在教学中的体现,符合体验性学习和情境化教学的思想。基于建构主义的任务型教学认为,语言能力是学习主体在一定情境下自主建构而形成的,它主张让学生在交流和协作中深化语言学习,通过与他人合作学习,通过不断探索和发现,完成语言能力的自我建构。任务型教学提倡以学生为主体的自主学习方式,通过完成学习性任务和运用性任务,获取语言学习的成功感。可以说任务型教学充分体现了以人为本的教学理念。对外汉语教学界已经有人在教材编写和组织课堂教学活动方面引进该法,并已付诸实践。

1. 教材编写。

对外汉语教学界早就有人在教材编写方面做过尝试,如马箭飞借鉴交际教学法任务式大纲模式,创建了短期汉语速成教学模式,编有教材《汉语口语速成》[2](入门篇、基础篇、提高篇、中级篇、高级篇),并写有论文《任务式大纲与汉语交际任务》[3]。

---

[1] Cook Vivian. *Second Language Learning and Language Teaching*,外语教学与研究出版社,2000年。
[2] 马箭飞主编《汉语口语速成》,北京语言文化大学出版社,2000年。
[3] 马箭飞《任务式大纲与汉语交际任务》,《语言教学与研究》2002年第2期。

陈作宏和田艳编写的《体验汉语·留学篇》①，是以交际任务为主线编写的教材，其特色是努力激发学习者的参与意识。教材中增设"活动""即学即用"等栏目，突出体验式教学特点。练习不再是填空、改错、造句，而是"双人练习""模拟练习""看图比较"等"用中练习"的形式。

又如姜丽萍主编的《体验汉语·基础教程》②，教学目标十分明确，除了培养学生的汉语交际能力之外，还要"培养学生学习汉语的兴趣和方法，使学生具有继续学习汉语的动机和愿望"。比如，注重词的形象化解释、扩展词语以图画形式出现等。整部教材贯彻体验式学习理论，"让学生带着真实的任务去练习，在做中学，在用中学，在体验中学"。

这些教材形式新颖、活泼，体现学习者的自主学习精神，为汉语作为第二语言教学模式创新做出了努力。

2. 教学活动。

在当今世界外语教学课堂上，时兴通过与同伴的互动来建立学习共同体意识，贯彻"与同伴合作"的学习理念。合作学习是当今世界广泛使用的一种有创意和实效的课堂教学组织形式，③目前在汉语教学课堂上还使用甚少。第二语言教学界有人提出过"以学生为中心"的口号，对这一提法，我们认为应采取十分谨慎的态度。实际上，在交际活动实施过程中，教师在课堂上，仍在一定程度上控制着教学内容和教学方法。如果把"以学生为中

---

① 陈作宏、田艳编《体验汉语·留学篇》，高等教育出版社，2006年。
② 姜丽萍主编《体验汉语·基础教程》，高等教育出版社，2006年。
③ Baloche, L. A.《合作课堂：让学习充满活力》，华东师范大学出版社，2006年。

心"理解为，课堂教学以教师所精心组织的语言交际活动为中心，发挥学生自主学习精神，启发学生之间的互动，在和谐、愉悦的气氛中完成学习任务，强调学生的参与意识，关注学生学习差异及其原因，主张课堂学习活动交际化，这些理念是大多数汉语作为第二语言教师所认可并赞赏的。

第二语言习得研究发现，第二语言的高度互动是学习者获得语言的关键。最有效的高度互动又来自系统科学的任务设计、教学组织及实施。靳洪刚（2006）[1]介绍过一种课堂互动的形式——分组活动，这是一种以学生之间互动交流为主的语言教学形式，是一种有助于第二语言习得的教学方法。

分组活动成败的关键是任务的设定。这个任务，既是真实情景下的信息交流，又是课前设计好的教学活动。分组活动可以采取各种不同的教学形式。靳洪刚（2006）[2]总结了15种不同的分组活动及其教学形式和设计方法，并做了详细介绍。值得我们参考。分组活动15种教学形式如下：角色扮演；真实模拟；采访；短剧或戏剧；脑力激荡；信息断层；信息拼图；解决问题与决策；问题讨论／意见交换；分组辩论；看图讨论；语言游戏；课题；探宝；当地探索。

美国的AP中文教学是贯连美国高中中文与大学中文的重要课程。该课程也十分注重学生之间的互动和沟通。曾妙芬（2007）[3]在论述美国大学二年级中文教学成功模式时，详细介绍了当今外

---

[1] 靳洪刚《分组活动的互动性及教学形式探索》，载姚道中等编《中文教材与教学研究》，北京语言大学出版社，2006年。

[2] 同[1]。

[3] 曾妙芬《推动专业化的AP中文教学——大学二年级中文教学成功模式之探讨及应用》，北京语言大学出版社，2007年。

语教学主要教学方法之一的"沟通式教学法"。该法认为语言沟通的活动包括三个方面能力：表达（expression）、理解诠释（interpretation）、语义协商（negotiation of meaning）。表达指的是说话者表达某种想法、意见请求或者要求等；理解诠释指的是听者聆听说话者表达的时候，做自我推理及诠释，以理解说话者的内容及意向等；语义协商指的是听话者在不完全理解的情况下，向说话者提出问题，而说话者针对问题，提出说明、澄清、解释、补充细节等，在此过程中，说者与听者之间进行语言互动，一来一往，一问一答，直至一方或双方认为应该结束为止。沟通式教学法在教学理念上突出之处在于，在真实的语境中，以真实的语言材料，发挥学习者自主学习精神，做到以学生为中心，在掌握语言形式的同时，更重视的是语言功能的体现和语义协商的过程和价值，真正地使用所学语言。作者进一步列举了沟通教学法学生之间的小组互动活动的执行要点，并给出了大量的常用活动实例。

总之，树立培养学习者综合语言运用能力的教学目标，贯彻"用中学"的教学原则，采用任务型教学法，提倡师生互动，生生互动，合作学习，充分调动学生"用语言做事"的能力，是目前世界第二语言教学的潮流，汉语作为第二语言教学应该融入这一潮流。

二、汉语和汉字之关系乃教学设计的关键

（一）汉语教学与汉字教学

汉语作为第二语言教学的教学模式与教学方法的创新，归根

结底，要从汉语和汉字的特点出发，要结合汉语和汉字应用的特点，而不能生搬硬套现成的以印欧系语言为对象而设计出来的语言教学法。这是大家的共识。

要做到这样，我们必须认识到，汉字教学是汉语作为第二语言教学不同于其他第二语言教学的最大区别之一。只有突破汉字教学的瓶颈，创建具有特色的汉语作为第二语言教学法，才能全面提高综合运用汉语的能力。这正如王宁（2006）[①]所说："汉字与汉语的关系与西方语言和文字的关系截然不同。熟悉这种研究对象，深刻地了解和理解这种研究对象，是产生有效方法和优秀成果的前提。"

我们已经认识到，在世界汉语教学中，汉字是面临的最大的问题，也是最大的挑战之一。到目前为止西方人所学的主要外语，大多为亲属语言。因此有人建议，将欧洲的外语教学分为亲属外语和文化与非亲属外语和文化。如果拿德语来说，那么，"汉语同德语除了在语言、文化方面存在巨大差异外，还有'第三个'方面加大了学习该语言的难度，那就是独特的汉字系统。因此，学习汉语同学习其他语言相比，需要学习者花费更多的时间和精力"[②]。所以，对西方人来说，汉语才是真正的外语，其中最复杂、最困难的是汉字。

早在1959年，赵元任在台湾大学演讲中就说："各国语言里不同的方面各有难易，平均说起来么，我觉得中国语言在世界

[①] 王宁《古代语言学遗产的继承与语言学的自主创新》，《语言科学》2006年第2期。

[②] 顾安达《面向欧美学生汉语教学的观察与思考》，载《第八届国际汉语教学讨论会论文选》，高等教育出版社，2007年。

上，对于没有学过任何语言的孩子，可以算是中等，也不特别难，也不特别容易。""至于说中国文字方面，在世界上比起来就相当难了。"①

因此，赵元任（1976）②认为："学讲中文是最基本、最主要的，远比花大量时间用正确笔画学写汉字重要得多，因为学讲中文'是一种活生生的体验'。"

这就是说，汉语作为有声语言学起来不算太难，作为有声语言汉语的书写符号汉字，学起来就不那么容易了。两相比较，学习活的语言更为重要。我们将围绕这一观点展开下面的论述。

（二）汉字是个独立的系统

先说汉字。从半坡陶文算起，汉字至今已有6000年左右的历史。世界上的一切文字，造字之初，几乎都是以象形为始。后来不少文字选择了拼音方向，只有汉字是世界上古代许多种表意文字中唯一巩固并流传下来的文字体系。究其原因，最根本的一点就是汉字与汉语能够互相匹配。

记录汉语的符号是汉字，汉字属表意文字系统，这就给学习汉语却熟悉拼音文字的欧美学生带来了特殊的困难，即汉字的识读与书写问题。

我们认为，要突破汉字教学的瓶颈，首先应澄清对汉字的误解，建立科学的汉字观。汉字本身是一个完整的科学系统。周有光（2004）③说："这一个概念的改变影响很大，这是科学的

---

① 赵元任《语言问题》，商务印书馆，1980年。
② 赵元任《美国华人儿童的语言问题》，载《中国社会语言学面面观》，斯坦福大学出版社，1976年。
③ 周有光《21世纪的华语与华文》，载陆俭明、苏培成主编《语文现代化和汉语拼音方案》，语文出版社，2004年。

新认识。"

基于这种认识,当我们把汉字作为一个独立的系统来进行研究和教学时,要清醒地认识到汉字教学是汉语作为第二语言教学不同于汉语作为母语教学或其他拼音文字语言教学的最大区别之一。

当我们把汉字作为一个系统来教的时候,就要在教学和教材中充分考虑下列问题:(1)在基础汉语教学阶段何时引进汉字最为合适?如果在第一课中,就出现"谢谢""再见",从未见过汉字的初学者难免产生畏难情绪。(2)是先认汉字后写汉字,还是认写同时进行?汉字认读与汉字书写是两个不同的信息提取过程。认字容易,写字困难。从教学原则考虑,应先易后难,先认后写。(3)是先描红后写字还是不描就写?描红有助于掌握笔顺。如果一开始就写汉字,笔顺很容易出错,一旦习惯"倒插笔",日后很难改正。(4)先教哪些汉字后教哪些汉字?以往母语教学汉字先学"人、手、足、刀、尺",不是没有道理的。

基础汉语教学阶段应该教哪些汉字?我们曾提出《外国人基础汉语用字表》草创表,[①] 主张常用汉字 1000 个。按照"汉字效用递减率",最高频 1000 字的覆盖率是 90%,以后每增加 1400 字提高覆盖率 1%。因此,周有光(2004)[②] 主张"与其学多而不能用,不如学少而能用。21 世纪将出现一种'千字文'加'拼音'的'基础华语'作为学习华语的入门教材。'基础华语'对外国人学习华语最为有用"。

---

① 赵金铭《〈外国人基础汉语用字表〉草创》,《汉语研究》第 2 辑,南开大学出版社,1989 年。

② 周有光《21 世纪的华语与华文》,陆俭明、苏培成主编《语文现代化和汉语拼音方案》,语文出版社,2004 年。

此外诸如：怎么教汉字，是分解教，还是整体教？要不要分阶段教汉字，分几个阶段？识多少汉字可以阅读书报？会写多少汉字可以书写短文？

这每一个问题都应在充分调查研究的基础上，得出科学、可靠的数据；或进行教学实验，设定参照，经过比较，得出结论，并划分出等级，用以指导教学和教材编写。

（三）汉字教法的思考

我们这里要强调的是，教学汉字，自然方法多多，但最重要的是要记住汉字的形、音、意、用。有一本汉语教材叫《中文入门》[①]，在"请教师注意"中，有两条给教师的提示值得我们深思：（1）请不断提醒并督促学生，把"每日五字"（中学生每日二或三字）定为日课，认真完成，切忌积存；（2）发音阶段极为重要，应集中精力练习发音，不宜介绍中国字，写字应在发音阶段结束后开始。前者说的是记住汉字，靠的是日积月累，坚持不懈；后者说的是在初级汉语教学阶段，何时见汉字，最为理想。这些都是要好好研究的问题。总之，只有把握住汉语和汉字的密切关系，才能寻求到科学的符合规律的汉语作为第二语言教学设计和教学模式。

目前，较流行的汉字教学法有：先独体后合体、汉字部件教学、偏旁部首教学等，都是分解的教法。还有另一种观点也值得关注。吕叔湘（1983）[②] 说："有心理学家做过实验，无论汉字或拼音文字，认识的时候都是整个形体去认识，认识汉字的时候并不逐一辨认它的笔画。"这是不主张将汉字打散的观点。在对外汉语教学中，究竟以笔画教学为主，还是以部件教学为主，

---

① Chen, TaTuan, *et al.* (1994). *Chinese Primer*. Princeton University Press.
② 吕叔湘《吕叔湘语文论集》，商务印书馆，1983 年。

抑或是整字教学为主，成为对外汉语教学研究中最为关心的话题。我们举一个整体识字、认字的实例：

> 钱锺书的女儿圆圆（即钱瑗）大约两岁半时，有个表姐比她大两岁，读上下两册《看图识字》。一张小桌子两边坐着两个孩子，一个读，一个旁听。后来杨绛觉得女儿喜欢《看图识字》就也给她买了一本。有一天大家拿这本新买来的书叫圆圆念，"圆圆立即把书倒过来，从头念到底，一字不错"。这是怎么回事儿？原来，"圆圆每天坐在她小表姐对面旁听，她认的全是颠倒的字，当然，后来特地买了一盒方块汉字教她"。"她只看一眼就认识了，不用温习，全记得。"人们惊叹"过目不忘"是有的。[①]

阅读心理学研究显示，在学习拼音文字的初学者中，普遍运用"间接加工"，也就是说，通过对音素的解码而获取含义的方法，其实，这并不适合初学汉字的外国学习者。"间接加工"更适用于汉语水平已达到一定程度的中、高级外国汉语学习者，因为他们能通过已熟悉的汉字部件所具有的表音功能推测出整个汉字的大概发音，或由部件所具有的表意功能推断出该字的含义。应该说，"直接加工"对外国学习者学习汉字具有更重要的意义。所谓"直接加工"是指阅读者不通过对已熟悉的单词中的单个字母（或熟悉汉字中的单个部件）进行解读，而直接获取其含义。"直接加工"也适用于已熟悉的汉字双音节词。阅读者在阅读时，将汉字双音节词直接解码，而不需要"绕远"辨认其中单个的汉字。当然，字或词的使用频率以及阅读者对其熟悉程度，在这里是很重要的。[②]

[①] 杨绛《我们仨》，生活·读书·新知三联书店，2003年。
[②] 顾安达《渡过汉字难关——让西方人尝试阅读中文》，第八届国际汉语教学讨论会论文，北京，2005年。

我们的观点是，在汉语学习的初始阶段，对汉字要采取整字认读，整字识记，而不宜做过细分析。当学习者识记了一定数量的汉字之后，再分析部件构成，偏旁部首，以类相从，扩大识字量。总之，要通过教学实验，寻求汉字教学的突破口，使书面语教学质量得以大幅度提高。

（四）口耳之功与目治

就汉字学习来说，口耳之学，指的是汉字的读音问题；目治指的是汉字的形、义问题，这里特指字义，讲的是音和义的关系对汉字学习的影响。为了有助于讨论，我们介绍几种研究成果。

Everson（1998）[1]通过实验考察了美国以汉语为外语的初学者在汉语阅读中语音认知与字义辨识的关系。实验结果证明，被试读音正确的汉字，对相同汉字字义辨别的正确率可达90%；汉字字义辨别正确的，其相同汉字读音正确率可达91%。这个结果表明，学习者是通过语音通达语义的。语音的认知有助于汉字字义的认知。Everson由此推论，汉字教学对于母语是表音文字系统的学习者来说，应该在学习者掌握了一定的口语技能和词汇量以后再进行汉字教学。因为，学习者在最初阶段主要是依靠汉语口语的技能来帮助汉字的识别。如果一开始就引进汉字教学，汉字认知注定要失败。Yang（2000）[2]通过实验检验具有不同正字法背景的汉语学习者汉字认知及认读的正字法效应，得出和Everson

---

[1] Everson (1998). Word recognition among learners of Chinese as a foreign language: investigating the relationship between naming and knowing. *The Modern Language*, 82.

[2] Jun, Yang (2000). Orthographic effect on word recognition by learners of Chinese as a foreign language. *Journal of the Chinese Language Teacher Association*, 35(2).

相同的结论：对初学者首先要加强汉语口语教学，这样有助于学习者汉字阅读和认知能力的提高。主张先语后文，但作者认为，汉字的导入不应太晚，至少应在第一学期的中间导入汉字。而柯传仁（1996）[1]的研究更引人注目，他通过系统地考察第二语言学习者习得汉字的过程，提出汉字正字法意识三个阶段说。第一阶段叫"成分前加工阶段"，在这个阶段学习者的汉字习得基本上是"整字习得"，他们不能把汉字分解为其组成部分，只能采取机械记忆的方式学习汉字。与此同时，他们已显现出笔画效应，并具有较强的音符意识。第二个阶段叫"成分加工阶段"，在这个阶段学习者具备了部件意识，能把部件知识运用到汉字学习中，能准确地猜测规则形声字的音符和意符。第三个阶段叫"成分自动加工阶段"，这时学习者能正确地认识和书写字符重现率高的汉字，能正确地识别生字是否符合汉字的组合。在这个阶段，学习者汉字认知与书写的错误主要是与字音相关的错误，也就是所谓写别字了。[2]

我们从这些研究中悟出，学习者必得先有一些初始的语言，才能认汉字。在认汉字的过程中，音、义通达十分重要。汉字的发音正确，有助于字义的记忆；反之，意义正确无误，汉字读音也相对准确。音、义准确，再加以记忆字形，形、音、义三位一体的汉字学习，指日可得。

关于汉字的难易度问题，对外汉语教学界多从汉字本身的特

---

[1] Chuanren, Ke (1996). A model for Chinese orthographic awareness development stage. Unpublished manuscript.
[2] 转引自王建勤《外国学生汉字构形意识发展的模拟研究》，北京语言大学博士学位论文，2005年。

点来发现学习者汉字学习的难点,也试图通过文字学研究的相关理论来解释学习的难点。但是,研究证明汉字识别的难易基本上是属于认知范畴的问题。赵元任(1980)[1]说:"讲到文字的难易,你得分学跟认跟用,这个不完全一样。比方说笔画多的字,写起来是麻烦,可是认起来未必难认,有时候笔画儿多的字,因为富有个性,反而容易认。认是一回事,写又是一回事。"这就提出了认汉字与写汉字应该分开的问题。

(五)教学设计实验

汉语作为第二语言教学中,"语"和"文"的分合问题,汉字"认"和"写"的安排问题,都有待于通过教学实验,取得相应数据,从教学法与心理认知方面取得科学依据,在此基础上创新教学模式,编出适用的教材,寻求汉字教学的新思路,从而大幅度提高书面语的教学质量。

对外汉语教学界也有人设想过新的教学模式,比如,根据普遍语法的推测,第二语言学习者大致遵循着操目的语的本族人学习/习得该语言的过程。那么,外国人学汉语也有理由跟汉族人一样,"先学听说(语文分开),再学认汉字(集中识字),再写汉字(读写分开)"[2]。这种教学模式还只是设想,并未付诸教学实施。

在汉字教学方面,江新(2005)[3]提出针对西方学习者的汉字教学:认写分流,多认少写的原则。其理论依据是,汉字认读

---

[1] 赵元任《语言问题》,商务印书馆,1980年。
[2] 崔永华《基础汉语教学模式的改革》,《世界汉语教学》1999年第1期。
[3] 江新《针对西方学习者的汉字教学:认写分流,多认少写》,载赵金铭主编《对外汉语教学的全方位探索》,商务印书馆,2005年。

和汉字书写是两种不同的信息提取过程，属于两种不同类型的记忆任务。写字属于回忆，认字属于再认，而一般来说，信息的再认比信息的回忆容易些。心理学研究实验证明：汉字认读的影响因素和汉字书写的影响因素是不同的。即难写的字，未必难认，如"藏""赢"；容易写的字，却不容易认，如"千""干"。这与赵元任的观点一致。目前，在教学中，已有人提出并采用"语文分开、集中识字"的教学思路。[①]

在此基础上，我们可以实验一种新的教学范式，其基本出发点是"先语后文"，大致步骤如下：（1）从口头交际开始，充分利用《汉语拼音方案》，只学口语，不见汉字。也就是说，在过去的语音教学阶段，不再出现汉字。这一时段，是"口耳之学"，应持续多长时间，可做试验，但不宜太长。（2）具有极初步的汉语口语之后，开始进入认字、阅读阶段，对于汉字，只认不写，开始接触"目治"，进入识字阶段。（3）大约认识300个左右汉字之后（多少个汉字，哪些汉字，都有待于实验），开始"描红"。这个阶段不能缺少。（4）开始写汉字，应注意笔顺、笔画规范。这时听、说、读、写并进，并不断增加泛读。至于语言点和功能项目的处理，视不同的教学法而有不同的考虑，此不赘。

这只是一个初步设想，还有待实践证实。

[①] 张朋朋《语文分开、集中识字的思路和具体做法》，《汉语速成教学研究》第二辑，华语教学出版社，1999年。

三、加强书面语教学是培养学习者汉语综合运用能力的当务之急

（一）语言技能训练的不平衡

对外汉语教学界，长期以来，在教学法上深受听说法的影响，这种20世纪40年代末在美国兴起的基于行为主义的教学法，过分强调"听说领先"，十分注重学习者的口语交际能力。我们在教学中，虽也强调"读写跟上"，但在教学实施过程中，听、说能力与读、写能力往往不够协调，甚至有脱节现象。之所以造成这种现象，还有一个原因，就是汉语口语和书面语有相当大的差距。口语和书面语在汉语学习中的这种失衡现象，在西方学习者或其他文字为拼音文字的学习者那里尤为突出。

当然，任何一种语言，口语和书面语之间都有差距，不过，不同的语言口语和书面语的差别并不相同。比如，路透社在1993年的一则报道中就指出，在美国的2.6亿余人口中，估计有4000万人虽上过学，但读不来英文。（《南洋商报》2002年6月16日）有报道说，法国中、小学生识字和拼写法文能力大幅度下降。在一项对15岁学生法文听写能力考试中，56%的学生成绩0分，80%以上的学生不及格。法国"抢救法文"教师协会负责人指出："中小学生读十年书之后，半数左右学生依然无法用法文写信或发电子邮件。"（《中华读书报》2005年3月2日）母语教育尚且如此，第二语言教学更应警惕。如果跟印欧系语言相比，汉语口语与书面语之间的差别就更大些，在汉语教学中应引起我们极大的关注。

一位来自西非塞拉利昂的留学生，在北京生活了10年，下

面是有关他的报道：

> 他告诉记者，北京二锅头太"牛"了，喝了之后就睡不着觉，还不停地唱歌和说话，会"撒酒疯""喝大了""喝高了""咱俩谁跟谁啊？""给我下套儿是吧？"……记者和他交流，他会自如地运用北京土语和现代词汇，京腔京韵中含着北京语言中特有的机智和幽默。令记者惊讶的是，他却不认识也不会写汉字，因为"汉字含义太深，难懂"。（《北京晚报》2006年8月18日）

这是一个口语和书面语两种语言技能差别极大的典型。我们不能不承认，汉语作为第二语言教学中，口语训练与书面语训练有失衡现象，这应该引起我们高度重视。

（二）书面语和口语是两种不同的语言形式

1. 口语与书面语的界定。

一种语言的口语与书面语都是指说话的个人在实际情景中说出的具体话段，是语言的运用。由于使用的场合不同，是两种不同的交际手段，受交际场合的制约，二者必然会有种种差异。

口语是语言存在的口头形式，是以语音为物质材料。书面语以口语为基础建立并发展，是语言存在的书面形式，是以文字记录语言而成，一般认为书面语是语言存在的第二性形式。书面语出现的时间要比口语晚得多，至今世界上使用的语言中，有70%没有书面语。

我们要特别指出的是，不能把口语和口语语体混为一谈，也不能把书面语和书面语体视同一体。口语语体可以以书面形式出现，如文艺作品中的对话、私人邮件中的话等。书面语体也不一定都用书面形式表现出来，可以用口头形式出现，如演说、讲课等。

美国语言学家 Gregory（1967）[①] 将口语和书面语做了更细致的划分：

```
      ┌ 非自发的口语 ┌ 广播书面语
      │            │ 背诵
口语  │            └ 会话
      └ 自发的口语——自言自语

        ┌ 并不一定为了说 ┌ 好像为了读
        │              │          ┌ 无意听到
        │              └ 为了读   └ 有人听
书面语 │ 为了说的书面语
        └ 以口语的方式表示书面语
```

2. 口语和书面语的不同教材与教学法。

我们认为，汉语口语与书面语是两种不同的语言形式，各自具有自身的特点，它们应该是在不同的教学阶段所获得的不同的语言技能。我们应据此编写不同形式的教材，实施不同的教学方法，使外国学习者既具有口头语言表达的能力，也能阅读书报、杂志，并能进行书面语表达。这是值得我们认真考虑的。

我们把汉语口语称作"说的汉语"，把汉语书面语称作"看的汉语"，无非是强调汉语的两种不同的语言形式，应分别对待，应该有不同性质的教材，在教学上就应分别采用不同的教法。从语言学习的角度出发，人们学习"说的汉语"与"看的汉语"的心理过程与生理过程均有本质的不同。因此，应分别建立"说的汉语"和"看的汉语"的教学系统。有人就建议分别建立两种不

---

① Gregory, M. (1957). Aspects of variety differentiation. *Journal of Linguistics*, 3(2), 177-198. 转引自王福生《对外汉语教学活动中口语和书面语词汇等级的划界问题》，载赵金铭主编《汉语口语和书面语教学——2002年国际汉语教学学术研讨会论文集》，北京大学出版社，2004年。

同的教学系统，即书面语言教学系统和口头语言教学系统。[①]

　　书面语是用汉字书写的汉语，在语义表达上与以拼音文字书写的印欧系语言是有重要区别的。我们必须区分两种不同的教材——"说的汉语"的教材和"看的汉语"的教材。传统的对外汉语"综合教材"和"阅读教材"应属"看的汉语"的教材。这类教材中的语句合乎规范，不避长句，又因其对实际情景的依赖较少，应该尽量避免简化和省略的语言现象。这类汉语，充分显示汉语的美，不回避书卷气，出现"瑰丽""蔚蓝""惆怅""奉告"等书卷语词是个中应有之义。我们主张，凡"看的汉语"的教材，应该皆为可背诵的材料。背诵为教学中不可或缺的环节。瑞典汉学家马悦然（2004）[②]写到："我在大学里教了四十多年中文。每一年我都坚决主张只学了三个星期中文的学生要背郭绍虞下面这首非常简单可是反省很深的小诗：'云在天上，人在地上，影在水上，影在云上。'初学中文的学生一背了这首诗会感觉到中文不仅是一般的沟通工具，也能表达深思与美学观念。"

　　口语教学要高度重视、充分利用《汉语拼音方案》。国际上就有人对汉语拼音的价值重新提出认识。对用汉语拼音学习汉语，外国人有很强的呼声。柯彼德（2003）[③]说："为了在全球更有效地推广汉语教学，可以按照不同的学习要求和目的设立不同类型的汉语课程。在维持'语'和'文'并行的传统教学方法的同时，

　　[①] 吕必松《汉语教学中技能训练的系统性问题》，载《第五届国际汉语教学讨论会论文选》，北京大学出版社，1997年。
　　[②] 马悦然《另一种乡愁》，生活·读书·新知三联书店，2004年。
　　[③] 柯彼德《汉语拼音在国际汉语教学中的地位和作用》，《世界汉语教学》2003年第3期。

应该为时间有限、只需口语交际的人开设专门的汉语听说课程，汉字可以不教或者有限度地教，基本上用汉语拼音来尽快提高口语能力。"他又特别强调了汉语拼音的作用："外国人学习和使用汉语时，汉语拼音除了其重要的辅助作用外，早已具有了文字的性质和价值。"结论虽还可商榷，却应引起我们的思考。这从另一个侧面反映出学习者对汉字的畏难情绪。

口语教材也与书面语教材完全不同，口语语体用于交际双方直接接触的场合，在双方都在场的直接交际过程中，表情、手势、身段、情境等语言外部的因素都成为交际的辅助手段。因此，口语句子短、单句多，允许不完全句出现，重复、省略也没关系，只求达意。书面语中很难出现的"挺好""棒极了""够呛""累得慌""马马虎虎""哪里哪里"成了典型的口语。我们主张采取动态口语教材，采用鲜活的语言材料，从听入手，以学习者感兴趣的话题为导引，真正实施说的训练。在说的过程中，不必过分强调语法的规范、句子的完整，允许重复，也可以说半句话，还可以颠倒句法成分，只要达意，完成交际任务，口语教学的目标就基本达到。

鉴于汉语口语与书面语各自的独特之处，特别是汉字在其中的牵制作用，我们特别强调"说"和"看"的不同功能，故而主张归结为两大类教材，以突出言语形式的不同特点。

那么，要加强汉语书面语教学，就要在教材和教法上寻求突破，首当其冲是扫除汉字障碍。

（三）建立书面语教学模式的关键——词与字的教学

汉字比起拼音文字来，确有"难认、难记、难写"的一面，但汉字也有它自身的无穷魅力，吸引了大批西方汉语学习者。认汉字、记汉字、写汉字，其中之关键在于记忆。只有记住字形、记住字义，在头脑中留下字的声音形象，经过科学的训练，才能会写。因此，如何在记忆汉字的方法上动脑筋，指示门径是十分重要的。我们认为，更重要的是学习者必须先具备极初步的语言能力才能记汉字，也就是说他们头脑中必须有词（当然，这个词也可能是单音节的）。有了词，组成句，能基本准确地说出话来，这时才能记住单个的"字"。

这也就是说，我们注重汉字教学，并非是从汉字出发进行语言教学，特别是在汉语学习的初始阶段。我们认为，学习一种语言，应从有声的词开始，汉语也不能例外。不过，在学习汉语词的时候，特别是掌握了一定数量的词之后，要关注组成词的汉字（本身也可能是词）的字义。在进行汉字教学的时候，要注意字的意义，及其在该学习阶段可能组成的词。字与词相纠缠，字与词应该打通。词中有字，字又可以组词。这正是汉语不同于印欧系语言的特点。我们主张从词出发进行初级汉语教学，是因为人的头脑中本就有词。

汉字是形、音、义三位一体。汉字既可以是构词语素，也可以是词。第二语言学习者是以字输入来习得汉语，还是以整词的输入来习得汉语？实验证明是词。也就是说，人们大脑中的基本语言单位是词，这有来自神经电生理学（ERP）的证据。杨亦鸣用八位失语症病人做实验，发现各类失语症病人都是以词为提取单位的。张珊珊等人用神经电生理学也做过实验，证明作为语言单位的词是有其心理现实性的。那么，"语言运转的基本单位是什么，语言学界渐趋一致的意见是词，近年来也有人提出'字本位'的观点。但在人的大脑中究竟是以词的方式还是以字的方式存储和提取，神经语言学的研究成果可以对这一问题提供间接证明"[1]。

汉语社团具有心理现实性的语法结构单位是字还是词？对口吃的人语言现象的考察也有助于我们思考。口吃的人在说话时，除了单音节词外，凡双音节词或多音节词，其音节的重复、停滞、拖延都出现在词中靠前的语素音节上，不在词末尾的那个语素音节上，也就是说，一定不会在一般认可的"词"之后。如：

我我我本本本来打打打算多多多查查查阅两两两本本本书。

而不大可能是：

我我我本来来来打算算算多多多查阅阅阅两两两本书。

口吃现象说明，我们很难断定汉语社团社会心理一定没有"词"这样的单位（当然叫不叫"词"那是次要的），而只有"字"这种单位。虽然"词"这个概念来自西方语言学，但不等于说汉语社团社会心理中有关汉语语法单位一定不是词。[2]

从本族人的语感来考察，可以得出同样的结论。王立运用社会学中已成熟的调查统计分析法，为属于社会心理范畴的"公众词感"提供科学测量。结果表明：汉语在"字"和"短语"之间还有"词"这一级单位。汉语公众心目中的"词"大多是中型汉语词典所收的词，比较接近"具体语境中的音步"，与冯胜利、王洪君所定义的属于语音语法接面层级上的"韵律词"几乎完全一致。[3]

---

[1] 杨亦鸣、张珊珊、赵仑、顾介鑫《大脑中的基本语言单位——来自神经电生理学（ERP）的证据》，中国语言学会第13届学术年会发言稿，2006年。

[2] 陆俭明《要重视语言事实的挖掘与描写——以现代汉语语法研究为例》，载《汉藏语学报》第1期，商务印书馆，2007年。

[3] 王洪君《从本族人语感看汉语的"词"——评王立〈汉语词的社会语言学研究〉》，《语言科学》2006年第5期。

第二语言教学实践也证明，对于初学者应从词汇入手，汉字的学习并不能代替词汇的学习。有人对美国外交学院（FSI）学生做过实验，他们在美国已学过400—600学时的汉语，来中国又学了近300学时，结果发现他们普遍存在着识词不识字的现象。比如：

损失/亏损　建设/设施　许多/允许　目标/标准
继续/持续　准备/准则　一切/关切　原则/否则

斜线前面是学过的词，认得其中的汉字；斜线后面是生词，但词中的汉字是早已学过的（下画线者），不管它的位置有无改变，他们都不认得了。[1]这说明学生是以整词输入的，他们学了一个双音词，识记了其中的汉字，但当其中的一个汉字移位，并与别的汉字组成新词时，他们并不能立即将对该字的认识带入新词，甚至连该汉字也一时认不出来了。这种识词不记字的现象很值得我们重视。

（四）改进"写"的训练，提升书面语水平

第二语言学习成功的重要标志，是可以用所学语言进行写作。明、清之际来华的西方传教士，特别是乾隆禁教以前来华的传教士几乎都能用中文写作。从语言学习的角度来说，这个成就也是很大的。比如意大利传教士利玛窦一人的中文著作就有24部之多，其中收入《四库全书》和《四库全书存目丛书》的就有13种。[2]

这是外国人成功学习汉语的先例。那么，他们是怎么学的呢？

---

[1] 吴晓春《FSI和CET学生认字识词考察》，《首都师范大学学报》增刊，2000年。

[2] 张西平《西方人早期汉语学习史简述》，载《第七届国际汉语教学讨论会论文选》，北京大学出版社，2004年。

一般来说,他们是先学口语,向普通人学习口语,然后学汉字,掌握书面语。意大利传教士利玛窦(MateoRicci,1552—1610)于明万历十年(1582)到达端州。据艾儒略《大(泰)西利先生行述》上面说:"初时,言语文字未达,苦心学习,按图画人物,倩人指点,渐晓语言,旁通文字,至十六经子史等篇,无不尽畅其意义。"[1] 这是记载他如何学习汉语口语和书面语的。另一位著名的汉学家高本汉学习汉语的经历亦复如是:"高氏在中国逗留两年,先以数月工夫学会汉语口语。不久又掌握了书面语,以后亲自走访各地,口问手写,调查了二十四个地点的汉语方言,记录了十万多个字音,获得了大量第一手资料。"[2] 这也是说的先学口语,再掌握书面语。

在具有初步口语能力之后,恰当地安排学习汉字的时间,科学地编排汉字学习顺序,集中识字,也是一种可行的途径。据钱学烈(1998)[3]的实验,曾用30个学时的时间,完成276个汉字、633个词语和37个语法点的教学任务。而乔印伟(2004)[4]对来自菲律宾华裔学生的实验是,用一周时间,完成汉字笔画、结构、笔顺等基本要素教学,此后用一个月左右时间,每天平均进行20个以上汉字教学,学生总计熟悉500个以上的基本汉字(掌握汉字音、形、义的一个或一个以上要素)。可见,汉字能够集中学习,掌握了基本汉字,就为进一步学习汉语书面语打好了基础。

---

[1] 转引自张清常《序》,张亚军《对外汉语教学法》,现代出版社,1990年。
[2] 转引自张世禄《编译前言》,高本汉《汉文典》(修订本),上海辞书出版社,1997年。
[3] 钱学烈《对外汉字教学实验报告》,《北京大学学报》(哲学社会科学版)1998年第3期。
[4] 乔印伟《汉字高效教学模式之探讨》,《海外华文教育》2004年第1期。

对于来自汉字文化圈的学生来说，他们更迫切地要解决"听"和"说"的问题，这是可以理解的。他们在学习到一定阶段以后，阅读能力会有相当的提高，"看的汉语"似能解决。但随之而来的是"写的汉语"，也就是用汉字写出通顺无误的书面语，往往还需要相当长时间的训练。

对于来自非汉字文化圈的学生自又当别论，比如对欧美学生是否可探讨新的教学思路，使之消除对汉字的畏难情绪，使他们在学习汉语的初始阶段学习积极性不被汉字的困难所挫伤，在他们获得相当的口语能力的恰当时机，再引进汉字。因此需要研讨对非汉字文化圈学习者的汉字教学方法，编写相应的教材，在注重口语听、说的同时，推进汉语书面语教学。

在"写"的教法方面，当今世界有关"写"的技能培养过程，已由传统写作的注重篇章结构的完整、语法的规范和用词的准确生动，转向了对写作内容及写作过程的关注。基于任务教学法的"过程写作"就是把学生的自然写作顺序作为教学环节，突出对学生写作过程的引导。"过程写作"理论，集中体现了以学生为中心的交际教学理念，在教学过程中充分展现了"教"与"学"之间的协商与交流。"过程写作"是把写作看成一个循环式心理认知过程、思维创造过程和社会交互过程。教学中力求贯彻以学生为中心的自主学习的教学原则，尤其注重学习者的自我发现和自由地自我表达，真正做到"用语言做事"。比如在个人构思方面，强调的是从视觉上帮助学习者记录并整理思绪。用词或词组标示话题的内容，用一切带有个人色彩的标记，记录并整理出词语之间的关系结构，然后是列出写作提纲和词汇表，继而进入作文起草，再不断修改、整理。杨俐编著的《外国人汉语过程写作》[①]就是遵循这一思路而编写的新型写作教材，可以开阔视野，提高学习者的写的能力，改善书面语教学的局面。

以上三个题目，总的意思是，借鉴世界第二语言教学的新理念，探讨基于汉语和汉字特点的汉语作为第二语言教学模式，推动汉语在世界上的传播。

第二节　语文分开、语文分进的教学模式 [②]

一、什么是"语文分开""语文分进"的教学模式？

"语文分开""语文分进"是一种对外汉语文教学模式，它和"语文一体""语文并进"的教学模式在教学理念、教材编写和教学方式上是截然不同的。

"语文一体"是指在教材编写上语言材料用文字来书写；"语文并进"是指在教学方式上一边教"语言"，一边教"文字"，"语"和"文"同步进行。这种教学模式不区分"汉语"和"汉字"，认为汉字包含在汉语之中，因此，只提"汉语教学"。如图1：

---

① 杨俐《外国人汉语过程写作》，北京大学出版社，2006年。
② 本文以《语文分开、语文分进的教学模式》为题，发表在《汉字文化》2007年第1期，作者张朋朋。

"语文一体""语文并进"

```
┌─────────────────────────┐
│  汉语(汉字)教学  ───────→
└─────────────────────────┘
```

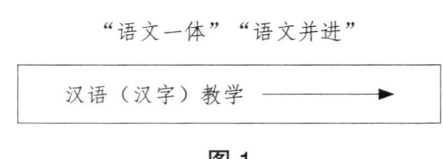

图 1

"语文分开"是指在教材编写上把"语言"和"文字"分开,编写专门教语言的教材和专门教文字的教材;"语文分进"是指"语言教学"和"文字教学"分开进行,分别使用不同的教学方法教授各自的内容。这种教学模式区分"汉语"和"中文",认为"中文"不是"汉语","汉语"是指包括汉语普通话在内的多种方言的总称,"中文"是指讲不同方言的人共同使用的一种字——汉字。如图 2:

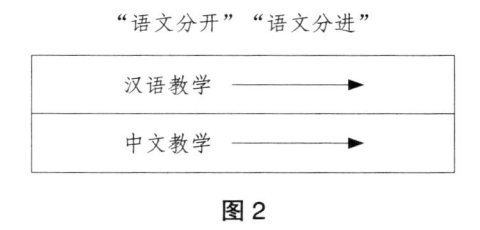

"语文分开""语文分进"

```
┌─────────────────────────┐
│  汉语教学  ─────────────→
├─────────────────────────┤
│  中文教学  ─────────────→
└─────────────────────────┘
```

图 2

二、"语文分开""语文分进"的教学理念

教学理念决定教学模式,语言文字的教学理念源于对语言文字的理性认识。

理念一:"语"和"文"是相对独立的

语言是听懂的,文字是看懂的,语言是听觉的,文字是视觉的,语言的本质是语音,是"音"示"义",文字的本质是字形,是以"形"示"义",语言和文字是两种具有本质区别的、

第二节 语文分开、语文分进的教学模式

相对独立的符号系统。文字的字"音"来自语"音",字"音"是语言和文字之间联系的"中介",通过字"音"的"中介",语言和文字可以相互作用和相互转化。语言和文字之间的关系,如图 3:

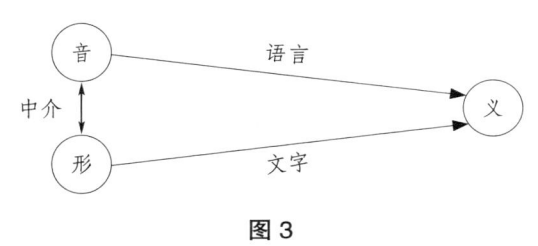

图 3

中国古代长期言、文不一致的历史以及汉族讲多种方言但使用一种文字的现象证明语言不决定文字,文字不依附于语言,语言和文字是相对独立的。

著名语言学家索绪尔也发现"语言是不断发展的,文字却有停滞不前的倾向"[①]。也就是说,语言和文字的发展是不同步的。语言和文字发展的不同步性也证明语言不决定文字,文字不依附于语言,语言和文字是相对独立的。

因为字"音"是来自语"音"的,字"音"是不固定的,所以我们可以用今天的语音来朗读和学习古文,我们可以用不同方言的发音来朗读一篇中文。因为人们是通过字"形"来理解字"义"的,所以汉字的读"音"虽然不同,但字"形"相同,因此,不影响人们对字"义"的理解。

中国汉族讲多种方言,但使用一种文字,因此,"汉语"不是"中文",汉语是指包括普通话在内的各种方言的总称,中文是指讲

---

① 索绪尔《普通语言学教程》,商务印书馆,1980 年。

不同方言的人共同使用的汉字。

理念二："语言能力"和"文字能力"是相对独立的

语言是听懂的，文字是看懂的，语言能力是听说能力，文字能力是读写能力。语言和文字是相对独立的，语言能力和文字能力也是相对独立的，[①] 如：

有人有语言能力，但没有文字能力，如盲人和文盲，洋人也有文盲，目前很多华裔学生就是洋文盲。

有人有文字能力，但没有语言能力，如哑巴和哑巴英语、哑巴汉语等。所谓的哑巴英语是指某些中国学生只具有英文的读写能力，但不具有英语的听说能力。也就是说，他们能读懂文章，笔试成绩也不错，但他们听不懂、说不出英语，像哑巴一样。还有一些例子，没有学过汉语的日本人不具有汉语的听说能力，但都具有一定的汉字读写能力；同样，没有学过日语的中国人不具有日语的听说能力，但都具有一定的日文读写能力。国外有的汉学家不会说汉语普通话，但他们是研究孔子和老子的专家，能阅读中国的古代典籍，具有很强的古文阅读能力。这些现象都说明有人具有文字能力，但不具有语言能力。

为什么语言能力和文字能力是相对独立的？为什么有人只有一种能力，而没有另一种能力呢？

第一，语言能力和文字能力所涉及的人体器官不同。人的语言能力和文字能力都是受大脑支配的，但是语言是听觉符号，语言能力是由人的听觉器官和发音器官完成的；而文字是视觉符号，文字能力是由人的视觉器官和手臂完成的。

---

① 张朋朋《"语言能力"和"文字能力"》，《汉字文化》2005年第2期。

第二，语言能力和文字能力的功能不同。语言能力是听说能力，是为了满足人进行口头交际的需要；文字能力是读写能力，是为了满足人阅读和写作的需要。因此，语言听说能力是人日常生活的基本需求，而文字读写能力是人的高级需求，或者说是特殊需求。

第三，获得语言能力和文字能力的方式不同。语言能力是自然习得的，不需要人的帮助，但需要语言环境；而文字能力是不能自然习得的，是靠学习获得的，需要人的帮助需借助文字材料。习得语言的环境是自然的；学习文字的条件是人为的。人语言能力的差异与语言环境有关（不同地区的人讲不同的方言）；人文字能力的差异与学习的文字材料和教师教法有关（今人不如古人读写文言文的能力强）。习得语言能力是由听到说；获得文字能力是由看到写。人习得语言能力是从听语言开始的；人获得文字能力是从看文字开始的。也就是说，人习得语言能力和获得文字能力的过程和方式是不同的，人听懂和说出话语的语法能力与读懂和写出文章的文法能力不是同一种能力。因为人脑支配语言能力和文字能力的机制是不同的，人习得语言和学习文字的规律也是不一样的。换句话说，教文字能力的方法是教不出语言能力的，教语言能力的方法也是教不出文字能力的。哑巴英语的出现就是只教了文字读写能力，根本没教语言听说能力，学生当然是"哑巴"了。

周祖谟先生是中华人民共和国最早从事对外汉语汉字教学的学者，他在1953年发表的论文[①]中指出"汉语和汉字不是一

[①] 周祖谟《教非汉族学生学习汉语的一些问题》，《中国语文》1953年第7期。

回事",他还说"听、说、读、写,四者之中,能听说是基本要求,能读写是进一步要求"。这段话说明,周先生很早就明确区分了汉语教学和汉字教学,在他看来,汉语教学是教普通话的听说能力,汉字教学是教中文的汉字读写能力,也就是说,语言教学不等于文字教学,文字教学不等于语言教学,二者是相对独立的。如图4:

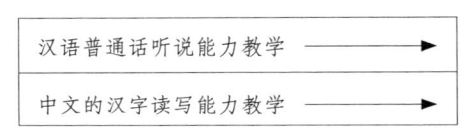

```
┌─────────────────────────────┐
│ 汉语普通话听说能力教学  ──────→ │
│ 中文的汉字读写能力教学  ──────→ │
└─────────────────────────────┘
```

图 4

因为语言能力和文字能力是相对独立的,所以有人只学"语",不学"文",如某些外国人只要求获得汉语普通话的听说能力;有人只学"文",不学"语",如洋文盲或某些华裔学生会说普通话,只要求获得中文的读写能力;有人是既学"语"又学"文",有人"文"难"语"易,如欧美人等,有人"语"难"文"易,如日韩学生,所以把语言听说能力教学和文字读写能力教学分开,这样就可以满足不同教学对象的需求,使我们的教学具有针对性。

理念三:"语言单位"和"文字单位"是相对独立的

因为语言和文字是两个具有本质区别的相对独立的符号系统,所以语言有语言单位,文字有文字单位,语言单位是听觉的,文字单位是视觉的,语言单位和文字单位也是相对独立的。

语言是人的口头交际行为,是人的听说能力。在口头交际中,人听到和说出的最小交际单位是句子,人听不懂和说不出句子是不能进行口头交际的。另外,儿童生活在一个说句子的语言环境中,习得语言的听说能力是从听句子开始的,而且听懂了句子,才能说出句子；儿童牙牙学语时说出的词在交际环境中也是句子，是独词句，所以语言的基本单位是句子。[1]

为什么词不是语言的基本单位，因为词在口头交际中是不能独立存在的，词是构成句子的单位，而不是语言的基本单位。打个比方说，社会学认为，家庭是组成社会的最小细胞，而不是人，因为人在社会中不能独立存在，人是构成家庭的成员，也就是说，社会是由家庭组成的，而不能说是由人组成的。

文字是人的书面交流行为，是人的读写能力。人阅读文章是从看文字单位开始的，会分析单位与单位之间的关系，明白文字单位的意义，才可以理解文章的意义，也就是说，文章是一个字一个字看懂的。另外，文章是一个字一个字写出来的，会写文字的单位，才可以书写文章。英文的文字单位是词，中文的文字单位字，中文是"字本位"。[2]

三、"语文一体""语文并进"，"语"和"文"的教学相互阻碍

有人说，英语英文教学是"语文一体"的，为什么汉语汉字教学就不能采用"语文一体"的教学模式呢？

进行英语听说能力教学要先进行语音教学，在进行口头交际练习时要从听到说，因为语音是看不见的，为了帮助学生记忆所学过的内容，为了给老师和学生提供教学内容，就需要提供给学生和教师一种可以辅助发音的书面视觉符号，而英文是拼音文字，

---

[1] 张朋朋《语言的基本单位是"句子"》，《汉字文化》2006 年第 3 期。
[2] 张朋朋《谈"字本位"的内涵》，《汉字文化》2005 年第 4 期。

英文的字形可辅助发音，所以"语文一体"的教材，"语"和"文"可以起到相互促进的作用。教师要注意的是教学法，不能只教英文的读和写，不教英语的听和说，也就是说，虽然教材编写是"语文一体"的，但教法上还是要"语文分开"，否则，也会出现哑巴英语。

汉语和中文教学不适合采用"语文一体"，原因是汉字不是拼音文字，使用"语文一体"的教材，非拼音的汉字起不到英文的作用。"语文一体"的结果使汉语和汉字教学相互阻碍，既不利于"语"的教学，又不利于"文"的教学。

（一）"语"的方面

语言能力教学是从听到说，使学生获得听说能力，学生希望教材能辅助他们发音，"语文一体"的模式是在教材编写上用汉字书写口说的内容，因为汉字是非拼音文字，非拼音的汉字不辅助发音，学生看到字形很难读出字音，所以汉字就成了学生学习汉语普通话听说能力的绊脚石。

（二）"文"的方面

在写字方面，我们都知道文字单位的字形都是一个组合系统，也就是说，大量的文字单位都是由少量的字形结构单位组合而成的。英文的文字单位是词，字形结构单位是字母，大量的词是由26个字母横向排列组成的；中文的文字单位是字，汉字的字形结构单位是构件，大量的汉字是由300个左右（常用的不到200个）构件在方框内拼合而成的。

什么是构件呢？就是"口""人""日""月""一""大""小""女""子""马""木""寸""身"等。另外，某个汉字的字形拼合方式是有理据的，如"日月明""小大尖""田力男"等。学习者知道这些便于理解字义和记忆字形。笔画不是字形结构单位,因为如果用笔画来分析汉字,一个汉字一个样,汉字就无结构和系统可言了。英文也有笔画,如字母"H"的笔画是"竖""横""竖",字母"A"的笔画是"撇""捺""横",可是笔画不是英文的字形结构单位,而是字母,因此,汉字的字形结构单位也不是笔画,而是构件。

因为文字的字形是个组合系统,所以文字单位的书写不必一个一个地教,而应是教文字的字形结构和字形结构单位。英文是教 26 个字母,学生会书写字母后就可以摹写一切词了;中文是先教汉字的构件,学生学了少量的构件就可以摹写和记忆大量汉字了。

"语文一体"的模式是"说什么话,教什么字",也就是文字教学服从语言教学,"文从语"的结果,教材中所出现的汉字是杂乱无章的,而且在介绍完基本笔画后马上就让学生写"您""贵""姓""谢"等复杂的合体字,由于没有先教汉字的字形结构单位,没有把汉字字形作为一个有规律的组合系统来教,学生觉得汉字难写、难记。一次笔者给高年级同学上阅读课,笔者问他们:"这课有新汉字吗?"有个学生说"有",笔者问哪个,他说"'敷衍'两个'字'"。于是笔者让他在黑板上写出来,他看了一下书,走到黑板前又说忘了。于是笔者把这两个字写在黑板上并分析了字形的结构和字形结构单位,"甫""方""攵"及"行"字和中间的三点水"氵",笔者告诉学生,新字其实不"新"。结果,五秒钟他就记住了,而且写得很正确。这个例子说明并不是汉字难写、难记,而是教法不对。其实就是学习英文单词的书写,如果不先教字母,直接让学生写一个词，学生也会觉得难写的，何况汉字呢？"语文一体""文从语"的做法是不可能把汉字字形作为一个有规律、有理据的组合系统来教的，是不可能先教汉字的字形结构单位的，是不可能遵循由简到繁、由易到难的原则来教汉字字形的，这样教的结果，汉字成了学生学习中文的拦路虎，汉字被他们认为是世界上最难学的文字也就不奇怪了。

在阅读方面，我们知道阅读能力的强弱取决于所掌握的文字单位的数量。中文不是"词本位"，而是"字本位"，字和字是一个组合系统。汉字的数量是有限的，但有限的汉字构成了无限的词，如"学生""大学""中学""小学""学院""学问""学校""学期"中都有"学"字。最近中国教育部发布的一份研究报告说"会900汉字可读天下文章"，这就是"字本位"的概念。因为汉字的使用频率不同，有常用和非常用之分，而常用字只有几百个，而这几百个汉字可以构成大量的词，会了这大量的词，当然就具有很强的阅读能力了。因为中文是"字本位"，所以衡量人的中文阅读水平的标准是识字量，而不是识词量。另外，字和字之间的组合，或者说，以字构词是有理据的，"飞机"是"能飞的机器"，"电话"是"能说话的电器"，"电脑"是"像人脑一样聪明的电器"。中文大量的双字词、多字词是用字造出来的，会了字音便于读出词音，会了字义便于理解和记忆词义。

"语文一体"的模式，按照"文从语"的原则编写的教材只教词，不教字，如只教"中国"（China）不教"中"（centre）和"国"（country），只教"飞机"（aero-plane）不教"飞"（fly）和"机"（machine），只教"电脑"（computer）不教"电"（electricity）和"脑"（brain）。"文从语"的做法认为中文是"词本位"，不是"字本位",因此,不进行识字教学,不进行以字构词教学,不讲构词法,这样来教汉字,学生识字量少,不可能快速提高学生的汉字阅读能力。

教学实践证明"语文一体"的教学模式,"语"和"文"就像两条腿被绑在一起,哪条腿也迈不开。

四、"语文分开""语文分进","语"和"文"的教学相互促进

(一)"语文分开""语文分进"的具体做法

"语文分开"就是语言教学和文字教学分别设课,根据"语"和"文"的教学目的分别编写各自的教材,"语文分进"就是"文不从语",分别采用不同的教学法教语言听说能力和文字读写能力。

课程设置上分"汉语课"和"中文课"。"中文课"又分"写字课"和"识字课"。先教写字,后教识字,如图5:

汉语课(听说能力教学)	
写字课(字形教学)	识字课(阅读写作教学)

图 5

初期"汉语课"时间多,"中文课"时间少,后期逐渐过渡到"汉语课"时间少,"中文课"时间多。如图6:

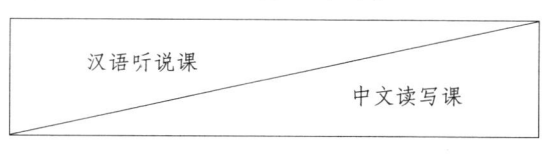

图 6

（二）"语文分开""语文分进"，"语"和"文"如何相互促进

"汉语课"

"语文分开"就是教汉语普通话听说能力的教材不用汉字，而用汉语拼音书写。借助汉语拼音来教汉语普通话听说能力，汉语拼音辅助发音，学生学习语言的听说能力就不难了，甚至比学英语还容易。教材编写所要注意的是内容必须是口头交际中的真实语料，而且教学中要贯彻"句本位"的原则，不孤立地教词，按照由听到说，先听后说的步骤，大量地进行听说句子的练习，如果做到这几点，学生会很快地获得普通话的听说能力。为此，笔者专门编写了《口语速成》[1]一书。

"中文课"

"中文课"进行中文读写能力的教学，教学中要贯彻"字本位"的原则，要教"字"的结构和构件组合系统和文章中"字"与"字"的组合系统。

"写字课"

"语文分开"了，"文"就可以不从"语"了，就可以教汉字构件和字形结构了。字形教学就是教汉字的结构和构件的组合系统，教构件的书写和介绍字形结构及其理据性，使学生获得分析和摹写汉字字形的能力。这相当于教英文的26个字母。笔者编写了《常用汉字部首》[2]《部首三字经》[3]等教材。

---

[1] 张朋朋《口语速成》，华语教学出版社，2001年。
[2] 张朋朋《常用汉字部首》，华语教学出版社，2001年。
[3] 张朋朋《部首三字经》，北京语言大学出版社，2002年。

"识字课"

"语文分开"后，就可以按照"字本位"的原则教字和字的组合系统了，就可以进行以追求识字量为目的的识字教学了。

识字教学安排在字形教学后进行，此时，学生已经具有了分析和摹写字形的能力以及一定的汉语普通话的听说能力，尤其是他们普通话的听说能力会对识字教学起到促进作用。因为语言听说能力的教学是建立"音"和"义"之间的联系，识字教学是建立"形""音""义"之间的联系。因为字音是来自语言的语音，学生建立了"音""义"之间的联系后，发出字"音"就不难了，通过字"音"的中介建立"形"和"义"之间的联系就容易了，所以语言的听说能力越强，识字就越容易。（见图3）

如何进行识字阅读教学呢？

笔者认为识字教学应借鉴中国传统的行之有效的识字教学法，让学生多识字，在识字的基础上讲构词法，通过以字构词的方式快速提高学生的中文阅读能力。

笔者编写的《集中识字》[①]课本，一课识30字，全书25课，识750个字，四个学时一课的话，100个学时就可以学完。一天学一课的话，25天识750个常用字。

在阅读的基础上进行写作教学，从抄写句子到抄写课文，逐渐过渡到写文章。

教学实践证明："语文分开""语文分进"的教学模式，"语"和"文"就像是把被绑着的两条腿松开一样，就可以迈开步子前

---

① 张朋朋《集中识字》，华语教学出版社，2001年。

进了,于是"语"和"文"由相互阻碍变成相互促进了,而且学生会分别获得汉语的听说能力和汉字的读写能力,不仅由"难"变"易"了,还由"慢"变"快"了。

第三节 "学伴用随"教学模式的核心理念[1]

近年来,国际"汉语热"不断升温,我国对外汉语界的学者比以往更加关注汉语外语/二语教学模式的构建问题,拷问缘何迄今没有形成一套有影响的对外汉语教学模式。[2] 在诸多原因当中,缺乏理论总结常被提起,但如何实现突破显得办法不多,这却昭示了研究需要努力的方向。语言教学模式是指导语言教学实践的蓝图,由相互关联并自成体系的变量组成,应该包括教学指导理论、教学目标、教学程序、教学方法、教学管理、教学评估等环节,用于优化教学,提高教学和学习效率。虽然教学模式的每个环节对提高教学效率都有不同程度的影响,但影响最大并起统领作用的,是教学指导理论或教学理念。教学理念是教学模式的灵魂和心脏,建立在人们对语言学习规律的认识之上。脱离语言学习规律谈语言教学模式,便成无源之水、无本之木,难以判定教学模式的优劣。然而,人们对语言学习规律的认识一直在深

---

[1] 本文以《"学伴用随"教学模式的核心理念》为题,发表在《华文教学与研究》2016年第1期,作者王初明。

[2] 汲传波《论对外汉语教学模式的构建——由美国明德大学汉语教学谈起》,《汉语学习》2006年第4期;刘颂浩《中国对外汉语教学模式的创建问题》,《华文教学与研究》2014年第2期。

化,加上国内外社会需求和环境的变化,致使教学模式也在调整更新,不断优化完善。因此,语言教学模式没有最好,只有更好。

本节从外语/二语学习的角度讨论对外汉语教学模式的设计,甄别影响学习的关键因素,凝练模式的核心理念,聚焦于模式的指导理论,提出"学伴用随"模式,仅举几例阐释应用,为进一步细化模式提供具有自主创新特征的理论支撑,而非面面俱到。教学程序、管理等环节可以针对具体的教学目标和实际情况,依据模式的理念进行优化处理,这里不做讨论。

一、核心理念

这里提出的"学伴用随"教学模式,其核心理念基于四个影响语言学习的关键变量:交际意图、语境相伴、理解与产出相结合、互动协同。这是超越学习语种和学习者母语背景、促进语言学习、提高学习效率、构建高效教学模式的基本成分。对于这些成分,语言教师和教学研究者不会感到陌生,但在理解深度和广度上,在自觉运用上,却不一定有共识,下面逐一解读。

(一)交际意图

交际意图是语言学习和使用最基本的驱动力。社会生活中的人们要交往,交往时有意图要表达,表达时要创造内容,还要调用表达内容的语言和非语言手段,因此,交际意图带来交际需要,语言主要是用来满足交际需要的。交际教学法的诞生就是基于这个简单的常识,通过激发学习者的交际需要,促进语言在用中学、学中用,用中完善。这不同于先前以语法或语言体系为核心的外语教学法,由易到难安排语言教学内容,要求学生首先练好语言基本功，为后续的语言交际使用做铺垫。交际法无疑有可取之处，从学习开始之日起便将语言学习与使用关联起来。但是，在外语环境里，缺乏外语交际需要是常态，课堂上运用交际教法，使用的练习名曰交际，实则有悖于真正的交际使用。以交际教学中最常见的信息差练习为例。此练习为两位学生分别提供不同的信息，造成信息差，以此激发交际需要，使他们用外语互通有无。然而，这样的练习缺乏交际的一个最基本特征：交际意图的内生性[1]与内容的自主创造。因此，学生的表达动力自然不会强烈，学用语言的效果打了折扣。外语和第二语言学习环境的一个显著区别就在于使用所学语言去实现交际意图机会的多寡。外国学生来到我国学汉语，因得益于交际意图实现的机会多，口语学得快。高效促学语言的一个奥秘是，对接触到的新词生句，学习者在自主创造内容的过程中模仿用对一次便易记住，而且随后用得出来。[2]如果把学习任务能否激起交际意图并促使学生自主创造内容作为一个促学指标，那么，教学模式中教学环节的有效性便有一个可操作的判断标准。

鲁健骥（2010）[3]已经注意到创造性学习的重要性。他针对对外汉语教学中的一些弊端，如限制学生发挥创造力、把通过汉语水平考试作为教学目标等，提出"创造型"的教学，使汉语学习成为一个不断"创造"的过程，并建议在教学中采用查找、调查、比较、总结归纳等任务。他所建议的任务对激起交际意图有一定

---

[1] 内生性指学习者对人、物或对所发生事的内在自发反应，表现为产生想法，萌生交际意愿，激起交际需要，引发语言表达冲动。王初明《内容要创造，语言要模仿》，《外语界》2014年第2期。

[2] 王初明《提高外语教学效率最重要》，《外国语》2015年第1期。

[3] 鲁健骥《关于创造性对外汉语教学与创造式汉语学习的思考》，《语言教学与研究》2010年第4期。

的功效，但任务促学的关键环节是要求学生自主创造内容，这点需要明确；否则，即便让学生去完成这样的任务，也未必能够获得预期的学习效果。

（二）语境相伴

人们在表达交际意图的过程中使用语言，而语言使用总是发生在语境里，语境对学会并用好语言的重要性怎么强调都不为过。语境可定义为与所学或所用的语言结构相伴的各种因素，如情境、心境、语言上下文、社会文化习俗等。对于学用语言，语境具有双重功能：一是促进语言理解，一是启动语言使用。借助语境帮助理解语言，这比较容易理解；而语言结构需要粘上语境标识才具有使用的功能，需要借助语境去激活才能用得出来，这点却易被忽视。为了获得语境标识，语言结构必须在语境中学习。语境有直接语境与间接语境的区别。直接语境指在现实生活体验中使用语言进行交际的语境，如在游泳时谈如何游泳；间接语境则是激活大脑中相关的知识去想象的语境，如在课堂里谈游泳。儿童学话快与在体验性的直接语境中学习语言有关。语境的促学作用可解释许多语言学习现象。例如，在各种生活体验中和本族语者对话，口语学得快；在语境配合下容易记住单词；当面交谈容易听懂外语而单听外语录音却感到困难。值得注意的是，我们能够很容易听懂母语录音，是因为长期在丰富的语境体验中与人互动交流，已将语音与意义或语境关联起来。这意味着，训练外语听力，与本族语者对话比单独听录音更有效。

语境的作用告诉我们：语言使用与语境不可分割，学语言是为了会用，自然要在丰富的语境中学习；学过的语言知识能否用出来，用出来是对还是错，决定于语言知识在学习的过程中与什么语境相伴。相伴正确则易用对，相伴不当则易用错。笔者将此语言学习过程中的语境关联称为"学相伴、用相随"原则，简称"学伴用随"原则（英译 learn together, use together, 简称 LTUT[①]）。这是指导外语/二语教学和学习的普适原则。因其重要，这里提出的对外汉语教学模式便以此原则命名。

若教学中不为学生提供恰当的语境伴随外语/二语学习，如脱离语境学习语法或操练句型或背记单词，这会发生什么呢？在这种情况下，由于语言总是在语境里使用，为了弥补语境缺失，大脑中存储的语境知识就会被激活，用于解读目标语结构。被激活概率较大的，是大脑中处于强势状态的母语语境知识，因此容易造成所学的目标语结构与母语语境知识相结合，带上母语的语境特征和文化特征，势必影响目标语的后续使用。需要注意的是，对学汉语的外国学生而言，汉语及其相配的语境知识在大脑中尚未强势立足之前，被激活的基本上是与其母语配套的语境知识。当支撑着母语使用的语境知识被激活的时候，与之相关联的母语词句也易被连带启动，引发母语迁移或干扰。汉语学习者倾向于把被激活的母语译成汉语来用，若翻译不当，易致带有学习者母语色彩的汉语；若一时译不出来，便出现哑巴状态。这就是笔者提出的语境补缺假说，揭示语境相伴不当带来的后效。补缺假说将语言迁移视为一个由语境起中介作用的认知过程，认为"补缺不是指因外语表达式的欠缺而由母语结构去替代，替代的发生是语境知识补缺的结果"[②]。据此假说，外语学了用不出来，或者

[①] 王初明《学相伴用相随——外语学习的学伴用随原则》，《中国外语》2009 年第 5 期。

[②] 王初明《"补缺假设"与外语学习》，《外语学刊》2003 年第 1 期。

用出来不地道,一个重要原因是不恰当的(母语)语境知识在补缺。找到源头,就能对症下药,设法阻止语境补缺发生。要做到这点,就需要遵循"学伴用随"原则,让外国学生一开始学汉语就在恰当的汉语语境相伴中学习,由这样的语境直接启动汉语使用,进入用汉语思维的境界,无须经历翻译过程,使得汉语学得地道流利。这就是"学伴用随"原则对用汉语思维的阐释。① 而要让外国学生做到用汉语思维,一个有效的办法就是安排他们多跟本族语者互动对话,因为所有语境变量都要经过语言使用者与语言结构关联起来,所以人是产生语境效应的根源,也可以说人就是语境,跟本族语者对话就是在地道的语境里学用外语。② 来华学习汉语的外国留学生,汉语口语学得既快又地道,就是得益于良好的语言学习环境。

(三)理解与产出相结合

教学中落实"学伴用随"原则的一个有效举措,是将语言理解与语言产出紧密结合起来。语言理解体现在语言输入,含听和读;语言产出体现在语言输出,含说和写。因有语境相伴助理解,学习者理解水平总是超出其产出能力,所以理解与产出之间具有永恒的不对称性,将两者结合起来学习语言是提高语言水平的不竭动能。理解与产出结合有四种对应的语言技能基本组合:听了之后接着说,或听了之后接着写,或读了之后接着说,或读了之后接着写。在这四种活动里,听和读涉及"学相伴",说和写体现"用相随"。学相伴就是在理解语言输入的过程中学习语言,

---

① 语境补缺假设与"学伴用随"原则有着密切的关联,后者可视为前者的延伸。

② 王初明《论外语学习的语境》,《外语教学与研究》2007年第3期。

紧接着输入之后的语言产出是对输入的应用，学用结合，立竿见影。对话是将理解和产出紧密结合的范例，对话的双方在丰富的语境里理解对方的话语并即时做出语言反应，听者和说者的角色不断转换，轮番听后续说。要使对话顺利进行，理解和产出必须紧密配合。要想结束对话，一个有效的办法是只让对方去说，自己保持沉默。读后续写是另一种将理解与产出紧密结合的方式，把一篇读物抹去后半部分，让学生接着续写，补全内容。如此将理解和产出相结合，为何促学效果佳呢？这涉及另一个促学语言的基本因素——互动协同。

（四）互动协同

互动促学，争议不多。但如何定义互动，互动为何促学，人们会有不同的理解，理解的深度也会不一样，因此对互动在教学中的重视程度和对互动方式的选择上也会有差别。这里不妨以典型的"互动—对话"为例来做些说明。对话是人类习得语言最自然、最本真的方式。在对话时，语言输入与输出双向交互进行，对话者彼此适应、相互启发、自动对焦、相互理解，并做出反应。稍微观察就会发现：儿童只要跟成人互动便可轻易学会母语，不互动语言则学不会。既然学会语言与互动密切相关，互动中自然存在学会语言的机理，破解这个机理，对于我们了解互动如何促学语言无疑有重大意义。早在20世纪70年代，便有二语习得研究者开始系统研究对话，接下来便有美国教授Michael Long（1996）[1]提出的互动假说，并在后来做了进一步修正，认为互动之所以促

---

[1] Long, M. (1996). The role of linguistic environment in second language acquisition. In Richie, W. C., & T. K. Bhatia (eds.), *Handbook of Second Language Acquisition*. New York: Academic Press.

学语言，是因为互动中有意义协商，能将一些因素关联起来，促进了语言的运用。这些因素包括：语言输入和输出、学习者的内在学习能力，特别是学习者对语言结构有选择的注意。在过去30多年里，研究者们对互动的探索一直未有间断。他们把对话互动中的特征几乎寻了个遍，仔细筛查，逐个研究。长期探讨而成绩斐然，终使互动研究成为二语习得研究领域里的一个重要分支。

值得注意的是，在心理语言学领域，以 Pickering 和 Garrod（2004）[①]为代表的学者另辟蹊径，在研究对话的语言理解与产出过程中发现，对话双方相互协同（alignment）的表现形式之一是重复对方使用的语言结构，这是互动中的趋同现象，带有模仿特征。协同不仅在语言使用中出现，而且是全方位的，包括认知、情感、表情等方面的协同。我国有"近朱者赤，近墨者黑"的说法，所指就是一种协同效应。协同是互动的自然属性，两者相伴相生。当学习者与本族语者对话互动时，学习者的语言产出与自己的理解协同，同时也与对方的话语协同，因协同而产生拉平效应，因拉平而提高自己的语言水平。协同效应即拉平效应，两者均可视为一种学习效应。外语/二语教学最关心的是语言协同，如何使协同效应最大化。

Wang 和 Wang（2015）[②] 在研究中发现，采用读后续写方式训练外语能力，也有显著的协同效应发生。因为紧跟阅读之后续写，促使语言产出与理解互动，有互动就一定有协同，就一定产

[①] Pickering, M. J., & Garrod, S. (2004). Toward a mechanistic psychology of dialogue. *Behavioral and Brain Sciences*, 27: 169−226.

[②] Wang, C., & Wang, M. (2015). Alignment effect on L2 written production. *Applied Linguistics*, 5: 503−526.

生拉平效应。这意味着,不仅对话互动有协同效应,笔头续写中的互动也有类似效果。因此,我们可以把对话中的双向互动定义推广到读后续写中。更广义的互动既指人与人,也指人与物之间的交互作用。人际互动是双向交互,而人与物互动依赖于人的主观能动性,属于单向交互。正因为对话中的理解和产出相互紧密结合,所以互动强度大,协同效应强。这可解释为什么理解和产出紧密结合促学效果佳,与本族语者对话语言学得快。加强理解与产出之间的互动,即可提高教学和学习效率。从这个意义上说,语言是在产出和理解的互动协同过程中学会的。

需要指出的是,为了加速学会语言,互动需要贯穿学用语言的全过程。除了在理解和产出过程中必须加强互动,语言学习过程中的交际意图和语境相伴也同样需要互动。交际意图与交际需要和交际意愿密切相关,在互动中实现,并随着互动而发生变化。同时,交际意图的增强也能激发互动的意愿,为学习者注入更多学习语言的正能量。互动与交际意图交互作用,共同推进语言学习。此外,在互动中表达思想,学习者需将所学的语言结构与语境因素关联起来,使词语获得语境体验支撑,促进语言准确、流利、得体使用。因此,互动可称为语言结构与语境结合、增加语言结构学了能用几率的黏合剂。由于互动能够激活促学的相关变量,带来学习效率的提高,给学习过程带来质的变化,所以,在教学中强化互动意识,主动运用互动手段,将内容创造与语言模仿紧密结合,语言理解(输入)与语言产出(输出)紧密结合,语言学习与语言运用紧密结合,增加互动强度,放大协同效应,是提高语言教学效率的不二法门。

以上分析表明:四个促学语言的关键因素之间有着密切联系,

是高效教学模式的有机组成部分。交际意图是语言学习的发动机，语境相伴是语言使用的助推器，理解与产出相结合是学习效应的倍增器，互动协同是促学增效的加速器。它们共同铸就了外语/二语"学伴用随"教学模式的核心理念。

二、核心理念的应用

如何将教学模式的核心理念付诸教学实践，使之具有可操作性并带来教学效率的显著提高，是构建教学模式的价值和意义所在。尽管教学模式由多个环节构成，但寻求符合教学模式核心理念的教学方法一直被视为最重要的应用。有了核心理念，发掘或创造高效教法便有了方向。因为高效教学的最终落脚点是听、说、读、写技能的提高，我们不妨从这四种语言技能的练习中筛选出有效促学的方法，彰显"学伴用随"模式核心理念的第一个应用。

从体现产出与理解结合的角度看，语言技能练习可分为两大类：一是听与说或写结合，二是读与说或写结合。最符合第一类任务的是与本族语者在各类体验活动中对话。外国留学生来我国学汉语，充分利用二语环境优势，与国人互动交流，在直接语境中培养语感，口语提高快。若要进一步强化学习效果，可注入写作因素，如在对话之后回忆对话内容，进行文字归纳。最符合第二类任务的是读后续写，亦称"红楼梦法"。读后续写能够促使学习者跟本族语者的作品互动，利用写作使人精确的优势，模仿上文创造性地撰写下文，打造语言连贯表达力，加速学好外语。读后续写的强化版可引入人际互动，让两名学生先阅读理解并讨论后再续写，或先分头续写并讨论后再修改，或两人先阅读后分工合作完成续写。无论是对话还是续写,都符合"学伴用随"教学模式的核心理念。两类任务都在创造内容的过程中激发交际意图,都在上下文的刺激下有话可说或有内容可写,都把内容创造与语言模仿有机融合起来,都有语言使用的样板供模仿;两者都伴有丰富的语境,都在含丰富语境的语篇层次上模仿、学习和使用语言,都规避机械模仿语言形式,都给语言结构粘上语境标识去促进后续使用;两者都将语言理解(输入)与语言产出(输出)紧密结合;两者都跟本族语者互动,对话是面对面互动,续写是跟读物和作者互动。因此,以"学伴用随"教学模式的核心理念来衡量,与本族语者对话和读后续写很可能是促学语言最有效的两种方法,能将本族语者的语言高效变成学习者会用的语言。

以上技能学习任务可用于优化我国高校当下最为流行的对外汉语"分技能教学模式"[1]。[2] 这种模式始于 50 年前,最初针对外国学生先学汉语后转入专业学习的需求,按语言技能分科开展教学,突出听、读技能训练,而后形成我国的主流对外汉语教学模式,[3] 期间历经多次国际上外语／二语教法的时髦更替,至今依然流行。分技能教学模式的生命力如此之顽强,全赖其直观上

---

[1] 宗世海《我国汉语教学模式的历史、现状和改革方向》(《华语教学与研究》2016 年第 1 期)将先前的"分技能教学模式"进一步区分为"综合+分技能"和"狭义分技能"模式。不管是采用哪一种教学模式,均可运用本节的"学伴用随"理念进行优化处理,因此,本节仍沿用传统的提法,统称"分技能教学模式"。

[2] 参阅刘颂浩《中国对外汉语教学模式的创建问题》,《华文教学与研究》2014 年第 2 期。

[3] 鲁健骥《口笔语分科 精泛读并举——对外汉语教学改进模式构想》,《世界汉语教学》2003 年第 2 期;鲁健骥《澄清对外汉语教学模式演变过程中的两点重要事实》,《华文教学与研究》2009 年第 3 期。

的心理现实性，毕竟语言学习终究是为了提高语言听、说、读、写能力。但是，从进一步提高教学效率的角度看，分技能教学模式仍大有改进之处。我们不妨尝试采用"学伴用随"模式的核心理念，按图索骥，寻找、筛选、设计符合该理念的学习任务（如读后续写），从而改进、优化、充实当下流行的对外汉语教学模式。这或许更符合我国的对外汉语教学现实。

"学伴用随"教学模式核心理念的另一个应用，是评估其他外语/二语教学模式的有效促学环节。我们不妨以明德汉语教学模式为例。该模式的发源地明德中文暑校是个外语培训百年老店，其教学模式自成体系，历久不衰，成功自有其成功的道理。汝淑媛（2006）[①] 对其教学措施进行了归纳。例如，明德模式强调语言学习的实践性，课堂上精讲多练，同时创设运用所学知识的优质语境。学生入学的第二天须签订语言誓约，发誓在9周学习期间只说汉语。为了配合学生学习，所有老师都与学生同吃同住，让学生浸泡在汉语使用中，与本族语者互动频繁，学过的汉语有比较充分的运用机会。另外，明德中文暑校不设听力课，而是通过互动对话去提高汉语听力，听辨能力提高快。教学中不光操练语言形式，教师针对每一个语言点设计不同的语境，在这些语境里反复操练相同的语言结构，训练学生在真实语言环境下表达思想。以上教学措施符合"学伴用随"模式倡导的教学理念，自然取得良好的学习效果。

在笔者看来，明德模式获得成功的关键之处，是注重精心打造语言学习环境并最大限度地安排汉语教师与学生互动。刘颂

[①] 汝淑媛《美国明德中文暑校的教学理念特点与教学策略评价》，《国际汉语教学动态与研究》2006年第2期。

浩（2014）[1]注意到，"在中国学习汉语，是二语环境，学生随时可以在生活中和中国人用汉语交流，接触中国文化，这是一个巨大的优势。对这个环境怎么利用，是任其自然，完全由学生自我决定，还是精心设计，把汉语环境变成教学项目的有机组成部分？"这个问题提得极好！国内的对外汉语教学应该向语言环境要效率。有人以为只要把语法学好，将语言结构操练到滚瓜烂熟，就能脱口说出，于是把学习的注意力放在学好语言本身。笔者认为，帮助学习者掌握语言结构始终是教学的核心，关键是如何才能学得既快又好，而语言结构必须在互动中依赖语境去学才能有效启动使用。教学管理环节的落力之处，应当是充分利用语言环境，"精心"安排教学活动。

明德模式尽管有可取之处，但它并不完美。汝淑媛（2006）[2]认为，采用此模式，大部分的教学为听说服务，读写强调不够。这与短期速成训练的教学目的有关。如前所述，读写具有促学语言的巨大优势，本身也具有应用价值，教学中不可忽视。曹贤文（2007）[3]指出，明德模式是高投入的精英模式，要求高，不易推广，目前汉语学习人数大量增加，精英模式难以满足日益增长的需求。此外，明德模式带有行为主义语言学习观的明显烙印。[4]譬如，明德模式强调严格纠错，"如果老师放任这些错误的发生，

---

[1] 刘颂浩《中国对外汉语教学模式的创建问题》，《华文教学与研究》2014年第2期。

[2] 汝淑媛《美国明德中文暑校的教学理念特点与教学策略评价》，《国际汉语教学动态与研究》2006年第2期。

[3] 曹贤文《明德模式与大陆高校基础汉语教学常规模式之比较——兼谈汉语教学的精英模式与大众模式之比较》，《华文教学与研究》2007年第4期。

[4] 刘颂浩《中国对外汉语教学模式的创建问题》，《华文教学与研究》2014年第2期。

就会加深学生头脑中的错误印象，久而久之形成习惯以后就很难再改了。所以明德中文暑校特别强调老师要随时随地地纠正学生在使用汉语时的各种错误，特别是语音语调的错误，一直改到他形成正确的习惯为止"[①]。教学过程中如何对待和处理学生的语言错误，是外语/二语教学领域最纠结的问题之一，国内外争议颇多。笔者曾经指出，纠错是一种学习反馈，通常由教师向学生提供，多针对语言产出，旨在阻止错误进入习得环节，理应促进语言学习。[②]然而，教师们常感困惑的是，尽管费力改错，即使一时改过来了，过后学生还有可能照犯同样的错误。"学伴用随"模式认为，犯错的源头多半出现在"学相伴"部分，要使纠错生效，不应只关注产出一个环节。最好的纠错方式是防患于未然，不要等到学生犯错之后才去补救和纠正。积极主动的措施是：摆脱纠错情结，改变教学思路，把教学的重心放在语言习得的源头，创造促进语言习得的互动活动，安排学生在丰富的语境中学习，产出与理解紧密结合，与正确的语言输入协同，以此挤压犯错的空间。毕竟，语言是通过接触大量正确的语言输入而不是接触语误学会的。[③]

[①] 汝淑媛《美国明德中文暑校的教学理念特点与教学策略评价》，《国际汉语教学动态与研究》2006年第2期。

[②] 王初明《外语教学三大情结与语言习得有效路径》，《外语教学与研究》2011年第4期。

[③] 这里并没有说完全不要纠错，而是强调学习正确的语言比纠错更为重要，试图通过纠错去学习语言反而学习效率低。纠错之后，只有当正确用法能够被学习者用得出来，才算是真正达到了纠错的目的，而语言结构须在语境（包括语言本体语境和情景）相伴下学习才能被启动。按此思路，纠错之后，学习者还得重新经历语境相伴、互动协同等环节去学习正确用法，为其粘上语境标识，否则语误还会再现（参阅王初明《外语教学三大情结与语言习得有效路径》，《外语教学与研究》2011年第4期）。不过，对那些需要机械操练的发音错误则另当别论。

"学伴用随"教学模式还可应用于促学汉字,为打造汉语特色教学模式找到突破口。汉语难学,难在汉字。国人学汉字之前,对汉字三个要素"形、音、义"中的"音、义"都有感性知识,重点学习"形"。但对于非汉字圈的外国汉语学习者,三个要素都得学,难度之大,可想而知,完全照搬汉字的母语教法难以很快奏效。攻克汉字难学关,对学习者增强汉语学习信心、加速学习进程、提高读写能力起着关键作用,对在国际上推广汉语意义重大。长期以来,汉字教学主要采用"认写同步"模式,这对非汉字圈的学习者来说难度较大。针对这种情况,赵金铭(2011)[1]提出"先语后文"的教学设计,"在初始阶段,利用《汉语拼音方案》先教授汉语口语,不识汉字,不写汉字,但不回避汉字"。还有学者建议"认写分流,多认少写,先认后写"[2]。这些建议都以汉字难学为前提,采取先易后难的教学策略,优先解决"多认"的问题。根据"学伴用随"原则,汉字的认读教学应创设丰富的语境,促进外国学生对汉字"形、音、义"的理解。这里的语境可以是与某一汉字经常相伴出现的词语、短语、句子、语篇,也可以是音像图片,还可以是其经常出现的情境。这些语境具有增强字词搭配语感、启动汉字识辨、强化汉字记忆和提取的功效。在提高学生认读能力的基础上,教师再利用认读与书写之间的差距,设计包括读后续写在内的理解与产出紧密相结合的练习,强

---

[1] 赵金铭《初级汉语教学的有效途径——"先语后文"辩证》,《世界汉语教学》2011年第3期。

[2] 如周小兵《对外汉语教学中多项分流、交际领先的原则》,载吕必松主编《汉字与汉字教学研究论文集》,北京大学出版社,1999年;崔永华《基础汉语教学模式的改革》,《世界汉语教学》1999年第1期;潘先军《论对外汉字教学的层次性》,《汉字文化》2005年第2期。

化协同效应，拉高写字水平。从相伴语境切入，开展试验，探索规律，编写教材，提高汉字认读效率，这是值得深入探讨的方向。

三、结语

不管是学习外语还是第二语言，也不管采用何种教法，均应遵循一些不变的原则。北京师范大学王振耀给自己的专著取名为《不变的是原则，万变的是方法》，此书名言简意赅，可用于阐释教学模式与教学实践之间的关系。建立在"学伴用随"原则之上的外语/二语教学模式，是在交际意图指引下以语境为导向的促学模式。语境导向对构建具有汉语特色的教学模式、帮助学生学会并用好汉语具有特殊的意义和价值。汉语的一个突出特征是形态特点不明显，使用汉语时需要语境去弥补。在语境所凸显的意义中去习得汉语，正好切合汉语形态少的特点。

需要指出的是，语言学习终究发生在学习者身上，包括教学模式在内的任何教学举措，只能创设良好的外在条件去促进学习，不能代替学习者本人去学，因此，语言教学模式的构建必须有正确的语言学习观引导。这里提出的"学伴用随"模式按此思路构建，创建了自己的核心理念，强调学习者自主创造内容以激起交际意图，强调互动贯穿学习全过程以激活相关促学变量，强调融合恰当语境变量以促进理解和产出，强调理解和产出紧密结合以增强协同效应，强调体验这样的协同效应以练就语言技能，提高学习效率。[1] 按此理念打造对外汉语教学模式，进一步细化和优化教

---

[1] 效率的提高是一个相对的概念，体现在学过即能用上，相对于先前的模式，只要新模式能够显著提升语言学用能力，便应算是效率的提高。

学操作环节,开发潜力大,应用前景广。

第四节　试论汉语语感培养教学模式的确立[①]

改进教学方法、提高教学效率的关键是改进教学模式。从不同的视角可以对教学模式有不同的解读,但无疑,教学模式本身包含理论层面和实践层面,其地位和价值就在于它是连接教学理论和教学实践的桥梁。先进的教学模式不仅明确指导和规范课堂程序、教学管理,也是特定的语言获得观和教学理念的具体体现。本节简要介绍汉语语感培养教学模式的理念及其确立。

一、以语感培养为二语教学终极目标的理念

外语教学的目的是培养学生的语言综合运用能力,特别是语言交际能力。我们认为,对汉语作为第二语言的能力(听、说、读、写、译等能力)的概括,说到底,就是培养学生的语感能力。语感是对语言的直觉,是人们在长期的言语实践中培养出来的对语言文字的直接感知、领悟和把握能力。我们平时理解话语、表达话语、判断正误、修改句子、推敲措辞、润饰文章,靠的都是语感。凭着语感,人们可以理解从未听过的、甚至是不符合语法规则的话,

---

① 本文以《试论汉语语感培养教学模式的确立》为题,发表在《华文教学与研究》2016年第1期,作者周健。

也可以说出从未说过或听过的话。语言学家研究语法、语义，最初都是从语感着手的，而且一切语法理论最终都要接受语感的检验。一个具备良好汉语语感的学习者，不但能用准确生动流利的汉语跟中国人交流，还能体会出汉语表达中的言外之意和精妙修辞。

可能有人会质疑：母语语感，那是本族人由于从小接触、长期使用而自然形成的，但外语的语感也能形成吗？能达到母语语感的程度吗？

其实一个外国学生能够迅速听懂老师的提问，不假思索地回答问题，靠的就是语感。当教师打乱句子中十几个词的排列顺序，学生能迅速地重组成句，凭借的也是语感，而不是规则推导或语法分析操作。我们认为外语学习如果具备强烈动机、语言环境、有效方法，不仅能形成外语的语感，甚至也能达到母语语感或接近母语语感的程度。

《新英汉词典》的主编，复旦大学的葛传槼教授就是一个很好的例证，他自学英语，从没出过国，他给英国 *King's English* 词典主编 H. W. Fowler 写了一封信，挑出这本英国权威词典里的几十处错误，Fowler 回信，承认词典之误，并对葛先生的英文信也大加赞扬："你的信是用准确无误的英语写成，虽然很长，却没有露出任何非英语母语者的痕迹。"[①] 这说明葛先生的英语语感甚至高于一般的英国人。

诚然，由于接触时间和交际范围以及母语语感的干扰等主客观条件的限制，外语学习者很难达到外语母语者的语感水平，但发展学习者的外语语感，使之逐步接近母语者的语感能力水平应

---

① 邓大任《葛传槼先生二三事》，《万象》2005 年第 1 期。

当确定为外语教学的终极目标。而一旦将发展语感作为语言教学的终极目标，我们就能从一个新的视角来审视、评价、修改、完善我们的教材编写、教学方法和教学规范。

二、语感培养模式的确立

我们先来看网上介绍的一个方言学习者的例子，我们从中受到很多启发。王海宁从东北某大学毕业后就来到广州打工，刚来的时候，一句粤语也听不懂。他说："我当时觉得比外国话还难懂。"小王在一家公司做销售工作，令人吃惊的是他仅用了不到一年的时间就能说一口流利标准的粤语。问他学粤语的方法，他说："我的方法很简单，如果一句话不知道怎么说，就问同事。我的两位小组同事都是广州人，很热心地帮助我。他们告诉我以后，我就模仿给他们听，说得不准，他们也会哈哈大笑，他们纠正、认可以后我就不断地重复说，直到记牢为止。我觉得其实最重要的是因为工作、生活关系，每天都要大量使用粤语，在跟当地人的不断的交际中，不知不觉就学会了广州话。""怎样才能学好粤语呢？讲到底就靠三条：一，要持之以恒，每天都能花上一定的时间去学习粤语；二，要主动跟人讲，不要只是等别人跟你讲；三，不要因为怕讲错或怕被人笑话而不讲，正所谓讲多错多学的东西就多了！要胆大心细脸皮厚，多听多说练耳口。"[①]像小王这样学习粤语成功的例子，在广州非常普遍，可以说千千万万个

---

① 见网页"如何学粤语"（快速学会粤语的方法），http://www.fyan8.com/rhx.htm。

外地人学粤语的成功经验都跟小王的经验大同小异。这种学习第二语言或方言的模式，正是我们所说的语感培养模式。

或许学方言跟学外语不能相提并论，但其中的路径是相通的，成功的经验也是完全可以借鉴的。其实，东北话和广州话的差异之大，远远胜过许多欧洲不同语言（如北欧斯堪的纳维亚半岛的几种语言）之间的差异。如果我们用几个关键词来概括小王学会方言的成功经验，那就是：示范、模仿、记诵、使用、交际。

这些关键词正是第二语感培养的主要关键词，如果再加上"对比"与"点拨"就更完整了。对比是指粤普异同对比，点拨是指语法规律的简明概括，例如粤语表示动作正在进行，在动词之后加"紧"或"开"；表示动作完成，在动词之后加"咗"。我们认为学习一门语言的过程其核心就是培养语感的过程，并不需要多么高深玄秘的理论。我们所总结的语感培养教学模式的主要原则和方法有四点：

（一）扩大输入

要形成良好的汉语语感，关键是要大量接触和使用汉语，要在汉语教学中强化语言环境，增加学生接触汉语的时间，扩大学生接触汉语的范围，最理想的是设立相对封闭的语言集中营，让学生全天活动都沉浸在汉语之中。

语言习得的规律是输入先于输出，输入大于输出。整个第二语言学习过程可以概括为：由可理解输入开始，经过创造性构建，以输出完成。语言输入的质和量，直接影响着学习的效果。输入是第一位的，是输出的基础，是语言教学的关键，只有"厚积"

才能"薄发"。Krashen（1982）[①] 提出理想的输入应该具备四个特点：可理解性（comprehensibility）、既有趣又有关联（interesting and relevant）、非语法程序安排（not grammatically sequenced）和足够的量及适宜的难度（i+1）。目前我们的教材输入量普遍偏小，题材比较狭窄，词句课文有些不够实用、真实、自然、地道、生动。在扩大语料输入的同时，必须严格限制教师的语言知识讲解和学生母语及媒介语的使用，把宝贵的课堂教学时间多用于模仿、操练。所谓"讲深讲透"，依照语法难度"循序渐进"等都不是语言教学的原则，因为语言不是讲会的，所谓的语法难度的确定本身可能就有问题（如"了$_1$""了$_2$"），人们掌握语言的顺序也跟语法难度的顺序无严格对应关系。

（二）熟读背诵

"背诵输入法"是语言输入最有效的方式之一。背诵输入既包括对课文输入内容的背诵，也包括以要求背诵式的输入。背诵不仅可以克服学生的焦虑情感，使显性语言知识转化为隐性语言知识，增强汉语语感，还可以排除母语的干扰，克服母语对汉语的负迁移。而且，背诵输入也是一种主动建构过程。教师应该鼓励学生在熟读的基础上进行背诵，有效地掌握这一简单、快捷、高效的语言输入方式。

"背"与"悟"是传统语文教学的主要经验，人们常说"书读百遍，其义自见""熟读唐诗三百首，不会作诗也会吟"。汉语的许多特点，如语序、节律、对偶、押韵、断连等都需要反复刺激，才能感知领悟，形成语感。在对外汉语教学中，提倡熟读

[①] Krashen, D. (1982). *Principle and Practice in Second Language Acquisition*. Oxford: Pergamon, 25–26.

并背诵有价值的常用语句、生动表达、名言佳句、精华短章是培养汉语语感的必由之路，大脑中若未存有几十种甚至数百种好的表达形式，就很难有优美、流畅的输出。在语言的学习过程中，没有"死记硬背"，就很难做到"熟能生巧"。

研究发现，语言交际更多的是建立在长短不一的词汇成分上，语言使用者更多的是使用存储在记忆系统里的大量语块。人们在研究汉语语序时也发现，汉语的造句单位是"语块"（chunk）而不是"词"（word），而且汉语词组和短语的构造方法与句法有着相当的一致性，因此，强化词语搭配形式与词语语义链接功能的教学，使学生在大脑中积累可供提取的词语组合结构（语块），是提高对外汉语教学效率的关键。正如一个英语初学者记住了语块 get on the bus，以后遇到说"上车"时就不会再为该说 get in the bus 还是 get on the bus 而纠结了。在对外汉语教学中，要培养学生的汉语语块学习意识，学生学会识别语块后再要求他们练习用语块造句，以及记忆和背诵交际价值高的语块。背诵可以从短小常用的语块入手，难度小，价值高，比如中国人常说的口头语"半斤八两""门儿都没有""瞧你说的""不到黄河心不死"……不必细究其逻辑理据，只要记熟就能用上。举个教学中的实例：课文中有"实属不易"的句子，学生问"实属"的意思，我告诉他们就是"的确""真是"的意思，后边要接形容词。但学生造的句却是"实属漂亮""实属便宜"。我的讲解并没有错，但却导致了病句。看来"实属"的搭配是有限的，我告诉学生只需记住"实属不易""实属难得""实属巧合""实属无奈"等几个有限的常用语块，没把握时不要随意扩展，整体记语块就是一种语感培养的导向。从记忆短小语块开始，然后再逐步扩展到句段和语篇的背诵。以语块背诵式输入教学为例，第一次课要求记诵"好久不见"，第二次课"站得高，看得远"，第三次课"什么风把你吹来了"，第四次课"高富帅，白富美"，第五次课"恭喜发财，红包拿来"，第六次课"亭亭玉立，小巧玲珑"……这些生动的语块都是教材内容之外的输入，能够激发学生主动学习的兴趣，这种背诵输入不断积累，不断复习，灵活运用，能够明显建构和提高交际能力。

（三）交际语境

学习一门外语，最重要的是积累足够的词汇，掌握语法规律和表达方式。在词汇和语法二者中，词汇又居主导地位。没有足够的词汇量，就不可能建立起摆脱母语的目的语处理机制。脱离具体的语言环境，孤立记忆词汇、记诵生词表的做法效果不好，我们提倡在一定的语境中学习和记忆词汇。语境包括系统语境、句子语境、课文语境和交际语境。所谓系统语境是指汉语的词汇具有明显的系统关联，比如同素词、上下位词、同义词、反义词、语义场词等。举一个同素词训练的例子，老师问"你知道什么鱼？"，答案可能是"草鱼、鲤鱼、带鱼、三文鱼……"；老师再问"你喜欢吃鱼的哪个部分？"，回答"鱼头、鱼身、鱼尾、鱼子……"，这就是以词素"鱼"为核心的系统。这种练习是从汉语构词特点出发设计的。

建立在交际需要基础上的真实语境是最佳语境。人们有时可能对曾经记熟的词语句子产生遗忘，但是一旦激活语境，就很容易产生联想，恢复记忆。对于缺乏语境的生词，要为其创造合适的语境，包括创造上下文交际语境、有意义的语言背景和认知图式。

（四）讲解与点拨

以上我们提出了语感培养的主要路径，如加大和目的语的接触时间和范围，从模仿、记忆到熟读、背诵，再到真实交际、自由运用，结合语境学习词汇、句式等。但汉语课堂是以教师为主导的，学习者多为成人，具有相当的认知能力，教师选取常用的、典型的、规则性强的语言材料进行语法形式的分析和讲解无疑是有益的，有时还能收到举一反三的效果。语感教学模式并不排斥课堂上的语法规则讲解，但必须改变长期以来奉行的以语法结构认知为中心的教学原则。

认知在语言习得中的作用值得讨论，强调认知作用会把教学引向对陈述性知识的偏重，但理解汉语不等于会运用汉语。实际上学生知道一条规则是一回事，能否把这种陈述性的规则知识转化为程序性知识并用于表达思想是另一回事。在交际中，具备显性的、有意识的知识不能保证自发的、自动的语言运用。只有完全内化的、隐性的、潜意识知识即目标语的语感才能驱动自由流利的表达。汉语教学的核心任务，说到底，就是如何帮助学生实现这种转换。对于大多数语言的学习者而非研究者来说，语言表达知其然即可，不一定要知其所以然。

汉语的独特性也使我们质疑课堂上汉语规则讲解分析的作用。举例来说，2015年是农历羊年，英美人就不知这个"羊"该如何翻译才好：the year of sheep？ the year of ram？ the year of goat？因为英语中只有具体的某种羊，不存在笼统称谓的"羊"。类似的词语很多，如"国家"，英文对应的有country、state、nation。"家"对应的可能是house，也可能是family或home。汉族人喜欢归类命名来认识世界，比如有轮子的就是车：汽车、火车、自行车、婴儿车……能写字画画儿的工具就是笔：毛笔、铅笔、白板笔、蜡笔……高高的乔木就是树：松树、柏树、柳树、枫树……汉语名词大多采用限制语加类别词的方式，突出共性。而对应的英语名词之间却没有共同的结构成分，大多是一物一名，突出个性，如 pine、cypress、willow、maple；又如 pork、mutton、beef、chicken，其中并不含有表示"树"或"肉"的共同语素。从两种语言的对比中我们可以看到汉语词汇的类属性、模糊性都非常突出。汉语重意合，形态标记不发达，有时还需要借助非语法的手段来表达语义。例如语音的手段，"我想起来了"，这句话的重音位置不同，语义就完全不同；"这里有的是大学生""我看见她笑了"，不同的顿连就会产生不同的理解；"剩女产生的原因有两个，一是谁都看不上，二是谁都看不上"，其中的主动、被动采取同一形态。又如杜诗里有两句"幼子绕我膝，畏我复却去"，后一句是说幼子认生"复却去"，还是担心"我复却去"？显然这里的歧义无法消除。所以说有些时候单靠语法形态的分析是解决不了问题的。汉语的独特性还体现在文言的大量遗存和汉字的识读书写方面，其中汉字是汉语学习最突出的难点，我们同样主张汉字字感的培养，限于篇幅，暂不讨论。总之，如果在课堂上过多地讲解汉语语法规则知识，收效未必佳。

我们绝不排斥教师的讲解，相反，我们认为汉语跟世界上大多数语言谱系距离较远，是一种难度很大的语言，学生更需要教师的指点迷津和点拨讲解。问题是讲什么、讲多少、怎么讲。

教师在课堂上除了带领学生练准发音，讲解词义句义外，还需要讲解汉语的语法规则，但汉语的形态不发达，虚词和语序作用突出，重意合，重语义分析，语法规则比较抽象复杂，仅从形式上来概括，常常有许多例外。举例来说，教"把"字句，告诉学生一个句型公式"名+把+名+动+补"。但学生却造出"我把中文学得很努力""大卫看见她把图书馆进去了"这样的病句。我们主张少讲或不讲理论语法，多讲教学语法，尽量选取典型的、能管住绝大多数语言事实的规则。例如"才"与数量词的搭配，如果"才"在数量词前边，就表示数量少或时间早："这双鞋才89元""我进教室才七点半"，反之亦然。又如时间顺序原则，"他坐飞机去上海看朋友"，句内语序依照先后发生的顺序来安排。这样的规律就比较管用。教给外国人的汉语语法不是给本族人看的那种理论的、描写式的语法，而是能套用组句的简明规则，有时也可以完全不讲语法，采用隐性语法句式训练的办法帮助学生养成正确的表达习惯。[①] 总之，我们提倡教师在汉外对比的基础上采用点拨式的、启发式的语法规则讲解。

三、余论

目前学界也有一些学者提倡语感培养的理念，如王培光（1996，2005）[②]、陆俭明（2005，2009）[③]、张旺熹（2007）[④] 等，

[①] 吴中伟《汉语作为第二语言教学——汉语技能教学》，外语教学与研究出版社，2014年。

[②] 王培光《语言运用能力与语言审析能力的分析与验证》，《中国语文》1996年第6期；王培光《语感和语言能力》，北京师范大学出版社，2005年。

[③] 陆俭明《序》，载王培光《语感和语言能力》，北京师范大学出版社，2005年；陆俭明《序》，载《全国对外汉语教学优秀教师论集》，人民教育出版社，2009年。

[④] 张旺熹《语感培养是对外汉语教学的基本任务》，《世界汉语教学》2007年第3期。

理念确定后,还需要进一步明确这种教学模式的要素和实施步骤,但目前讨论语感培养教学模式的文章尚不多见。语感培养模式还需要其他条件的支持才能实施,比如贯彻语感培养理念的教材、对教师语感培养教学法的培训、沉浸式的教学环境、较长的学习时间等,这样才能取得比较理想的教学效果。由于很难充分具备这些条件,如果严格确定语感培养模式的教学程序,就可能反而限制了这一理念的推广。我们认为通过对汉语句子的整体理解、吸收而掌握的汉语远胜过通过语法逻辑分析而学来的汉语。其实,只要部分实施了语感培养的基本要素也能取得较好的效果。本节因此重在对语感培养模式理念的阐述和要素的提取。本人也认为"不存在最佳教学法"[①],但应鼓励各种教学模式的创新,以满足不同学习者、不同学习目的、不同学习条件的需求。为了实践语感教学模式,我们曾编写了《快捷汉语》系列教材,并在暨南大学华文学院、北京快捷汉语学校以及新加坡、韩国等地开展了教学实践,取得了明显的收效。具体调研情况可参阅《语感培养模式——对外汉语教学的理念与实践》[②]一书。

[①] 刘颂浩《中国对外汉语教学模式的创建问题》,《华文教学与研究》2014 年第 2 期。

[②] 周健、陈群《语感培养模式——对外汉语教学的理念与实践》,外语教学与研究出版社,2011 年。

第五章

汉语课堂教学模式变革的尝试：教什么与怎么教

第一节 对外汉语听力教学新模型[1]

对外汉语听力教学中，杨惠元等人主张的微技能训练模型影响较大。杨惠元（1996）[2]认为，听力微技能包括辨别分析能力、记忆存储能力、联想猜测能力、概括总结能力等，听力教学的重点就是培养这些微技能。对此，李红印（2000）、刘颂浩（2001）等[3]曾提出不同意见。不过，这些意见没有涉及杨惠元的理论基础。杨的理论基础主要有两个：一是"用不同的方法训练不同的语言技能"；二是克拉申的"可懂输入"理论。关于前者，刘颂浩（2007）[4]曾有专题讨论。刘指出，在"用不同的方法训练不同的语言技能"这一论断中，蕴含着方法和技能的一一对应关系。但是，不管怎么样来理解这里的方法（"教学法""教学技巧""用眼、用耳"等），

---

[1] 本文以《对外汉语听力教学新模型》为题，发表在《暨南大学华文学院学报》2009年第2期，作者刘颂浩。

[2] 杨惠元《汉语听力说话教学法》，北京语言文化大学出版社，1996年。

[3] 李红印《汉语听力教学新论》，《南京大学学报》（哲学·人文科学·社会科学版）2000年第5期；刘颂浩《对外汉语教学听力研究述评》，《世界汉语教学》2001年第1期。

[4] 刘颂浩《关于"用不同的方法训练不同的语言技能"》，第二届国际汉语教学与习得研讨会论文，广州：中山大学，2007年。

这种一一对应关系都是无法建立起来的。因此，从绝对意义上来讲，用不同的方法训练不同的语言技能是无法成立的。关于后者，第二语言习得研究者的普遍看法是，可懂输入是语言学习的重要条件之一，但仅仅依靠可懂输入，并不能解释语言学习的全部现象。[1] 更重要的是，以下两个问题尚没有研究者提出过。对于主张微技能训练的人来说，这两个问题也很难回答：（1）听、说、读、写等不同技能，都有各自的微技能，这些微技能之间是什么关系？（2）从更高的层次看，听、说、读、写等不同技能，和语言能力又是什么关系？可以认为，微技能训练是一种"只往下分、不向上看"的模型。最新的一些研究，同样显示了理论上的不足。比如，金志军（2008）[2] 认为，初级听力教材的理想模式是"结构、功能、文化三结合但有所侧重，并以 HSK 练习作为内容补充"。金的"理想模式"，尽管可以看成一家之言，但他并没有从理论上说明为什么这一模式"理想"，为什么其他模式不"理想"。

在总结国内外听力教学研究成果的基础上，《汉语听力教学理论与方法》（刘颂浩著，北京大学出版社，2008 年）以兼顾思想为依托，采用全新的交际语言能力框架，将听力训练分为语音训练和意义训练两种主要类型；在每种类型中，都集中论述了两个问题：（1）如何选择并处理听力训练所用语料使之适应教学要求？（2）怎样使用选定的语料进行听力训练？这样一个听力训练模型，应该说是崭新的。下面从五个方面简单介绍这一模型：

---

[1] 刘颂浩《第二语言习得导论——对外汉语教学视角》，世界图书出版公司，2007 年。
[2] 金志军《中国大陆对外汉语听力教材的演变与发展》，《云南师范大学学报》（对外汉语教学与研究版）2008 年第 1 期。

兼顾思想、交际语言能力、语料选择、语料处理、听力训练方法。兼顾思想以及对交际语言能力的理解，可以看成是听力教学的理论基础；如何选择语料，如何对所选语料进行教学处理，如何运用所选语料进行听力操练，等等，可以视为听力教学的方法。

一、*兼顾思想*

兼顾思想，指的是在实现主要教学目的的同时，兼顾其他教学目的，从而使教学效益最大化。简单地说，就是"一举两得"甚至"数得"。比如，讲解语法时，所用例句要清晰、准确地体现正在学习的语法规则，这是教学的主要目的。在完美地实现这一目的的同时，可以更进一步，让所选例句能够带来其他收益，比如能起到复习的作用、在交际中常用、有助于文化学习、能够引起学习者的兴趣等。看下面两个例句：

①你喜欢吃苹果，还是喜欢吃橘子？
②你喜欢当演员，还是喜欢当老师？

对于学习"还是"的用法而言，以上两例都是很好的选择。如果前面一课刚好学了动词"当"和名词"演员"，而例①中的词语全都是早就掌握的内容，那么，例②就同时具有了复习的功用。这样，在学习"还是"的某个阶段，兼有"展示语法"和"复习生词"的例②就是更好的选择。

兼顾思想的前提是：语言教学活动有不同的目的，在同一活动中实现的目的可以不止一个；更重要的是，在同一活动中，不同的目的是有主次之别的。例②中，"展示语法"是主要目的，"复习生词"是次要目的。问题是：相反的意见有什么不妥？这等于是问：例②兼顾了两个目的，它们是同时实现的，能不能说这两个目的地位相等，并无主次之别？仅就例②而言，这样说似乎没有问题。但是，需要清醒地认识到，认为两个目的同样重要，与认为两个目的有主次之别，会产生不同的后果。如果认为"展示语法"和"复习生词"同等重要，那就意味着，例①是不符合原则的例子，因为它没有复习生词的作用。相反，如果认为"展示语法"是主要目的，那么，例①仍然可以使用。在语法教学一开始，例①这样的句子是需要的。这类句子可以减轻其他因素对语法学习的影响。既然如此，认为目的有主次之别这一看法，就有更广的适用范围；作为理论，其概括力就更强。

兼顾思想并不是无条件的。我们假定，在某个教学阶段，学习者能够承受的总体语言难度是固定的；次要目的的加入，往往会在一定程度上导致语言难度的增加。如果接受这样的假定，那么，在实施兼顾思想时，就应该以"总体语言难度不超过学习者的承受限度"为原则。兼顾思想之所以能够实现，是因为主要目的的难度是可以改变或调节的。仍以"还是"为例，在初次接触时，其难度最大，此时所用的例句一般不应兼顾其他目的；随着接触次数的增加，该语言点的难度逐步减低，例句就可以兼顾"复习词汇"等次要目的。[①] 示意如下：

时间1：主要目的
时间2：主要目的＋次要目的A
时间3：主要目的＋次要目的A＋次要目的B

这里，分出多少难度档次，区分难度的更详细的标准，都需

[①] 即使是同一个次要目的的实现，也是有程度差别的：可以在一个例句中复习一两个生词，也可以复习更多。

要进一步研究。但是,"教学活动应该考虑学习者的接受能力"这一原则毫无疑问是正确的,兼顾思想同样受制于这一原则。

从事对外汉语教学的人对兼顾思想并不陌生。以笔者为例,很早就曾有如下议论:"在做对比听写时,我们的主要目的仍是训练学生的听力能力,对听写词的理解与掌握只是一种副产品;由于这种副产品正是学生需要的,因此,不管是多是少,有总比没有强。"[①]这里,主要目的和次要目的的区分,兼顾思想的要义,其实都已经具备了。但是,真正把"兼顾思想"作为一个原则提出来,并且系统地运用到语料选择、练习编写、课堂教学等领域,还是近年的事。《汉语听力教学理论与方法》中,也系统地体现了兼顾思想这一原则。

二、交际语言能力

语言教学的目标是培养学习者用目的语进行交际的能力,对此,对外汉语教学界是有共识的。但是,交际语言能力包含哪些具体的内容?学者们的意见并不统一。《汉语听力教学理论与方法》采用了刘颂浩(2007)[②]提出的供语言教学使用的交际语言能力框架[③]。这一框架把交际语言能力分为语言能力、语用能力、策略能力、背景能力和流畅能力等五个部分。其中,前三个部分是诸多交际语言能力框架(比如 Canale 和 Swain,1980[④];

---

① 刘颂浩《听力练习的一种尝试——对比听写》,《北京大学学报》(对外汉语教学中心成立十周年纪念专刊),1994年。

② 刘颂浩《第二语言习得导论——对外汉语教学视角》,世界图书出版公司,2007年。

③ 本文把"模型"和"框架"当作同义词来使用。

④ Canale, M., & Swain, M. (1980). Theoretical bases of communicative approaches to second language teaching and testing. *Applied linguistics*, 1(1): 1-47.

Bachman，1990[1]）共有的内容，对外汉语教学界也比较熟悉。后两个部分是我们的独特处理，下面对此稍做介绍。

"背景能力"指学习者在背景知识方面所具备的水平。在语言教学当中，背景知识的重要性很早就得到了公认。背景知识在一定程度上制约着学习者的语言理解能力，不管是阅读还是听力，都是如此。需要强调的是，对于理解而言，背景知识既有积极的影响，也有不利的作用。以听力理解为例，听者有时会按照自己的图式，建立起错误的大脑表征。此时，部分听者可能依据这一表征，曲解文意，让文本迁就自己的图式，从而执迷不悟，"将错误进行到底"。有研究者[2]分析了1988年到1994年七年间香港中学五年级英语听力试卷和考试成绩的关系。研究问题之一是图式类型，分为一致和不一致（指理解文本需要的图式是否和一般图式一致）两种。比如下面这段话（原文为英语）：

③今天凌晨3点45分，在九龙某地发生了一起火灾，消防队员迅速赶到现场进行扑救。消防队长说，如果不是风向的帮助，整个建筑物就会全部被烧毁。

学生需要回答的问题是："建筑物得救的原因是什么？"按照一般情况，消防队前往救火，功劳自然也归于消防队。但这一图式和文本呈现的内容不一致。该文的结论是，在不一致项目上得分高的，总体水平也高。就是说，水平高的学生能够克服不一致图式带来的困扰，从文本出发建构新的图式；水平低的学生则

---

[1] Bachman, L. (1990). *Fundamental Considerations in Language Testing*. Oxford: Oxford University Press.

[2] Tsui, A., & Fulilove, J. (1998). Botom-up or top-down processing as adiscriminator of L2 listening performance. *Applied Linguistics*, 19(4): 432-451.

不能充分利用文本信息,受原有图式的影响得出错误的答案。这就提醒我们,作者在文本中描述的,可以是符合背景知识的一般事件,也可以是与背景知识不符的特殊事件。在理解文本时,仅仅依据背景知识进行揣理是不够的。

关于背景知识对学习者个体的影响,有两个着眼点:已有知识对现在的影响;新学知识对未来的影响。这两者都是需要的,在《汉语听力教学理论与方法》中,我们更强调后者。比如,对外汉语教学中,常见的一个要求是,语料(包括听力语料)应该具有较强的文化性和知识性。从背景能力培养的角度分析,这可以看成是为了给学习者积累更多的背景知识。

"流畅能力"与时间有关,指流畅地处理语言信息的能力,大致相当于一般说的"流利性"。在交际语言能力的五个组成部分当中,流畅能力对听力的影响比对阅读、说话和写作等技能要更大。这是因为,在说话、阅读以及写作等活动中,学习者具有一定的主动性。以说话为例,说什么、用什么方式说、花多长时间来说等,在很大程度上由说者自己决定。但是在听力活动当中,不管是话语的内容还是速度,都掌握在对方手里。听者能不能适应对方的语速、口音,能不能高效地对所听信息进行实时处理,是听力理解能否顺利进行的一个关键。研究表明,语速经常被认为是影响听力理解的重要因素之一。[1]

听力教学中,实时处理方面的问题如何解决呢?《汉语听力

---

[1] 高彦德、李国强、郭旭《外国人学习与使用汉语情况调查研究报告》,北京语言学院出版社,1993年;杨惠元《汉语听力说话教学法》,北京语言文化大学出版社,1996年;Goh, C. (2000). A cognitive perspective on language learners' listening comprehension problems. *System*, 28(1): 55-75.

教学理论与方法》对此进行了详细的分析。首先，在选文时，需要保证文本难度适合学习者的水平（参见下文）。对于已经选定的文本，如果处理起来有困难，可选的办法有：（1）降低任务难度，比如只要求理解大意或者特定的信息。这意味着对选文某些语言内容的放弃，是没有办法的办法。（2）增加处理时间，比如重复聆听、降低文本的速度、听前多做准备工作等。应该指出，这些活动并没有彻底解决当前文本的实时处理问题，它们的作用在于使学习者熟悉文本中包含的语言要素，而这将有助于日后的实时处理。也就是说，增加处理时间的功用在于它的"后效"。增加处理时间，是在理解出现问题时采取的方法。与此相反，如果文本业已为学习者所理解，则可以通过调高语速的方法缩短处理时间。增加或减少处理时间，表面上看起来彼此相左，其实都是通过调节文本和学习者的关系，以达到提高学习者语言信息处理效率的目的。

降低任务难度，增加或减少处理时间，这些都是在训练或者学习时采取的方法。在真实的交际中，语速一般由说话人掌控，学习者如果想有效地处理高难度话语，就需要采取明确的策略。在听、说、读、写四种技能中，听力是最隐蔽的一种；有人甚至认为，听力技能是最难学习的一种。[1] 这是因为，对于自己的理解问题，听者很容易藏拙：只要他面带微笑，不停地点头，外人很难知道他是不是听懂了。这一做法虽有保护学习者面子的功效，但对于听力水平的提高是没有益处的。《汉语听力教学理论与方

---

[1] Vandergrift, L. (2004). Listening to learn or learning to listen. *Annual Review of Applied Linguistics*, 24: 3-25.

法》提出的建议是，如果听到的话语难度过高，不容易理解，学习者最好"实话实说"，将自己的问题明确地说出来。提出问题，使对方不能继续说下去，减少了需要处理的信息数量，也就为自己争取到了更多的处理时间。

在第二语言习得领域，能力模型大多是为了测试而提出的。在测试（特别是国际性测试）当中，要尽量减少背景知识对考试结果的影响，以保证题目的公平性。假定部分试题需要很多物理知识才能回答，那么，非物理专业的学生就处于不利地位，考试结果也反映不出学习者语言能力方面的差别。至于时间对测试的重要性，应该是不言而喻的。这就是说，在常见的能力框架中，背景知识和时间这两个因素处于隐蔽的地位。我们的交际语言能力框架，是在充分考虑教学的特殊性之后做出的选择。从上面的简短论述可以看出，把背景能力和流畅能力看成是交际语言能力的有机组成部分，有利于系统地处理与背景知识和时间因素有关的诸多问题。对于语言教学来说，这是非常有利的。

更为重要的是，我们认为，听、说、读、写等不同技能所蕴含的交际语言能力基本上是相同的。一个完整的交际语言能力模型，为技能训练提供了共同的目标。听力教学主要是从聆听的角度培养学习者的交际语言能力。具体地讲，听力教学的目的，是在理解的基础上，通过各种教学活动，从聆听这一独特的角度促进学习者对语言形式的部分习得。阅读教学则主要是从阅读的角度培养学习者的交际语言能力，口语教学主要从说话的角度培养学习者的交际语言能力，等等。这样，我们就用同一个交际语言能力框架对听、说、读、写等技能进行了统一的处理，克服了微技能训练模型"只往下分、不向上看"的缺陷。

三、语料选择

听力训练不能没有语言材料。语料可以很短，短到只有一个音素，比如练习语音时进行的"z—zh"对比；语料也可以很长，比如一篇课文甚至一本书。此前的研究，关注的重点一直是训练方法即"怎么练"的问题，对语料选择即"练什么"关注较少。翻开听力教学的有关书籍，讨论的起点一般是给定的语料，讨论的内容是怎么对这些语料进行训练。至于为什么要选择这些语料，则语焉不详。与此不同，我们在《汉语听力教学理论与方法》中，分别为语音训练语料的选择和意义训练语料的选择设立了不同的原则，并讨论了这些原则之间错综复杂的关系。换句话说，我们建立了语料选择的原则体系。限于篇幅，下面仅以意义训练语料的选择为例，进行简单说明。

意义必须依托于一定的语言形式，为意义训练选择语料（此时可称为"课文"）时，必须同时考虑内容和形式两个方面。在这方面，对外汉语教学已有一些研究。不过，相关的研究往往局限于列举出若干原则，对这些原则的必要性以及它们之间的关系则缺少说明。《汉语听力教学理论与方法》首次建立了一个课文编选原则体系，示意如下[①]：

---

① 《汉语听力教学理论与方法》中，文化性单列为一个原则，这里把文化性和知识性合称为"知识性"。

第一节 对外汉语听力教学新模型

```
           课文编选原则
          /           \
      核心原则         辅助原则
      /    \         /   |   \
   适度性  多样性   真实性 知识性 趣味性
```

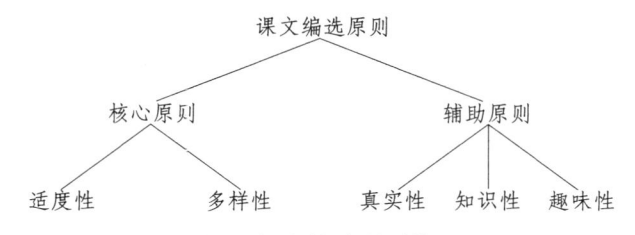

图1 课文编选原则体系

　　我们把课文编选原则分为核心原则和辅助原则两类。核心原则有两条,适度性和多样性。适度性处理的是课文自身在语言和内容方面的属性,这种处理是在考虑学习者语言水平的前提下进行的。适度性要求,无论是课文的内容还是语言,其难度都要适合学习者的水平。任何一种语言教学,都不能不考虑课文难度。这也就意味着,适度性是课文选择中毫无争议的核心原则。另一方面,由于交际事件和交际语言能力极其复杂,任何一篇课文都只能从有限的角度对学习者进行训练,因此,语言教学需要数量丰富的课文,才能最终达到目的。既然课文数量庞大,它们之间的关系就是语言教学不能不考虑的另外一个因素。因此,处理这一问题的多样性原则也必然成为语料选择的核心原则。多样性原则要求,课文应该多姿多彩、丰富多样。核心原则独立发挥作用,不受辅助原则的影响。相反,辅助原则是在核心原则的笼罩下发挥作用的。具有知识性、趣味性和真实性的课文,只有符合适度性的要求,才能为学习者理解和欣赏。同时,多样性原则要求,不具有知识性、趣味性或者真实性的课文,可能也是需要的,它们与具有这三性的课文彼此配合,共同组成语言教学中的语料。

　　需要注意的是,课文编选原则体系和编写程序是两个问题。根据我们的经验,编选课文的一般程序是,首先从整体印象入手,对候选课文有一个大致的评估。然后从已经选定的课文出发，观察待选课文和已定课文之间的关系。如果待选课文在某个方面比较突出，即在多样化的课文中有自己独特的价值，比如文化特点突出、内容幽默等，就可以初步选定。对通过初选的课文，再进行难度或者内容调整。最后，综合考虑该课文本身的属性及其在总体语料当中的地位，做出"终审"决定。

四、语料处理

语言材料，编者自创的也好，从文献中选择的也好，一开始就符合教学要求的，并不占多数。大部分情况下，教师都需要对语料进行一系列处理。前面提到，教学活动应该考虑学习者的接受能力，这其实也是适度性的要求。语料处理的核心，即难度调整，也与此相关。在如何调整难度这个问题上，对外汉语教学界虽有丰富的经验，但在文献中，相关的讨论却很难找到。

对课文难度进行调整，可以从外部因素入手，比如改变任务难度、增加处理时间、提供注释、介绍背景知识、提供视觉信息等；也可以从内部因素出发，对语料进行认知或者语言处理。"认知处理"是在保持原文不变的情况下，提供更多的冗余信息和明确的语篇线索，以便弥补因语言困难造成的理解缺陷。假定例④的"中巴车"学习者不熟悉，我们可以在后边加上一些注释性内容，即画线部分：

④在浙江省的一个小村庄里，十年如一日，每天早上7点钟，都有一辆中巴车，<u>不大不小的公共汽车</u>，在一间民居前，接一位双目失明的老人去县城。

这种方式的好处是，保留了原文中的语言形式，使学习者有机会接触并学习这些形式。美中不足的是，经过认知处理的文章，往往变得冗长啰唆。此外，水平较低的学习者并不一定总能认识到句子之间的解释和被解释关系。如果出现这种情况，认知处理的结果反倒加重了认知负担，从而增加了难度。

另外一种办法是"语言处理"。从教学的角度来看，有些造成难点的语言成分暂时不需要学习，可以把它们去掉，或者换成更简单的形式，从而使文章易于理解。对于初级学生来说，例④的"点钟、中巴车、民居、双目失明"都是超纲词，没有学习的必要。例④可以简化为：

⑤在浙江省的一个小村庄里，十年如一日，每天早上7点，都有一辆公共汽车，在一家商店前面，接一位眼睛有问题的老人去县城。

语言处理的核心是在文本中使用学习者容易理解的语言。对于初级学习者来说，文本的主要问题是难度太高，需要进行简化。不过，语言处理并不就是简化。在教学中，我们也常常有意识地重现某个较难但是学过的词语，比如不说"没有信心"，而说"自卑"；不说"买东西"，而说"购物"。这样，从语言角度来看，就是对原文进行了"繁化"。不管是简化还是繁化，其目的都是要对文本的难度进行调整，以适应学习者的语言水平和教学要求。仍以⑤为例，不算"浙江省、十年如一日"，只有两个乙级词"前面、老人"，两个丙级词"村庄、县城"。如果用作中高级阶段的练习材料，可能稍微容易了一些。这时，可以添加一些较难的词语进来，比如"长途"（乙级）、"准时"（乙级）、"整"（丙级）、"偏僻"（丁级）等，结果为例⑥：

⑥在浙江省一个偏僻的小村庄里，十年如一日，每天早上 7 点整，都有一辆长途公共汽车，准时停在一家商店门前，接一位眼睛有问题的老人去县城。

总起来说，认知处理不改变原文，通过增添解释性成分提高文本的可懂性；语言处理则通过简化或者繁化，对原文进行增删，以满足教学需求。问题是：调整到什么程度才算"大功告成"？已有的研究[①]主要从长度和生词两方面来考察听力课文的难度。根据这些研究，并且结合我们自己的经验，《汉语听力教学的理论与方法》提出，精听和泛听课文的生词率，应分别保持在 5% 和 2.5% 左右。中级阶段的课文，长度一般不宜超过 800 字，录音时间不宜超过 4 分钟。[②]初级阶段的课文应该再短一些，高级阶段的课文则可以稍微加长。调整后的语料，如果基本符合这一标准，就可以了。

以上所述，是从语言形式方面对课文难度进行调整。调整难度，也包括调整内容。不过，对于成人学习者而言，内容理解上的问题，多半和语言形式太难有关。也就是说，只要形式问题解决了，大多数内容问题相应地就会得到解决。如果课文内容是学习者完全不熟悉的领域，需要很多背景知识，那么，除了控制语言形式以外，可能还需要对内容进行一定的缩减。

能够独立地选择语料，并且知道如何对语料进行处理以符合教学要求，这是成为一名胜任的听力教师的关键一步。下一步是

---

① 胡波《听力教材分析与听力教材编写》，载《语言文化教学研究集刊》第四辑，华语教学出版社，2000 年；史卫东《可懂输入原则与中级汉语听力教材生词的处理》，中国对外汉语教学学会北京地区分会第二次学术年会论文，北京：北京外国语大学，2000 年。

② 鉴于对外汉语听力教学的有关研究还比较薄弱，这里所列的数字更多的是一种经验总结，不能机械地搬用。

运用所选语料进行各种操练活动,这就需要对听力训练方法有足够的了解。

五、听力训练方法

如前所述,对外汉语教学对听力训练方法一直比较关注,代表性成果是杨惠元(1988)[①]。这方面研究存在的问题和课文编写原则方面是一样的:大多数研究只是列举出若干种方法,对这些方法之间的关系则没有说明;更重要的是,讨论方法时,仅仅依据字面的不同,缺乏对方法的本质特征的洞察。《汉语听力教学理论与方法》注意克服这方面的缺陷,对常用的方法进行了抽象概括,进而提出了一个语音训练方法体系,如图2。听力教学中所用的语音训练方法,基本上不超出这里所列的静听法、看读法、听读法、选择法、听写法、提问法六种。这六种方法,在意义训练当中也很常用。意义训练中独特的练习方式,也许只有信息转换法和翻译法两种(前者和信息有关,后者与意义相连,都很难用在语音训练中)。

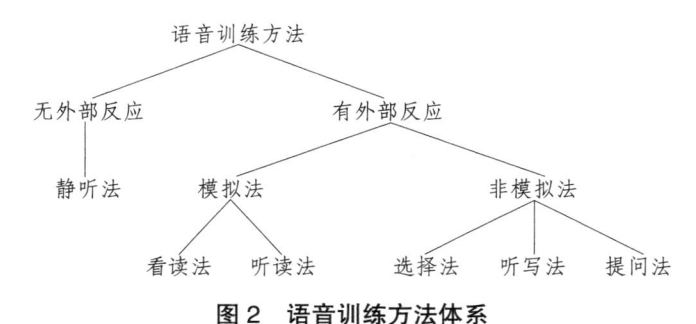

```
                语音训练方法
               /            \
        无外部反应          有外部反应
           |              /        \
         静听法        模拟法      非模拟法
                      /    \      /   |   \
                   看读法 听读法 选择法 听写法 提问法
```

图 2　语音训练方法体系

---

① 杨惠元《听力训练81法》,现代出版社,1988年。

经过这样的概括之后，方法之间的关系凸现了出来，方法的数量也大为减少。那么，我们的练习手段是不是因此就显得贫乏了？答案是否定的。图2只是对现有方法的一种重新归纳和组织，并不影响现有方法的数量。归纳时，关注的是方法的本质特征。这种归纳是极其重要的。只有理解了某一方法的本质特征，在教学活动中才可以灵活运用，为同一方法创造出不同的变体来。比如，评价法要求学习者在理解的基础上发表自己的看法，[①]可以视为提问法的一种。以下几例，均为《新中级汉语听力》[②]中对评价法的具体应用。为节省篇幅，只列题目，略去听力文本：

⑦A. 三个人在谈自己喜欢的天气，听后说出你支持他们中的哪一个。
B. 三个人在谈自己忙碌的生活，听后说出你认为谁最需要休息。
C. 听三个人讲他们最喜爱的成语，从中选出你最喜爱的一个。
D. 下面是一名军人和一个诗人的自我介绍，听后说出你更愿意和谁交友。

如果仅仅根据字面的不同，就会把它们当成四种毫无关联的方法。事实上，它们只是评价法的变体而已。

六、结语

总的来说，《汉语听力教学理论与方法》所构建的模型，既揭示了听力教学的独特之处（从聆听的角度出发），也彰显了听力教学与其他技能教学的有机联系（目的都是培养交际语言能力，

---

① 刘颂浩《阅读课上的词汇训练》，《世界汉语教学》1999年第4期。
② 刘颂浩、马秀丽、宋海燕编著《新中级汉语听力》，北京大学出版社，2003—2005年。

都遵循兼顾思想等）。这样的一个模型，条理顺畅、前后贯通，有助于加深对听力教学的认识。本节的介绍，侧重于理论部分。即使是在介绍方法时，也重在具体方法背后隐含的理论。这和《汉语听力教学理论与方法》的取向是一致的。我们相信，"没有比好的理论更实用的东西"。有了理论，知道了所以然，就能够根据具体情况灵活应对，无往而不利。

一个新模型的提出和完善，是一个浩大的工程，不可能一蹴而就。我们的努力，只是迈出了第一步。希望能够得到读者的批评和指正，共同促进对外汉语听力教学研究水平的提高。

第二节　口语课教学模式分析[①]

一、口语课的性质、目标和存在的问题

（一）口语课的定位

这里所分析的口语课，是指在分技能设课框架下的口语课，是专项技能课。与口语课同时开设的，一般还有综合课/精读课、听力课、阅读课/泛读课、写作课。这里的口语，是指口头语言，即口头形式的有声语言，包括正式风格的语言和非正式风格的语言。

口语课的目标，一般认为，是培养学生的口头表达技能和口头交际能力。口头交际能力包括语法能力、语篇能力、社会语言

---

① 本文以《口语课教学模式分析》为题，发表在《汉语应用语言学研究》第3辑，商务印书馆，2014年，作者吴中伟。

能力和策略能力。

我们应该在整个课程体系下来看待口语课教学目标。一方面，口语课要培养口语能力，但口语能力不只是在口语课上培养的。另一方面，口语课不仅仅是培养学生的口语能力，它必然也有助于促进学生综合语言能力的提高。综合课也是技能课，而不是知识课，综合课培养语言的综合运用能力，当然也包括口头表达能力和口头交际能力。听力课、阅读课、写作课与口语课相辅相成，聆听理解技能、口头表达技能与口头交际能力密不可分，书面交际能力和口头交际能力也是相互促进的。

口语课有不同的教学模式，对这些模式还缺乏充分的分析。对口语课的性质和特点，在教学中还存在一些模糊认识，这些模糊认识带来了口语课教学的一系列问题。

（二）口语课存在的问题

来华留学生学习汉语的主要目的是提高汉语交际能力，特别是提高口头交际能力，因此，口语课是留学生寄予重望的课。但是，口语课也是常常让他们失望的课。根据我们多年来的调查了解，学生对口语课的意见主要有：（1）口语课上老师讲得太多，不给学生充分的说的机会。（2）老师光让学生说，缺乏指导，学生觉得口语课上没有收获，没有进步。（3）口语课的教学内容和教学方式跟综合课几乎没有区别，特别是在初级阶段。

教师也有自己的苦衷。对口语课，教师们的认识不尽相同，主要的看法有：（1）口语课应该以教为主。如果一味让学生说，学生要么只会重复早就学过的话语，要么说得乱七八糟，错误百出。（2）口语课应该以学生说为主，可由于口语课上要完成教材规定的内容，不得不教。（3）口语课应该以学生说为主，可学生要么不肯开口，要么敷衍了事，很难推动。

口语课教学存在的问题说明口语课教学在具体方式方法上有较大差异，而这些差异跟教材编写理念以及教师教学理念密切相关。

（三）口语课的特点

口语课是以培养口语能力为目标的课，这一点已经得到普遍认同。口语课是否应以口头表达活动为基本环节？对这一点，恐怕还有不同意见。二者当然并不对立，但是不同的侧重，会带来不同的策略。

在对新教师培训的时候，我们常常向他们强调：不能把口语课上成综合课或者精读课。如果是指口语课上不必兼顾读写技能培养，那自然可以理解，但是，说这句话的人恐怕并不是这个意思，而是指口语课的教学方法不应跟综合课或精读课一样。那么，综合课或者精读课跟口语课的教学方法究竟有何区别？区别的根据又是什么？

基于我们对不同学校、不同教师、不同教学阶段的汉语教学的实际情况的观察，我们将口语课教学模式概括为四种，下文将对四种模式进行分析，在分析的基础上，再回过头来反思上述问题。

二、口语课教学模式及分析

汉语口语课的教学模式，根据目前的实际情况，主要有三种：基于教材的模仿活动式，无教材的主题发言式，基于教材的专题讨论式。

（一）基于教材的模仿活动式

这一模式多见于初中级阶段的口语教学，其基本特点是，口语课使用专门的口语教材,课文提供口头表达的范本,供学生学习、模仿。教学过程基本遵循 PPP（呈现—操练—表达）的程序,即：(1) 在教师指导下学习词语、课文、语言点。(2) 通过多种形式的操练强化对课文的掌握。(3) 模仿课文进行口头表达活动。例如,课文展示一个购物活动,其中的基本句式有"这件衣服多少钱？""能不能便宜点儿？"等,在经过充分操练之后,学生被要求表演"买衣服"。学生的表演基本上是重复课文里的话语。

这一过程也就是从准确到流利、从输入到输出、从学习到运用、从有控制到较少控制的过程。目前初级阶段汉语教学中,大多数学校的综合课和口语课两种课型均采用这一模式,区别主要体现在教学内容上：综合课上还需要关注汉字教学,要有读写练习,口语课不需要；初级综合课上的语言点一般是比较"大"的语言项目,口语课上的语言点往往是具有口语体特点的格式和词语。

这一模式的好处是：保证口语教学内容的系统、全面；特别适合可模式化的、有限语境或话题下的交际活动。

这一模式可能存在的问题有：讲练比例容易失调,导致学生开口率偏低；在语境和话题受到严格控制的时候,可能造成输入与输出内容几乎完全相同,学生的表达活动成为变相的课文背诵,影响学生的学习积极性；在语境比较模糊或话题比较宽泛的时候,又有可能造成输入与输出内容差异过大,课文语言和学生表达活动中的语言前后脱节。

为避免上述问题,教学中需要重视以下几个方面：

第一,增加学生在讲练阶段的开口率,让互动过程贯穿在教学的整个过程中,让学生主动地学习、在互动中学习。比如,某课生词表中有"九年制义务教育",有一位教师是这么给学生讲解的:"九年制义务教育"就是从小学到初中上九年学,不用付钱。听说很多国家也实行九年制义务教育,在有的国家,上高中也不用付钱。

其实,既然是"听说",那就不妨当场来"听"学生"说"一下。如,可以引出这么一段对话:

教师:……那么,什么是义务教育呢?要不要付钱?
学生:不要付钱。
教师:什么时候不要付钱?小学、中学都不要付钱吗?
学生:……
(教师解释中国的学制,小学6年,中学6年,包括初中和高中)
教师:那你们国家呢?也有义务教育吗?也是9年吗?

学生:……

这样,课堂上互动的机会就增加了,学生的开口率也提高了,课堂气氛也活跃了。

第二,在讲练阶段,组织一系列小话题进行互动和讨论。例如,课文生词中有"干净、脏、打扫、乱、整齐、整理",可以把这些词组织在一起,让学生说明一下自己的房间。

第三,在表达阶段,补充相关词语和表达方式,满足学生表达需求。如,课文里的句子是"她是玛丽,是美国人",而在实际课堂上,学生首先需要学习的是自己的中文名字和自己国家的名称。再如,课文谈的是买苹果和香蕉,那么,在表达阶段,可以提供更多的水果名称,供学生选择。

(二)无教材的主题发言式

在准中级及更高阶段,也有一些教师倾向于不用教材,有的教师认为:口语课就是要让学生说,教材束缚了师生的手脚,教材的主题学生也不一定感兴趣，不如放手让学生来说。常见做法是：（1）教师每次事先确定一个主题，如"谈一次旅游经历""来中国以后的一个有趣的故事"等，落实到两三个学生，要求他们做好准备。（2）上课时，轮到的学生依次上台发言，其他学生充当听众。（3）教师讲评。

这一模式的好处是：让学生掌握话语权，表达其想要表达的内容，有机会"创造性使用语言"，从而大大激发学生的说话积极性和学习主动性。

这一模式可能存在的问题是：主题的选择往往由于缺乏总体大纲而难免重复，主题范围往往比较狭窄；教师的指导是针对特定发言人的，难免缺乏系统性，而且是随机的、"事后"的，因而也缺乏计划性；由于缺乏传统意义上的"课文"那样的示范材料，难以保证让学生学到"纯粹的""典范的"汉语表达方式。

为避免上述问题，在教学中可采取以下对策：

第一，整个教学过程（一学期或一学年）应制定完整的教学大纲，要选好每次课的主题，提高教学内容的系统性和计划性。另外，学生的经历经验是有限的，每次都要求谈自己的经历经验，也会让学生厌倦，而且限制了语言使用的范围。不妨吸收戏剧教学法的做法，确定特定的情境，让学生事先准备剧本，课上进行表演，这样就可以大大拓展口语表达的空间。

第二，在课前准备阶段加强指导，要求应具体，学生的讲稿、脚本应经过教师修改。这对于教师来说，大大增加了工作量，但是对于学生来说，是非常有帮助的。曾经有一位留学生告诉笔者，她更喜欢背诵自己的作文，而不喜欢背诵课文，因为自己写的作文，内容更亲切、实在。当然，前提是要经过教师修改，保证语言正确。

第三，在活动阶段，要求发言人在发言前在黑板上列出难词，如果是情景表演，也可以把剧本先印发给大家，以便扫除语言障碍，保证大家都能听懂，都有收获。发言或表演以后，应要求其他同学提问、复述，加强学生之间的互动，保证全班参与。

第四，在反馈阶段，可增加形式操练和延伸任务活动。发言或表演之后，学生往往会有如释重负的感觉，对于教师的反馈，往往不予重视。因此，为保证教师的讲评效果，在教师讲评之后，应该有针对语言形式的操练，或者让学生重复该任务。如果重复同一个任务难免比较乏味的话，设计一个类似的任务（延伸性任务）是一个更好的策略。如，主任务是"看病"（病人和医生的对话），那么延伸性任务可以是：同学来看望病人，病人把医生的诊断转述给同学听。

（三）基于教材的专题讨论式

高级阶段的口语教材不同于初级阶段，其"课文"往往不是为学生提供表达范本，而是围绕某一话题提供相关背景材料，为口头讨论搭建平台。在口语课上，学生在教师指导下理解材料，了解相关事件、背景、观点，就这一话题形成自己的看法，开展讨论、辩论。讨论中使用的语言，仅有一部分来自于课文，大部分是自己的。

这一模式的好处是：如果话题选择得当，比较容易激发学生的表达欲望，跟前面一个模式一样，有助于激发学生的积极性和主动性。而且，由于课文确定了话题，提供了相关材料，讨论的范围就比较集中，全班参与度比较高。

其局限性是：一般适用于培养论辩能力，不适用于日常生活交际活动；适用于中高级阶段，特别是高级阶段，要求学生有相当的语言知识储备；对学习能力要求比较高，那些学习主动性强，愿意挑战语言复杂度的学习者收获较大。

针对上述局限性，我们认为，相应的对策是：

第一，加强准备阶段的指导，提出问题，梳理思路，激活图式，搭建支架。

第二，在活动过程中，兼顾准确度、流利度、复杂度。当然，这并不是说在每一个活动阶段平均分配精力，而是说，可以通过不同侧重点的活动，达到三者的总体平衡。

第三，与书面表达任务相结合。在准备阶段，可要求先写好提纲和要点。在活动后，可要求完成延伸性写作任务。通过与书面任务的结合，提高对语言形式的自觉反思意识，提高语言表达质量，特别是有助于提高语言表达的正式度。

三、新模式的探索：基于任务的过程式口语教学

（一）任务型口语教材

吴中伟（2004）[①]提出，基于交际任务的教学法启发我们在口语教学中采用一种新的思路：选择学生感兴趣的、有价值的交际任务—指导学生认真准备—让学生分组表演—教师讲评。他主张取消一般口语教材的"课文"部分。

吴勇毅（2005）[②]分析了现行口语教材的不足，提出以任务

---

① 吴中伟《浅谈基于交际任务的教学法——兼论口语教学的新思路》，载《第七届国际汉语教学讨论会论文选》，北京大学出版社，2004年。

② 吴勇毅《从任务型语言教学反思对外汉语口语教材的编写》，《国际汉语教学动态与研究》2005年第3期。

为纲的教材的具体编写设想："以任务为纲的教材有许多不同的编写模式，笔者尝试的是跟以往教材完全不同的一种编写模式。它不再有课文和练习两大板块之分，以任务统领全课，课文已不是传统意义上的'样板'，而是任务链中的一环。"

赵雷主编的《沟通——任务型中级汉语口语》就是任务型口语教材的成功探索。该教材"按照单元排列……每单元主题下，包括两个分话题，然后以话题为主线，围绕该话题设计任务活动，知识体系以暗线贯穿其中"（见教材《致使用者》）。该教材在几轮教学实验的基础上编成，出版后反响良好。

（二）基于任务的过程式口语教学

在学者们关于任务型口语教学研究和任务型口语教材编写实践的基础上，我们在此进一步提出基于任务的过程式口语教学模式的设想。这一模式的主要特点包括两个方面：（1）任务驱动。在整个教学过程中，让学生为完成任务而主动地学习。教材提供参考词语和表达结构，提供范句和未完成式课文，既保持教材的示范性功能，又为学生"创造性使用语言"提供一定空间。（2）关注过程。尽管口语不同于写作，似乎是不可回溯的，但是在教学中，应该关注口语表达的过程。"过程式写作"方法对于口语教学有启迪意义。

其实，对"过程"的理解可以更加宽泛、全面。"过程式教学"可以是整体任务的循环完善，即在保证语言交际活动完整性的前提下，通过多重循环，逐步完善任务中表达的准确度、流利度和复杂度。一般理解的"过程式写作"就是这样的模式。"过程式教学"也可以是对整体任务的分解合成，即通过一个个小任务的排练，最终汇合为一个完整的任务，并通过延伸性任务强化语言学习成果。每个小任务的环节包括：准备、活动、反馈。

在这样一个模式下，教材的课文在哪儿？课文是学生自己编出来的！"编"课文的过程就是在有内容的口头表达的过程中学习如何进行口头表达。为什么还需要教材？教材的作用就是一步一步地指导学生"编写"出课文来。

这样一种模式下，口语课不仅把"说"作为基本教学目标，而且把"说"作为基本教学形态。也就是说，把学和用统一起来了。即让学生在"说"的过程中学会如何"说"。其理论基础是"输出假说"和建构主义学习理论。

根据 Swain（1985）[1] 等的观点，输出活动对于完善语言能力有重要意义。输出是对于学习者在输入基础上形成的某个假设的检验，是对于吸收的成果的反馈。输出迫使学习者从语义分析转到句法分析，这反过来对于吸收提出了更高的要求。Schmidt（1983）[2] 指出，只是给学生提供说的机会，不一定就能提高其水平，重要的是，当学习者在表达中遇到困难，面临交际失败的时候，要"推动"学习者去努力完善他的输出。

建构主义的学习观认为，学习的本质是学习者在自身已有的经验与知识基础上进行知识建构，不应简单地理解为教师把知识传授给学习者。学习的过程是学习者通过新旧知识经验间的反复的、双向的相互作用而建构意义的过程，不是简单的"刺激—反应"

---

[1] Swain, M. (1985). Communicative competence: Some roles of comprehensible input and comprehensible output in its development. In Gass, S., & Madden, C. (eds.). *Input in Second Language Acquisition*, Rowley, MA: Newbury House, 235-253.

[2] Schmidt, R. (1983). Interaction, acculturation and the acquisition of communicative competence. In Wolfson, N., & Judd, E. (eds.). *Sociolinguistics and Second Language Acquisition*, Rowley, MA: Newbury House.

过程。学习不是一个简单的量的累积过程。在学习过程中既有认知结构的扩充，也有认知结构的改变。学习不是独立的个人行为，而是学习共同体行为。

从建构主义的学习观和语言输出假说出发，我们主张，口语课的性质和任务，就是通过有控制的、有指导的、有内容的输出活动，促使学习者在输出过程中逐步建构语言知识，发展口头表达能力，同时促进语言综合运用能力的提高。口语课既是以培养口语能力为主要目标的课，也是以口头表达活动为基本教学环节的课。

（三）该模式要注意的问题

这一模式的局限性是：由于学生表达需求的多样性和复杂性，可能造成教材提供的可选材料过多，显得容量庞杂，教学中难以控制，影响教学活动的顺利进行；由于强调过程中多轮修正、逐步推进，可能造成教材设计上环节过于烦琐，教学中节奏过慢，导致学生厌倦。

针对上述局限性，我们认为，相应的对策是：

第一，保证容量的适度性。不同的教学阶段，学习者的语言基础和学习能力不同，不宜片面地追求交际的真实性和任务的完整性。如，在初中级阶段，在设计"点菜"活动时，我们既不宜让学生仅限于两三个菜名来表演点菜，但是也不宜拿一个真实的、多达数页的菜单来让学生自由选择。

第二，保持过程的适度灵活性。基于任务的过程式口语教材，必须在教学内容和教学环节设计上保持相当的弹性和张力，教师在实际教学中应根据学生的能力和课堂表现适当增删，灵活调整节奏和进度，保持准确度、流利度和复杂度的平衡发展。

四、基于原则的口语教学

（一）四种教学模式的教学法背景

上文我们讨论了口语课教学的四种模式。上述四种模式，从教学法背景来看，可以概括为三大类。

以听说法为代表的口语教学强调语言规则与语言知识的学习和操练，教材提供口头交际的范本，学生练习用正确的目的语说话，口语课堂以模仿教材提供的对话或独白为主要的教学形式。上述"基于教材的模仿活动式"即大致属于此类。

以强式交际法为代表的口语教学强调运用已学的语言知识完成交际目标，教师根据学习者实际交际需求，设计模拟真实的交际场景或交际活动，学习者通过协商、合作等活动方式完成任务。活动大多从真实环境中选取真实材料，这些语料的作用更多是从其内容上来考虑，或激发学习者表达的欲望，或为学生的表达提供参考内容。上述"无教材的主题发言式"和"基于教材的专题讨论式"大致可归入此类。

以任务法为代表的口语教学将语言学习与交际能力培养相结合，要求学习者通过完成特定的交际任务学习语言知识。在教学中，教师选取一些语料或练习供学生进行任务前的模仿或进行任务后的强化，这些语料可以来自教材，也可以来自真实语境，它们都是完成任务必不可少的资源。

（二）口语课的教学原则

没有一种教学法是十全十美的，也没有一种教学法是一无是处的。多元的教学对象、教学目标、教学环境必然需要多元的教学模式，即便是面对同样的教学对象、教学目标和教学环境，我们认为，也不必强求教学模式的统一。在后教学法的时代，我们提倡的是基于原则的教学。口语课的教学原则，主要是要把握好以下几个方面的平衡：

一是输入和输出的平衡。输入和输出在口语课教学中不应对立起来，更不应割裂开来。口语课应该强调输出驱动下的输入，让学生为表达的需要而主动地学习，而不应把输出活动当作对于输入效果的检查验收。

二是学和用（说）的平衡。口语课的核心在于"说"。"说"既是口语课的教学目标，也是口语课的教学手段。学生的"说"一方面提供了激活已有语言知识的机会，另一方面提供了学习新知识的平台。

三是语言产出的准确度、流利度和复杂度的平衡。在学生"说"的过程中，学生逐步深化完善已有知识，并且学习特定交际活动中新的、必要的、得体的表达方式，于是，学生在口语课上就能获得全面的进步。这种全面的进步需要教师有意识地调节、控制。

四是教师、教材的指导性与学生的主体性之间的平衡。"说"的活动能否成功，关键在于我们对于"说什么"和"怎么说"的合理设计。如果"说"的话题是学生感兴趣的，并且我们为学生的"说"搭建了适当的支架，那么，一定能激发学生口语课上的积极情感，让他们踊跃开口说。

五、进一步的思考

本节讨论的是口语课的教学模式，但是口语课的教学模式跟综合课的教学模式并不存在必然的区分。比如，如果综合课和口语课都采用任务型教学（我们相信，这是完全可行的），那么，再次回到本节一开始提到的问题：口语课上得确乎"跟综合课一样"了。也许，这没有关系。因为口语课和综合课在教学目标上有差异，因此，两种课型在教学内容的侧重点上是有区别的。如果批评"把口语课上成了综合课或精读课"的含义是指口语课上教师讲得太多，似乎综合课上教师多讲是正常的，口语课上教师多讲则是不正常的，那是对综合课的误解。

第三节　关于建立词汇—语法教学模式的思考[①]

如何有效地进行对外汉语语法教学，一直是对外汉语教学界所关注和讨论的热点，相比其他领域，有关对外汉语教学语法的研究成果最多，也最丰硕。本节对以往的语法教学进行了反思，在已有研究成果并借鉴其他第二语言研究成果的基础上，探讨对外汉语教学语法的特点，论证建立词汇—语法教学模式的可行性。

---

① 本文以《关于建立词汇—语法教学模式的思考》为题，发表在《语言教学与研究》2004年第1期，作者李晓琪。

一、对外汉语语法教学的现状及存在的问题

（一）教学模式

应该说，语法教学的重要性从来没有被汉语教师怀疑和忽视过，教师总是利用各种机会向学生积极传授语法知识。目前语法教学的模式大致有两种：建立在《汉语教科书》基础上的，分散在精读课本中的语言点教学；中高级阶段的专门语法课教学。无论哪种模式，基本上都没有脱离传统的语法教学：比较注重语法体系的完整性，主要内容是语法规则，教学是讲解式的。教学的基本环节为：教师举例讲解语法规则—学生机械性练习或根据教师的提示做有意义的练习—学生记忆规则。这种传统的教学模式的优点是：教学体系系统、教学扎实、学生语法概念较强。

（二）存在的问题

虽然语法教学一直受到重视，也有其优点，但是问题仍然存在，常听到和看到的普遍情况是，对于课堂上老师对语法知识的讲解，学生听得清楚，课上的语法练习或课后的语法作业也都能按照要求完成，但是在实际应用中（无论是书面的还是口头的），按照课上所学的规则造句，往往是一用就错。例如可能补语，一般教材上的语法解释是：在动词和结果补语之间加上"得"就构成可能补语。可能补语表示可以和能够，口语里用得比较多，否定式是用"不"替代"得"。如"听得懂、做得完、回得来"（《实用汉语课本》第二册第302页，《新汉语教程》第二册第92页）。有的教材会接着在本课或后面的课里进一步说明"了、下、动"等特殊动词做可能补语的情况。但是，这样学习可能补语，并不能达到预期的效果，下面是两组典型的错例。

① *我知道应该少吃饭、多运动，可是做不好。（做不到）
　*停水又停电，做不完饭，咱们今晚到饭店去吃吧。（做不了）
　*我没有经验，这件事我可能做不到。（做不好）
② *这个饭店的条件很好，不过太贵，我住不进。（住不起）
　*这个房间太小，住不上三个人。（住不下/了）
　*这儿的环境太乱，我们住不下了。（住不下去）

再如连词"无论"，各类教材对"无论"的解释虽然不尽相同，但至少都有如下说明："表示在任何条件下、情况、结果都不会改变"，并且给出常用格式"无论……都/也……"，接着举例。这种讲解不能不说是既清楚又简明。同样，这种方法的语法教学仍旧存在问题，外国学生在使用"无论"时，误用率实在是太高了，病句各式各样：

③ *无论天气很不好，我都要去游泳。
　*无论他说得好极了，也我不相信。

（三）原因分析

分析学生产生偏误的原因，渠道很多，中介语理论的母语干扰、过度泛化、交际策略、文化因素等都可以对各类语法偏误进行解释。但是，如果从语言学的角度、从对语言本质的认识的角度来看，我们认为有两点特别值得引起注意。

第一，语法和词汇分家。长期以来，由于语法和词汇分家，语法规则对学习者帮助有限。语法规则一般由语法结构体现，而语法规则的得出是一个从最底层概念意义层逐层抽象而不断加深形式化程式化的过程，是一个从语义具体到语法抽象的过程。[①] 越底层，内容就越具体、越实在，到了表层，就形成了干巴巴的语法关系。

---

① 徐盛桓《试论英语双及物构块式》，《外语教学与研究》2001年第3期。

所谓底层，指的是可以出现在这一语法结构中某一位置上的有具体意义的词汇，换句话说，语法规则的应用范围要由可能出现在这一结构中某一位置上的词来划定。如果只讲语法规则，不讲语法规则的使用范围，容易使学习者误以为语法规则是普遍规律，从而使语法规则扩大化。上边举到的"无论"的错例可能跟此原因有关。

　　第二，语法和语境脱离。仅仅注意语法和词汇问题，知道哪些词可以出现在哪个语法规则中也还是不够的，因为有些语法格式孤立地看是正确的，而在具体的语境中就文不达意。如"住得/不惯""住得/不起""住得/不下""住得/不了""住得/不下去"都是正确的语法格式，其中的"惯、起、下、了、下去"都是可以跟动词"住"搭配的词语，但是在具体的语境中只能根据不同的语义选择一个合适的表达。在"动词+得/不+补语"这一格式里，"惯"充任补语，一般出现在谈论"习惯不习惯"的语境里，其他可搭配的动词还有"吃、看、听、用、睡"等；"起"充任补语，与谈论钱的话题分不开，其他例如"买得/不起""付得/不起""赔得/不起""雇得/不起"等；"下"充任补语，又跟与空间有关的语境联系在一起，如"放得/不下""坐得/不下""摆得/不下""装得/不下"。总之，如果把语法与语境联系起来，我们的视野就广了，就不会仅仅盯住死的语法规则，就会自觉地摆脱为讲语法规则而讲语法规则的局限，充分考虑到语境，考虑到交际目的的不同这一因素。

二、对外汉语教学语法的特点

　　对外汉语教学语法的特点到底是什么？应该用什么样的语法

理论和指导思想来处理对外汉语教学中的语法教学问题。我们认为以下几点对进一步认识对外汉语教学语法的特点是有益的。

（一）从功能出发，重在应用

现代语法根据其理论和方法，分为形式语法和功能语法。前者把语言作为符号孤立地进行考察，并着重描写和解释这一符号系统；后者将语言和语言以外的社会联系起来加以研究，说明语言在社会交际中发挥的作用。总之，形式语法把语言看成一套规则，功能语法把语言看成表达意义的手段。[①] 对外汉语语法教学的目的不是让学生了解和掌握汉语的语法规则，而是要重视语法的交际功能，重视语法的实际应用，是要通过必要的语法学习，使学习者易于表达、便于阅读、善于交际。从这个意义上说，对外汉语教学语法应该以功能语法为理论依据，从功能出发，重在应用。

（二）语法、词、语境共同作用才能达到理解

随着人们对语言本质认识的发展，传统的语法教学越来越显现出它的片面性。语言学理论认为：词、语法和语境共同作用才能达到理解，完成交际任务。[②] 词、语法和语境三者之间相互联系。当交际双方有共同的认知经验，也就是语境作用大的时候，单词就完全可以表达意思，根本不需要通过语法规则把词与词联系起来从而达到交际。Widdowson 曾举过一个最简单的例子，手术大夫只需说"钳子""夹子"，助手马上递上这些手术器械，交际任务完成。但是当词对语境特征鉴别作用小的时候，就需要用语法来指示意思，如只根据 hunter、kill、lion 三个词无法判断谁杀

---

① 周欣《英语学习者的必备书》，《外语教学与研究》1999 年第 2 期。
② 安美华《大学英语语法教学问题种种》，《外语界》2000 年第 3 期。

了谁，这时只有依赖语法手段才能鉴别意思。[①] 在没有共知的语境下，词对于用语法来指示意义的依赖性就更大。这说明在交际中，语法不是孤立存在的，语法和词、语境之间有着密切的联系。语法是为词服务的，语法在词与意思之间起着中介作用，是达到交际的一种手段。

(三) 现代语言理论的启示

1. 语言由语法化的词汇组成。

语言传统上分语音、语法和词汇三部分。但是，近年来这一观点受到挑战，无论是从语言研究角度还是从教学角度都被认为是不妥当的，主要是针对语法和词汇。Michael Lewis（1993）[②] 在论述语法和词汇的关系时指出，语言由语法化的词汇组成，而不是由词汇化的语法组成。

Widdowson（1993）[③] 也指出，语法服务于词汇。其实，Halliday（1978）[④] 就阐明词汇也是最精细的语法这一观点，他干脆把词汇、语法合在一起，统称为词汇语法（lexicogrammar）。语法和词汇之间的关系实在是太密切了，它们的界限有时候很难划得很清楚，你中有我，我中有你，也可以说，语法不仅仅是一套组词造句的规则，还应该包括词汇在内。[⑤] 它们之间的关系应该是：语法是为词服务的，语法在词与意思之间起着中介作用，是达到交际的一种手段。

---

① 安美华《大学英语语法教学问题种种》，《外语界》2000 年第 3 期。
② Michael Lewis (1993). *The Lexical Approach*, London Teaching Publications.
③ Widdowson, H. G. (1993). *Aspects of Language Teaching*, Oxford University Press.
④ Halliday (1978). *Language as Social Semiotic*, Edward Arnold (Publishers) Ltd.
⑤ 聂龙《进一步加强词汇教学》，《外语界》2001 年第 3 期。

而传统的语法教学正相反，词只是为了举例而用，词为语法服务，而不是语法为词服务。我们认为传统的语法教学在处理语法和词的关系方面存在着方向上的颠倒。

2. 语言由大量的板块（chunks）构成。

传统的语言学把词汇分为两部分，即可以利用语法规则进行自由组合的各类单词和固定短语（包括惯用语和成语等）。

然而，近几年来语言习得研究者对英语习得者的研究表明，这一看法很值得进一步讨论，因为实验表明英语的语言交际并不是单纯通过单词或固定短语的使用来实现的，自然话语中的90%是由那些半固定的"板块"来实现的。Michael Lewis（1997）[1]认为英语有四种"板块"：（1）词和短语（指有一定习语性质的词组），这是传统意义上的"词汇"。（2）搭配词（collocations），指那些频繁在一起出现的词语，最典型的是动名、形名搭配。（3）惯用话语（institutionalized utterances），指形式固定、有一定语用功能的单词组合。可以是完整的句子（如：There's a call for you.），也可以是句子开头（如：If I were you, I'd...）。（4）句子框架和引语（sentence frames and heads），这一类主要指书面语词汇如 secondly，...and finally 等。也就是说，英语习得者的实际语言交际活动90%由上述"板块"中的"搭配词、惯用话语及句子框架和引语"来实现，这种语言"板块"是语言习得的重要部分。Nattingger（1992）[2] 明确说，语言习得的一个共同模式是：学习

---

[1] Michael Lewis (1997). *Pedagogical Implications of the Lexical Approach, Second Language Vocabulary Acquisition*, Cambridge University Press.

[2] Nattingger (1992). *Lexical Phrases and Language Teaching*, Oxford University Press.

第三节 关于建立词汇—语法教学模式的思考

者要经过这样一个阶段——在可以预测的社会语境中使用大量的未经分析的语言板块。Lewis甚至认为，这些板块成为学习者开始领会语言模式、词法和那些传统上称之为"语法"的语言特点的原始数据。①

汉语习得是否也同样经过这样的阶段？汉语的语言板块都有哪些形式？目前还没有见到相关研究成果。但我们认为，"板块"理论也适用于汉语，并且汉语的语言板块可能较之英语更为丰富、在语言交际活动中更为活跃。这是因为：（1）汉语没有形态变化，虚词是汉语主要语法手段之一，汉语的虚词不但数量多，而且每个虚词的用法各异，换句话说，由虚词构成的语言板块，形式极为丰富，语用功能也很鲜明，识别和掌握这些板块，无疑是汉语学习的必要环节。如介词"在"就可以组成"在……方面、在……以前、在……上、在……中、在……下、在……看来、在+处所词语"等多个板块。另外，由虚词组成的固定格式和搭配则多得难以穷尽（从……到……、因为……所以……）。（2）汉语的固定短语（除前面提到的"惯用语"和"成语"外）实在是太丰富了，它们是汉语语言板块的另一种主要表现形式。如"没事儿、看样子、了不起、好容易、谁知道、不在乎、不由得、无所谓、这样一来、不怎么样、没说的、可也是……"。（3）常用实词的固定搭配也是汉语语言板块的重要内容。实词与实词的搭配很多。但并非所有实词搭配都划入此列。例如"吃"，有太多的名词、动词和形容词与之搭配（我吃、大家吃、吃饭、吃水果、喜欢吃、快来吃、好吃、吃饱），这些还称不上是我们所讨论的固定的汉

---

① 聂龙《进一步加强词汇教学》，《外语界》2001年第3期。

语语言板块。我们指的板块是使用频率较高的、使用上有一定限制的固定搭配，特别是在语言学习的中高级阶段，掌握这些板块对语言习得很有益处。例如形容词"繁荣"，常用板块有"市场繁荣、经济繁荣、国家繁荣、（一派）繁荣景象、繁荣的国家、繁荣经济、繁荣市场、越来越繁荣"等。再如动词"具有"，板块更为固定，有"具有民族风格、具有国际水平、具有历史意义、具有先进技术、具有创新精神"等，"具有"的宾语一般为抽象名词，而且名词前要有修饰语。

三、关于建立新的语法教学模式的思考

基于以上对对外汉语教学语法的讨论和认识，我们认为可以尝试打破传统的语法教学模式，建立重在功能、突出语言特性、符合语言习得规律的新的语法教学模式。具体设想如下。

（一）建立以虚词为核心的词汇—语法教学模式

虚词是汉语语法最显著的特点之一，也是留学生学习汉语的难点，实践告诉我们，以虚词为核心，向周边辐射，建立以虚词为核心的词汇—语法教学模式，是必要的，也是可行的。

1. 以虚词为核心的词汇—语法教学覆盖了汉语许多重要语法点。我们建议以虚词为核心，是说突破传统的就虚词学习虚词的方法，以虚词为轴，向外辐射，把汉语的重要语法点和留学生学习的难点有机地结合起来，构建一个可行的科学语法教学模式。例如介词，所涉及的语法内容包含了汉语许多重要的句式和使用频率很高的常用词及由这些常用词组成的固定格式（语言板块）。

句式："把"字句（辐射到"将"）、"被"字句（辐射到

"叫、让")、"比"字句(辐射到其他表示比较的方法)、"在"字句(辐射到引出处所的"于、由")、"从"字句(辐射到引出时间的"自、自从、由")、"给"字句(辐射到引出对象的"为、替")、"连"字句、"除了"句。

常用词:"和、跟、同、与""朝、向、往""为了、为""对、对于、关于"等。

固定格式:"依我看""按照我的看法""在我看来""据(他)说"等。

再如助词,所涉及的语法内容包括汉语一些主要句法结构、时态表达和语气表达。

句法结构:由结构助词"的"辐射的定中结构、由结构助词"地"辐射的状中结构、由结构助词"得"辐射的动补结构、由结构助词"所"辐射的"所"字结构。

时态表达:表示动作完成的时态助词"了"、表示动作持续态的形式标志"着"、表示曾经有过某种经历的"过"。

语气表达:表示疑问语气的助词"吗、吧、呢"(可以扩展到各类疑问句),表示反问语气的"吗",表示确定、强调语气的"了","是……的"格式中的"的"(扩展到汉语各种强调表示法),表示事情本应如此的"嘛",表示赞叹、夸张、厌恶、请求等语气的"啊、呢、嘛"。

2. 虚词有明显的板块结构。上文已经论述了虚词的板块现象,下面再分类举例说明。

(1) 副词。

a. 固定格式:太……了;挺……的;怪……的;先……然后……;再也不……;从来没……过;幸亏……才……;幸亏……

否则……；……，幸亏；无论……，反正……；反正……，就……。

b.固定搭配：有些副词对与之搭配的词有严格的要求，例如副词"一向、向来"的用法——用于动词前，动词多为表示心理活动的动词（主张、认为、反对、喜欢），或表示某种习惯（一向早睡早起、一向吃素、一向住北京、一向就是这样）；用于形容词前，多用于描述人的性格、脾气或表示对人的评价、看法；常有"很"配合使用（老王一向很老实、处理问题一向很冷静）。

（2）连词。

表示并列关系的：既……又……；既……也……；一边……一边……；一面……一面……；不是……就是……。

表示选择关系的：或者……或者……；要么……要么……；宁可……也不……；宁可……也要……；不是……而是……；与其……不如……；与其……宁可……。

表示条件关系的：只要……就……；只有……才……；不管……都/也……；除非……才……。

3.虚词是留学生学习汉语的主要难点所在，是习得汉语绕不过去的障碍。从事对外汉语教学的教师都有体会，留学生的病句多数与误用虚词有关，已经发表或出版的讨论留学生病句或偏误的文章、专著常常围绕虚词问题进行讨论，这说明虚词实在是对外汉语语法教学的中心内容。强化虚词教学意识，突出虚词学习难点，建立有效的虚词学习途径，一定会大大推动对外汉语语法教学。

（二）筛选、突出实词难点，加强词语搭配的学习

除了虚词外，还应注意筛选、突出实词难点，并注意自觉加强词语搭配的教学。

在讨论汉语语言板块时，我们已经讨论到关于常用实词的搭

配问题。从语言学的角度看,"搭配词语",也称作"词项搭配"(collocation),指的是常常共同出现于一种可以预先知道的模式中的任何一群词项间的关系。"词项搭配"概念是 Firth(1951)[1]在介绍有关词义理论时提出的,他认为,词义不仅通过音素、词素、语法形式等表现出来,还通过词项搭配来体现,即通过一个词与另一个或另几个词共同出现的一种较为固定的结构来体现。一个词项的搭配因而可以定义为这个词的约定俗成的或惯常的位置,它既不同于语境位置,也不同于语法位置。[2]在第二语言语法教学中引进词项搭配,目的在于为学习者提供直观的、科学的语言搭配板块,使教和学两方面都能便捷而准确地把握某一词项的语义特征和搭配特征,从而提高教和学的效果,特别是在中高级阶段,加强搭配词语的学习尤为重要。例如常用词"多",有多个词性(形容词、动词、数词和副词),各自有不同的用法,即词项搭配,这些不同的词项搭配可以清楚地显现出"多"不同的语义特征。如果教师有意识地系统地归纳出"多"众多不同的词项搭配,并引入教学,一定会收到好效果。如"多"的形容词的用法,就可以归纳为表 1:

表 1

语义	搭配格式	搭配词语
1.数量大,跟"少"相对	跟其他词一起修饰名词	很多人/书/东西 这么/那么多人/书/东西
	多+动词+数量词	多住几天　多吃一点儿
	多+动词重叠	多想想　多听听　多看看

---

[1] Firth. J. R. (1951). *"Modes of meaning"* in Papers in Linguistics,Oxford University Press.

[2] 冯跃进、汪腊萍《英语中词项搭配关系的定量研究》,《国外外语教学》1999 年第 2 期。

（续表）

语义	搭配格式	搭配词语
2.相差的程度大，多用于比较	形容词＋多＋了	好多了　方便多了　快多了
	形容词＋得＋多	好得多　麻烦得多　热得多

（三）着眼语篇，在语法与语篇之间建立起有机的联系

语篇中的语法特征往往前后有联系，如果局限在句子层面，许多语法现象就难以解释。语篇与语法的联系表现在诸多方面，但我们认为以下两方面应引起特别注意：

1. 连词（包括起关联作用的副词）。连词的功能是结构上的连接，从而体现语义上的连接。学习连词不可局限在就连词学连词，而要兼顾句内和句际连接。有些句子孤立看是正确的，但放到具体的上下文中，就出现问题。特别是在一个较大的语篇中，关联词连接语义的作用就更大。

2. 代词。从目前情况看，代词在对外汉语教学中没有被看作教学难点或重点，特别是基本的人称代词"你、我、他"和指示代词"这、那"等。一般认为，这些词在学生的母语中都有基本的对应词，表示的词汇意义也基本相同，因此容易理解和掌握。从单句层面看，学生的确很少出错，但是当我们突破句子的范畴，分析学生成段、成篇的语言材料时，就会发现许多"别扭"的地方正是出在代词上。看以下两个例子：

④在电视里，我们看到要是孩子有问题，孩子都问自己的父母，可是，如果我跟我弟弟有事，我们都问我姐姐，我姐姐变成了妈妈一样。

⑤有一个人，他看见一匹马，他给一匹马念"南无阿弥陀佛"，但是一匹马没听。

以上两段表达，单独看每个小句，无论在语法上还是在语义

上,都没有大的错误,但是整个语段显得很零散,上下文不够连贯,好像是一个个句子硬串在了一起。究其原因,显然是在代词的使用上出了问题。例④的问题有两个,一是该用代词"他们"代替"孩子",而作者没用,二是在每个"姐姐"前都用代词"我"来体现领属关系,显得很累赘。例⑤也有两处不当,一是该用"它"代替"一匹马",而作者没用,二是要用指示代词"那",以保持上下文的衔接。

以上讨论说明,代词绝不仅仅是起"代替"作用,它通过一种"照应关系",在一定的上下文甚至更广阔的语篇中起篇章连接功能。[①]

第四节　对外汉语语法知识课教学的新模式[②]

这里所谓"语法知识课"指在对外汉语教学的高级阶段(三年级或四年级)开设的现代汉语语法课,该课程比较系统地讲授语素、词类、短语、句子等语法知识。

在对外汉语教学的高级阶段进行汉语语法知识教学,对提高外国留学生的汉语综合运用能力具有十分重要的作用。正因为如此,在高级阶段开设语法知识课,是对外汉语教学界一个比较普

[①] 章振邦《关于〈新编英语语法〉系列的研编》,《外语教学与研究》1999年第3期。

[②] 本文以《对外汉语语法知识课教学的新模式》为题,发表在《语言教学与研究》2008年第3期,作者张宝林。

遍的做法。虽然不同学校在该课程必修与选修的定性、设课的年级、教学的时数、教学内容的多寡等方面存在差异，但该课一般都能受到学生的重视与欢迎。学生普遍认为这门课对他们学好汉语、提高汉语水平很有用，但同时，学生中也存在一定的畏难情绪，感觉这门课比较难，甚至很难。这反映出该课程在教学内容与学生的需要之间、在学生的愿望与实际感受之间，都还存在着一定程度的矛盾。因此，对该课程的教学需要进行深刻的反省与进一步的研究。

文中涉及的相关教学情况来自公开发表的学术论著和对7所高校9位语法知识课任课教师进行的问卷调查，结论也是在上述材料的基础上形成的。7所高校包括北京大学、北京师范大学、中国人民大学、北京外国语大学、北京第二外国语学院、大连外国语学院、北京语言大学。

一、语法知识课教学的根本目的

语法是一种专门的语言学知识，教语法是在传授语言知识，不论是教中国人还是教外国人，也不论是教外国学生汉语语法，还是教中国学生汉语语法，都是如此。但同样是教汉语语法，教外国学生和教汉语母语者却截然不同。母语者已经掌握了汉语，掌握了包含在汉语中的语法规律，他们所要学习的只是汉语语法的理论知识，从某种意义上也可以说是"为学语法而学语法"，一般来说，学习的结果对他们使用汉语不会产生大的影响；而对学习汉语的外国人来说，学习汉语语法知识的目的是要指导自己的语言实践，是要学好汉语，掌握实际的汉语综合运用能力，学习的结果会直接影响他们能否正确地使用汉语。"传授语言知识的目的是指导实践,规范学生的言语行为。衡量知识讲授成败的标准是学生言语行为的正误、生熟以及是否得体"①。"一个词语,一个格式,怎么用是合乎汉语的语法,怎么用是不合汉语的语法,要教给学生的不正是这个吗?"②这就决定了"教外国学生重点不应该是理论体系和概念术语,而应该是用法."③。

可见,教用法是对外汉语语法教学的根本目的,"而这一点正是以往的著作和教材所忽视的"④。需要特别指出的是,不论是初级阶段的语法教学,还是中级和高级阶段的语法教学,也不论是综合课(或称精读课、骨干课)中的语法教学,还是语法知识课教学,"教用法"都是教学的根本目标。

以高级阶段的语法教学为例。刘颂浩(2003)⑤在一次关于"把"字句教学的调查研究中发现,由8名高级班学生和9名研究生组成的外国学生组使用"把"字句的错误率高达44%,其中与动词相关的错误占61%;而由13名研究生组成的中国学生组错误率只有6%,而且基本上都是口误。由此可见,即使是对高级阶段的外国留学生来说,"教用法"依然是对外汉语语法教学面临的非常现实而迫切的重要任务。

---

① 邓恩明《编写对外汉语教材的心理学思考》,载张德鑫、靳光瑾主编《对外汉语教学:回眸与思考》,外语教学与研究出版社,2000年。
② 吕叔湘《汉语语法分析问题》,商务印书馆,1979年。
③ 胡明扬《〈汉语语法教程〉序》,载孙德金《汉语语法教程》,北京语言文化大学出版社,2002年。
④ 同③。
⑤ 刘颂浩《论"把"字句运用中的回避现象及"把"字句的难点》,《语言教学与研究》2003年第2期。

诚然，作为"语法知识课"，教学中当然要比较系统地讲授汉语语法的基本知识，这是毫无疑问的。但这种系统的语法理论知识的讲授，最根本的目的还是帮助学生掌握汉语语法规律，通过学习语法来真正提高运用汉语进行交际的实际能力。"通过必要的语法学习，使学习者易于表达、便于阅读、善于交际"[1]，而不是为学语法而学语法，不是为了对语法现象进行解释说明而学语法。"因此不必要的理论上的阐述和烦琐的解释都和我们的教学目的相违背"[2]。这正是给外国学生讲授语法知识和给中国学生讲授语法知识的根本性区别。

因此，我们应使"教用法"成为对外汉语语法教学的一条基本原则。

什么是"用法"呢？吕叔湘（1991）[3]明确指出，一个语法形式"出现的条件：什么情况之下能用或非用不可？什么情况之下不能用？必得用在某一别的成分之前或之后？等等"。吕先生还举了"趁着现在年富力强，再拼搏它几年"这样一个例子，通过句中的"它"来说明什么叫"用法"。吕先生指出了"它"的三条"用法"：（1）可用于表示未来，不能表示过去；（2）表示习惯性的事情，则不受时间的限制；（3）带"它"的动词后的宾语或补语必须带数量词语。可见，所谓"教用法"就是要把一个语法形式的使用条件说清楚。

---

[1] 李晓琪《关于建立词汇—语法教学模式的思考》，《语言教学与研究》2004 年第 1 期。
[2] 李晓琪《论对外汉语虚词教学》，《世界汉语教学》1998 年第 3 期。
[3] 吕叔湘《理论研究和用法研究》，载《语法研究和探索》（六），语文出版社，1991 年。

二、语法知识课教学存在的主要问题

（一）教学内容陈旧，不符合学生学习的实际需要

限于课时等因素的制约，有的教师只能教完句子成分，只是教给了学生最基本的语法知识，而更有实用价值的特殊句式、句式变换、复句、语段等内容，则没有时间涉及。

在词类、短语、句子成分及句式教学中，未吸取语言学新的研究成果，未能结合语义语用进行教学。例如对"把"字句就没有结合其语义语用特征进行教学，学生学习了相关的语法结构之后，不清楚用不用"把"字句在语义上有什么区别，什么时候该用或非用不可，什么时候不能用。

对语法现象的解释不够充分，尤其缺乏对语法现象理据的说明。例如学生在学习量词时存在大量错误，其重要原因之一是教学上没有讲清楚量词与名词搭配的内在理据——量词的语义色彩。

虚词教学薄弱。陆俭明（2000）[1]指出，虚词在语言中起着"经络"的作用，其重要性大大超过实词；在汉语里，则占有更重要的位置。有研究表明，学生一半以上，甚至80%以上的语法错误和虚词有关，并且存在着严重的"化石化"现象。一些常见的，最基本的虚词，中高级阶段的学生，甚至已经在中国取得了硕士或博士学位的外国留学生仍然用得不好。[2]而在语法知识课教学中，一般只是用两节或四节课，概述式地把虚词介绍一下，再做一些练习就过去了。这种教学安排对解决学生的问题作用确实有限。

---

[1] 陆俭明《"对外汉语教学"中的语法教学》，《语言教学与研究》2000年第3期。

[2] 李晓琪《论对外汉语虚词教学》，《世界汉语教学》1998年第3期。

缺乏语段教学，更没有篇章教学。这使高年级留学生普遍存在的"单句表达基本正确，成段表达效果不佳"的问题更加突出。

（二）教学方式陈旧，不符合认知规律

教师授课多采用演绎法：先讲语法规律，再举些例子加以印证，最后做一些相关练习。这种授课方式是不符合人们认识事物的自然过程的。

教师按教材内容顺序讲授，并未紧密结合学生的学习难点，教学针对性不强。

教学过程主要是教师讲学生听，是一种灌输式的教学方式。学生作为学习主体的主观能动性并未得到充分发挥，学习积极性也没有被充分调动起来。

（三）教材不适合教学需要

教材内容贪大求全，结果必然导致重点不突出，特色不鲜明。赵金铭（1997）[①]指出，一些对外汉语教学方面的语法著作"都力求全面阐释汉语语法，体系庞大，篇幅浩繁，讲释详赡，巨细无遗。虽也结合外国人习得汉语中的错误，但在用法的说明上，以及使用条件的规定上，尚嫌不足"，可谓切中时弊，入木三分。

有的教材内容大多是作者个人的学术研究成果，属于理论探讨，学生难以理解，更难掌握。

教材内容比重失调。有的教材词法内容过多，这不符合汉语更注重句法的特点，又占去了太多的课时。语段在言语交际中具有十分重要的作用，人们在实际的言语交际中使用的主要不是单个的句子，而是由句子组成的语段。自20世纪80年代末、90年

---

① 赵金铭《汉语研究与对外汉语教学》，语文出版社，1997年。

代初以来，在对外汉语教学中急需进行语段教学已经成为对外汉语教学界的共识。但如此重要的语法内容在一些教材中却根本没有涉及；有些教材虽有提及，但也是寥寥数页，语焉不详。语法教学的实际情况再次证实了这样的判断：在教学实践上，"语段教学几乎还是一片空白"[①]。这种状况是不符合汉语交际的实际情况的，也是不符合培养学生综合运用汉语的实际能力的教学宗旨的，必然会对教学产生十分不利的影响。

按母语教学的思路安排教材内容，不适合对外汉语教学的实际需要。"几乎全部的对外汉语教材的语法体系，都是沿用为母语是汉语的人所讲的语法体系，无论是教学语法，还是理论语法，都很少或根本没有考虑第二语言习得者所遇到的种种问题，而这些问题是汉语为母语的人所根本没有料到，或人们所说'习焉不察'的"。[②]

过于追求系统性与学术性，对实用性与通俗性则重视不够，对通俗性甚至未予关注。结果是教材的学术性很强，可读性较差，语言不通俗，给学生理解教材中所讲的语法内容造成了困难。学生的一个典型反应是："自己看书看不懂，听老师一讲就懂了。"

讲解较多，练习偏少；讲知识较多，讲用法偏少。有些教材对语法知识讲得很细致，但练习安排得很少；讲知识时对用法又讲得很少。比如讲虚词，只是把各类虚词的主要特点大致讲讲，而没有逐一讲述一些主要虚词的具体用法。而外国学生所需要的，主要的并不是知识，而是掌握实际使用各类虚词的语言能力，这种能力并不是只了解虚词特点就能具备的，而必须了解每个虚词

---

① 吕必松《〈对外汉语教学语法探索〉序》，载吕文华《对外汉语教学语法探索》，语文出版社，1994年。

② 赵金铭《汉语研究与对外汉语教学》，语文出版社，1997年。

的具体用法、使用条件才行。

总起来看,语法教材的内容及安排没有从外国人学习汉语的实际需要出发,没有突出对外汉语教学的特点。

(四)缺乏基础研究,对外国学生学习汉语语法的基本情况缺乏深入了解

对有些语法现象的教学因循旧说,没有做进一步的考察。仍以"把"字句为例,对外汉语教学界普遍认为它是语法教学的一大难点,主要原因是学生对它采取回避策略。然而,根据我们对《HSK 动态作文语料库》的统计和分析,在外国汉语学习者约 400 万字的作文语料中,共出现"把"字句 3573 句,其中正确的句子 3111 句,占"把"字句总数的 87.07%;病句 462 句,占"把"字句总数的 12.93%。"把"字句的使用率和偏误率都仅次于"是"字句、"是……的"句和"有"字句,而远远高于"被"字句、"比"字句、兼语句等句式。在"把"字句的偏误中,不仅有回避现象,而且存在不该用"把"字句而用的泛化现象,"把"字句的内部错误也占有相当大的比例。

从上述数据来看,外国汉语学习者在 87.07% 的概率上是可以正确地使用"把"字句的;"把"字句的"回避"问题确实存在,但以往确实把这一问题夸大了,而且忽略了"把"字句的泛化问题。联系汉语母语者的情况来看,中国人"把"字句的使用率约为 0.0767%;[①] 外国汉语学习者"把"字句的使用率为 0.0893%。外国汉语学习者使用"把"字句的几率比中国人还多 0.0126 个百

---

① 此数据来自我们根据宋柔教授主持研制的《面向语言教学研究的汉语语料检索系统 CCRL》对 2000 年《人民日报》共计 2400 万字语料所做的检索统计。在该语料中共有 19 189 个带"把"的句子,其中"把"为介词的 18 413 个。

分点。那么所谓的"回避"问题又从何说起呢?

不论是在语法本体研究,还是在对外汉语教学研究中,"把"字句都是受到广泛关注、得到较为充分研究的一种句式,却依然存在上述种种误解与偏见。由此可见,我们对外国学生学习汉语语法的具体情况并不十分清楚,这方面的基础研究还远远不够。

(五)对语法知识课的性质与教学目的的认识尚存在一定偏差

在我们进行的调查中,有教师提出,教语法知识课的主要困难是处理语法的系统性和满足留学生学习的实用性的关系问题。我们认为,这一问题反映了语法教学与学生实际需要的矛盾,涉及对外汉语语法知识课的教学目的、基本性质和教学定位,关系到如何体现对外汉语语法教学的特点,反映了学界在这一问题上的困惑与偏差。例如接受我们调查的某位教师就认为,语法知识课的教学目的是教知识。学界也存在着把语言知识课的性质等同于文化知识课的观点。而学生则希望教师讲解少一点儿,练习多一点儿;不要讲大的语法体系,而要逐个讲解和练习主要语法点;要少讲术语。显然,学界的某些认识与学生的需要是存在较大距离的。

三、语法知识课教学新模式

语法知识课教学研究可以和教学模式研究相结合,我们试图通过建立新的语法知识课教学模式来改进语法知识课教学的现状。

(一)教学模式的基本内容

1972年,美国学者乔伊斯(B.Joice)和威尔(M.Weil)出版了《当代西方教学模式》一书,拉开了教学模式研究的序幕。[1]

---

[1] 汲传波《论对外汉语教学模式的构建》,《汉语学习》2006年第4期。

此后，教学模式研究引起人们的广泛关注，成为教学研究的一个热点问题。近年来，教学模式研究也得到了对外汉语教学领域的重视，相关的研究也逐渐开展起来，例如在语法教学方面就有"以虚词为核心的词汇—语法教学模式"[1]。这些研究对语法知识课教学无疑具有重要的指导意义和促进作用。

我们赞同这样的认识：教学模式是在一定思想理论指导下，为实现特定教学目标而设计的比较稳定的教学程序及其实施方法的策略体系。一个完整的教学模式主要由指导思想、教学目标、策略、程序、评价等相互作用、相互影响的因素构成。[2]而从教学过程的角度看，"在传统教学过程中包含教师、学生、教材等三个要素。在现代化教学中，通常要运用多种教学媒体，所以还应增加'媒体'这个要素"，这四个要素在教学过程中所形成的稳定的结构形式，就称之为"教学模式"。[3]

根据以上论述，我们认为教学模式涉及与教学过程相关的多种因素，例如对教学的基本认识与教学目的、教学过程与教学方法及手段、教学内容与教材、教学效果与评价等，都可以涵盖于教学模式研究的范围之内。

（二）语法知识课的教学模式

根据我们对语法知识课教学的基本认识和对教学模式的理解，针对教学中存在的实际问题，我们提出一种"用法主导的教学模式"：教学的根本目的是"教用法"；教学内容由词类和句法、

---

[1] 李晓琪《关于建立词汇—语法教学模式的思考》，《语言教学与研究》2004年第1期。

[2] 李雁冰《简论教学模式》，《山东教育科研》1994年第3期。

[3] 何克抗《建构主义的教学模式、教学方法与教学设计》，《北京师范大学学报》（社会科学版）1997年第5期。

虚词、语段三分天下；教学方法以归纳法为主，并与演绎法恰当结合；强调精讲多练，学以致用；教材则简明扼要，通俗易懂，便于使用；而以结构形式、语义、语用三方面的正确表现作为考核与评价的基本依据。这种模式的要旨是以学生为中心"教用法"，进而提高学生综合运用汉语的实际能力；教学内容、教学方法、教材的安排与设想也都以此为旨归。

1. 教学中要坚决贯彻"教用法"的教学原则。

我们认为，"教用法"是对外汉语语法知识课教学的根本目的，也是一条基本的教学原则。这一目的与原则符合外国学生学习汉语的实际情况，在教学实践中应该坚决贯彻落实。

2. 改进教学方法，落实教学目的。

采取归纳法进行教学，并恰当地与演绎法有机地结合。归纳法从感性材料出发，通过对具体材料的分析综合，得出一般性的规律。它符合人们认识事物的自然过程，非常适合对外汉语语法教学，再与演绎法恰当地配合使用，就可以取得最佳教学效果。在具体的教学实践中，可以把事先精选的例句展示出来，引导学生进行分析、展开讨论、指出错误、总结规律，再依据得出的规律来观察分析更多同类的语言现象，从而加深对规律的理解与认识。这样进行教学，学生不仅能具体、深刻地理解和掌握语法规律，而且会感受到发现的乐趣，看到自己语言能力的增强，学习语法的自信心和积极性也必然会得到极大的提升。

句法结构与语义、语用相结合，真正落实"教用法"的教学原则。在教学中，仅仅给学生讲清楚句法结构是远远不够的，因为这会产生一种结果：学生可能对某种句式的句法结构非常清楚，对不同句式之间的变换也能熟练掌握，但仍然不会使用那种句式。

例如学生可能已经掌握了动词重叠、情态补语的语法形式,掌握了"把"字句和"被"字句的变换规则,但却不了解动词重叠的语法意义、情态补语的表达作用、"把"字句和"被"字句的语用条件等,因而不能正确地使用这些语法形式。要正确地使用语言,不仅要合乎语法规则,而且要符合语义规则和语用规则,否则就会造出"合乎语法的不可接受的句子"[1]。为了避免出现这种情况,就要从结构、语义、语用三者结合的角度进行语法教学,这也是落实"教用法"教学原则的一个重要保证。例如一个身在北京的外国学生说:"我假期要去中国,我去一个人。"这个句子首先有结构上的问题,即把状语"一个人"放在了宾语的位置上,但产生此问题的根源在语义,即"一个人"既非受事宾语,也非施事宾语,是不能在宾语的位置上出现的,它表示动作的方式,应在动词前面做状语。"我假期要去中国"孤立地看在结构和语义上都是正确的,问题出在语用上:既然说话人已经在中国,就不能说"去中国",而只能说"来中国"。

讲练结合,精讲多练,由"懂"到"会",切实掌握用法。教师的"教"是教学过程中不可或缺的要素,它对传播知识、启迪学生心智具有十分重要的意义。但语言不是"教会"的,而是"练会"的。"教"的结果是"懂","练"的结果才是"会"。从"听懂"到"会用",最关键的就是要进行练习。这也是对外汉语教学和对"内"汉语教学的一个重要区别。因此在教学中必须讲练结合,精讲多练,使学生由"懂"到"会",真正掌握语法点的用法。从我们的调查结果来看,所有教师都认为必须进行练习,多数教

---

[1] 赵金铭《汉语研究与对外汉语教学》,语文出版社,1997年。

师认为练习时间应占教学时间的三分之一以上。

从认知角度讲语法,加强理据说明,使学生知其"所以然"。作为高年级的语法知识课,既要让学生对语法知识知其然,又要使学生知其所以然,应从认知角度讲语法,使学生明白语法规则的来源及成因。例如指人名词不能同时前加数量短语后加数量助词"们",这是一条语法规则,然而学生常常会说出"两个同学们""三个老师们"之类的病句。在教学中,我们不仅要告诉学生怎样说才是正确的,而且要使他们明了为什么这样说:虽然名词前加数量短语或后加"们"都表示名词的"复数"概念,但作用并不完全相同,加数量短语是把事物作为个体一个一个来计量,加"们"则是把事物当作一个整体来看待;对于同一个事物,我们不能同时既从个体的角度又从整体的角度来计量,因此不能说"两个同学们""三个老师们",而只能说"同学们""老师们",或者"两个同学""三个老师"。[1]

3. 根据学生实际需求,实事求是地调整教学内容,编写教材。

适当精简某些语法内容。例如词类虽然是重要的语法内容,但处处详说细讲不仅会占用大量课时,而且并不完全适合学生的实际需要。因此应简化词类内容,省出课时讲特殊句式、句式变换、复句及语段等更为实用的内容。

大力加强与充实虚词教学。虚词的个性很强,而教学上一般只是大概地讲一下,不可能取得好的教学效果。常用的、重要的虚词必须一个一个讲,而学生也一定得一个一个地学。[2] 李晓琪

---

[1] 张斌《汉语语法学》,上海教育出版社,1998年。
[2] 陆俭明《"对外汉语教学"中的语法教学》,《语言教学与研究》2000年第3期。

教授在教学中把虚词从其他语法内容中离析出来，用一个学期专讲虚词。这是一种实事求是、非常有针对性的教学安排，值得借鉴推广。我们认为，虚词教学在整个语法知识课的教学体系中应占三分之一的比例。

增加篇章教学，首先是语段教学。句子是语言的使用单位，但尚不足以充分表达说话人的意思。能够充分表达意思的是语段，语段在各级语法单位中占有重要地位，是学生最需要掌握的语法内容。语段教学应重点讲授语段内句与句的衔接方式、语段的语义中心的表现形式，并通过学生的实践活动，使学生掌握这些内容，提高成段表达能力。在此基础上，再进行语段和语段之间连接方式的篇章教学，把成段表达能力的培养从语段层面推进到篇章层面。彭小川教授在中级阶段的语法课教学中就已经引入了语段教学，课时约占总课时的三分之一强，① 这种安排是非常符合对外汉语语法教学的实际需要的。

根据学生学习的难点，吸收新的研究成果，增强语法教学的针对性与实用性。汉语的不同语法点本身有繁简之分；与学生的母语相比，有些语法点可能差距很大，有些则可能比较接近，有些甚至完全相同，因此对学生来说自然就有难易之别；学生的母语背景不同，遇到的学习难点可能也会有所不同。因此，在教学中应针对学生的不同特点，根据他们的实际需要，有针对性地进行教学：简易之处、与学生母语相近之处可以少讲、略讲；与学生母语完全相同之处甚至可以不讲，因为学生可以通过其母语的正迁移自然习得；而对汉语语法的繁难之处、与学生母语的不同

---

① 彭小川《对外汉语语法课语段教学刍议》，《语言文字应用》1999 年第 3 期。

第四节 对外汉语语法知识课教学的新模式

之处、特别是似是而非之处，总之是学生难于理解和掌握的语法内容，例如量词与名词的搭配、助词的用法、多项修饰语的次序、比较的方法、形容词谓语句、各种补语句、"把"字句、无标记的被动句、"是……的"句、语段等，[①] 则要详细讲、反复练，直到学生真正掌握为止。教学中还应注意吸取新的研究成果，增强教学的实用性。例如"把"字句教学，就应吸取相关的科研成果，特别是关于"把"字句的语义语用特征的研究成果，以使学生了解用与不用"把"字句的区别，什么情况应该使用或必须使用，什么情况不能使用或不必使用，从而避免学生对"把"字句的回避与泛化，真正掌握"把"字句的用法。

教材编写方面，语法教材应简明、实用、通俗易懂，切忌内容太多、篇幅太大、学术性太强、语言不通俗。教材是"一课之本"，基本上规定了教学内容，体现着教材编写者的教学理念，与一定的教学模式相适应，在教学中具有关键作用。针对目前对外汉语语法知识课教学的具体情况，首先应当把大而全的学术专著式语法教材变为真正"实用"的语法教材，突出简明、实用的特点。在这方面，卢福波的《对外汉语教学实用语法》堪称典范。作者把"明确的针对性"和"简明实用性"作为追求的目标，使这本教材具备了"新颖和明辨两大特点"，"是一本有特色又的确实用的书"。[②] 对外汉语语法教材尤其应当注意语言的通俗性，学生那种"老师讲听得懂，语法书看不懂"的感觉，非常典型地

[①] 吕必松《华语教学讲习》，北京语言学院出版社，1992年；刘珣《对外汉语教育学引论》，北京语言文化大学出版社，2000年。

[②] 赵金铭《序》，卢福波《对外汉语教学实用语法》，北京语言文化大学出版社，1996年。

反映出语法教材的语言过于艰深，大大超越了学生实际的汉语水平，不能适应对外汉语语法教学的需要。因此语法教材急需在汉语书面语的语言运用上下功夫，从语言运用的角度来降低语法学习的难度。对外汉语教学最需要的是"通俗语法"，其主要特征是简明扼要、用例丰富、通俗易懂、便于使用。

四、结语

我们针对语法知识课教学存在的种种问题，提出了"用法主导的教学模式"，希望能够解决一些问题，改进教学。

需要指出的是，教学中存在的种种问题与研究的不足是有密切关系的。例如"吃食堂""吃馆子"中的宾语到底是不是处所宾语？语法上对充当这种宾语的词语有什么限制？此类述宾结构在什么语境下才能使用？再比如语段教学薄弱的问题，根本原因在于"对汉语篇章，尤其是语段的研究始终处于停步不前的状态，这已经严重影响了中高级阶段的汉语语法教学"[①]。

由于语料规模、研究方法等因素的制约，对于学生在汉语语法习得方面的真实情况，比如哪些语法点学生已经掌握，哪些还没有掌握，存在的具体问题是什么；哪些情况比较严重，哪些情况不那么严重，等等，我们可能并不十分清楚，上文"把"字句的情况就是一个典型的例子。因此，必须加强语法本体和教学两方面的基础研究，用丰富的研究成果为教学提供理论支持。在此基础上采取适当的教学模式进行教学，对外汉语语法教学就一定

---

① 张旺熹《对外汉语研究与评论》，北京大学出版社，2005年。

能够产生质的变化，达到一个比较高的水平。

第五节 "任务—活动"型汉语课堂教学模式的构建[①]

对外汉语教学在60多年的发展进程中，积累了丰富的教学经验，总结、归纳了一些有效的教学方法和教学模式，比如以结构为主的句型教学，以听说法为主的"听说领先、读写跟上"，以交际法为主的"结构、功能、文化相结合"，等等。这些行之有效的方法在教学中发挥着巨大的作用，并在学科发展中产生了深远的影响。但是纵观这些方法也存在一定的问题：（1）基本上以知识讲授和技能训练为主，课堂上教师带着学生说、带着学生练，始终以教师为主，忽视学生的主观能动性和认知、情感的作用；（2）对多年形成的教学经验和习惯做法缺少一定规模的实验和反复验证，[②] 无法使之升华为理论并进而凝结成有意义的教学模式；[③]（3）这些方法主要适合目的语环境，并不完全适合非目的语环境。

随着海外汉语教学需求的增大，特别是近年来，志愿者教师和海外非汉语专业教师的增多，他们迫切需要一些能体现先进教

[①] 本文以《"任务—活动"型汉语课堂教学模式的构建》为题，发表在《语言教学与研究》2013年第6期，作者姜丽萍。

[②] 赵金铭《对外汉语研究的基本框架》，《世界汉语教学》2001年第3期。

[③] 马箭飞《汉语教学的模式化研究初论》，《语言教学与研究》2004年第1期。

学理念，在教学中看得见、摸得着、能具体实施的教学步骤和流程，但是，原有的一些教学方法和模式远远满足不了汉语国际教育发展的需求，因此构建一系列在新型教学理念指导下的有效的、实用的教学模式迫在眉睫。

教学模式是将教学理论以稳定、简约化的形式表达出来，对教师组织课堂活动具有指导性作用。同时，它又是教学经验上升为教学理论的转化环节，它将教学活动进行筛选、分析研究，再进行系统的归纳总结，然后提炼概括出具有普遍指导意义的教学范式。[①] 教师掌握了教学模式，就掌握了组织课堂教学活动的观念和原理，就不会在学习别人经验时，仅仅停留在一招一式的模仿上，就会抓住其精髓，在运用时举一反三。[②]

我们将在建构主义和任务型语言教学理论的指导下，在总结、归纳海内外优秀汉语教师课堂教学实践的基础上，构建具有共性、普适性和规律性的"任务—活动"型汉语课堂教学模式。

一、"任务—活动"型汉语课堂教学模式的结构

"任务""活动"是近年来第二语言课堂教学的关键词，常见于"任务型教学""课堂活动""活动教学"等，鲜有将二者结合起来。我们认为"任务—活动"型教学是汉语作为第二语言课堂教学的一种属性，一方面，它以"任务""活动"表征着汉语作为第二语言课堂教学的具体形式；另一方面，它也表征了课

---

① 周淑清主编《初中英语教学模式研究》，北京语言大学出版社，2004年。
② 陈少娟、吴慧珠《思想品德课的课堂教学模式》，《课程·教材·教法》2000年第5期。

堂上师生、生生本身的存在关系。

在任务型语言教学中,"任务"这一概念通常是指以真实世界为参照、以形成语言意义为主旨的活动。任务是否确切、任务目的是否明确、任务是否有层次等都必须加以认真全面的考虑。教师要设计出可以在课堂上展开的,与教学内容相符的,能促进学生积极主动开展学习活动并有可能在真实生活中运用的任务。课堂活动是一种特殊的社会活动,在这一活动中,教师、学生、教学内容、环境相互作用,目的是帮助学生建构目的语的语言知识和语言能力。教师要设计出新颖的、贴近学生生活实际的、迎合学生兴趣和需求的课堂活动,促进师生、生生之间的交流、交往和互动,在活动中发展学生的目的语。"任务—活动"型教学就是在课堂活动中引导学生用目的语完成各种交际任务,其核心是以具体汉语交际任务为载体,以完成任务为动力,把语言知识和语言技能融为一体,通过听、说、读、写等活动,鼓励、要求学生用所学语言去完成特定的任务,在完成任务的过程中培养学生的语言综合运用能力。

在汉语作为第二语言教学中以培养学生"语言综合运用能力"作为教学目标已经成为人们的共识。《国际汉语教学通用课程大纲》[1](以下简称《大纲》)指出:"国际汉语教学课程的总目标是,使学习者在学习汉语语言知识与技能的同时,进一步强化学习目的,培养自主学习与合作学习的能力,形成有效的学习策略,最终具备语言综合运用能力。"从《大纲》规定的内容我们可以看

---

[1] 国家汉办《国际汉语教学通用课程大纲》,外语教学与研究出版社,2008年。

出，有效的汉语学习活动不仅仅单纯地依赖知识讲解和技能训练，自主探索与合作交流是学习汉语的重要方式。课堂教学活动必须建立在学生的认知发展水平和已有知识经验的基础上。教师应激发学生的学习积极性，向学生提供充分从事汉语活动的情境和机会，帮助学生在自主探索和合作交流的过程中真正理解和掌握汉语知识和技能、形成有效的学习策略，最终具备语言综合运用能力。我们认为，学生语言综合能力的获得是一个动态的生成过程，经历由知识到技能再到交际能力和创造能力的发展过程，这也符合建构主义"知识的建构过程常常需要通过学习共同体的合作互动来完成"[①] 这一理念。我们将以建构主义、任务型语言教学理论为指导，结合初级汉语综合课课程的特点及教学目标，构建以问题为载体的知识讲解，到以强化为主的技能训练，再到以体验为主的言语交际能力培养，最后通过自主建构完成交际任务。该模式的基本结构如图1所示：

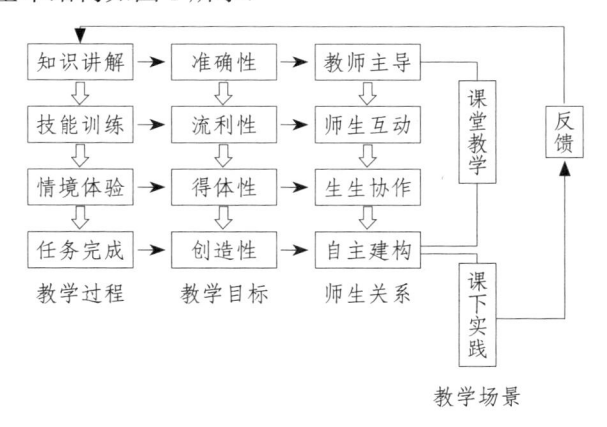

图1

---

① 陈琦、刘儒德《当代教育心理学》（第2版），北京师范大学出版社，2007年。

该教学模式是通过教学过程的实施，逐级达到教学目标，并在实施教学的过程中，使师生关系由以教师为主导，逐渐过渡到以学生为中心，最后达到学生自主学习和建构。整个流程以学生的语言应用和课下实践中发现和存在的问题为新的起点，反馈到新一轮的教学中，作为新一轮教学的出发点，在如此反复的螺旋式上升中提高学生的语言能力。

二、"任务—活动"型汉语课堂教学模式的教学过程和教学目标

教学过程是一项系统工程，它包括教师、学生、教学内容、环境和媒介等多个课堂教学要素，它们之间的相互关系决定着课堂教学的效果。现代教学理论强调教学是一个动态生成过程，在这一过程中，学生由接受到建构，由限定到自由，由预设到生成，最终培养学生的课堂生成能力和创造能力。

根据《大纲》设定的教学目标，"语言综合运用能力"的达成不是一蹴而就，而是动态的、具有层级性的。多年来，我国外语教学界一直遵循"先准确、后流畅"的教学原则。[1] 我们认为在对外汉语教学中，也应该把语言的准确性作为教学目标的第一个层级，语言的流利性作为教学目标的第二个层级，这也符合语言学习从知识入手，由知识转化为能力的过程。但是在实际的语言使用中，光有准确和流利是不够的，交际还要得体、恰当，在

---

[1] 吴景荣《外语怎样才能过关》，《外语教学与研究》1962年第4期；孙骊《流利与准确》，载《基础英语教学论文集》，外语教学与研究出版社，1985年。

教学中还要训练学生根据不同的语境说出得体的话来，因此语言的得体性是教学目标的第三个层级。虽然从准确性、流利性到得体性，学生越来越接近真实的交际，但是受课堂教学时空限制，体现不出语言的丰富性和个性化，打破课堂教学的时空限制，引导学生到真实的社会交际情景中发挥自己的创造性，说出符合自己个性的语言来，才能真正形成交际能力，因此语言的创造性是教学目标的第四个层级。[1] 根据教学目标的达成，汉语课堂教学流程如下：

教学过程：知识讲解→技能训练→情境体验→任务完成
　　　　　　⇩　　　　⇩　　　　⇩　　　　⇩
教学目标：准确性 ──→ 流利性 ──→ 得体性 ──→ 创造性

（一）知识讲解

学习汉语首先要学习汉语的语言知识和文化知识，而这些知识的获得主要靠教师的讲解，但是基础阶段学生的汉语水平较低，讲解不能面面俱到，也不能过于深入、细致，而要进行可理解性输入。克拉申认为，语言结构最有效的获得发生在通过略高于学习者现有水平的可理解性输入呈现时。[2] 也就是维果茨基提出的"最近发展区"。由此可见，教师的讲解并不是让学生机械地、被动地接受，孤立地存储信息，而是将学生的注意力集中在高一级水平的语言输入上，通过激活学生的已有知识促进学生积极参与分析、理解所学内容，进而提高语言能力。因此教师的讲解：（1）通过各种方法、手段和技巧使所讲授的内容通俗易懂；（2）重点突出，

---

[1] 姜丽萍《关于构建"以培养交际能力为目标"的对外汉语教学框架的思考》，《汉语学习》2007年第1期。

[2] 引自戴庆宁、吕晔《CBI教学理念及其教学模式》，《国外外语教学》2004年第4期。

第五节 "任务—活动"型汉语课堂教学模式的构建

不是面面俱到;(3)讲解要有层级,由已知到未知、由浅入深;(4)提供真实的语言素材;(5)联系学生的已有知识、生活实际。例如,讲生词,以往教师都是按照生词表逐个讲解,中间穿插一些形象手段或翻译,比较随意。建构主义的认知观强调教师为学生提供"脚手架"和认知条件,学生在教师提供的框架中完成任务。我们以《成功之路:进步篇1》(邱军、年世荣,北京语言大学出版社,2008年)第6、7课生词(见表1,加粗部分为生词)讲解为例,教学设计是这样的:

表1

讲解方式	1. 直观式	1. 直观式(实物展示、图片、照片) **伞把儿**、新(旧)**伞**、**打盹儿**

	2. 语境式	2. 语境式
		(1)就地取材
		  今天我们班**在座**的都是外国学生吗?
		(2)联系身边的人、生活场景
		  王老师要**改行**,你们觉得做什么好?(王老师是任课教师)
		(3)联系旧课
		  大家闹着玩儿的,但小芳**竟然**当真了。(联系第6课内容)

	3. 对比式	3. 对比式 (1)意思相反:老公 vs. **老婆**,恋爱 vs. **分手**,**男士** vs. **女士** (2)意思相近:全部 vs. **所有的**,小偷 vs. **盗贼**,没想到 vs. **竟然** (3)词性差异:**突然** vs. 忽然,以前 vs. 从前
	4. 动作式	4. 动作、表演式 **藏、顺手牵羊、接**……
讲解流程	按学生认知发展来设计,支架式铺垫,各个击破	1. 教师借助教材中的英文注释逐个讲解(感知并理解)。 2. 展示PPT认读生词(脱离拼音和英文注释认读)。 3. 通过多种手段和方式讲解重点生词(为学生提供支架)。 4. 词语扩展,联系课文。

(续表)

讲解特点	1. 例子丰富，与学生生活息息相关	1. 一般生词教师给 3—5 个句子，重点生词给 5—10 个句子。采取教师给前半部分语境，后面学生自己补充。
	2. 启发式引起认知冲突，引发思考	2. 学生大概了解生词意思以后，教师做相应引申，启发学生思考："我的 u 盘坏了，**值不值得修？**"
	3. 重视搭配	3. 搭配：离合词做扩展："改了行""打了一会儿盹儿" 词语搭配：（谈）恋爱、（很）一般 否定式、疑问式：**不值得、值不值得**
	4. 注重声调	4. 注重声调：轻声"妻子" 四声"信赖" 儿化"打盹儿、伞把儿"
	5. 重现率高，用学生所学的词解释新词	5. 旧词带新词：你猜一猜这支激光笔多少钱？（猜一猜——估计）
	6. 及时纠错	6. 及时纠错："牛奶的保鲜期过期了。"（保鲜期过了／过了保鲜期了）
	7. 词语扩展	7. 生词扩展回归课文：财产→所有的财产→所有的财产都卖了→"把所有的财产都卖了。"（课文句子）
	8. 过渡自然，生词与生词之间联系紧密	8. 过渡自然： 师：什么时候**打盹儿**？生：累的时候、熬夜的时候。 师：我们班有人打盹儿，**观察**一下我们班谁昨晚熬夜了，没睡好？

总之，知识的教学过程不是为了讲解而讲解，而是为学生提供大量目的语的可理解输入，引导学生对语言知识的感知、理解、归纳提升，引导学生发现问题、探究问题和解决问题，知识讲解的目的是达到语言输出的准确性。

（二）技能训练

语言教学仅仅让学生理解语言知识是不够的，还要学习将这些知识转化为"产出式"的言语技能，即将知识转化为听说读写的言语技能和言语交际技能。关于"技能"的学习，主要靠训练，要靠大量的强化训练和练习。崔永华（2008）[1]将汉语技能领域的学习分为五个层级，即感知、理解、模仿、熟巧、运用。姜丽萍（2008）[2]将技能领域的学习概括为六个层级，即知觉、模仿、操作、准确、连贯、自动化。从上述技能训练的层级来看，语言技能的训练要以知识的掌握为前提，也就是要在理解的基础上训练。

听说法、视听法强调语言学习要通过反复的操练和强化形成熟巧（自动化），这种教学方法在美国汉语教学界广泛推崇，并一直沿用至今。我们认为语言教学要精讲多练，以练为主，课堂上进行大量练习是培养学生言语技能的有效途径，但是操练不是简单的机械重复和替换练习，而是有针对性地、有效地练习，因此技能训练要根据成人的认知特点进行：（1）在理解的基础上操练；（2）操练的内容要联系学生的实际；（3）操练的形式要多样。

技能训练的目的是使学生的听说读写达到自动化，以便在需要时能快速、准确地提取，保证语言输出的流利性。

（三）情境体验

言语技能达到自动化以后一方面保证了言语输出的快速、准确，但是也可能导致学生在交际中不分场合过度使用某些句式和词语，使交际变得僵硬、教条，因此当学生的言语技能达到自动

---

[1] 崔永华《对外汉语教学设计导论》，北京语言大学出版社，2008年。
[2] 姜丽萍《对外汉语教学论》，北京语言大学出版社，2008年。

化以后，就要转入得体性训练。

语言教学的直接目标是学生能把课上学的内容迁移到新的情境中去，在新的情境中创造性地运用所学语言。克拉申认为，最能成功获得二外的条件是学习二外的语言环境要类似于母语习得环境。[①]但是课堂上学生不可能体验到交际中的真实情景，这样，创设情境就成了教学中不可或缺的一部分。为了使教学达到效果，教师要为学生创设真实的、有意义的、多样性的情境，让学生在接近真实的交际过程中接触目的语，使用目的语，并帮助学生解决学习使用目的语过程中所遇到的困难。因此教师创设的情境：（1）应该是真实的、具体的，与学生的现实世界经验紧密联系的；（2）问题答案不是简单、唯一的，应该为学生提供多个可供选择的解决方案；（3）对学生来说是有意义的，适合学生的智力水平；（4）能自然地激发起学生的学习兴趣；（5）具有可操作性，能在规定的时间内完成。例如，《成功之路：进步篇1》第1课，当学生已经掌握了词语、语法、课文内容后，教师为学生创设模拟情境，训练学生的言语交际能力。

主题：比较中餐厅和西餐厅有什么不同
脚手架：（1）教师或学生提供中、西餐厅的图片
　　　　（2）教师限定比较范围：环境、服务、价钱、客人等
分组：3—4个人一组讨论，教师巡视
汇报：每组派一个代表汇报，其他人补充
评价：教师或学生总结、评价

总之，教师在课堂上要为学生创设一个多元化的学习情境，

---

① 引自戴庆宁、吕晔《CBI教学理念及其教学模式》，《国外外语教学》2004年第4期。

促进学生从不同层次、不同角度理解和体验学习内容,让学生在情境中体会到语言的恰当、得体,情境体验的目的是保证语言输出的得体性。

(四)任务完成

课堂教学无论创设怎样的情境都只是模拟情境,并不是真实交际的体现,只有在社会真实情境下进行的交际才是真正创造性地使用语言。为了培养学生的语言创造性,教师应该把课上内容延伸到课堂之外,"学习外语需要课堂内外的努力,仅靠课堂教学无法保证学生学习外语所需要的质和量"[1]。

人们在交际中并不是简单地使用正确的语言形式,而是把学过的词汇、语法结构、固定用法重新组合来表达以前没有表达过的意思。课下去完成教师布置的任务,能调动学生的综合智慧和能力,学生在完成任务的过程中,语言综合能力得到了发展。例如,上面的课文,学生在课上讨论了中西餐厅的不同以后,教师布置一个课下任务:去中西餐厅实际观察和体验中西餐厅有哪些不同。

分组:每组3—4个人,每个人的任务不同
具体任务:学生A,实地观察,做记录
　　　　　学生B,采访餐厅服务员
　　　　　学生C,采访顾客
　　　　　学生D,做一个问卷调查
任务汇报:第二天向全班同学汇报

教师把课堂教学延伸到课下并不是放任自流,而是根据教学内容有目的、有计划地进行,是一个逐步完善的过程。它布置于

---

[1] 束定芳《外语课堂教学新模式刍议》,《外语界》2006年第4期。

课堂、实践于课外、展示于课堂。任务完成的目的是保证语言表达的多样性、综合性和创造性。

三、"任务—活动"型汉语课堂教学模式中的师生关系

传统教学以教师为中心，完全按照教师预设的程序进行，师生关系由教师严格控制，学生处于被动和受支配地位。随着建构主义与后方法时代教学理论的兴起，对传统的教学观、师生关系观进行了批判和解构。"他们反对严格控制式的师生关系和模式化的教学过程观，提倡师生平等式的对话，并主张在具体情境中通过实践与对话动态推进教学过程"[1]。

根据教学过程所要达到的目标不同，课堂教学中的师生关系也由以教师为主逐渐向以学生为主转化。

（一）知识讲解阶段："教师主导、学生主体"关系

中国古代韩愈说过"师者，传道授业解惑也"，说明我国自古就注重教师的讲解、示范和启发作用。初级阶段的汉语知识教学也离不开教师的讲解，教师担任着讲解者、解释者、引导者的角色，学生担任着接受者、咨询者、质疑者的角色，师生关系是传统意义上的"教师主导、学生主体"的关系。

（二）技能训练阶段："师生、生生互动"关系

语言学习虽然离不开教师的讲解，但是教师的讲解不能自动转化成学生的言语技能，言语技能的获得要以大量的练习为前提，因此，课堂上要讲练结合，以练为主。由于初级阶段学生的汉语

---

[1] 叶澜《重建课堂教学过程观》，《教育研究》2002年第10期。

水平较低，还不能进行自由的交际性练习，还是以限定性的操练为主，师生之间是以练为主的"师生、生生互动"关系。

（三）情境体验阶段：以学生为主的"生生协作"关系

以人为本的教学观认为，学生是教学的主体，教学要以学生为中心，要以学生的主动参与为主。以情境体验为主的教学主要以"活动为中心"，教师只是情境的创设者、活动的设计者，学生是活动的组织者、咨询者和参与者。教学中教师将学生分成若干个3—4人的小组或学生自由组合，要求学生围绕课文主题进行小组交流。完成组内交流后，小组派一名代表进行全班交流，小组其他成员可做补充，最后，师生对各组表现进行评价、归纳、提升。这一阶段是一种以学生为主的"生生协作"关系。

（四）任务完成阶段：以学生为中心的"自主建构"

任务型语言教学强调"做中学"，主张学生在参与、体验中构建和创造语言。这一阶段教学的特点是把课堂教学延伸到课下，当然也可以在课上进行，它与前一阶段的不同是，前一阶段具有模拟性，而这一阶段更具真实性。教师布置完任务以后，学生可以自主选择完成任务的方式，但是交际的另一方一定是生活中的真实交际者，我们认为学生用所学语言与他人交流信息、交换意见、沟通感情，有利于培养学生的语言创造性和综合运用能力。

四、"任务—活动"型汉语课堂教学模式的进一步解读

综合课（海外也叫"汉语课"）是对外汉语的核心课程，它体现着多方面的综合，既有教学内容的综合，包括语音、词汇、语法、汉字、文化知识的综合，也有教学技能的综合，在课上要

训练学生听说读写能力,而且还有学习方式的综合,以及师生关系存在方式的综合考虑等。以什么样的方式使这些综合能够找准"聚焦",使种种综合成为有机有效的整合,而不是拼凑或杂烩,是综合课教学必须解决的重要问题。"任务—活动"型课堂教学模式为综合课教学提供了一种思路,为理论知识通向实践铺设了路径,为各种综合寻找了"链结点"。该教学模式为教师提供了教学"抓手",有利于教师对综合课教学的把握和操作,在一定程度上起到统领教学思想和指导教学实践的作用。

由于海内外汉语教学的差异性较大,我们无意构建一个万能型的教学模式,而是构建一个大框架,以适应不同教学对象、教学水平、教学环境和教学状况。

第六章

非学历汉语教学模式的设计：
教学类型与特殊目的驱动

第一节 教学模式设计与长期进修教学新模式[①]

提高对外汉语教学效率，需要做的工作很多，其中重要而又相对薄弱的便是对教学模式及其设计的研究。因此，期望出现"数个具有广泛影响和典型意义的对外汉语教学模式"[②]的呼唤日渐强烈。本节拟结合我们设计、实施的长期进修强化教学模式（下称"新模式"）及配套教材，就教学模式设计的若干问题做些探讨。

一、对外汉语教学模式层次与模式设计

（一）对外汉语教学模式的特点

教学模式，是指具有一定典型意义的标准化教学范式。它一般不同于具体的教学方法，而是在一定的教学理论指导下建立的教学活动框架和程序，涉及课程设置、教材选择、教学原则和方

[①] 本文以《教学模式设计与长期进修教学新模式》为题，发表在《云南师范大学学报》（对外汉语教学与研究版）2009年第2期，作者刘川平。
[②] 赵金铭主编《对外汉语教学概论》，商务印书馆，2004年。

法等诸多方面，与总体设计相近。我国对外汉语教学几十年的实践证明，一个好的教学模式对于提高教学效率的作用往往是决定性的。

对外汉语教学的教学模式应该体现汉语及其应用的自身特点，遵循汉语作为第二语言的教学理论和教学大纲，为教学的高效率提供保障条件。因而理想的教学模式应该具有鲜明的针对性、理论的科学性、实践的可行性、效率的确定性、广泛的适用性。

（二）对外汉语教学模式的层次

依据研究对象和涉及范围，对外汉语教学模式可大致分为三个层次：

上位模式。针对对外汉语教学总体而设计的"全面的教学规划和实施方案，使教学得到最优化的组合，产生最好的教学效果"[1]。上位模式对于提高教学效率具有总体和全局意义。例如分技能教学模式，由于基本上适应语言技能培养，提出后虽历经不断发展演化，至今仍是国内各类教学使用最广的模式。

中位模式。针对某一教学类型的性质和特征要求而设计，以保证和提高该类型教学效率的教学范式。例如短期强化速成教学类型的交际任务教学模式。中位模式虽涉及范围不及上位模式，但因所依托的教学类型分布很广，成功的模式对教学效率的影响也往往带有一定的全局性。

下位模式。针对某项语言要素学习或语言技能训练而设计，旨在高效率地实现教学目标的教学范式。例如实况视听模式。与

---

[1] 赵金铭《从对外汉语教学到汉语国际推广（代序）》，《商务馆对外汉语教学专题研究书系》，商务印书馆，2006年。

前两种模式比较，下位模式指向具体，较易实践，但一般涉及面较小，影响力不够大。

（三）教学模式设计是动态的系统工程

什么是教学模式设计，包含哪些环节，目前的研究还不充分。我们认为，如果把教学模式比作"产品"，模式设计就是构思路径，设计"蓝图"，付诸生产，直至推出成品的整个研制过程。大致可分为三个阶段：

前期，进行对象分析和理论研究，首先弄清楚拟设计的新模式是针对何种教学，该教学的特点是什么，存在问题的症结何在，然后为模式设计寻找切合实际、具有指导价值的理论依据。

中期，将理论与模式设计的诸多因素紧密结合，分析以往教学实践的成败得失，确定新模式的主要特色，在此基础上进行模式的具体策划，形成全面、可行的教学规划和实施方案。

后期，将设计方案实施于教学，并依据实践反馈，对方案不断做出补充和修正，以求最佳的教学效果，最终形成理想的新模式。

可见，教学模式设计是一项系统工程，具有全局性、复杂性和动态性。

二、长期进修教学模式设计的基本依据

（一）长期进修教学模式的设计动因

《高等学校外国留学生汉语教学大纲（长期进修）》[1]（下

---

[1] 国家汉办《高等学校外国留学生汉语教学大纲（长期进修）》，北京语言文化大学出版社，2002年。

称《长期进修大纲》）指出，该教学类型是"半年以上、三年以下的，以提高汉语语言能力和汉语交际能力为主要目标的非学历教育"。作为我国对外汉语教学的三个基本类型之一（其他两个为汉语言专业教学和短期强化教学），长期进修教学的学生人数是来华长期学习者的主体。然而现实的矛盾是：一方面，语言进修生大都期望在有限的学习时间内迅速提高汉语水平；另一方面，多数教学单位教学模式单一、老化、效率不高，无法满足学生需求。为使学生"在最短的时间内能最快最好地学习、掌握好汉语"[①]，进行模式创新便显得十分紧迫。

（二）教学模式与教学类型的关系

如前述，教学模式设计前期的首要工作，就是搞清所针对的教学类型是什么。所谓教学类型是根据教学性质和教学任务、培养目标、教学期限、组织形式等表现出来的总体不同特点所做出的教学分类。一般说，教学类型是教学模式的基础，只有准确把握教学类型的特质，方可着手教学模式的设计。尽管同一教学类型往往有多种教学模式；某一教学模式也未必仅适用于单一教学类型，但一个好的教学模式必定是所针对教学类型的特质的最佳体现。那么，就应该明确长期进修教学类型有哪些特质。

（三）长期进修教学属"准常规语言教学"

长期进修教学介于常规语言教学（汉语言专业）与非常规语言教学（短期培训）之间，可称为"准常规语言教学"。具有四个特征：

1. 技能训练的全面性、强化性。追求语言技能和言语交际技

[①] 陆俭明《作为第二语言的汉语本体研究》，外语教学与研究出版社，2005年。

能的明显提高是长期进修即准常规语言教学的主要目标，为此，需要听、说、读、写全面训练，而不同于短期教学只集中于某一两方面。而且由于教学时间少于常规语言教学，必须采用一定程度的强化训练方法。

2."输入"内容的充分性、多样性。"输入"必须充分，是指教学内容的"量"要明显大于非常规教学，有些方面甚至趋近常规教学，这样才能达到教学目标。多样性是基于学习者学习目的、学习内容和侧重点的多样化，除语言课外，还应开设若干文化课程。

3. 教学原则的实践性、交际性。准常规教学的主要目标是掌握汉语交际技能，因而教学中特别强调实践和交际性原则。它不仅表现为课堂教学过程交际化，尽量安排各种限定范围的或模拟情境的操练，还要求完成一定的交际任务，以及参与社会交往等语言实践活动。

4. 教学环节的层级性、循环性。虽然该类型总体教学时间为初、中、高共三年，任学习者大多只能学习其中一段。因此，为增强教学适应性，组织教学应"长计划，短安排，多层次"。同时，为了尽量使所学内容相对完整，语言要素应按循环叠加、螺旋上升的原则安排。

（四）长期进修教学的特质

综合前述，长期进修教学在知识系统性上不及常规教学，又明显优于非常规教学；在技能训练上比非常规教学完整得多，对训练效果的追求又比常规教学紧迫因而需要一定的强化；在教学输入总量上不及常规教学，却大大超过非常规教学；在教学的层级性和实践性上与非常规教学有一定共性，但层次划分更为细密，实践的广度也大得多。简言之，该类型既要保证教学内容足够的输入量和一定的系统性，又要兼顾语言技能的完整性和熟练速度，从而达到交际能力的迅速提高。上述这些特质应该成为进行该教学类型教学模式设计的基本依据。

三、长期进修教学新模式设计的主要内容

（一）新模式的创新点

一个完整的教学模式，应当包括以下五个要素：理论基础、教学目标、操作程序、实现条件、评价标准。[1] 我们新模式的设计、实施以及配套教材编写，也是围绕它们展开的。讨论模式设计涉及教材问题，是因为教材是模式设计的"物化"和有机组成部分。无论何种模式，其设计理念和要素最终要见诸教材，并主要通过教材加以实施。所以下文将适当结合新模式编写的新教材《目标汉语（基础篇）》（刘川平主编，北京大学出版社，2010—2011年。共8册）来具体说明相关问题。

新模式的"新"主要表现在三个方面：（1）增加"输入"，主要是增加词汇量，求得较多的"输出"；（2）增加练习量，促进语言要素的习得；（3）增加任务教学比重，通过"用中学"，切实提高交际能力。其中既有理论问题，也包括实践环节。下面分别说明。

（二）"输入"大于"输出"是语言教学的常规

理论对于模式设计具有基础性作用。离开切合实际的理论

---

[1] 赵金铭主编《对外汉语教学概论》，商务印书馆，2004年。

指导，模式设计就会无所遵循。纵观语言教学发展史，每个教学模式的产生无一不是基于某一种或多种理论的指导。听说法的刺激—反应—强化模式的理论基础是结构主义语言学和行为主义心理学；而社会语言学、功能语言学等则引出了交际法及其各种教学模式，等等。近几十年来，语言理论、语言教学理论、语言的习得与认知理论等都有了长足发展，关键在于通过对这些理论的综合分析，吸取其合理、合用的因素，最终实现理论研究与模式设计之间的跨越。

鉴于与长期进修教学类型特质的要求相比，原有教学模式的主要差距是输入不足，训练强度不够。我们在模式设计时，确定了两个理论研究方向：一是弄清语言教学"输入"与"输出"关系；二是吸取语言习得理论及其理论基础认知心理学和行为主义心理学的合理要素。先讨论第一个问题。

"输入大于输出"是语言教学的常规。从儿童学习母语、母语教学和常规的外语教学来看都是输入远远大于输出，也就是学得多，会得少。与此相似，准常规语言教学由于周期较长，可以"形成先理解，后活用，先大量输入，后小量输出的模式。这种模式有利于保证输出的质量"[①]。

加大"输入"首要的就是增加词汇量，因为词汇是"输入"的主体。按照语言教学常规，在一定条件下，词汇"输入"多，"输出"也应该比较多。实际情况如何呢？

先看国家汉办几个教学大纲有关词汇量的规定。比之于《汉语水平词汇与汉字等级大纲》（以下简称《等级大纲》）的 8822

---

① 胡明扬《语言教学的常规：输入大于输出》，载《语言教育问题研究论文集》，华语教学出版社，1999年。

个词汇，《汉语言专业教学大纲》所规定的词汇量为7554个，少1268个；《长期进修大纲》为8042个，少780个；《短期强化大纲》为8000，少822个。① 这些大纲的共性是词汇量"偏少"。

再看两种有代表性的长期进修综合课教材。《初级汉语课本》（北京语言文化大学出版社）词汇量为2300个；《汉语初级教程》（北京大学出版社）词汇量为1328个，分别占《等级大纲》初等阶段应学习的甲乙两级3051个词的75.4%和43.5%。按理，综合课的"共核"地位决定了其教材给出的词汇应当是"输入"的绝大部分，但数字却显示词汇量明显不足。

上述情况似乎透示出这样的信息，我们在有意识地控制词汇的"输入"，认为长期进修教学不必要或不可能学习更多词汇。问题在于这样做的效果如何，请看教学反馈。

我们知道，初等阶段学习3051个词，并"复用式"掌握其中的85%，是达到汉语水平二级标准的前提。而据专家对教学效率的考察，"复用式"词语一般只能掌握60%左右，这又何谈达标？另据中级阶段的调查，"学习时间超过两年的学生，词汇量仅为《等级大纲》要求的45%，远未达到《等级大纲》丙级词要求的5253的词汇量"。"因而就无法满足汉语阅读与交际的需要。"②

以上分析表明，在"输入"问题上我们陷入了某种"怪圈"：一方面追求教学的高效率；另一方面又削弱了其赖以存在的基石。这种违反"输入大于输出"常规，企望输入小于《等级大纲》的

---

① 张宝林《关于对外汉语教学大纲的若干思考》，载《第八届国际汉语教学讨论会论文选》，高等教育出版社，2007年。
② 张和生《外国学生汉语词汇学习状况计量研究》，载《第八届国际汉语教学讨论会论文选》，高等教育出版社，2007年。

词汇量而得到高质量输出的做法，结果必然事与愿违。

词汇量究竟以多少为宜？一些专家认为，即便按照《等级大纲》的 8000 词仍嫌不足，四年学习的词汇量应该在 10 000—12 000 个，甚至 15 000 个。这是对既有观念和教学现状的挑战。据我们的研究和多轮教学实践，基础阶段零起点学生第一年学习 4000 词（比《等级大纲》增加约 1000 词）是完全可能的。我们的新教材安排了 4018 个词汇，相当于《等级大纲》初级阶段和中级前半段的词汇量。见表 1：

表 1　新模式基础阶段教材词汇量及等级分布

册序	生词语					
	总数	甲级	乙级	丙级	丁级	超纲
1	344	316	26	2	0	0
2	386	285	77	12	6	6
3	454	159	173	48	20	55
4	471	109	202	45	31	83
5	530	75	247	96	40	72
6	538	29	201	136	66	106
7	642	40	248	135	71	148
8	653	9	262	133	111	138
总计	4018	1022	1436	607	345	608

（三）教学目标设计

教学目标是教学模式指向的最终教学效果，也是教学模式设计的首要内容。它的科学性和可行性决定着教学模式的成败，同时又制约着其他几个方面。教学目标应当明确、具体，以量化为主，以便对教学施行指导、约束和评价。新模式的总教学目标为：经过一学年 860 学时（周 24 学时，共 36 周）的相对强化教学，使学习者学习4000余个词语、《长期进修大纲》初级和部分中级语法项目、相应的功能项目和文化知识、完成若干交际任务。在知识和听、说、读、写技能两方面与原有模式学习一年半的水平相当，综合运用汉语的能力得到迅速提升。全面达到《长期进修大纲》中等阶段前半段的目标要求和"汉语水平等级标准"中等水平第一阶段目标。

相应的，新教材除词汇量目标（表1）外，还规定了语法、功能和任务目标，见表2：

表2　新模式基础阶段教材语法、功能、任务分布

册序	语言点 总数	初等一	初等二	中等	功能点 项目	表达式	交际任务 总数	目标任务	教学任务
1	41	40	1		21	45	15	8	7
2	39	38	1		11	30	13	4	9
3	41	25	11	3	23	22	16	14	2
4	32	11	14	3	29	25	12	12	
5	53	0	53	0	17	43	12	7	5
6	38	0	38	0	22	38	10	7	3
7	58	0	0	58	23	26	12	11	1
8	49	0	0	49	41	43	11	9	2
总计	351	114	118	113	187	227	101	72	29

（四）语言习得与相对强化教学

语言学习理论的研究成果告诉我们，在汉语作为第二语言学习过程中（尤其是在基础阶段），成人学生对汉语的认知既有"学习"，也有"习得"，忽视习得是不全面的。认知心理学家把知识分为两大类：一类是定义性的陈述性知识，它的获得强调理解；另一类是操作性的程序性知识，它的获得需要反复练习，即逐步

习得。实际上,每一项语言成分的习得都是一个经过多次反复操练和自我矫正,形成长期记忆,进而熟练掌握的过程。

语言技能主要属于程序性知识。因此,一方面要发挥成年人具有较强的分析理解和认知能力的优势,通过知识积累加深理解;另一方面需要通过加大输入量,尽可能提供某些类似儿童习得母语那样有足够练习次数的语言环境,用强化手段反复再现、激活某一刺激在大脑皮质上留下的"痕迹",从而使记忆得以巩固,亦即"习得"。由于"记忆的量与练习的量之间总是存在着一种确定的关系",经过科学安排的练习"能强化已学的模式并使它成为习惯或技能"。[1] 因此,强化教学不仅是必要的,同时也具有为教学对象所接受的心理认知基础。这里需要走出一个误区:"强化"只能用于短期教学。既然长期进修教学必须加大输入,为确保其在单位教学时间内得以落实,一定程度的强化教学就是题中应有之义。

作为强化教学的主要手段,科学的大运动量练习应当置于突出地位。它包括通过课文练习、课堂操练、课后作业、完成交际任务,辅以各种测试,使重要词汇和语法项目多次重现,确保足够的训练强度,以满足强化记忆的需要。

在这方面,我们在教材中安排了大密度、多样化、交际化的练习:

1. 基于对零起点学生集中进行语音训练的必要性,第一册课文前部专门设有"汉语拼音基础"课程(共5课),力争通过1—2周的教学,使学生掌握汉语拼音的基本功,初步形成正确的语

---

[1] W. F. 麦基《语言教学分析》,北京语言学院出版社,1991年。

音习惯。

2. 练习在全书所占比重最大。包括语言要素、语言技能、交际功能三大类练习。各册共有的项目有：（1）语言要素练习。语音部分的辨音辨调、熟读短语、朗读句子。词语部分的生词填空、组成短语、连线、选词填空等。句法部分的模仿性句型操练如重复、替换，理解性的完成句子、连词成句、改写句子、改错等。（2）技能训练：完成对话、回答问题、模仿、阅读、写话等。此外，根据学习的不同阶段，各册分别设计了若干各具特色的练习项目，共计30余种。（3）为加强重现率和记忆，每5课为一小循环，复习所学重点和难点内容。每册（10课）安排一套全覆盖的自测题。

（五）交际能力获得与任务教学

美国《21世纪外语学习标准》提出，当今外语教学研究的组织原则是交际。交际强调的是为什么说、对谁说、什么时候说。即以有意义和恰当的方式与说其他语言的人进行交际的能力的获得。这是当今外语教学课堂的最终目的。

以迅速提高交际能力为终极目标的新模式，必然努力追求课堂教学过程的交际化。表现在教材中，如：话题选择尽量做到贴近现实生活和学习者的关注点，例如交通、就业、租房、老龄社会等；对话贯穿课文始终；每课提出若干具有交际性的常用句型；练习中既有功能（功能对话）和多技能训练（听读写）的内容，还有各种模拟情境的操练（自由表达）。特别应当提出的是，专门安排了任务教学，以利"用中学"和交际能力培养。

任务教学"是指教师在课堂上布置的让学习者用目的语完成的语言活动，但这些活动不是以语言结构为中心的活动，而是根据学生将来使用语言的需要而设计的交际活动"[①]。"任务教学法的精髓就是提倡'做中学',即在运用语言的过程中学习语言的运用。"[②]

任务教学流程应当包括：任务前——教师介绍话题、布置任务；任务中——学生准备、计划和完成并汇报任务；任务后——教师对语言难点和形式做分析，并指导学生操练，以巩固掌握难点。

新教材充分体现了新模式加强任务教学的设计理念：

第一，有意识地把适于进行任务教学的话题编成课文。比如：《到那儿能不能停一下》一课内容是打车，有两段课文：一段是跟出租车司机说明要去哪儿，询问路上看到的情况，中间停车接人，到达目的地时说明在什么地方停车；另一段是介绍如何利用计价器，索要发票，不要把东西落在车上。学生通过课文学习和分别扮演司机和乘客的课堂教学任务操练，能够基本上掌握有关打车的基本语言形式和语用条件。

第二，专设"完成任务"练习项目。例如《童年》一课，内容是小孩子学习任务很重，还要去特长班参加课外培训，因过于疲劳而没有快乐的童年。该课练习中"完成任务"的设计，要求学生课后采访当地一位中学生或小学生，填写一份调查表，见表3：

[①] 赵金铭主编《对外汉语教学概论》，商务印书馆，2004年。
[②] 吴中伟《输入、输出和任务教学法》，《华东师范大学学报》（哲学社会科学版）2008年第1期。

表 3 调查表

姓名				年级	
校内	一共学习几门课？什么课？				
	每周上多少节课？				
	每天什么时间上学？				
	每天什么时间放学？				
校外	每天做作业用多长时间？				
	特长班 辅导班	参加了哪些班？			
		每周学习多长时间？			
最喜欢做的事是什么？					

　　尽管教师事先对任务内容、完成手段、语言准备都做了详细交代，由于需要自找对象、自主访谈，部分学生仍感为难。然而结果出人意料：三天之后大家都交出了令人满意的调查表。有的采访小学或中学时的学习伙伴；有的请中国朋友帮助找到采访对象，进行电话采访；还有的到附近的中小学，找学生现场采访。教师课上对完成任务的质量和语言运用情况做了总结。例如该课一个语言点是"有"表示包含和列举，学生通过调查已经掌握，便及时肯定，予以强化。同时再留一个课后书面作业，让学生把调查到的情况跟自己小学或中学生活进行对比，写一篇短文。从实施情况看，新模式的任务教学对调动学生主动学习的积极性，提高教学效率确实起到了推动作用。

　　新模式经历多轮实践，由于体现了"准常规语言教学"类型的特质，能够充分调动学生和教师两方面的潜能，"输出"结果十分理想。以基础阶段为例：学习一年后HSK成绩高者达到7级，平均达到5级左右；学年成绩考核达到中级普通班第一学期结束

（即从零起点学习1年半）的水平；汉语交际能力也明显优于采用原教学模式的同期学生。目前，该模式已经成为我们长期进修教学的一个特色。

第二节　海外企业人员短期汉语教学模式研究[①]

近年来，随着中国经济的快速发展和政治地位的不断提高，中国与世界的经济交往日益频繁，以汉语为工作语言的商务活动及各类交流日趋活跃。这种发展形势使以通用汉语为基础、带有职业化倾向的特殊目的汉语教学模式的研究成为当前国际汉语教学工作的一项重要任务。

本节基于建构主义学习理论，针对企业人员特点和需求进行教学设计，并在开设七期"韩国SK集团高级管理者短期汉语教学实验班"的基础上，对教学实施过程及121名学习者的学习过程进行深入调查，并采用实验、测评等方式进行分析，希望能为海外企业人员提供有效的短期汉语学习新模式。

一、教学实验概况

对象：121名韩国SK集团高级管理者。

[①] 本文以《海外企业人员短期汉语教学模式研究》为题，发表在《世界汉语教学》2010年第1期，作者毛悦。

时间：2006年4月到2008年12月，共七期班。每期教学总时间为16周，共360学时。分三个阶段，第一阶段四周，周30学时；第二阶段六周，周20学时；第三阶段六周，周20学时。

过程：基于建构主义学习理论，在分析实验对象的基础上进行教学设计，使用适合的教学策略和教学方法。对实验过程进行有效分析，反馈调整教学程序。

目的：形成相对完整稳定、可推广的特殊目的教学模式。

二、*教学实验的理论基础*

教学模式是指在一定的教育思想、教学理论和学习理论指导下，在某种环境中，面向教学主体和教学目标，进行教学设计，使用适合的教学策略和教学方法，依照一定程序形成的相对完整的、稳定的、系统的、可操作的教学活动范式。

所谓对外汉语教学模式，就是从汉语、汉字及汉语应用的特点出发，结合汉语作为第二语言教学理论，遵循大纲的要求，提出一个全面的教学规划和实施方案，使教学得到最优化的组合，产生最好的教学效果。这是一种把汉语作为第二语言教学的特定的教学范式。[1]

传统的学习理论受到行为主义的影响。行为主义强调教学要遵循从简单到复杂、由具体到抽象的原则，并以程序化的方式进行。在教学中表现为对教学情境和教学过程的精密控制，强调刺激——

---

[1] 赵金铭《对外汉语教学模式创新与教材编写》，载《第八届国际汉语教学讨论会论文选》，高等教育出版社，2005年。

反应的联结。在对外汉语教学中，以往的教材、教学过程及课堂教学方法大都遵循行为主义学习理论的观点，课堂练习中相同词汇、句式、语段采用多种方式练习，重现率高。重视课堂学习的效果，并对学习过程及学习者学习的综合性和思辨性考虑得不多。

20世纪90年代以来，建构主义学习理论认为，学习是在一定的社会文化背景下，通过人际间的协作活动，运用已有的经验，对所提供的信息进行新的意义建构的过程。建构主义强调知识的构建不仅是对外部信息的加工，而且新信息与已有旧知识之间存在双向反复的相互作用。在学习过程中，学习者以自己已有的知识经验为基础，通过与外界的相互作用，对新信息进行加工处理，以实现对信息意义的建构。建构主义学习理论认为，教学应该是一个学习者主动利用经验和已有知识建构新知识的过程。教学目标应有一定的弹性和可变性，避免教学目标简单化；应强调知识的情境性、整体性，强调知识在真实任务的大环境中出现。强调"真实的学习"（authentic learning），即学习应该发生在现实情境中。教学模式由以教为主转变为以学为主。

教学本身是一个由学习者、教师、教学材料、学习情境及管理者等成分构成的旨在引发学习的系统，良好的教学取决于这些成分间的有效互动。[①] 教学设计过程是教学模式建构的一部分，教学模式应涵盖教学设计，还应包括教学的具体实施过程。教学模式应该是基于教学理论指导的教学设计经过实践检验、概括、提炼形成的稳定的可推广的教学体系的实施框架和实施方式。针

---

① W. 迪克等《系统化教学设计》，庞维国等译，华东师范大学出版社，2007年。

对海外企业人员，我们认为在教学设计及教学过程中汲取建构主义学习理论的观点和教学方法，在强化教学时注重调动学习者本身所具有的主观优势，规避传统教学方式带来的因教学程序设计过于严密而引发的情绪焦虑，能更好地提高教学效果。

三、教学实验的对象分析

本实验的教学对象在年龄、个性、动机、学习方式、能力倾向等方面与一般的汉语学习者相比，存在显著特点，影响着汉语学习的速度和成功度。Ellis（1985）[1]将学习因素分为个人因素和一般因素。前者反映学习者个体特征，对某些学习者产生影响，如迁移焦虑、渴望学习的愿望等；后者反映学习者群体特征，对所有学习者产生影响。R.M. 加涅等（2007）[2]认为学习者的特征与学习难易和效果之间的关系对教学设计的实际任务有诸多启示。我们对实验对象进行了基本情况调查。

（一）学习者基本情况

121 名实验对象均为男性。年龄多在 40—50 岁之间。高级管理人员的平均年龄在 50 岁左右。文化程度较高，100% 具有本科以上学历，其中硕士以上占 23%。80% 左右汉语处于零起点水平，20% 有一些汉语基础。学习过程中，年长的、职位较高的学习者往往比较主动，但因学习中考虑自我形象较多，也会对学习产生

---

[1] Ellis, R.(1985). *Understanding Second Language Acquisition*, Oxford University Press.
[2] R. M. 加涅等《教学设计原理》，王小明等译，华东师范大学出版社，2007 年。

负面影响；一些年轻的、职位低的学习者由于与其上级同处一个学习团体中，工作时与上级的身份构成权势关系，也会影响其学习中的表现和学习效果。

（二）学习动机

与一般学习者相比，这些学员具有明确的学习目的和学习动机，基本素质高。对于汉语的学习需求，53%的学习者认为很需要，47%认为需要。66%的学员的学习目的为工作需要，18%为了解中国文化。关于学完后的用途，38%为进行商务谈判交流，41%为与公司内的中国同事交流，21%为在中国生活。可见本实验学习者的学习动机和目的非常明确，即应公司的要求学好汉语，在中国工作、生活。

在课堂学习中，本实验对象与其他普通学习者群体相比，竞争意识较为强烈。团体动力对于学习者的影响很大。学习者之间的竞争对不同的人作用不同，可能会引发困惑，也可能会刺激学习。[1]学习者适当存在迁移焦虑或学习焦虑会对其学习产生好的促进作用。但对于某些学生而言，焦虑会阻碍他们的学习或表现，尤其会阻碍他们考试时的表现。[2]有些学员由于考虑到学习的结果有可能与今后的升职相关，学习中经常存在过多的焦虑，迫切希望超过其他学员，取得好的成绩，反而影响了学习效果。所以对于公司企业职员的教学模式设计重要的一点就是帮助学员减轻焦虑与文化冲击，通过运用一些教学策略，建立一种舒适的、非

---

[1] 周小兵、李海鸥主编《对外汉语教学入门》，中山大学出版社，2004年。
[2] Everson, H. T., Smodlaka, I., & Tobias, S. (1994). Exploring the relationship of test anxiety and metacognition on reading test performance: A cognitive analysis. *Anxiety, Stress and Coping*, 7(1), 85-96.

竞争的班级气氛,来降低学员的焦虑。

(三)学习态度

与一般学习者相比,本实验学员学习态度认真、自觉。不但能在课堂上与教师积极配合,还能自觉地进行课下的预习、复习。调查显示:84%的学员"愿意承受高强度的强化式培训,期望在最短的时间内学好汉语";90.6%的学员"上课前主动预习";100%的学员认为"预习对课堂学习有很大帮助";上课时84%的学员"非常专心,很少想其他事情";100%的学员认为"复习对学好汉语有很大帮助"。

控制点是指人们对影响自己生活与命运的那些力量的看法。心理学家将控制点划分为两种类型,即内部控制和外部控制。具有内部控制特征的人相信,自己的能力和所做的努力能够控制事态的发展;具有外部控制特征的人则相信,自己受命运、运气、机遇和他人的摆布。分析学习者的控制点意义在于了解学习者对学习任务采取的态度,并根据他们的态度,对教学活动做出适当的调整,从而达到预期的教学目标。调查结果表明本实验对象大部分具有内部控制特征,相信自己学习的结果是由自身具有的内部因素决定的,依靠自己的能力和努力能控制事态的发展。作为内部控制者把学业的成功归因于能力和勤奋。对他们来说,成功将会给自己带来更多的鼓励;失败则是需要付出更大的努力。他们对待困难的学习任务也是积极的。他们这样大的决心和这么高的学习自觉性是其他大部分类型的学习者所不具备的。

(四)认知风格

本模式学习者具有较高的智力水平,即较高的学术或推理能力。能将其他领域的知识与学习技巧自觉地运用到语言学习中来。

同时，我们认为，如果本模式的教学能引导学习者主动利用经验和已有知识建构新知识达到教学目的，将是理想的教学形式。由于其工作性质的影响，部分学员也养成了一些思维定式，从学习风格上看，大部分学习者采用抽象—序列型风格，善于理解逻辑序列呈现的词语或句子，希望老师把语言规律都总结出来，课堂学习中常习惯运用自己的学习方法，不能顺应教师的引导。针对这种情况，教师应因势利导。

四、学习情境与教学目标分析

对教学情境的分析包括需求评估和描述运用教学的学习环境。[①]在实验过程中，我们首先根据SK公司管理者提出的要求，对学习者进行学习需求的分析，针对SK学员的特点，确定新的教学目标，采用新的教学策略。

学习环境的分析首先要考虑实施教学的"学习系统"，包括学习者、教学材料、教师、教学设备与器材、教学组织以及教学所处的大范围的学习系统。对于SK班的学习情境，我们做了如下考虑：首先针对SK学员的特点，在真实情境中进行语言教学；配备40岁以下教学经验丰富、兴趣爱好广泛、教学方法灵活、接受能力较强的教师；教学材料分为两部分，一部分为现有教材，另一部分根据学习者的需求有针对性地随时进行选编；教学过程为保证高效率、信息量大，全程配备多媒体设备，进行多媒体辅助下的语言教学；教学组织严密，教师在教学实

---

① Smith, P. L., & Ragan, T. J.《教学设计》，庞维国等译，华东师范大学出版社，2008年。

验组的指导下严格按教学设计方案进行教学；充分利用中国社会大的语言环境，通过语言实践课程在社会交际中学习汉语、感受中国文化。

教学目标是指教学模式所能达到的教学效果，是教学活动在学习者身上产生效果的预先估计和设定，是教学模式构成的一个核心因素，对其他因素有制约作用。经过分析后我们确定 SK 教学实验班的教学目标的设定应体现有限性与特定性原则，分阶段设立具体教学目标，体现各阶段的教学重点，在此基础上实现教学总目标。教学总目标为综合培养三种能力：汉语综合运用能力、用汉语开展工作的交际能力、中外合作中跨文化交际的能力。三种技能的形成以相关知识的传授为基础，通过交际性训练和语言实践，构成三位一体的能力结构。

五、教学设计

（一）课程设计

本模式的教学设计吸收建构主义学习理论的思想，针对实验对象的特点，强调教学是学习者主动利用经验和已有知识进行建构的过程。教师可以通过多种方式来促进学生的知识建构过程，如通过教学使信息变得对学生有意义，通过给学生提供机会，使之自主发现或应用某些概念，或通过教学使学生有意识地、自主地将策略应用于学习中。[1] 教学过程分三个重要环节：（1）课堂教学，包括汉语综合技能训练课、会话课、听力课、交际课、商

---

[1] 罗伯特·斯莱文《教育心理学》，姚梅林等译，人民邮电出版社，2004年。

贸汉语课,在教学中注重真实性语言场景的设计,运用实物教具和现代化教学手段。通过不同课型的教学给学生提供语言结构,把汉语规则和用法通过设置情境进行讲练的方式让学习者初步掌握。(2)语言实践课。充分利用中国的大语言环境,设置真实任务,让学习者在完成任务的过程中,主动进行学习活动,同时体验中国文化。(3)一对一个别课程。个别化教学使学习者能够实行自我调节,增强个人领悟能力,把课堂教学内容充分内化,调整教学以满足个体需要。本模式的教学流程如图1所示:

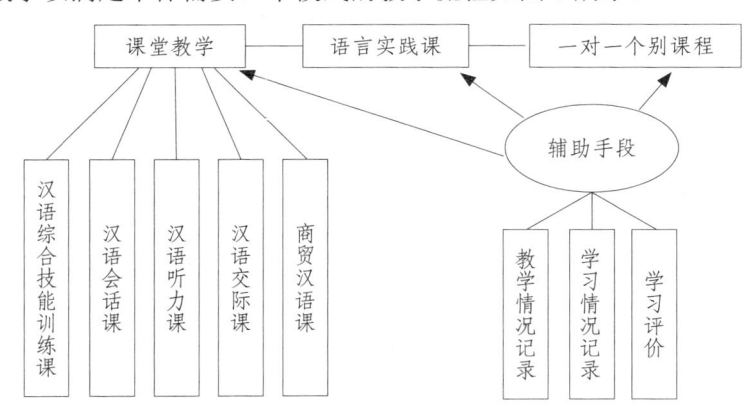

图 1 SK 班教学流程图

SK 班的课程设计注重体现教学效率,计划在短短的 16 周内快速提高学习者的汉语水平,使其能够独立在中国生活并工作。为了切实达到教学目标,我们的教学设计方案是,课堂教学目标明确,分课型训练、分阶段设立明确的阶段性教学目标,体现各阶段的教学重点。语言能力训练体现强化性,并有效安排强化间隔,采用高强度训练方式确保教学效果,在此基础上实现教学总目标。学时具体安排见前文。

（二）教学内容和教学过程

本模式的教学内容分三个方面：语言内容、文化内容、与职业相关的内容。语言内容通过各课程的教学得以完成，主要培养学习者的汉语综合运用能力，特别是听说能力，完成相关的语音、词汇、语法学习，使学习者可就日常生活、工作及社会交往中的基本话题进行交际。

SK班的课程教学中，课堂教学采用"支架式教学"（scaffolding instruction）方式。基于建构主义学习理论，借用建筑行业中使用的"脚手架"（scaffolding）作为形象化比喻，按照学习者的"最近发展区"建立脚手架的支撑作用，不断地把学习者从一个水平提升到另一个新的更高水平，真正做到使教学走到发展的前面。支架式教学要求教师事先把复杂的学习任务加以分解，以便将学习者的理解逐步引向深入，使学习者对于语言的理解和掌握从一个层次提高到另一个层次。这就要求教师对于教学内容做深入细致的研究，找出语言现象间的内部规律，大的教学步骤和小的教学环节之间具有层层递进性，词汇或语言点教学时设置的情景典型且关系清晰，便于学习者理解分析并根据自己的经验和思维建构新的知识体系。教师对语言现象的分解正确且细致，可以成功构造好支架，使学习者不知不觉地理解和掌握语言现象。同时，课堂教学中重视设计学员间的互动，采用协作式学习的方式进行练习。综合汉语课通过设定典型的语言环境引导学习者大量操练精选的、常用的汉语词汇和句型，促使语言知识转化为语言技能并达到流利和准确运用。会话练习课在语法讲练的基础上注重语法点在语言环境中的应用练习，重点进行会话体和简短篇章形式的练习，提高成段表达能力。汉语交际课根据实际交际的需要，将初级交际任务项目分级，以视听形式提供真实情景，组织交际练习，提高语言交际能力。与职业相关的商贸汉语课从第二阶段中期开始开设，学习有关商贸词汇、常用语句，熟悉各类商务应用文体，初步掌握在商务工作环境中实际运用语言的能力，能够正确理解、处理及回答各种工作中的问题，可建立并保持商务联系。

基于建构主义学习理论，语言实践课设计为"抛锚式教学"（anchored instruction）。"抛锚式教学"建立在有感染力的真实事件或真实问题的基础上，确定这类真实事件或问题被比喻为抛锚。七期 SK 班的语言实践课，我们分两类进行，一是配合汉语交际课，以交际任务项目为线索，利用现实环境，通过实地教学形式的语言实践，完成规定的交际任务，达到学以致用的目的，如：去饭馆点菜等；活动前要为学习者提供学习计划，包括提示生词、与活动有关的常用句型、需完成的任务描述等。另一类是文化类活动的长途语言实践，在周末进行。通过参观、访问、座谈、游览等形式初步了解与言语交际相关的文化因素、与交际有关的一般文化背景知识及中国国情，使学习者能排除交际过程中可能遇到的文化障碍，能独立在中国生活、工作。活动前教师针对韩国学习者有一定的汉字基础的有利条件，为学习者提供有关目的地的介绍资料，并提出明确的实践任务。学习者要想完成任务必须对课堂所学的知识进行内化，同时结合自己的经验知识，完成对新知识的意义建构，即达到对该知识所反映的事物性质、规律以及该事物与其他事物间联系的深刻理解。我们认为文化知识的获得最重要的是让学习者到现实的真实环境中去感受、去体验，以获取直接经验，而不是仅仅聆听别人的介绍和讲解。

一对一个别教学在每天晚上进行，教师通过个别教学帮助学习者完成当天的课程作业，复习、预习，并与学习者就个体感兴趣的问题进行交流，是针对性教学课程。要求教师对课堂教学部分的同一教学内容，制订个别性教学计划，用不同的方式加以呈现。比如，个别教学可以安排一些活动，如看电视、真实交际活动等，通过学习者感兴趣的方式，在真实环境中重现语言学习内容。

SK 班的课程设置特点是通过三类课程的有效组合，培养学习者的汉语运用能力。教学模式由以教为主转变到以学为主，在语言学习基础上，学习者在语言实践课中采用自主学习策略，按照自己的认知结构选择自己需要的知识，同时利用其识认汉字的优势，把课堂学习与实际运用相结合，强调把所学知识转化为实际场景中的交际技能，体现了充分利用汉语大环境和特设的模拟环境的作用。个别教学中，鼓励学习者课外学习的主动性，让其选择自己的学习方式以自定的进度进行学习。SK 班的课程设置与教学内容体现了建构主义学习理论的思想和观点。设定课本知识的学习是一种关于现象的较为可靠的假设，而不是问题的唯一正确答案。整体上看，SK 班教学模式属于"随机进入教学"（random access instruction）。建构主义理论认为学习者可以随意通过不同途径、不同方式进入同样教学内容的学习，从而获得对同一事物或同一问题的多方面的认识与理解，这就是所谓"随机进入教学"。显然，学习者通过多次"进入"同一教学内容将能达到对该知识内容比较全面而深入的掌握。这种多次进入，每次进入都有不同的学习目的，都有不同的问题侧重点。因此，多次进入的结果，绝不仅仅是对同一知识内容的简单重复和巩固，而是使学习者获得对事物全貌的理解与认识上的飞跃。本模式通过课堂教学、语言实践、个别教学的有机结合，通过课程间的相互补充与知识重现,通过教学环节中的情境创设和学习者间的协作学习,实现同一教学内容的反复重现。从学习者角度看,即随时进入同样的教学内容,使其达到对于语言和文化的深刻理解和掌握,体现教学过程的高效率。

教学策略是对完成特定的教学目标而采用的教学活动的程序、方法、形式和媒体等因素的总体考虑。除运用传统的能提高教学效率的策略外,还应注意加强对知识发生过程的指导,注重培养学生元认知能力的教学策略,提高学习者元认知的意识,通过学习过程中的协作学习,使其借鉴别人的学习方法,提高元认知意识。Joyce 等(2002)[1]认为,教学模式就是学习模式,在帮助学生获得信息、思想、技能、价值、思维方式时,我们也在教他们如何学习。SK 班教学中,我们要求教师坚持做好每次课的教学情况记录,记录包括每项教学任务的完成情况、存在和出现问题的重点学生及原因分析,每两周给每位学员提供学习情况反馈,反馈内容包括取得的进步、存在的问题及原因分析。原因分析中给予一些元认知知识的指导,帮助学习者学会反思方法和养成反思习惯。在外语学习的过程中对自己的思维活动进行反思,这是培训学习者获得元认知体验和进行元认知监控的重要方法。让学生评价自己在学习过程中的长处和短处,总结最佳的学习策略。SK 学员作为高素质的学习者对这种学习策略的指导非常满意和关注,这个方式也取得了较好的效果。

---

[1] Joyce, B., Weil, M., & Calhoun, E.《教学模式》,荆建华等译,中国轻工业出版社,2002 年。

六、教学评价

各种教学模式一般都有适合自己特点的评价方法和标准。评价是以目标为导向的，评价方案必须能够检验出目标是否实现。建构主义理论指导下的教学评价主要体现在：教学评价是以学为主；教学评价标准从知识转向了能力；教学评价的方法是考察学习者是否按照自己的认知结构、学习方式、需要进行学习，学习能力如何，主要是形成性评价。

本模式的评价方式吸收了建构主义学习理论的评价观念，实行形成性评价，不是简单地依靠考试来评价学习者的学习效果。学习者最后得到的学习评价书在以下基础上形成：日常出勤情况（10%）、课堂学习情况（20%）、口头报告成绩（20%）、语言实践报告成绩（20%）、三个阶段测试成绩（每一阶段各10%）。教师根据这几方面的因素，参考学习者在自述式评价中的自我肯定或否定意见，给每位学习者制定出学习评价书，指出学习者取得的成绩、学习方法方面的长处与不足，并提出今后学习中需改进的地方。

七、本实验的教学效果

对于整体教学模式实验的教学效果评估，我们采用对学习者自我评估、教师课堂教学记录、学习情况反馈记录、考试成绩等方面进行总体分析与个案分析的方式进行。121名学习者在三个学习阶段的学习情况和学习效果如表1所示：

第二节 海外企业人员短期汉语教学模式研究

表1 SK班学习情况和教学效果表

	第一阶段	第二阶段	第三阶段
语音	有较重的韩国口音	语音语调较前阶段有明显提高，逐步摆脱韩语语音的干扰	基本掌握汉语语音语调、发音基本正确
词汇	词汇量小，错别字多	词汇量扩大，对生词的理解准确，基本可以掌握运用	词汇量增加、用词准确、关注词间的区别和联系
语法	对语法点基本理解，语序和用词不当	对语法点掌握得很好，并有意识地在日常口语表达中运用	掌握重要语法内容、表达能力提高显著
听力	能听懂课堂听力材料，听不懂母语为汉语的人以正常语速说的话	基本上能听懂母语为汉语的人以正常语速说的话	能听懂用正常语速进行的日常交流内容
综合表达	能简单地表达自己的想法，不能自由交流、清楚表达思想。语序经常出错，长句组织能力有待提高	口语进步很大，语感有所加强，连贯性、流利程度、正确率有所提高，表达中语音、语法、语序有时不太正确	口语水平显著提高；开始积极主动与人交流、能表达相对复杂的事物、能完整清楚地讲述感想

从上表可以看出学习者经三个阶段的学习，汉语综合运用能力在各个方面都有很大程度的提高，特别是汉语听说能力。学习结束时，每位学员可发表5—10分钟的即兴演讲，平均1123字。发言中心明确，语音、语调基本摆脱了韩国语的语音干扰，基本语法正确，词汇量比较丰富，可适当插入有关的成语、俗语或中国古代诗词名句。书面表达方面，每位学员均完成语言实践报告8篇，平均字数为1354字。文章内容翔实、中心明确、条理清晰、语言流畅自然、叙述细致，能在引用相关背景资料的基础上阐述自己的观点，抒发自己的情感。从这两方面来看学习者均已达到

了能独立在中国生活和工作的预定目标。在七期教学实验过程中我们也在教学程序、教学方法和教学评价方式等方面做了适当的调整。

八、结论

"海外企业人员短期汉语教学模式"在建构主义学习理论的指导下，充分考虑到海外企业的汉语学习者的自身特点，利用其具备的经验和较强的学习能力，考虑其职业特点与特殊需求，采用课堂教学与实践教学相结合的教学方式，充分利用中国大的语言环境，同时以有效的教学管理措施为辅助手段来保证教学实施及效果，从而确保这些身处重要工作岗位的学习者可以在较短时间内高效地完成汉语学习任务，并将汉语运用于工作和生活。从我们的教学实践来看，这一教学模式针对性较强，教学效果令人满意。七期的教学实验表明本模式具有稳定性、可操作性和可推广性，为海外企业人员短期内接受汉语教学提供了可借鉴的教学模式。

第七章

新技术条件下的汉语教学模式革新：技术意识与技术驱动

第一节 技术意识与对外汉语教学模式创建[①]

汉语教学模式产生和演进的背景复杂，影响因素较多。刘颂浩（2014）[②]特别提到了"技术意识"，这是信息时代创建汉语教学模式的指导思想。回顾人类教育发展的历史，科学技术一直在其发展历程中发挥着积极作用。现代科学技术已经成为现代教育向前发展的重要动力。汉语教学应用技术手段走过了从文字信息技术、印刷信息技术到视听信息技术的历程，正处在多媒体—网络通信技术时代，并将迈入云计算和物联网时代。

一、与技术相关的汉语教学模式概览

从技术角度来分析已有的汉语教学模式，我们可以发现这些模式可能是基于某类技术产生的，也可能是基于技术相关的学习

[①] 本文以《技术意识与对外汉语教学模式创建》为题，发表在《华文教学与研究》2014年第2期，作者郑艳群。

[②] 刘颂浩《中国对外汉语教学模式的创建问题》，《华文教学与研究》2014年第2期。

理论或在原有模式基础上形成新的与技术相关的学习理论。

（一）基于多媒体技术

在汉语国际教育快速发展的今天，汉语教学界教学手段的运用也在悄然发生着变化。

目前，汉语课堂教学中普遍使用的"汉语多媒体课件教学模式"，是利用多媒体技术设计和制作的教学课件，作用于原有的各类汉语教学模式。它经过教学试验后逐步发展和成熟起来，是近十年来最为突出的与技术相关的汉语教学模式，如"多媒体口语教学模式"。这类教学模式的特点是要选择适宜的资源，并强调适时、适量和综合利用的原则。

在具体的教学实践中，有些技术的应用明显受某种教学法的影响，如受交际法影响而产生的"主题式多媒体教学模式"；有些应用强调课堂教学活动的互动特性，因此称为"互动教学模式"，等等。

（二）基于网络技术

网络技术对传统的函授、广播电视类汉语远程教学模式产生了革命性的影响，使远程教学衍生出更加多样化的教学与学习方式。

网络技术应用在传统课堂教学中（学生每人一台电脑的教室），形成了统一听讲但采取个别化练习的"网络课堂教学模式"，其特点是强调个别化练习和自主学习，属于"线上线下－混合学习模式"的一种形式。另外，也可以根据网络学习中学生自主学习程度分为"自主学习模式"和"被引领学习模式"；根据使用教学资源的类型分为"点播教学实况模式"和"使用教学课件模式"等。

值得一提的是，此前还涌现出为解决地区性特殊情况或需要而产生的教学模式，且这些模式均已成功实施。例如，"早稻田大学 Tutorial 汉语远程教学模式"是为解决日本学生汉语日常会话水平较低这一问题而设计的；[1]"密西根州立大学网络对外汉语教学模式"是为突破海外汉语教学师资缺乏、学生相对分散等方面的瓶颈而发展起来的。[2]

（三）基于与技术相关的学习理论或形成新的学习理论

Johns 在 1991 年提出"数据驱动学习（Data-driven Learning，简称 DDL）"的学习理论，[3] 也可以说是语料库驱动学习理论。该理论是一种基于语料库检索语言材料来开展语言学习的方法。其特点是强调真实语言材料的运用和学生自主能动性的发挥；强调教师在教学中向学生提供足够的、规范的语料，由学生积极主动地归纳语言规则。目前已有关于"语料库驱动汉语学习模式"的教学实践活动，以应用于词语辨析、虚词学习以及翻译和写作教学等方面为主。

多媒体驱动学习（Multimedia-driven Learning，简称 MDL）是指基于多媒体技术和网络技术，以及各级、各类多媒体素材和多媒体资源开展的语言教学方法。它在媒体技术的作用下，帮助学生在自然的语言环境和真实的语言场景中学习语言知识、获得语言技能。[4] 它强调体验和实践的原则，以技术应用的形式开展

---

[1] 砂冈和子《联结亚洲 6 所大学的国际联合汉语教学的实践报告》，"汉语国际远程教育的实践与前景"国际研讨会，日本东京，2002 年。

[2] 赵勇《利用现代技术突破对外汉语教学的瓶颈——密西根州立大学网络对外汉语教学介绍》，《云南师范大学学报》（对外汉语教学与研究版）2008 年第 2 期。

[3] Johns, T. (1991) Should you be persuaded: Two examples of data-driven learning materials. In *English Language Research*, University of Birmingham.

[4] 郑艳群《媒体驱动与多元互动的汉语教学》，载《第九届国际汉语教学研讨会论文选》，高等教育出版社，2010 年。

教学，并一以贯之。例如，我们熟知的"实况录像（视听说）教学模式"①"图片为基础的课堂交际练习模式"②"节奏（说唱）汉语教学模式"③等，都属于"多媒体驱动汉语学习模式"，或者说是它的前身。

二、与技术相关的汉语教学模式产生的内在动因

与技术相关的汉语教学模式，从产生、发展，到实践、应用，是有其内在动因的。赵金铭（2001）④明确指出，对外汉语研究的理论基础是语言学、心理学、教育学和现代教育技术。我们认为，对于与技术相关的汉语教学模式的探讨，正是源于对教学内容和教学目的的本质属性的深刻认识。从内在因素的角度进行分析，可以使我们认识到技术应用于汉语教学模式的必要性，其根本目的是提高汉语教学的效率，具体体现在以下三个方面。

（一）符合汉语知识表达的需要

从语言学认识出发，技术应用于汉语教学模式涉及"教什么"的问题，其中就包括汉语本体知识的表达问题。通过将不同媒体属性与语言知识的本质属性建立关联，可以使语言本体知识的教学更直观、更具象、更科学。可以说，多媒体技术也使得计算机系统更加接近人类接受和处理信息的最自然的方式。

---

① 孟国《关于实况汉语教学的几个问题》，《语言教学与研究》2003年第4期。
② 卢百可、邓秀均《以图片为基础的课堂交际练习实验——一次交际法的实践》，《世界汉语教学》1999年第2期。
③ 印京华、孙怡清《实用节奏汉语》，外语教学与研究出版社，2008年。
④ 赵金铭《对外汉语研究的基本框架》，《世界汉语教学》2001年第3期。

（二）契合汉语习得与认知学习的规律

从心理学认识出发，技术应用于汉语教学模式涉及"如何学"的问题。结合以学生为中心的教学理念，具体来说，就应该关注学习者的语言，即中介语问题；关注学习者的习得顺序、习得规律、习得过程和习得特点以及关注学习者的个体因素。那么，要想关注学生的学习策略和学习环境，就要运用技术的力量，使这一目标更完美地实现。

（三）有利于汉语教学理论与方法的实现

从教育学认识出发，技术应用于汉语教学模式涉及"怎么教"的问题。技术应用的作用在于通过适当的方式协调师生关系并辅助教与学的顺利开展。包括汉语教学中应用多媒体技术可以产生积极的情绪情感效应、可以引起多感官刺激和选择性知觉效应等，还可以在提高学生汉语兴趣和学习积极性方面，在增强学习效果和完成既定学习目标方面发挥它的潜力。

三、技术意识下的汉语教学模式创建展望

信息时代，泛在的信息技术应用正影响和改变着人们的生产和生活方式，汉语教学也不例外。我们可以清楚地看到两个突出的特点：（1）技术已经从作为辅助教学和为教学提供工具，发展到全面支持教学设计；（2）远程教学已经从面向时空受限人群，发展到面向所有学习者。因此可以说，没有技术的支持，没有技术意识，没有技术素养，未来的汉语教学就很难发展和适应新形势的需要。

（一）关注各种类型已有和新兴的技术应用

任何一个模式从它的产生到发展和成熟都需要一个渐进的过程。面向信息时代，可以说几乎每一项技术都可以用于教学，但是否能形成模式，要看技术应用的成熟度和适应性，要从理论、实践和评价等方面去考察。围绕技术的教学模式创建，首先应该关注各种类型的技术应用。今天的点滴应用形式，或许就是明天模式的雏形。以下简要略述四类技术应用的形式。

1. 线下与线上。

在汉语课堂教学方面，如何更好地利用多媒体技术和网络技术开展汉语教学，仍需要继续研究和探索，如归纳出不同教学内容、教学阶段中应用技术的具体步骤和操作程序。

在线上和线下相结合的汉语混合教学[①]方面，如何"混合"以达到课堂教学与网络教学相辅相成的效果，大有学问。教师应该科学地安排课堂面授教学和课外网上练习任务，例如语音教学中，把发音要领和初始的基本训练安排在课堂上，而将一定量、有计划的重复训练安排在网络上完成；又如翻转课堂[②]中，可以要求学习者在网络上（事先）预习相关的词汇和语言点等学习内容，然后在课堂上集中开展有指导的交际会话练习。

在大规模线上汉语学习方面，应该规划和设计教学内容体系，满足不同学习者的不同学习要求，如研究 MOOC（Massive Open

---

① 混合学习（Blended Learning），有各种混合形式，目前更多地指线上与线下学习的混合，即将传统的教师课堂授课的优势与网络学习的优势结合起来。

② 翻转课堂（The Flipped Classroom），起源于与传统的"老师白天在教室上课，学生晚上回家做作业"正好相反的方式，因此被称为翻转课堂（或反转课堂）。它的核心思想是知识的传授在教室外，知识的内化在教室内，目的是提高学习成效。

Online Courses，大规模开放在线课程，慕课）资源建设问题，包括其中视频单元、非视频单元和教学评价的具体问题。

2. 硬件和软件。

在硬件设备应用方面，面向不同学习者需求的听力教室和视听教室等 CALL（Computer-assisted Language Learning，计算机辅助语言学习）教室能更好地为语言学习者提供丰富的资源和教学指导；① 利用 PAD、手机等手持通信设备的远程移动学习 ② 将会使随时随地的语言学习得以实现；日趋成熟的可穿戴设备也有望用于语言学习。

在软件工具应用方面，网络微博、微信、播客可以用于听、说、读、写技能训练；Moodle 网络教学平台可以提供多种类别的课程，这些课程或资源也可以通过订阅的方式为学习者定时发送，如成语故事等各类学习内容；应用于移动设备的汉语学习软件可以让学习者随时随地进行学习，具体示例如苹果公司平台上的"跟我一起学中文"软件；在线视频等网络聊天工具也是课外口语训练和在线口语教学的有效工具。

3. 技术营造的教学与学习环境。

语言教学环境对语言学习的重要性不言而喻，技术手段构建的各类虚拟语言教学环境目的是提供相应的感官刺激，增强现实性，为学习者提供更多语言实践的机会。

在多模态利用方面，教学中可以把多种符号模态引入教学过程，通过不同资源和使用方式，充分调动学生的多种感官。多模

---

① 目前已建成专门的信息化创新学校并投入使用，如丹麦的 Hellerup 学校。
② M-learning 是"mobile learning"（移动学习）的简称。

态教学模式在商务汉语教学中的应用便是较为成功的案例。

Facebook 等社交媒体、社交网络或按照某种学习内容、学习程度和母语背景的学习者自发组成的社团，都可以营造出很好的语言学习环境。如有文献报道 Twitter 应用于中级法语学习者与法语母语者交流的结果：学习者与母语者之间很快形成了合作性的社交感，他们在课外利用 Twitter 相互交流。通过分析得知这样的交流过程中既有感情性表达、交流性表达，也有连贯性表达，法语学习者可以借此更多地了解法国学生的生活和法国文化。[1]

从网络协作学习，到虚拟社区和社会环境的利用，以及构建接近自然的生态语言教学环境，[2] 这是未来网络教学的重要任务。研究虚拟环境下汉语教学模式、浸入式汉语教学模式、生态环境下的在线汉语教学模式具有特别的意义。

4. 游戏化学习、物联化绩效管理和个性化云服务。

通过单机或远程游戏化教学[3] 学习语言也将成为一种教学发展方向。游戏化学习为寓教于乐赋予了新的内涵。

从信息化教学管理方面来看，通过物联技术教师可以更好地

---

[1] Gillian, L., & Lomicka, L. (2010). To tweet or not to tweet: Practices and outcomes of using Twitter for language learners and teachers. *CALICO Conference*, Amherst College.

[2] 郑艳群《汉语网络学习的资源环境与生态环境体系设计》(《汉语学习》2013 年第 2 期) 指出，第二语言学习的"生态环境"指影响第二语言学习者语言学习和语言实践的一切人及与人相关因素的总和，而这些因素是可以为第二语言学习者所利用的，生态环境中的相关因素将共同对语言学习产生作用。关于生态环境，一个通俗的比喻是，鱼离不开水，但有水鱼也不一定能活。生态语言教学环境是外语教学的理想环境。

[3] 目前国际上已有专门的国际游戏化教育大会。

监督每个学习者的学习过程。从绩效研究的角度来看,物联化绩效管理将有利于保障教学进程,如按照艾宾浩斯的遗忘曲线,应在关键的时间点,通过短信或邮件等方式为学习者发送相应的提示信息或训练内容,督促复习和巩固学习。

利用云技术可以更好地开展汉语多元化、个性化学习指导,如一位英语为母语背景的学习者在学习"把"字句遇到困难的时候,可以通过云计算在网络上找到擅长教英语为母语背景学生"把"字句的汉语教师,也可以找到一位英语为母语背景的"把"字句成功学习者传授学习经验,而这位教师或过往的学习者身在何处并不重要;也可以建立或加入更适合该学习者的群体性交流空间,实现世界范围内的协作与共享。云技术的应用将达成个性化语言学习方式的回归,也为适应性学习模式创造了技术条件。多种技术的综合利用,将创造前所未有的、充分体现个性化时代优质外语教学的一种发展形态,让用户最大限度实现个人定制,接受个性化服务。

(二)开展汉语教学软实力研究

与以往的汉语教学模式相比,信息时代的教学模式对技术的依赖是空前的。技术相关的汉语教学模式研究也就更具挑战性,因为它在已有相关因素中增加了具有多因素关联的技术成分,使得模式化研究更加复杂和必要。这其中,从表面上看,教师和学生的地位发生了变化,教师成为引导者、语伴、智能专家;但实际上,教师的信息素养、教师的技能培训、教师的素质发展将合着技术的脉搏加快进程,教师角色将有新的定位。

汉语教学中关于教师、学生、教学内容和教学环境的讨论,以及关于教师、教材和教法的"三教"问题的研究,都将技术化为对灵活的学习环境、高效的学习空间中的教学资源以及教学平台的探索，在这样的转变过程中体现的是教学思想、教学理念的变革，是信息时代的对外汉语教学观。例如，把线下汉语教学效果搬到线上来，让线上学习者能够得到与线下一样甚至更好的学习效果，就需要开发出新的模式，需要将优秀教师的教学智慧融会和体现于在线教学课件中；网络上完备的汉语学习资源和健全的汉语学习服务等都需要汉语教师投入智力劳动，体现智慧结晶。完美地实现这一切，需要挖掘汉语教学软实力，并通过特有的技术表达方式深度融合在教学内容和教学过程中。教学软实力是技术支撑的汉语教学模式的重要影响因素。

在信息时代的汉语教学中，技术不再只是作为教学的组成部分融入教学，而是已经成为教学赖以生存的支柱；不再是单纯地充当辅助工具，而是已经引发了教学模式，乃至教学结构和学校形态的变革。汉语教学同人应该具有这样的前瞻意识，并为即将到来的转型开展汉语教学软实力研究。汉语教学软实力的增强，必将提升信息时代汉语教学的生产力。

四、结语

技术引发的教学模式变革关涉到汉语教学未来发展的诸多问题。当前，我们应该特别关注线下与线上相结合的混合教学模式，以及在线听说教学模式。以混合教学模式为例，线下教学部分更加注重传统课堂教学和面授教学优越性的发挥，而线上教学部分更加注重个性化自主学习和练习（如利用 MOOC 资源，看视频讲座、听播客、阅读电子书，以及在网络上查阅资料、与同学讨论等）；具体地，如果把常规的课堂教学中课文生词学习和朗读练习安排在网上并让学生课前完成，课堂上老师利用更多的时间集中组织学生练习口语，那么相对于传统课堂口语教学过程或课程安排来说，就是一种翻转课堂。

教学模式变革将引发一系列相关因素的变革，如传统的课程设置会随之改变，课程结构也会随之发生变化；不同教学模式中教师的角色和地位也将一并发生变化，等等。而这些变化促使我们审视新形势下汉语教师角色和教师发展问题，将对汉语教师的知识和能力结构提出新的要求和标准，其中会特别强调教师用技术解决问题的能力，对汉语教师信息素养的要求将会愈发突出。因此，汉语教育技术的深入研究迫在眉睫。

第二节　虚拟现实技术支持下的对外汉语教学模式[①]

"虚拟现实（Virtual Reality, VR）是一种通过电脑、传感器、显示器、自动控制和人工智能等技术创造出来的可以对视觉、听觉、嗅觉、触觉等感知器官产生刺激的环境。从物理的角度来说，这种环境并非真实地存在，即它不是真实现实（True Reality），但它却能给人以身临其境的完全的或者某种程度上的真实感

---

① 本文以《虚拟现实技术支持下的对外汉语教学模式》为题，发表在《外语电化教学》2006年第1期，作者仇鑫奕。

觉。"[1] 目前，虚拟现实语言以及虚拟现实创作工具已推向市场，在航天航空、军事、医疗、游戏、竞技体育、旅游、教育和训练等领域，不断有应用成果问世，而几乎所有对21世纪语言教学手段的预言，也都提到了虚拟现实技术，[2] 认为这一技术必将成为非常有效的语言教学工具，对传统的语言教学观念和方式产生巨大冲击，为教学模式改革带来良好的条件和机遇。本节拟就虚拟现实技术支持下的对外汉语教学模式、相关的教学研究课题谈谈自己的想法。

一、对外汉语教学需要虚拟现实技术

就对外汉语教学而言，虚拟现实技术的真正意义不是提高娱乐性和吸引力，也不是要把高水平的课堂教学扩展到网络所及的每一个角落，甚至不是虚拟社会语言背景，而是营造日常口语习得环境。

（一）对外汉语教学的初级阶段应该以听、说为主，让学生主要通过习得途径掌握汉语语音、最常用的词汇和基础语法

语音方面，学生不仅要掌握声、韵、调，还要掌握汉语的音变和韵律，如果把握不住语流中的实际读音和正常语流的轻重徐疾、抑扬顿挫，非但语音生硬，反过来还会妨碍听力的发展。实际上，掌握汉语的调型并不难，"尤其是单音节词的声调是容易发准的"，只是"一组合成双音节以上的词，也就是一进入比词

---

[1] 郑艳群《虚拟现实技术和语言教学环境》，《世界汉语教学》1999年第2期。
[2] 同[1]。

大的言语片段就容易出错了"[①];对具有音素拼合能力的学生来说,掌握汉语音系也不难,这方面的教学完全可以有针对性地简化;[②]难点恰恰在音变和韵律上,而音变和韵律(尤其是韵律)只有在语流中才出现,必须通过长时间大量接触实际言语交际中的自然语流才能掌握,课堂上教师一字一句字正腔圆的发音反而会起误导作用。因此,初级阶段不应当过分强调对声、韵、调分析性的指导训练,而应让学生充分接触有交际意义的自然语流,在此基础上,再根据需要有针对性地辅之以单项语音训练。

词汇方面,初级阶段学生需要掌握的最常用的汉语词汇只有一千左右,相当于《汉语水平词汇与汉字等级大纲》的甲级词。[③]这些词汇在日常言语交际中必不可少,使用频率相当高,学生有可能通过"听说"来习得。而从以下两方面来看,经"听说"习得,也是必要的:(1)对汉字的认知主要依赖视觉,从一开始就进行"读写"教学,学生会养成依赖视觉渠道学习(习得)词汇的习惯,致使听力理解常常要"由音及形由形及义",语言信息的处理速度难以提高。以"听说"教学为主,学生才有可能在音义之间建立直接联系,避免产生上述情况。(2)在口语习得过程中,学生可参照所处的具体场景和特定交际事件,对词语的用法和搭配关系有一个直观的认识,在实词与所指客观事物之间建立直接对应关系,并恰当把握虚词的语法意义。这对初学者尽早摆脱母语词汇的负迁移,直接使用与汉语词汇相应的概念系统进行思维,

---

① 赵金铭《从一些声调语言的声调说到汉语声调》,载赵金铭《语音研究与对外汉语教学》,北京语言文化大学出版社,1997年。

② 同①。

③ 刘英林、宋绍周《汉语教学字词的统计与分级(代序)》,载《汉语水平词汇与汉字等级大纲》,北京语言学院出版社,1992年。

有积极意义。

语法方面，汉语重在意合，缺少形态变化，难以用有限的语法规则框住丰富多彩的语言现象，而且有些语法现象如"着""了""过""'把'字句""'被'字句"至今尚未得到全面彻底的说明，把静态的语法规则直接教给学生，让学生机械地操练、套用，很容易出偏差；而通过听说渠道习得汉语的基础语法却是可行的，儿童习得汉语走的正是这条路。可见，掌握汉语的基础语法，必须经过一个真实自然的动态认知过程。应当让学生大量接触使用中的语言，从适当的角度、以特定的方式观察和体验语言表达式所反映的事物和情景，通过认知途径习得汉语语法。在学生获得了足够的感性认识，能够正确理解和生成日常生活中的简单话语的前提下，再根据需要有针对性地授之以系统的语法知识。

（二）在虚拟世界中进行日常口语教学的必要性

在虚拟世界中进行日常口语教学，虽然类似于自然语言习得，但是与在自然的环境条件下习得语言相比，教学内容集中，形式多样，教学过程经过精心策划，学生所接触的语料经过严格筛选，输入量充分，便于强化训练，而且保证会有经验丰富的教师严格依照汉语规律、汉语习得规律、教育心理规律针对计算机统计结果和学生个人的自述对学生做及时指导，因此可以使语言学习达到高效速成的目标。自然语言习得并不能取得这样的效果。至于用虚拟世界中的个体教学来取代传统的课堂教学，则是出于以下几个方面的考虑：

1. 实现可懂输入。

学习者只有理解输入的语言，才能习得语言。然而，第二语言教学如何才能实现可懂输入,却一直是个难题。

传统的做法是靠严格控制语言输入的难度、增强上下文之间的照应关系、讲解课文、进行大量的语法分析和翻译来帮助学生理解输入的语言信息。对于初学者,除了借助于他们所掌握的语言和个别便于携带的实物图片以及教师的表情动作,则几乎无法提供更多的线索。且不说,费尽周折地分析讲解以使学生理解语言信息与"可懂输入"实质上是两码事,仅下列问题就足以影响上述操作的效果:新旧语言点的安排顺序是否科学?比例应当以多少为宜?旧语言点是否便意味着学生已经掌握了?用语言来解释语言,学生能理解多少?学生的语言水平不同,能产生同样的效果吗?

相比之下,在虚拟世界中进行口语教学有两方面的优势:(1)来自虚拟世界的非语言信息可以为学生把握具体场景中的话语含义提供可靠的依据;(2)交互式的个体教学,便于根据学生的言语和非言语表现及时调整输入,降低句法和词汇的难度,从而有助于实现可懂输入。

2. 保证输入的内容对学生有吸引力。

学生只有全神贯注于语言所承载的信息内容,才会有习得。因此,输入对习得有效与否,在很大程度上取决于信息内容对学生的吸引力。在传统的语言教学中,学生主要从课文、练习和教师的分析讲解中感知语言。教材内容在很大程度上受制于词汇语法大纲,对于学生的兴趣和需求,教材编写者只能根据留学生的群体特征做单向判断,难免会有陈见和偏见;而"一位老师一群学生"的课堂教学模式,又使教师难以针对学生的个体情况灵活调整言语信息,也就不能保证语言输入对每个学生都具有吸引力。

在虚拟现实环境中，学生以言语交际主体的身份接触与自身所扮演的角色直接相关的话语，因此，注意力集中在言语的信息内容上，大脑处于高度兴奋状态。

3. 激发学生的言语交际动机。

"有意义"的操练并不足以使学生习得语言，必须进行真正的"交际"活动；① 要使学生的汉语听说自动化，也必须经过大量的言语实践。言语交际动机是言语交际的原动力。产生交际动机既要有具体的内部需要，又要有明确的外部诱因。

与传统的语言课堂相容的交际事件非常有限，在进行特定功能项目的言语交际训练时，往往需要教师和学生利用记忆中的情景模型进行想象，虚构交际环境和交际主体，赋予交际双方一定的内部需要，构拟即将发生的事件，充实所有细节。因此，学生要有参与意识，与老师同学积极配合，并且发挥自己的想象力，才能及时形成交际动机。

利用虚拟现实技术构造的言语交际环境可让学生沉浸其中，在学习者眼中就像孩子眼中的世界一样新奇。进入虚拟世界是对生活的全新体验，在好奇心的驱动下，学习者会产生强烈的探索欲望，只要有适当的"外部诱因"，言语交际动机就会油然而生。而虚拟的环境正是以能够隐含许许多多形形色色的"外部诱因"而见长，所以在这样的环境里激发学生的言语交际动机，定会"左右逢源"。

---

① Stephen D. Krashen (1981). Effective second language acquisition: insights from research. In James E. Alatis, Howard B. Altman, & Penelope M. Alatis. *The Second Language Classroom: Directions for the 1980's*. New York: Oxford University Press, 97-109.

4. 避免过度的情景焦虑。

过分焦虑会产生抑制作用,一方面,使学生在语言训练中因缺乏信心而最终放弃言语表述动机;另一方面形成"情感过滤",使输入的语言信息无法被学生理解吸收。虽然由于性格的差异,有的人比其他人更容易感到局促不安,但情景焦虑程度主要受言语场景、交际的正式程度、表达和理解是否受时间限制这三种因素制约。

在"一位老师一群学生"的语言课堂上,上述因素中的任何一种都有可能使学生在听的时候因过度紧张而无法抓住话语的信息核心,性格内向、自信心不强的学生还会有意无意地抑制表述动机,最终失去说话的机会。

虚拟世界毕竟是虚构出来的,既非现实世界,又非正式程度较高的语言课堂,而且进入虚拟世界后言语表达的时长不受限制,言语理解出现障碍时可以保持沉默,所以学生有安全感,不怕犯错误,不会产生过度的情景焦虑,而是能够自动排除干扰,放松自如地以最佳状态参与言语交际,赢得尽可能多的习得机会。

5. 帮助学生尽早开辟课外语言习得的新天地。

与外语教学相比,第二语言教学的突出优势,是学生在课外拥有目的语习得环境。成功的语言学习者总是能够有效地、充分地利用这一优势,使学习与习得相互促进,在语言和言语的良性循环中不断提高自身的语言水平和言语交际能力。但是,对初学者来说,自然习得的难度却很大。因为,他们的汉语水平太低,用汉语进行言语交际的基本技能尚未形成,而且成年人习得目的语的内外环境(心理的、语言的、社会的环境条件)与幼儿习得母语的环境条件也已大不相同,难以从自然语料中大量摄取有效的输入。

虚拟世界中的口语教学，是连接课内学习与课外自然习得的接口。一方面，能在短时间内为课外习得构筑起必备的语言基础；另一方面，在虚拟世界中，学生作为言语交际的主体，接触到的不仅仅是话语，还有话语赖以产生的具体交际场景和特定交际事件。因而，话语信息是协同语言的、非语言的语境信息综合加工处理的。学生在把握话语的语言特征的同时，会自然而然地建立起各种相应的语境图式，获得宝贵的言语实践经验。这对于克服理解障碍、优化表达策略具有积极意义，使学生能较好地应对初学者面临的困难，尽早开辟课外言语习得的新天地。

二、*虚拟现实技术支持下的对外汉语教学模式*

（一）虚拟现实技术支持下的对外汉语教学模式

在虚拟世界中进行日常口语教学，如果在技术上没问题，便可设想建立一个"课堂教学与自然习得相结合、班级授课和个别教学优势互补"的对外汉语教学模式，其要素包括：

1. 按照言语技能的自然习得顺序安排教学。

不强迫沉默期的初学者开口讲话，让学生在具备了基本的口语能力以后集中识字（不排斥学生零星识记出现在言语场景中的常用汉字），在此基础上，将听、说、读有机结合起来让学生完成各种交际任务，执行任务的顺序可以是"听—说—读""读—听—说""听—读—说"的任何一套组合；最后，根据需要因人而异地进行写作和写字训练。（允许学生不学汉字的写法，会读不会写。）

2. 在逼真的言语环境中进行日常口语教学。

根据教学内容，运用虚拟现实技术构建汉语词汇、语法的认知环境和口语习得场景。通过训练，使学生熟练掌握日常生活所必需的汉语基本语法和最常用词汇，发音地道，口语能力达到以汉语为母语的学龄前儿童水平。在此过程中，语言学习者能够与计算机（虚拟世界中的交际对象）直接进行"人—机语音对话"。计算机不仅要记录学生的言语表现，指出并统计学生的语言偏误，而且能根据学生的言语和非言语表现及时调整输入，降低句法和词汇的难度。

3. 班级授课、虚拟世界中的教学和教师个别辅导优势互补。

班级授课适于传授语言知识、培养读写能力，在书面语教学方面有较强的优势；虚拟世界专为初级口语教学设计，能够弥补传统班级授课的不足；而教师的个别辅导则是对计算机教学的必要辅助和补充——教师不仅要解答学生的疑问，而且要根据计算机的统计结果正确评价学生的言语状况，为学生制定合适的训练方案。

（二）为什么要按言语技能的自然习得顺序安排教学

长期以来，国内对外汉语教学基本上是从零起点开始教汉字，听、说、读、写并进。理由是：我们的教学对象是成年人，能在同一阶段学习几种言语技能；课时多，汉字教学对听、说教学是有益的调节；汉字难，正需要多接触，早教有助于多练；通过汉字教听、说，可以帮助学生记住所学的内容[①]。然而，文字和语言毕竟是两码事，对用惯了拼音文字的外国人来说，学汉字要花大量的时间和精力，真需要记笔记完全可以用拼音，所以在学生学汉语之初就开始教汉字，等于人为地给教学制造了障碍，得不偿失；而对早就开始接触汉字的日韩学生来说，则容易使他们过

---

① 吕必松《对外汉语教学概论（讲义）》，国家教委对外汉语教师资格审查委员会办公室，1996年。

分依赖汉字，养成必须借助于字形才能实现音义联系的不良习惯。此外，计算机的普及，使我们完全可以根据学生的情况降低写字要求，因为只要学生语音准确、会汉语拼音、能认读字词，大多数书面表达都可以用计算机完成而不必手写。

幼儿习得汉语总是沿着"先听后说再识字，然后读书发展写的能力"这样一条途径。过去我们谈到这一现象，往往强调幼儿学语言时智力尚未得到充分发展，理解和接受能力有限，而忽视了其中所包含的合理内核：语言是音义结合的，与日常生活直接、自然、频繁地发生联系的语言形式是口语，幼儿通过自身与外界相互作用直接理解的也是口语，习得口语是幼儿认知周围世界的结果；在具备了基本的听、说交际能力以后，利用已经建立起来的心理词汇和语法集中认读汉字、识辨词形，符合"在已贮存的知识经验的参与下把握外界刺激的含义"这一基本的知觉规律；而在掌握了基础语法和最常用的词汇、初步形成语感的基础上开始阅读，才不会违反语料输入规律；掌握了丰富的词汇、形成了较好的语感之后，开始写作训练，才能水到渠成。

对来华留学生来说，生活中到处都是听说汉语的机会，掌握了日常口语，便可利用得天独厚的目的语环境优势，在课外自然的言语交际中接触极其丰富的语料，促进语言内化，激发强烈的成就感和交际欲望，进而获得更多的练习机会，增强自信心，更快更好地建构自身的汉语体系，实现从言语到语言的良性循环。

在听说能力基本形成以后集中进行识别字形、辨别词汇的训练，容易取得短期速成的效果。因为，学生能听会说意味着常用词的意义和用法已经掌握，只需要教认读就可以了；而汉语常用词中包含着不少构词能力极强的单音节词和语素，可以引导学生发现并利用汉语的构词特点，利用方块汉字便于形象记忆的优势，像滚雪球一样迅速扩大词汇量。张朋朋（1999）[①]在瑞士苏黎世大学做过集中识字认字的教学实验。学生在口语基础上，仅用 20 天 20 学时就学会了 633 个汉字，其教学效率之高可见一斑。

让学生在能认读常用字词的基础上将听、说、读有机结合起来完成各种交际任务，既有利于通过阅读渠道输入大量的语料，进一步扩大词汇量，促进语言规范化，提高言语表现力，又有利于提高语言点在不同言语环境中的复现率，巩固所学的内容，增强记忆；同时还有助于避免阅读时漫无目的，也不会像单纯的听力训练那样容易让学生过度紧张，反而能促使学生及时自然地进入角色，产生言语动机，保持兴奋状态，关注话语信息，得到及时适切的言语信息反馈，使话轮转换循环往复，交际训练得以顺利开展。

能够用汉语与中国人进行日常言语交际并能读懂中文报刊书籍，意味着学生足以用汉语来进行复杂的思维。此时教写作，学生不会生吞活剥地复用现成的尚未完全内化的材料，而能根据语义表达需要灵活地选词择句；另一方面，写作教学在提高学生言语规范化程度和得体性等方面的作用，也才能真正得以发挥。

三、教学研究的新课题

不难发现，上述教学模式的核心内容是在虚拟世界中进行日常口语教学，口语先行。而实现这两个目标，则必须满足下列条

[①] 张朋朋《语文分开、集中识字的思路和具体做法》，《汉语速成教学研究》第二辑，华语教学出版社，1999 年。

件：（1）能够根据教学内容，运用虚拟现实技术构建汉语词汇、语法的认知环境和口语习得场景；（2）学习者能够与计算机（虚拟世界中的交际对象）直接进行"人—机语音对话"；（3）计算机能根据学生的言语和非言语表现及时调整输入，降低句法和词汇的难度。

这一方面与虚拟现实技术的发展直接相关，另一方面也给对外汉语教学研究领域带来了新的课题。而如果等技术条件完全成熟以后才着手研究这些课题，就会使我们的教学落后于时代。因此，笔者建议从现在开始加紧以下建设：

（一）以教学为指向的汉语语法认知研究

要使学生从适当的角度、以特定的方式观察和体验语言表达式所反映的事物和情景，通过认知途径习得汉语的基础语法，必须对汉语语法的认知动因进行研究，揭示与特定虚词或句法结构相对应的认知图式，对需要学生重点掌握、学生难以掌握的语法项目从认知心理角度进行个案分析描写，说明其意象突显面和认知习得条件，为策划教学蓝本、设计教学软件提供理论依据。目前，对汉语语法的认知研究正在兴起，我们期待着以教学为指向的研究成果不断问世。

（二）汉语日常口语习得研究和相关语料库、言语交际项目库的建设

语料选择有误、使用不当、给学生输入不足，都会使本文提出的对外汉语教学模式流于空谈。笔者认为，要对正在习得汉语的学龄前儿童进行观察，统计分析他们习得语言点（尤其是"着""了""过"等第二语言学习者难以掌握、汉语语法学家不易讲清的语言点）的顺序、语料输入量和输入方式，探究其习

得途径；同时研究在基础语法、常用词汇和语音的习得顺序、语料输入量方面第二语言习得与第一语言习得的异同，不同母语的正负迁移作用，知识和情感因素的影响。在此基础上，建立起适用于本教学模式的语料库和言语交际项目库。

（三）建设典型语境中的言语信息交流模式库

尽管虚拟世界中的听、说教学属于初级阶段的语言教学，学生的语言水平最高也只相当于学龄前儿童的母语水准，但是随着自身语言体系的发展，学生对句型和词汇的选择余地逐渐扩大，话语信息内容越来越广，言语灵活性不断增加。因此，要建设典型语境中的言语信息交流模式库，以提高计算机（虚拟世界中的交际主体）识别和应对话语的速度和正确率。

（四）研究学生出现听力障碍时的言行特征，建立难度递减的话语库

在虚拟世界中，学生的交际对象（计算机）必须像语言教师一样，能够在学生出现听力障碍时及时调整语言输入，自动降低句法和词汇的难度，换一种易于为学生接受的说法。学生的听力理解情况反映在后继的话轮接替、言语表达和非言语行为中。因此，掌握学生出现听力障碍时的言行特征，并储备好难度递减的话语模型，十分必要。

（五）建设面向现代化的师资队伍

新的对外汉语教学模式意味着教师的工作内容和方式将发生一系列变化，对教师的业务素质也提出了新的要求。一方面，教师须根据学生的不同需要，投入大量的精力筛选语料，策划交际项目、设计教学过程，为软件开发人员提供编排科学、类型齐全、丰富多样的教学蓝本；另一方面，教师必须能依据计算机的统计

结果和学生的言语表现,结合学生的母语和文化背景对学生的语言习得情况做出科学判断,为学生提高语言水平和言语交际能力制定有效的训练方案。此外,教师对问题的解答应该做到既准确规范,符合语言学和汉语理论,又深入浅出,适合学生的认知心理特点。显然,要满足上述需要,对外汉语师资培训的内容必须做出适当调整。

第三节 以元认知为主导、信息科技为辅的口语教学模式探索[1]

提倡"双语教育"是新加坡教育自 1956 年以来一贯秉持的方针,[2] 所有的中小学学生在课程中都必须修读英语和各自的母语这两个语言科目。母语教育受到新加坡政府的高度重视,因此历年来数次成立了检讨委员会来对当时的母语教学进行评估并为改革提出建议。就华文教学而言,新加坡政府就在 2004 年 11 月的国会中通过了《华文教学改革白皮书》(*Singapore Ministry of Education*),同意对华文的教学政策和方法进行多项重大改革。我们就《华文教学改革白皮书》中的两项建议做了思考并展开所

---

[1] 本文以《以元认知为主导、信息科技为辅的口语教学模式探索》为题,发表在《世界汉语教学》2009 年第 4 期,作者陈育焕、陈成志、张永慧。

[2] Gopinathan, S. (1998). Language policy changes 1979–1997: Politics and pedagogy. In S. Gopinathan, A. Pakir, W. K. Ho, & V. Saravanan (eds.), *Language, Society and Education in Singapore: Issues and Trends (2nd ed.)*. Singapore: Times Academic Press, 19–44.

要讨论的一次教学研究。这两项建议分别是：（1）增进对听、说教学的重视；（2）通过信息科技辅助教学以培养学生自学的能力。

Liu 等（2005）[1]曾指出针对新加坡华文课堂的教学情况所展开的研究数目有限。此外据我们本身的经验与观察，语言学习虽然有"听""说""读""写"四大环节，但是课堂教学很多时候是重读、写能力的培养而轻听、说能力的发展。这种情况显然不是新加坡华文课堂独有的，因为中国的语文教师也有类似的观察。[2]这种倾向的产生其实反映了实际课堂教学中所存在的一些限制。

在华文课堂中，教师要一对一、手把手地为班里的每一个学生进行口语的指导是不太可能做到的。一来是课时有限，教师无法让每一名学生都有机会在一堂课上做口语的练习同时又得到表现的评价；二来则是一般的课室并没有配备任何录音设备。相对于书面文字而言，声音是一发即逝的。在没有录音的情况下要学生回忆一段练习的过程与内容以让教师为其做指导是困难的。在实际操作中，学生往往只能凭空想象与回忆，并不能肯定教师所指出的问题的确切所在。另外，华文课堂普遍地还是以教师为中心，[3]口语课的进程往往由教师支配，学生对于知识的自主性学习与建构因此被

---

[1] Liu, Y., *et al.* (2005). Chinese language pedagogic practice: A preliminary snapshot description of Singapore Chinese language classrooms. Retrieved December 12, 2005 from http://www.crpp.nie.edu.sg/file.php/254/RRS04-011 final version.pdf.

[2] 丁炜《关于小学语文口语交际教学现状的调查》，《上海教育科研》2002 年第 2 期；潘涌《直面世界：口语交际教学新概念》，《语文教学通讯》2005 年第 15 期；张永林《初中口语交际教学的现状与对策》，《语文教学通讯》2004 年第 8 期。

[3] 同①。

忽略了。在白皮书的改革指导下，华文口语教学要如何突破课堂的种种局限并从一个以教师为主导的教学模式过渡到一个以学生为中心的自主学习模式便是我们所要关注的问题。就此问题，我们尝试借助元认知的理论并配合有声博客科技的应用来建构一个解决方案。由于口语教学的活动多式多样，例如看图说话、朗诵、复述、即席发言、采访、辩论等，我们参考了《中学华文课程标准》[①]中所设的教学目标后选择了"命题说话"一项能力进行研究。

这次研究的主要目的是探讨一个以元认知为主导、以有声博客科技为辅的口语教学模式，并围绕以下三个问题进行研究：问题一——学生在接受以元认知为主导的训练后，其命题说话能力是否有进步？问题二——学生在给予同学评语和进行个人反思的活动中如何运用元认知并受其影响呢？问题三——学生在有声博客中的交流与活动还会出现哪些不涉及元认知的情形？

一、相关研究与文献回顾

（一）元认知与口语教学

要使学习者走上独立思考与自主学习的道路，研究显示，发展学习者的元认知是一个有效的途径。[②] 元认知（Metacognition）

---

① 新加坡教育部《中学华文课程标准》，2002 年，2005 年 10 月 16 日下载自 http://www.moe.gov.sg/cpdd/doc/chinese/CLSyllabus% 202002% 20% 20Folder/CL% 20Syllabus% 20Secondary%202002.pdf。

② Chamot, A. U. (1999). Learning strategy instruction in the English classroom [Electronic version] . The Language Teacher 23.6. Retrieved December 12, 2006, from http://www.jalt-publications.org/tlt/articles/1999/06/chamot; Wenden, A. L. (1991). *Learner Strategies for Learner Autonomy*. Englewood Cliffs, NJ: Prentice Hall.

的概念最早是由美国心理学家 John H. Flavell[1] 所倡导的。他把元认知解释为"对于认知现象的理解与认知",并指出元认知是一个人监测个人的认知活动的途径,同时又是产生对他人思想和感受的理解、意识的途径。Flavell 把元认知分为四大类:元认知知识(metacognitive knowledge)、元认知体验(metacognitive experience)、目标/任务(goals/tasks)、行动/策略(actions/strategies)。后来的学者普遍利用"对思维所做的思考(thinking about thinking)"来定义元认知并将之归属于高层次思维。[2] 元认知意识(metacognitive awareness)是指语言学习者对于个人的学习过程和引致成功的学习策略的认识。[3] 通过对元认知的意识,学习者能了解各自在学习时所经历的认知过程并对其进行操纵。[4] 简言之,元认知是个以学习者个人为主导的反思过程。[5]

---

[1] Flavell, J. H. (1979). Metacognition and cognitive monitoring: A new area of cognitive-development inquiry. *American Psychologist*, 34(10), 906-911; Flavell, J. H. (1985). *Cognitive Development (2nd ed.)*. Englewood Cliffs, NJ: Prentice Hall; Flavell, J. H. (1987). Speculations about the nature and development of metacognition. In F. E. Weinert, & Kluwe, R. H. (eds.). *Metacognition, Motivation and Understanding*. Hillsdale, New Jersey: Lawrence Erlbaum Associates, 21-29.

[2] Livingston, J. A. (1997). Metacognition: An overview. Retrieved November 11, 2006, from http://www.gse.buffalo.edu/fas/shuell/CEP564/Metacog.htm.

[3] Chamot, A. U. (1999). Learning strategy instruction in the English classroom [Electronic version]. The Language Teacher 23.6. Retrieved December 12, 2006, from http://www.jalt-publications.org/tlt/articles/1999/06/chamot; Goh, C. C. M. (1997). Metacognitive awareness and second language listeners. *ELT Journal*, 51(4), 361-369.

[4] Hyde, A. A., & Bizar, M. (1989). *Thinking in Context: Teaching Cognitive Processes across the Elementary School Curriculum*. New York: Longman.

[5] Goh, C. C. M., & Zhang, D. (2002). A metacognitive framework for reflective journals. In Chang, A. S. C., & Goh, C. C. M. (eds.). *Teachers' Handbook on Teaching Generic Thinking Skills*. Singapore: Prentice Hall, 8-21.

着眼于在语文课堂中将学生导向以元认知为基础的个人反思，Wenden（1991）[1] 对 Flavell 的元认知知识进行了次级分类，即个人知识（person knowledge）、任务知识（task knowledge）及策略知识（strategy knowledge），并倡议了一套引导学习者自主学习的理论。根据 Wenden 的诠释，个人知识是指学习者对于年龄、态度、动机、学习方式等因素如何影响自身语言学习的一般性理解；任务知识是指学习者对于成功完成各语言学习任务所需具备的要求的理解，可包括任务的目的、性质和难易度等方面；策略知识是指学习者在语言学习过程中所累积的各种完成语言任务的策略。除了具备元认知知识外，学习者在学习语言的过程中还会监测个人执行语言任务时的表现。Paris 和 Winograd（1990）[2] 就将这种监测机制二分为自我评价（self-appraisal）和自我管理（self-management）。通过这两种监测机制，学习者能够在学习任务执行前或执行后，甚至是在执行任务时针对个人的语言知识和能力的掌握以及心理状态等方面进行反思，以促进个人对自己作为一名语言学习者的了解。

有关元认知与口语教学相结合的研究目前所见不多，[3] 但涉

---

[1] Wenden, A. L. (1991). *Learner Strategies for Learner Autonomy*. Englewood Cliffs, NJ: Prentice Hall.

[2] Paris, S. G., & P. Winograd (1990). How metacognition can promote academic learning and instruction. In Jones, B. F., & Idol, L. (eds.). *Dimensions of Thinking and Cognitive Instruction*. Hillsdale, New Jersey: Lawrence Erlbaum Associates, 15-51.

[3] 尚卫红《元认知策略培训与口语教学的试验研究》，《社科纵横》（新理论版）2007 年第 1 期；Nakatani, Y. (2005). The effects of awareness raising training on oral communication strategy use. *The Modern Language Journal*, 89(1), 76-91.

及研究的专家学者[1]都肯定了元认知对于学习者的口语能力的影响是正面的。

本次研究中我们通过运用 Goh 和 Zhang（2002）[2]的元认知策略（metacognitive strategies）框架来探讨学生如何利用他们的元认知知识去反思他们过往的命题说话练习以及计划下一次的练习。这个框架结合了上述 Wenden（1991）对元认知知识的诠释以及 Paris 和 Winograd（1990）对监测机制的解释并以之为理论基础，再以数次英语听说教学研究中的成果[3]为基础发展而成。在此框架下，学生能选择计划（planning）、监测（monitoring）和评价（evaluating）三种策略来进行自我评价和自我管理。这三个反思的策略都要求学生运用他们的元认知知识。研究开始时我们给学生提供了一些支架性的问题以引导学生进行反思，但是整个过程未和学生提及"元认知"一词及其相关概念，目的是为了不让学生增加心理负担。

---

[1] 如闵玉娟《试析课堂讨论法与英语口语教学》，《教育与职业》2007 年第 15 期；于秀梅《元认知在大学英语口语教学中的实践》，《内蒙古电大学刊》2007 年第 7 期；Vitanova, G., & Miller, A. (2002). Reflective practice in pronunciation learning. *Internet TESL Journal*, January 2002. Retrieved November 11, 2006, from http://iteslj.org/Articles/Vitanova-Pronunciation.html; Zhang, D., & Goh, C. C. M. (2006). Strategy knowledge and perceived strategy use: Singaporean students' awareness of listening and speaking strategies. *Language Awareness,* 15(3), 199−219.

[2] Goh, C. C. M., & Zhang, D. (2002). A metacognitive framework for reflective journals. In Chang, A. S. C., & Goh, C. C. M. (eds.). *Teachers' Handbook on Teaching Generic Thinking Skills*, 8−21. Singapore: Prentice Hall.

[3] Goh, C. C. M. (1997). Metacognitive awareness and second language listeners. *ELT Journal*, 51(4), 361−369; Zhang, D. (2001). *Singaporean Secondary Three Students' Metacognitive Knowledge about English Oral Skills Learning*. Unpublished MA thesis, Nanyang Technological University, Singapore.

（二）信息科技与口语教学

结合信息科技的口语教学研究并不多见。[1] 但是尝试过的学者都见到了良好的效果，例如 Volle（2005）[2] 通过让学生发电子邮件时将内容口述录音后发送，学生的西班牙语有显著的进步；Wang（2004）[3] 尝试使用视像会议系统来辅助远程的英语教学等。随着多媒体科技的发展，教师和学者[4] 都乐于尝试把这些技术带入语文课堂，例如通过图像或视频等方式让学生针对所看到或感受到的内容展开口语教学。多媒体的使用也被视作能适应不同学生的学习方式（learning styles）的需要。[5] 但是，上述多媒体的口语教学主要还是在以教师为中心的教学模式下进行的，如何能将学习转变作以学生为中心呢？为达到此目的，博客便是我们所选择的信息科技。

（三）博客与口语教学

博客（又作网络日记或网络日志），英文一词 weblog（简称 blog）最早是由 JornBarger 在 1997 年提出来的，而博客后来普遍

---

[1] Chun. D. M., & Plass, J. L. (2000). Networked multimedia environments. In Warschauer, M., & Kern, R. (eds.). *Network-based Language Teaching: Concepts and Practice*. Cambridge, England: Cambridge University Press.

[2] Volle, L. M. (2005). Analyzing oral skills in voice e-mail and online interviews. *Language Learning & Technology*, 9(3), 146-163.

[3] Wang, Y. (2004). Supporting synchronous distance language learning with desktop videoconferencing. *Language Learning & Technology*, 8(3), 90-121.

[4] 如刘香群、周素江《利用影视资源训练学生说话》，《小学教学研究》2007 年第 12 期；石美珊《信息技术在普通话教学中的运用与思考》，《中国电化教育》2007 年第 9 期；隋海英、侯溪萍《浅谈多媒体技术在说话教学中的应用》，《中国电化教育》2002 年第 1 期。

[5] 王丽欣《高等教育中非外语专业学生交际能力的培养》，《黑龙江高教研究》2004 年第 1 期。

发展成了网络日记。[①]作为"日记"这一载体,博客中的内容(或作帖子)一般是记叙中带有反思的。[②]这次研究中我们使用了"有声博客(audioblog)",它和一般博客的唯一不同只在于帖子中的文字由录音取代了。[③]

博客网站与一般网站最大的区别在于其"评述(comment)"功能。通过此项功能,浏览者能够针对博客中的帖子进行留言或评述。当站主回复留言时,一场"对话"便由此展开,而参与对话的人除了站主与留言者之外,其他浏览者也可以留言参与其中。一场多人的交流与知识建构就这样展开了。

从教育心理学的角度而言,教学中运用博客是符合维果茨基的社会性建构原理的。[④]博客使得学习者有一个可以通过语言展示个人思维的平台。由于博客是一个公开的平台,学习者能看到彼此博客中的内容,因此可形成一个学习社群。这个学习社群能

[①] Nardi, B. A., Schiano, D. J., Gumbrecht M., & Swartz, L. (2004). Blogging as social activity, or, would you let 900 million people read your diary? Proceedings of the 2004 ACM conference on computer supported cooperative work, 222-231. Chicago, IL.: ACM Press.

[②] Oravec, J. A. (2003). Blending by blogging: Weblogs in blended learning initiatives. *Journal of Educational Media*, 28. 2-3, 225-233.

[③] Tan, Y. H., Ow, E. G. J., & Tan, S. C. (2006). Audioblogging: Supporting the learning of oral communication skills in Chinese language. Paper presented at the AECT Research Symposia, Indiana, United States. Retrieved September 1, 2006, from http://www.moe.gov.sg/edumall/rd/publications/aect2006.pdf; The Guardian (2004) Personal sound tracks. December 2. Retrieved November 4, 2005, from http://technology.guardian.co.uk/online/story/0, 3605, 1363637, 00.html;有声博客与播客(podcast)在帖子的内容方面有本质上的不同,故这里不以"播客"称之。

[④] Ferdig, R. E., & Trammell, K. D. (2004). Content delivery in the 'Blogosphere' [Electronic version]. *T. H. E. Journal*, February 2004. Retrieved February 01, 2005, from http://www.thejournal.com/magazine/vault/articleprintversion.cfm? aid=4677.

够通过在博客平台中针对性地相互评述、交换意见，以达到建构知识的作用。[1]

语文教学中结合博客与教学的尝试主要集中在"读"[2]和"写"[3]这两方面，涉及"听""说"方面的[4]是相对少的。相信本次研究有助于填补"说"方面的研究空白。

二、研究对象与方法简述

（一）研究的对象

参与本次研究的对象是来自新加坡一所邻里中学的中二年级学生。研究对象最初是从中二全级 158 名修读华文第二语文的学生中随机选择的，但基于各种原因（后文进一步说明），最后参

---

[1] Krause, S. D. (2005). Blogs as a tool for teaching. *Chronicles of Higher Education*, 51(42), B33-B35; Richardson, W. (2005). Blog revolution: Expanding classroom horizons with web logs. *Technology & Learning*, 26(3), 48.

[2] 如柴迎红、秦罡引、崔丽《博客辅助英语教学的研究》，《外语电化教学》2006 年第 5 期；Huffaker, D. (2004). The educated blogger: Using Weblogs to promote literacy in the classroom. First Monday 9.6. Retrieved December 19, 2006, from http://firstmonday.org/issues/issue9-6/huffaker/index.html.

[3] 如屠铁梅《博客在小学习作教学中的应用研究》，《小学语文教学》2007 年第 Z1 期；Downes, S. (2004). Educational blogging. *EDUCAUSE* Review, 39(5), 14-26. Retrieved February 1, 2005, from http://www.educause.edu/pub/er/erm04/erm0450.asp? bhcp=1; Eastment, D. (2005). Blogging. *ELT Journal*, 59(4), 358-361; Kennedy, K. (2003). Writing with web logs. *Technology and Learning*, 23(7), 7-11.

[4] 如柴迎红、秦罡引、崔丽《博客辅助英语教学的研究》，《外语电化教学》2006 年第 5 期；Tan, Y. H., Ow, E. G. J., & Tan, S. C. (2006). Audioblogging: Supporting the learning of oral communication skills in Chinese language. Paper presented at the AECT Research Symposia, Indiana, United States. Retrieved September 1, 2006, from http://www.moe.gov.sg/edumall/rd/publications/aect2006.pdf.

与研究的一共是 25 名学生,其中女生 13 名,男生 12 名。他们都是华裔(其中包括一名印尼籍华裔),年龄介于 13—14 岁。这 25 名学生最初通过随机的方式被分配作 5 个 5 人小组,后来在第四周调整为 7 个 3 人小组和 1 个 4 人小组,目的是为了进一步提高学生在博客中进行交流的质量。

(二)研究的活动流程

整个研究的过程历时三个月,包括一次前测和一次后测,以评定学生"命题说话"的能力。其间,学生一共参与了 8 次课堂活动。在每次历时 1 小时的活动中,我们都会和学生回顾他们在之前一周(第一周除外)他们课下活动的情况,并交代新的课下活动。每星期完整的活动流程一共有五个环节:按新题目做第一次命题说话录音→听同学的录音并给予评语→读同学听了录音后所给予的意见→针对第一次录音进行个人反思→按旧题目做第二次命题说话录音。

命题说话的题目主要围绕学生较熟悉的一些日常生活话题,例如《校园恶霸》《压力》《青少年离家出走》《青少年沉迷于网上游戏》等。

(三)为活动所提供的支架性引导

由于一般的华文课堂不会让学生系统地进行评价和个人反思等活动,因此我们为他们提供了一些开放式的例句作为支架性引导,以帮助他们在研究开始时进行思考同时避免学生无所适从。其中个人反思的引导性问题是按照 Goh 和 Zhang(2002)[1] 的元

---

[1] Goh, C. C. M., & Zhang, D. (2002). A metacognitive framework for reflective journals. In Chang, A. S. C., & Goh, C. C. M. (eds.). *Teachers' Handbook on Teaching Generic Thinking Skills*, 8-21. Singapore: Prentice Hall.

认知框架来设计的（表1）。

表1　供学生进行个人反思的支架性引导例句

评语类别	句子范例	元认知策略
自我评估	1. 我对我自己的录音很满意，因为…… 2. 我这一次有进步，因为……	监测、评价
比较评估	1. 和某某同学比较，我在内容上…… 2. 和我上一次的录音比较，这次我……	监测、评价
谋求进步	1. 下次录音时，我的目标是…… 2. 下次，我应该尝试…… 3. 下次，我要在某某方面用功……	计划
总结经验	1. 我听了同学们的录音后，最大的收获是…… 2. 我看了同学们的评论后，最大的收获是…… 3. 这次的经验让我明白了……	监测、评价

（四）为活动所提供的科技配置

参与研究期间，每一名学生都配有一个可随身携带的MP3录音播放机以及个人的博客网站。MP3录音播放机的功用即允许学生在任何时间任何地点都可以针对话题进行说话录音。个人的博客网站（限于篇幅，博客的截图及操作界面从略）主要扮演三项功能：（1）它是一个学生上载并展示与分享个人命题说话录音的平台，让一发即逝的声音得以保存下来，并可供学生本人或其他同学选听参考。（2）它是学生进行反思的平台，同时也成为日后的一个记录，可供学生本人或其他同学参考。（3）它实现了同学之间的网上交流，提供了同学间相互给予评语的便利，同时也记录了交流的内容，可供学生本人或其他同学参考。

三、研究结果分析

（一）研究结束时的情况与分析资料的选择

本次研究是在课后时间进行的，所以参与的学生除了要完成正规的课业及课程辅助活动外，每个星期还要额外抽出一个小时的时间来上课。过后他们还得分配时间进行与研究相关的录音、评语、反思等活动。对于参与的学生而言，这是需要很大的精神与时间付出的。因此，并不是所有参与研究的25名学生都能如期完成研究中每一次每一个环节的活动。严格地说，只有7名学生如期地完成大部分的每周作业。因此，为了更具体地了解整个研究对于学生所产生的影响，我们以这7名学生作为深入分析的对象。我们除了分析他们博客中的个人录音和反思以外，也同时搜集并分析他们给予其他同学录音的评语的内容。然后我们按研究问题逐一分析讨论。

（二）研究问题一的资料分析方法与结果

研究问题一寻求的是一个直观、量化的分析。虽然分数的多少对于本次研究的重点即学生的元认知的考察并没有太大的意义，但是从教学的角度出发，分数上有没有进步往往是家长、教师与课程决策者共同关注的问题。因此为了满足这一需要，我们找到三位资深的华文教师为学生的前测、后测以及每一次命题说话练习的录音进行评分。三位教师前测和后测的评分都具有良好的一致性（Cronbach's α 系数为 0.88 和 0.79）。由于学生人数少（n=7），我们采用 Wilcoxon 的非参数秩和检验法来比较前测和后测的平均得分，各个学生的得分情况如表2所列：

表 2 学生前测和后测平均得分的 Wilcoxon 非参数秩和检验

学生	X_a（前测平均得分）	X_b（后测平均得分）	X_a-X_b	X_a-X_b 的非参数秩和检验
Meng	13.50	21.00	−7.50	−6.0
Ning	20.00	26.75	−6.75	−4.0
Shing	20.75	26.25	−5.50	−3.0
Ting	20.50	25.00	−4.50	−1.5
Hwee	14.00	24.75	−10.75	−7.0
Yuan	20.25	24.75	−4.50	−1.5
Zen	12.75	19.75	−7.00	−5.0
秩和检验总和，W				−28.0

注：学生的姓名都经过易名以保护他们的真实身份。

分析显示学生在分数上都取得明显的进步（W=−28，n=7，p=0.02）。换句话说，学生在接受以元认知为主导的训练后，其命题说话能力或许有可能因此而得到提升，但是限于本次研究的局限，我们并不能据此而断定学生所接受的训练是导致分数进步的直接原因。如上所述，分数仅仅作为一组数字并不能说明一切，研究所使用的以元认知为主导的训练对于学生的思考究竟产生了什么影响，他们的元认知又起了什么变化，这有待我们继续探讨。

（三）研究问题二的资料分析方法

研究问题二真正进入本次研究的重点，即元认知的问题。为寻求学生如何在训练过程中运用元认知并受其影响的线索，我们运用内容分析法[1]分析了收录在学生博客中的所有个人反思和评语的内容。为了增强内容分析的可靠度，我们采用了重复测试法[2]，前后两次分析一共间隔了两个月。接下来我们通过两个方面来探讨学生在活动中运用元认知知识[3]及元认知策略[4]的情况。首先我们关注学生总体的个人反思以及他们给予同学录音评语时的情况；其次我们将在文中通过一个个案分析来一窥学生在整个训练过程中如何因同学的评语而影响其元认知知识，并于个人的反思之中利用元认知知识，以至影响本身的命题说话的表现。

（四）元认知知识与元认知策略的使用情况

我们首先关注学生个人反思中所反映出的情况。这一环节中我们一共从上述7名学生收集了32篇个人反思进行分析，其中一共有175处句子中显示了学生在进行反思的过程中运用了不同的元认知策略。我们在表3中列举了一些实例。

从表3中我们可以观察到学生在反思的过程中，最常运用的策略是"监测"，可见他们都倾向于从具体的说话内容去思考自

---

[1] Guba, E., & Lincoln, Y. (1981). *Effective Evaluation:Improving the Usefulness of Evaluation Results through Responsiveness and Naturalistic Approaches*. San Francisco:Jossey-Bass; Miles, M. B., & Huberman, A. M. (1984). *Qualitative data analysis*. Beverly Hills: Sage.

[2] Fraenkel, J. R., & Wallen, N. E. (2006). *How to Design and Evaluate Research in Education* (6th ed.). New York: McGraw-Hill.

[3] Wenden, A. L. (1991). *Learner Strategies for Learner Autonomy*. Englewood Clifs, NJ:Prentice Hall.

[4] Goh, C. C. M., & Zhang, D. (2002). A metacognitive framework for reflective journals. In Chang, A. S. C., & Goh, C. C. M. (eds.), *Teachers' Handbook on Teaching Generic Thinking Skills*. Singapore: Prentice Hall, 8-21.

己在刚完成的命题说话录音中的表现，较少的时候是视整个命题说话的内容为一个整体去评价自己的表现。当我们见到"计划"策略的使用频率相比"监测"的次数要少时，这显示了学生在反思时所关注的问题较多，但是在计划下一次的命题说话时只选择关注较少的方面以谋求进步。

表3 个人反思中所使用的元认知策略举例

元认知策略	例子	次数（百分比）
监测	1. 和我上一次比，我还是没有改掉我SINGLISH①的坏习惯。 2. 在这次的录音里，我的停顿变少了，但我会结结巴巴的。 3. 我听了同学们的录音后，最大的收获是录音时要自然点儿。	105（60.0%）
计划	1. 下次录音时，我应该在比较适合的时间录音，讲的［得］跟［更］快，也应该讲得有感情。 2. 我在下次的录音也要减少停顿的部分。 3. 我觉得我应该进步在我的停顿上。	37（21.1%）
评价	1. 但是，我还是对我这次的录音感到满意，因为我能在短短的时间里想出好多的例子。 2. 我对自己的录音很满意，比以前的更好。 3. 在下次的录音里，我会尝试说多一点儿成语。	33（18.9%）
总次数		175（100.0%）

注：以上的例句皆反映学生的实际用语，未经修改，方括号中为别字的注释。以下同。

我们接着看看7名学生在做个人反思时运用元认知知识的整体情况（表4）。

---

① Singlish是指存在于新加坡的一种英语地方变体，其主要表现是在词汇和语法方面受到来自汉语方言和马来语的影响。

第三节 以元认知为主导、信息科技为辅的口语教学模式探索

表4 个人反思中使用的元认知知识举例

元认知知识	例子	次数（百分比）
任务知识	1. 在这次的录音我少了原因的部分，希望在下次录音我能把它加上。 2. 但是和 Ning 比较，我在内容上比较差。 3. 我觉得我这次的录音做的［得］不错，因为我在过程中停顿的时候已经减少了。	151（86.3%）
个人知识	1. 可能我平时间讲话太快了，已经成为我的习惯了。 2. 可能是我当时的心情很紧张，因为我的外婆叫我做东西，我也很赶时间，所以才没有做到那么好。 3. 因为我录的时候在生病［，］所以我的语调不是很标准。	10（5.7%）
策略知识	1. 在下次的录音里，我会尝试说多一点儿成语，不要笑和给多一点儿意见。 2. 下次，我觉得我应该时时［试试］看多讲，把内容多增加。 3. 以后应该不把录音机放太紧［近］嘴巴。	14（8.0%）
总次数		175（100.0%）

从表4中我们可以观察到元认知任务知识的运用在学生的反思中占了很大的比重，涉及策略知识和个人知识的时候占少数。这说明了学生非常关注并把精神都锁定在完成命题说话这项"任务"所需的各种要求之上。无论是在之前讨论过的元认知监测、评价还是计划策略中，他们大多数时候只运用本身对于命题说话任务的了解去做思考，而忽略了学习者的各种个人因素以及完成语言任务的策略可能带来的影响。

我们接着关注学生给予同学录音的评语中所反映出的情况。这一环节中我们一共收集了27段评语进行分析，其中共有135处句子显示了学生在进行反思的过程中运用了各式元认知知识。

通过表5，我们罗列7名学生分别使用元认知知识的情况。

表5　给予同学录音的评语中利用元认知知识的频率

学生	个人知识	任务知识	策略知识	频率（次）
Meng	1（4.8%）	20（95.2%）	0（0）	21
Ning	3（33.3%）	6（66.7%）	0（0）	9
Shing	0（0）	11（100.0%）	0（0）	11
Ting	0（0）	4（100.0%）	0（0）	4
Hwee	2（6.9%）	27（93.1%）	0（0）	29
Yuan	0（0）	26（96.3%）	1（3.7%）	27
Zen	2（5.9%）	32（94.1%）	0（0）	34
总频率	8（5.9%）	126（93.3%）	1（0.7%）	135

从表5中我们可以观察到元认知任务知识的运用在学生的反思中占了主导，涉及个人知识和策略知识的时候是少之又少。这或许说明学生在听完同学的录音后给予评语时仍旧把精力都放在命题说话此项任务所需的各种要求之上，希望从这个角度给同学的录音提意见。除了对策略知识的忽略和前边进行个人反思时的情况相似以外，个人知识运用得少或许是可以理解的，因为在本次研究中，25名学生（包括这7名学生在内）来自四个不同的班级，所以他们之间对于彼此的认识可能不深，因此要从同学身上去寻找个人因素是不太容易做到的。

总结这一节里我们对于学生在活动过程中涉及元认知的情况的观察，我们认识到，学生无论是在给予同学的录音评语或是进行个人反思时，主要都是运用了任务知识，即对于进行和完成命题说话这一项任务时的各种要求的理解。他们相对较少运用个人知识和策略知识来进行思考，这或许是他们对于这两类知识会对完成命题说话起作用的意识不足所致，因此值得我们在教学中关注。

（五）个案分析学生在个人反思中对元认知的涉猎

下面我们通过一个个案分析，深入到学生在整个研究中所完成的每一次个人反思，以一窥元认知在这过程中所扮演的角色。与此同时，我们也以每一次反思的内容为起点，对照命题说话录音中的情况以及他们和同学间交流意见的内容来进行思考。我们这里选择了学生 Hwee 作为个案分析的对象，在进入其个人反思的内容前，我们先来了解一下这名学生的情况。

1. 语言使用背景以及整体表现。

Hwee 来自一个说英语的家庭。他和家人只用英语沟通，和朋友沟通也主要使用英语。只有偶尔碰到习惯说华语的同学时，Hwee 才有说华语的机会。和 Hwee 有着类似的语言使用背景的学生在新加坡有日益增加的趋势。[1] 整个研究中，Hwee 一共完成了五轮的活动。图 1 显示了他的每周得分。每一次的分数都是上述三位华文教师各自评分后的平均分。三位教师的评分具有良好的一致性（Cronbach's α 系数为 0.89）。

---

[1] Singapore Ministry of Education. (2004). Report of the Chinese language curriculum and pedagogy review committee [Electronic version] .Retrieved October 26, 2005, from http://www.moe.gov.sg/press/2004CLCPRC%20Committee%20Report.pdf.

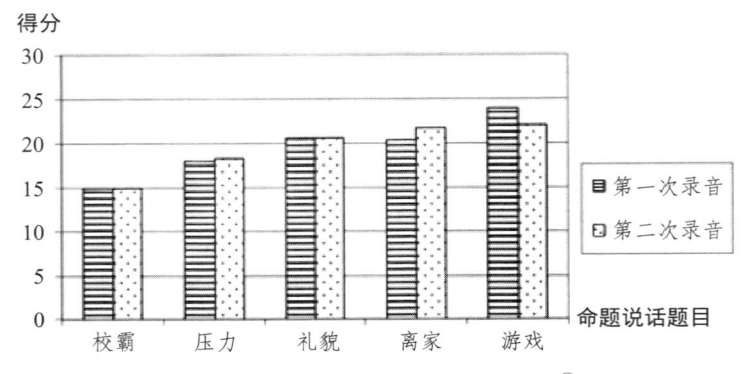

396　第七章　新技术条件下的汉语教学模式革新：技术意识与技术驱动

图 1　Hwee 的每周命题说话练习得分[①]

从图 1 看，我们不难发现 Hwee 的分数有进步的趋势。在前四次练习中，Hwee 的第二次录音在分数上和第一次一样或有稍微进步。但第五轮练习的情况则正好相反，第一次录音的得分比较高。

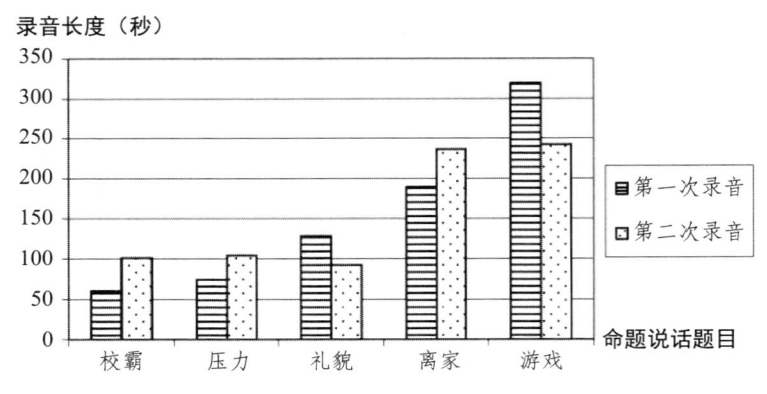

图 2　Hwee 的每周命题说话练习的时间长度

图 2 显示的是 Hwee 每一段录音的时间长度。我们可以看到 Hwee 的录音长度有增加的趋势，而且有三次的第二次录音比第

[①]　图 1、图 2 中各题目经过缩略。

第三节　以元认知为主导、信息科技为辅的口语教学模式探索

一次的长。Hwee的录音得分和其时间长度之间的相关系数是0.82，这表示那些较长的录音在内容上一般较为充实，因此都获得较高的分数。

2. 练习的逐次探究。

这里我们结合Hwee的录音转写记录、个人反思、他的录音所获得的同学评语以及他给予同学的评语几个环节一起来进行探究。

在第一轮《校园恶霸》练习中，Hwee的录音并没有得到任何同学的评语。我们发现他的第二次录音比第一次录音带有更多停顿。这解释了我们前边的观察，即他的第二次录音虽然时间较长，但得分却和第一次相同。针对这一流畅问题，Hwee在他的个人反思中运用策略知识写到：

> 还有，我讲得很不熟悉，所以讲得很困难。当我听到同学们的录音，我觉得他们都讲得比我更熟悉。……我也必须多练几次才录下，这样我就会知道我想讲什么。

在每一轮的练习中，我们要求学生只做一次录音便把它上传到博客中。这样的规定阻止了Hwee使用他所熟悉"多练几次才录下"的谋求进步策略。由于他的元认知知识中并不存在任何其他改进流利度的策略，这或许就导致了他在第二次录音中无法取得进步，甚至还出现停顿增多的情况。

就命题说话的内容而言，我们发现Hwee的第二次录音除了复述第一次所提到的重点外，还添加了两个新的观点。就此Hwee写到：

> 我听了同学们的录音后，最大的收获就是向他们的录音和同学们学讲什么。

比较两次的录音，我们相信 Hwee 的第一次录音是在家中的宁静环境完成的，而第二次应该是在学校录音的。尽管第二次的环境嘈杂，Hwee 的录音除了复述第一次所提到的重点外，还添加了两个新的观点。就此 Hwee 写到："下次我录音时，我必须更多大声一点。"

来到第二轮《压力》的练习时，Hwee 再一次没有得到任何同学给予他的录音评语。在个人反思中，他回顾同学的录音时结合任务知识写到："我的录音时间比她少，内容上比她差。"随即采取计划策略并结合策略知识写到："下次，我觉得我应该时时［试试］看多讲，把内容多增加。"当我们比较前后两次的录音转写记录时，我们发现内容上 Hwee 不但谈及学校和家庭的压力问题，还谈到了压力的影响及其疏导方法，丰富了不少。

往下一轮《新加坡人有礼貌吗？》的练习中，Hwee 的录音得到了四位同学的评语。这些评语主要是"继续加油""做得很好"等鼓励性的文字，只有一名学生针对录音的内容和表达给出了意见，并建议 Hwee 多注意说话时的流畅性。当我们比较两次的录音时，Hwee 的确在这方面下了功夫。我们同时也注意到 Hwee 的第二次录音的结束部分和第一次录音的结束部分完全相同，这或许是受了同学的评语"我觉得你的总结说得很清楚很有道理"有关。因为这样一种重复相同内容的行为在前两轮的练习中是前所未见的。显然，Hwee 在反思中为谋求进步做计划时有意识地计划要重复讲出可取的内容。

《新加坡人有礼貌吗？》的第二次练习中还出现了一个引起我们注意的地方。Hwee 在说话中套用他从同学录音中听到的一个想法后，补充评述：

第三节 以元认知为主导、信息科技为辅的口语教学模式探索

> 就像捷威说过,当我听到他的录音时,我想笑可是我也是不可以笑。因为当他说……可是我是觉得是因为他们有些也是不敢见老师或向对他们点头。……

在我们的教学经验中,学生在一般课堂上的命题说话练习中不太容易记住其他同学所说过的内容,更不会在自己的说话内容中为同学所表述的意见进行述评。这种情况的出现相信是我们结合科技后赋予华文教学的一种全新可能性。

接着一轮的练习围绕《青少年离家出走》这个题目展开。Hwee 的录音得到两个同学的评语与认可。他们在评语中都提到自己同意 Hwee 所提出的观点,并鼓励:"总共,你有进步。""总结其[起]来,你做得,好!"当我们对照 Hwee 的个人反思时,却见到:

> 这次我觉得我有进步,因为大家都说我讲得好,可是,如果要进步,什么就是好呢?

由此可见过于简单或是非针对性的评语对于说话技能或是元认知知识的增进都是没有帮助的。但尽管如此,我们发现 Hwee 还是在反思中关注录音质量与嘈杂声的问题,并运用及修订其策略知识于计划中。他的第二次录音除了内容更充实以外,也基本上解决了从前的声音质量问题。

Hwee 最后一轮题目为《青少年沉迷于网上游戏》的练习得到两个同学的评语,而他们除了称赞 Hwee 说话流利外都不约而同指向他说话中接连把一个想法重复三次的问题。Hwee 在反思时写到:

> 我这次不小心说了一样的句子台[太]多次,可能是因为我忘了想

要说了什么，所以不下[小]心乱说了。

通过任务知识的运用，Hwee 也觉得自己的录音时间太长了，并计划在第二次录音中纠正此问题。完成这一次的个人反思后，研究也即将告一段落。在这最后的一篇反思中 Hwee 写到：

做了这些录音后，我觉得我比较容易说华文，比以前更好。

这一句话虽然简单，却聚焦了 Hwee 八个星期来的不懈努力。从上述的分析中，我们可以看到 Hwee 如何反复地运用元认知于其反思之中，并在其作用下为自己的下一次录音寻求进步，同时对其元认知知识的修订与补充也是不间断的。

（六）研究问题三的资料分析方法与结果

我们对于这一部分的内容其实是和研究问题二同步探究进行的。从上文的个案分析中我们就可以看到一些这样的情况，例如学生 Hwee 在自己的说话中复述并评述之前同学的说话内容、同学间互相给予的评语有时过于简单、缺乏针对性等。对于第三个研究问题的探讨，我们一共深入分析了其中三名学生的有声博客的所有内容（包括每一次的命题说话录音、每一则个人反思、每一则他们给予其他同学录音的评语等），上文分享的是其中一例。纵观三个个案的分析所得，我们归结出以下三点观察：

1. 同学的评语直接起了指点和提醒的作用。我们观察到学生通过阅读同学给予的评语后能发现一些单靠自己是无法发现的问题。例如一名学生说："下次，我应该尝试一下我讲的话比较大声一点儿，和我应该加点儿内容，所以录音时间也会比较长一点儿。"除了点出问题所在之外，同学间也起了一种监督和提醒作用。一名学生就为自己连续犯下的停顿问题在反思中写到："我这次的停顿又有问题了。我说话也太过快了。……可能我平时间讲话太快了，已经成为我的习惯了。我应该改掉我的坏习惯。"由此可见信息科技的运用也同时推进群体协作学习并为参与者带来好处。

2. 个人的反思可以联系过去的练习。我们也观察到学生反思的内容除了涉及每一次的练习外，还可以在反思时联系之前一轮命题说话练习的内容，例如："和我上一次比，我还是没有改掉我Singlish的坏习惯。……下一次录音，我不会再讲Singlish了。"几次练习下来，学生由于出现老毛病"又"犯了愁："我又开始说Singlish了……我在先部分会比较快，我觉得我应该进步在我的停顿上。"这样的可能性再一次说明是由我们所使用的有声博客科技所赋予的，这是传统命题说话课堂所无法实现的。

3. 过于简单的评语无助于同学取得进步。学生之间积极地相互评论，但我们上一节也见到学生Hwee就反映："这次我觉得我有进步，因为大家都说我讲得好，可是，如果要进步，什么就是好呢?"类似的意见在其他学生的反思中时而出现。为什么学生的评语会流于表面无法深入呢？这是一个值得我们思考的问题。

（七）研究问题的综合分析与探讨

上文分别讨论过三个研究问题后，我们尝试把分散各处的发现进行综合与总结，整理出如下五点内容：

1. 学生无论是在给予同学的录音评语或是在进行个人反思时对所使用的元认知知识都有所偏重。他们主要是运用了任务知识，反观个人知识与策略知识则是极少运用的。这或许反映了学生并不十分了解个人作为语言学习者的各项因素（由个人知识赋予）以及用以完成语言任务的策略（由策略知识赋予）都会影响他们整体的命题说话表现的。教师视学生的情况来给予适当的支架性引导能有效地解决这方面的偏颇问题。

2. 在有声博客中给予同学的录音评语以及为自己的录音进行个人反思这两项活动有助于改变学生的元认知知识和元认知意识。但是，这并不意味着他们马上就会把这些改变付诸其后的命题说话练习。在这个寻求改变进步的过程中，有些学生会显得心有余而力不足。评语中同学的不断鼓励有助于让该学生坚持不懈。

3. 某名学生若在一次练习中没有得到同学给予评语，他仍可通过听其他同学的录音而在内容和表达上取得进步。但是，在缺少同学评语的情况下，这名学生可能无法完全识别自己在进行命题说话时所出现的问题，甚至以为自己的表现已经很好而感到满足。在这里，群体参与协作学习的重要性就更显突出了。

4. 学生在有声博客中相互听录音和给予评语的同时也在不知不觉中交换彼此的元认知知识。有迹象显示这样的一种交流间接地提升了学生的元认知意识，并促使学生在之后的命题说话练习中取得进步。

5. 学生在有声博客中展开自主性学习的同时，教师的重要性更加凸显了。我们观察到学生在有声博客中进行交流时有时在元认知知识和元认知意识方面会显得能力不足，以致他们虽然知道同学的命题说话需要改进，但却无法很好地说出同学具体的问题在哪里，以至于做出过于简单的评语。这时候，教师由于具备更丰富的元认知知识和更强的元认知意识，便可根据具体情况为学生进行纠正与引导。教师的辅导有助于学生进一步发展他们的元认知意识。

四、本次研究的局限性

本次研究存在一定的局限性,希望今后的研究能把这些问题考虑在内,以求完善研究的设计并得到更理想的结论。

首先,从分数以及内容分析的角度来看,虽然学生都有所增进,但是还可能存在其他的因素引致这种进步。例如Bygate(1996,2001)[1]就发现语言学习者接连两次地复述一个相同的话题,尽管在这两次之间并不存在任何人的指导,学习者也是有可能在某种程度上取得进步的。

其次,本次研究无论从设计、参与人数或是学生的积极性的角度而言都未达到理想的标准。这主要归咎于我们是以外来者的身份进入一所学校做研究,研究又是以课程辅助活动的形式展开的。因此,我们研究未开始就出现10名学生退出的状况,理由是家长反对、时间与其他课程辅助活动冲突、学生觉得现有课业繁重等;实验组的设置显然也是不实际的。参与研究的学生的繁重课业大大影响了他们付出额外时间参与研究的动力,以致只有7名学生较积极地投入到每一次活动中。如果这项研究是由在校的教师进行则问题会相对减少。教师除了可进行试验研究,以某些班级作为对照组,同时也可以将研究融入平日的课堂教学,一来能减轻学生的负担,二来参与研究的学生人数也能得到保证。

---

[1] Bygate, M. (1996). Effects of task repetition: Appraising the developing language of learners. In Wilis, J., & Wilis, D. (eds.). *Challenge and Change in Language Teaching*. London:Heinemann, 136-145; Bygate, M. (2001). Effects of task repetition on the structure and control of oral language. In Bygate, M., Skehan, P., & Swain, M. (eds.). *Researching Pedagogic Tasks: Second Language Learning, Teaching and Testing*. Harlow:Pearson Education Limited, 23-48.

另外，这一次研究把"口语教学"从语言教学的整体中独立出来探讨，虽然满足了试验操作的需要，但这显然不是最理想的做法。将语言四大技能的能力培养有机地结合在一起是不少学者所倡议的[①]。

五、总结

在本次探索性研究中，我们观察到了以元认知为主导的口语教学模式对学生的元认知起到了一些积极的作用。相较于传统课堂教学，我们很大程度地提升了学生的参与性以及自学的机会。元认知策略和元认知知识在运用的同时也不断进行修订改变，整体的元认知意识也因此获得提升。当然，这整个教学模式的设计是倚赖有声博客作为辅助性工具展开的。尽管我们把大部分注意力放到学生身上，教师在这个过程中也扮演非常重要的角色。教师根据学生的能力与情况提供支架性的引导是必要的。

最后，我们希望本次研究的这一点发现能为华文及对外汉语教师提供借鉴并起到抛砖引玉的作用，鼓励其他教师也与时俱进，利用信息科技所带来的各种可能性为口语教学做出新的思考与尝试。

[①] El-Koumy, A. A. (2002). *Teaching and Learning English as a Foreign Language: A Comprehensive Approach.* Cairo, Egypt: Dar An-Nashr for Universities; Maxwell, R. J., & Meiser, M. J. (1997). *Teaching English in Middle and Secondary Schools.* (*2nd ed.*). Upper Saddle River, N. J.: Merrill.

第四节　基于混合学习的汉语综合课教学模式设计[①]

当前信息技术发展迅速,教育领域也受到很大的影响和冲击。随着技术的发展,混合学习(Blended Learning)的概念也不断发展,相关研究更加深入。作为混合学习的一种重要模式,翻转课堂(Flipped Classroom)在 2014 年和 2015 年的《地平线报告(高等教育版)》中都被列为关键技术之一。

"我们所处的时代,是一个信息技术与日常生活和工作密切相关的时代,概括地说就是一个受到泛在化信息技术影响的时代;而离开了信息技术,人们的日常生活和工作会有诸多不便甚至会面临较大困难,于是人们越来越依赖信息技术。汉语教学也是如此。"[②] 信息技术的发展为混合学习的进一步发展提供了必要的技术条件,因此我们有必要了解混合学习理论及其最新研究进展,并思考开展汉语混合学习模式的相关问题。

一、混合学习研究概述

在教育领域中,"混合"的思想及操作由来已久,在很多方面都有所体现。回顾国内外的相关研究成果,我们认为围绕混合

[①] 本文以《基于混合学习的汉语综合课教学模式设计》为题,发表在《现代教育技术》2016 年第 3 期,作者袁萍。

[②] 郑艳群《新时期信息技术背景下汉语国际教育新思路》,《国际汉语教学研究》2015 年第 2 期。

学习的研究大致可分为以下两个阶段：

（一）E-learning 研究背景下的混合学习研究

这一阶段研究的时间跨度大致为 2000—2010 年，是混合学习研究的起始阶段。混合学习是在人们对 E-learning 进行理性反思的背景下发展起来的，E-learning 实施中存在的问题使人们认识到它并不能完全取代传统的课堂学习。因此，学界对结合了 E-learning 和传统课堂学习的混合学习的研究逐渐增多，各种与之有关的概念和理论也逐步建立并发展起来。

此阶段的混合学习研究主要集中在理论探讨方面，涉及混合学习的概念、内涵、模式、设计等。如田世生和傅钢善（2004）[1]对国内外混合学习的相关研究进行了综述；詹泽慧和李晓华（2009）[2]分析了混合学习实施中可能遇到的困难及解决措施，并讨论了混合学习的发展趋势。另外，很多学者在理论探讨的基础上，研究了混合学习的具体应用——应用研究涉及的范围广泛、内容多样，包括教师信念和专业发展、学生态度和能力培养、教学模式、实施策略、平台设计、评价方法等。

（二）新时期信息技术背景下的混合学习研究

这一阶段主要指的是 2010 年之后的研究，是混合学习研究的发展阶段。"新时期信息技术的突出特点是互联网技术及围绕互联网技术的云计算、大数据和物联网等技术。"[3]受技术发展

---

[1] 田世生、傅钢善《Blended Learning 初步研究》，《电化教育研究》2004 年第 7 期。

[2] 詹泽慧、李晓华《混合学习：定义、策略、现状与发展趋势——与美国印第安纳大学柯蒂斯·邦克教授的对话》，《中国电化教育》2009 年第 12 期。

[3] 郑艳群《新时期信息技术背景下汉语国际教育新思路》，《国际汉语教学研究》2015 年第 2 期。

的影响，教与学的方式、形式也发生了变化，其中就包括了混合学习的新发展。

俞显和张文兰（2013）[①]对截至2013年的混合学习研究进行了统计，分析了混合学习研究的热点和前沿问题。此阶段有代表性的研究成果是美国克莱顿·克里斯坦森教育机构（The Clayton Christensen Institute）对混合学习的研究。从2011年起，该机构先后发表了一系列研究报告，[②]对混合学习的定义、模式、应用案例等进行了详细的介绍，[③]并最终确定了四种混合学习模式（即循环模式、弹性模式、自混合模式和增强虚拟模式）。此外，该机构的研究报告不仅详细介绍了每种模式的内涵和具体操作，还分析了美国40多所学校和机构运用混合学习模式的成功案例。[④]

可以看出，不同时期的混合学习研究各有侧重——前一阶段的研究更多地关注"混合什么"，并细致研究了各个层面的"混合"，如教学和学习理论、教学模式、教学媒体、学习环境、学习方式等；后一阶段的研究则更多地关注"如何混合"，并详细阐述了各种不同的混合学习模式，且每种模式都有非常具体的操作实践介绍和教学建议。

[①] 俞显、张文兰《混合学习的研究现状和趋势分析》，《现代教育技术》2013年第7期。

[②] Michael, B. H., & Heather, S. (2011). The rise of K-12 blended learning. Retrieved from http://www.christenseninstitute.org/?publications=the-rise-of-k-12-blended-learning.

[③] Heather, S., & Michael, B. H. (2012). Classifying K-12 blended learning. Retrieved from http://www.christenseninstitute.org/?publications=classifying-k-12-blended-learning-2.

[④] Heather, S. (2011). The rise of K-12 blended learning: Profiles of emerging models. Retrieved from http://www.christenseninstitute.org?publications=the-rise-of-k-12-blended-learning-profiles-of-emerging-models.

二、汉语综合课混合学习模式设计

在信息时代，可以说几乎每一项技术都可以用于教学，但能否形成模式，要看技术应用的成熟度和适应性，要从理论、实践和评价等方面去考察。① 数字化对外汉语教学发展的一大趋势是从单纯的 E-learning 走向 B-learning，② 混合学习在汉语教学中有广阔的应用前景和发展空间。

有学者已经开始探讨混合学习在汉语教学中的应用问题，如郭晶（2010）③ 对混合学习在汉语听力教学中的应用进行了研究；车和庭（2012）④ 对韩国高中汉语课程混合教学模式进行了研究。这些研究为已有的汉语教学模式和方法提供了有益参考，为汉语教学提供了新思路。但总的来看，汉语教学中关于混合学习应用的研究相对较少，研究的范围相对较窄。混合学习有许多不同的模式，各个模式如何应用于汉语教学与学习值得去深入研究，而研究的"关键是探讨特定模式的适用条件和使用规律"，"研究不同教学内容的混合模式及其特点"。⑤

"在第二语言教学语言类课程中，综合课是一门集语言要素

---

① 郑艳群《技术意识与对外汉语教学模式创建》，《华文教学与研究》2014 年第 2 期。
② 徐娟、史艳岚《十年来数字化对外汉语教学发展综述》，《现代教育技术》2013 年第 12 期。
③ 郭晶《混合式教学模式与汉语听力理解能力的提高》，载《第十届国际汉语教学研讨会论文选》，万卷出版公司，2010 年。
④ 车和庭《韩国高中汉语课程混合式教学模式研究》，山东师范大学硕士学位论文，2012 年。
⑤ 郑艳群《新时期信息技术背景下汉语国际教育新思路》，《国际汉语教学研究》2015 年第 2 期。

教学、文化知识教学、语言技能与交际能力训练为一体的课程，目的在于培养学生综合运用目的语的能力。"[1] 在国内高校班级制教学中，综合课一般作为主干课、基础课、核心课设置，承担着系统的汉语知识传授和全面的汉语言语技能训练的任务。目前汉语综合课教学模式具有环节清晰、可操作性强等优点，但也存在对交际活动真实性、学生个别化学习和自主学习的重视不够等问题。本研究以综合课为例，对混合学习模式的应用进行了设计和分析。

（一）设计原则

综合考虑汉语综合课的特点、混合学习理论及实施案例，本研究确定了汉语综合课混合学习模式设计的四项基本原则。

1. 创建适切的学生体验环境。

运用混合学习模式的示范学校有的配备了先进的计算机实验室，有的只是在原有教室的基础上进行调整布置。实际上，混合学习模式下学习环境的构建，既要切合师生的需要，又要考虑模式特点、管理、成本等各方面的因素。

2. 满足学生自主学习和个性化学习的需要。

汉语教学一个非常重要的原则是"以学生为中心"，混合学习模式的设计与实施也极其重视对学习者的分析。如李克东和赵建华（2004）[2] 指出，混合学习过程中的前两个环节便是识别学习需求和学习者的特征；李泉和高增霞（2010）[3] 指出，汉语综

---

[1] 赵金铭主编《汉语可以这样教——语言技能篇》，商务印书馆，2006年。
[2] 李克东、赵建华《混合学习的原理与应用模式》，《电化教育研究》2004年第7期。
[3] 李泉、高增霞《汉语综合课教学原则和教学意识》，《海外华文教育》2010年第4期。

合课的指导原则之一是培养学生的自主学习能力，让学生掌握适合自己的外语学习方法、技巧和能力。

混合学习模式关注每个学生的学习需求，针对不同学生的学习特点进行教学，这与传统的那种对整个班级学生实施"一刀切"的教学有所不同。研究人员通过对采用混合学习模式的示范学校进行考察后发现，很多学校总结的教学经验之一就是对个性化学习的重视。比如，Summit Public Schools 教学最有特色的一点是 PLT（Personalized Learning Time，个性化学习时间），即学生在线进行自主学习、个性化学习。[①]

3. 提供丰富多样的学习资源。

学习资源对学习的重要性不言而喻。混合学习包括线上学习和线下学习，又可分为多种模式（下含子模式），重视学生的自主学习和个性化学习，这些需要多种学习资源的支持。采用混合学习模式的示范学校都为学生提供了大量的、形式多样的学习资源。而丰富多样的学习资源为混合学习的有效实施提供了重要保证，是进行混合学习模式设计应当考虑的重要原则之一。

4. 动态分组。

传统教学模式下学生所在的班级常被作为一个固定的整体，一般在长时期内不会有太大的变动，这种形式在混合学习研究中被称为"固定分组"（Fixed Groupings）。而混合学习模式下的学生不再被固定安排在某个小组或课堂，而是动态地分配在适合的小组或课堂，即"动态分组"（Dynamic Groupings）。郑艳群

[①] Michael, B. H., & Brian, G. Silicon schools fund and Clayton Christensen institute. Retrieved from https://www.khanacademy.org/partner-content/ssf-cci.

（2015）[①]介绍了丹麦一所类似"走班制"的信息化创新学校——Hellerup School，学生的学习完全按照学习的内容和方式进行，这是"动态分组"理念的体现。美国诸多示范学校很好地运用了动态分组，如 Navigator Schools 的教学人员认为学校教学模式成功的关键因素之一就是使用了动态分组，因为他们每天都对学生进行评估和重新分组。[②]

（二）课堂教学模式设计

克莱顿·克里斯坦森教育机构有关混合学习模式的研究比较充分，本研究以此为参考，设计了汉语综合课混合学习模式。本研究认为，混合学习的各种模式与汉语综合课的契合程度各有不同，其中的循环模式及其子模式的可行性和可操作性相对更强。

1. 循环模式及其子模式简介。

循环模式（Rotation Model）指的是对于某一给定的课程或科目，学生按照某个固定的时间表或者由教师考虑决定，在多种学习形式之间循环的模式。学习形式中至少有一个是在线学习，其他形式包括小组协作、集中授课、个别辅导等。

根据学习场所和时间表，循环模式包括就地循环、实验室循环、翻转课堂和个别循环四个子模式。[③] 其中，就地循环模式（Station Rotation Model）是学生在某一特定教室的循环，即各

[①] 郑艳群《新时期信息技术背景下汉语国际教育新思路》，《国际汉语教学研究》2015 年第 2 期。

[②] Michael, B. H., & Brian, G. Silicon schools fund and clayton christensen institute. Retrieved from https://www.khanacademy.org/partner-content/ssf-cci.

[③] Heather, S. (2011). The rise of K-12 blended learning: Profiles of emerging models. Retrieved from http://www.christenseninstitute.org?publications=the-rise-of-k-12-blended-learning-profiles-of-emerging-models.

种学习形式和活动场所都在某个特定的教室内；实验室循环模式（Lab Rotation Model）是学生在教室和在线学习实验室之间的循环，即学生的学习主要通过实验室中的在线学习完成，而教室通常用作其他学习活动的场所；翻转课堂模式（Flipped Classroom Model）是学生在学校面对面的教师指导和一个远离学校的地方（通常在家）的在线学习之间的循环；个别循环模式（Individual Rotation Model）是学生按照个别化的、定制的时间表在各种学习形式之间的循环。①

2. 综合课课堂混合学习模式设计。

国内高校的汉语课堂一般有一个固定的教室，考虑到现有的教学条件，就地循环模式与综合课教学的契合程度更高。另外，在当前技术条件下，翻转课堂模式的可操作性较强，且在汉语教学中已有成功应用。基于此，本研究认为可将这两种模式结合起来应用于汉语综合课教学。

课前，教师将学习内容上传到某一平台或发送给学生学习——这一点体现了翻转课堂模式的特点。课中，教师首先通过听写、会话练习、课文内容问答等形式检查学生的复习和预习情况，并据此将学生分为三个小组：第一个小组为课下没有在线学习或者没有学完的学生，第二个小组为学完但对内容仍有疑问的学生，第三个小组为学完且已基本掌握的学生。之后，教师需要对教室进行分区（分好的区域以后可以固定下来），并将三个小组分别安排在不同的区域：第一个小组的学生使用笔记本、iPad

---

① Heather, S. (2011). The rise of K-12 blended learning: Profiles of emerging models. Retrieved from http://www.christenseninstitute.org?publications=the-rise-of-k-12-blended-learning-profiles-of-emerging-models.

等设备在某一区域继续在线学习，第二个小组的学生在某一区域跟着教师集中学习、练习，第三个小组的学生在某一区域按照老师布置的任务进行小组讨论。需要说明的是，这些分组并不是固定不变的，而是动态的组合，即各个小组的学生可以根据自己的情况，随时加入其他小组学习；教师也可根据各个小组学生的进度，进行新的安排——学生在同一教室内不同的学习形式之间进行循环，这体现了就地循环模式的特点。最后，教师打破分组，与所有学生一起进行课堂小结，进一步巩固所学内容并布置作业。

为了更好地对教学进行管理，保证三个小组学生学习的顺利进行，除了配备主讲老师负责第二小组，最好还配备一名助教来监督其他两个小组的学习情况，并为学生提供及时的指导。上述这种教学模式对学生的汉语水平要求不高，可以作为汉语综合课教学采用的一种主要的混合学习模式。

此外，针对特定教学内容或教学阶段的综合课教学还可采用另外两种循环模式：实验室循环模式和个别循环模式。应用实验室循环模式对教学条件有一定的要求，即教学单位需要配有固定的在线学习教室。综合课初级阶段的语音学习、汉字学习以及需要较多听说练习的时候，可以采用实验室循环模式。个别循环模式则需要教师针对每个学生的学习能力、进度、水平等制订不同的学习计划，并在课中监督每个学生的完成情况——这些工作往往较难由某一位教师单独完成，需要多名助教或其他教学相关人员的帮助。本研究认为，中高级阶段的汉语综合课教学可以尝试采用这一模式，这是因为，一方面中高级阶段学习者的水平相对于初级阶段有了很大提高，所掌握的词汇量和语法项目也大大增加，独自运用汉语进行学习的能力较强；另一方面随着汉语水平的提高，学习者的个别差异也会增加，个别循环模式可为学生提供更多的个性化学习内容和时间，让学习更有针对性。

循环模式在当前汉语综合课教学中更为适用，并不意味着其他模式在汉语教学中无用武之地。采用何种模式受多方面因素的影响，需要综合分析、仔细考察、慎重选择。另外，混合学习模式并非一成不变，可以对不同模式加以选择、组合、调整，以切合实际的教学需要。

三、高质量汉语综合课混合学习模式实施策略

混合学习模式为汉语学习提供了多种可能，但也带来了很多挑战，而如何应对这些挑战，是进行汉语混合学习模式设计时需考虑的重要问题。

（一）重视教师培训，促进教师专业发展

汉语教学强调"以学生为中心"，但对教师作用的重视程度丝毫也没有降低。混合学习模式下的汉语教学对教师的要求更多，不仅需要教师转变教学观念，而且要求教师在教学中所承担的角色更加多样。在混合学习模式下，教师需要做好角色的转变。为此，有学者提出教师角色需要更多地从讲授者（Lecturer）到促进者（Facilitator），从使用固定分组（Fixed Groupings）到使用动态分组（Dynamic Groupings），从关注内容到关注内容、技能和观念，从通才（Generalist）到专才（Specialist）转变。[1]为了更

---

[1] Michael, B. H., & Brian, G. Silicon schools fund and clayton christensen institute. Retrieved from https://www.khanacademy.org/partner-content/ssf-cci.

好地帮助教师完成各种角色的转变和教学理念的更新，有针对性的汉语教师培训必不可少。

（二）培养学习者的自主学习和协作学习能力，提升学习者的信息素养

在混合学习模式中，学习者的自主学习和个性化学习所占比重更高，要求学习者有较高的学习技能和自我管理能力。另外，为适应信息化社会的迅速发展，学习者需要具备熟练地操作各种移动设备和使用网络技术的能力，而学习者的信息素养不同，他们学习的习惯和结果也会有所不同。因此，采用混合学习模式的汉语教师需要对来自不同国家背景学生的学习能力和信息素养有一定的了解，并在教学过程中向自主学习能力和信息素养较差的学生提供指导与帮助，以让他们更好地适应新的学习模式，促进汉语学习。

（三）进行量化研究，重视对混合学习效果的评价反馈

汉语混合学习模式的效果如何有赖于教学实践的检验，而教学如何实施、操作有赖于对课堂教学的研究。因此，有必要对混合学习模式下的汉语课堂进行细致的量化研究特别是教学行为研究，通过分析有效和无效的教学行为，为教学提供反馈、为改进教学提供依据。

四、结束语

本研究以国内高校的汉语综合课教学为例，对混合学习模式的应用做了一些思考。混合学习模式应用于汉语教学，既要考虑该模式的可操作性和可行性，也要重视该模式应用的有效性。除

了亟待开展应用汉语综合课混合学习模式的实践研究,有待研究的问题还有很多,如教学相关平台的构建、资源建设等。汉语国际教育背景下的汉语教学种类繁多,其他课型汉语混合学习模式的应用、混合学习其他模式在汉语教学中的应用、不同环境下汉语教学混合学习模式的应用等也值得研究。新信息技术背景下的汉语教学需要关注教育技术领域的最新进展,在后方法时代,创新教学方法,构建多样的汉语教学模式,推动汉语教学和汉语国际教育的进一步发展。

第八章

汉语教学模式的实证研究：有效性检验

第一节 中高级汉字课教学新模式实验报告[①]

"模式"一词是英文model的汉译名词。model还译为"模型""范式""典型"等。关于"教学模式"的概念，国内外学界有多种解释。在国外较有影响的是乔伊斯等（2004）[②]的定义："教学模式是构成课程和作业、选择教材、提示教师活动的一种范式或计划。"国内有两位学者的定义比较简明而切要。[③]

中高级汉字课教学新模式，指为解决对外汉语教学中高级阶段识字教学薄弱、汉字教学系统性不足等问题，以"因材施教""最近发展区"等教育理论和"汉字系统性"等汉字学、汉字教学理论为指导，对中高级汉字教学进行改革的结构框架和活动程序。这一模式可以做如下表述：汉字知识讲授与集中识字相结合；知识讲授重汉字系统性揭示，特别是内部结构关系揭示；集中识字内容数量有计划、分层次，与学生识字水平接轨；识字教学推展

---

① 本文以《中高级汉字课教学新模式实验报告》为题，发表在《语言文字应用》2011年第3期，作者李大遂。
② 乔伊斯、韦尔、卡尔霍恩《教学模式》，中国轻工业出版社，2004年。
③ 潘艺林《论现代教育技术条件下教学改革的理想模式》，《江苏高教》2000年第2期；xkx368《教学模式的定义》，http://blog.sina.com.cn/xkx368. 2008-02-05.

以偏旁为纲，以字为目；单字教学与词语教学相结合，以字为本。

一、中高级汉字课新模式实验简况

汉字是对外汉语教学的重点和难点。但长期以来，对外汉语教学基本上以西方语言学和语言教学理论为指导，在现行对外汉语教学体系中，汉字教学内容单薄，汉字和汉字教学研究相对滞后。这一问题早已引起对外汉语教学界有识同行的注意。为解决汉字教学薄弱问题，有些学校开设了选修的汉字课，特别是20世纪90年代中期以后，开设汉字选修课的学校越来越多。选修的汉字课，一般讲授汉字的历史、造字法、形体结构、读音、意义等知识，也教书写、查字典、结构分析等方法。

自20世纪90年代初期，笔者开始在北京大学为高级班留学生开设汉字课。学生虽然很喜欢这门课，但我自己却觉得远未达到理想境界。主要原因是讲授基本的汉字知识和方法，虽然可以提高留学生对汉字形音义把握的能力，却未能立竿见影地大幅度地扩大留学生的识字量，成就感不强。于是逐渐萌生对既有汉字课进行改革的想法。希望改革后的汉字课，将汉字知识教学和集中识字教学有机地结合，并将揭示汉字系统性和以偏旁为纲扩大识字量作为教学追求的主要目标。新模式的研究从理论和实验两方面展开。

1998年，开始从理论上对中高级汉字课教学新模式进行探讨，提出"为不同层次的学生开设相对独立的汉字课，按照汉字自身的规律教汉字"的设想。[①]2000年，出席中国对外汉语教学学会

---

① 李大遂《从汉语两个特点谈必须切实重视汉字教学》，《北京大学学报》（哲学社会科学版）1998年第3期。

第七次学术讨论会，提交论文《关于开设中高级汉字课的几个问题》，对如何开设独立的分层次的中高级汉字课进行了初步的探讨。2004年，在总结初步开课经验的基础上，对如何开设中高级汉字课进行了较为深入的探讨，从理论上构建了自己的中高级汉字课教学模式。①

新型汉字教学模式的实验建设工作，大体有三方面：

其一，测查中高级汉语水平留学生识字水平。为摸清留学生的识字水平，2001年，在北京大学中高级汉语水平留学生中进行了一次识字量抽样测试，取得一些有参考价值的数据：中级班人均综合识字量1000字，其中非汉字文化圈留学生人均综合识字量828字；中级班人均掌握甲、乙、丙、丁四级汉字的数量分别为472字、233字、91字、32字。高级班人均综合识字量1616字，其中非汉字文化圈留学生1481字；高级班人均掌握甲、乙、丙、丁四级汉字的数量分别为633字、470字、231字、146字。② 这些数据为确定中、高两级汉字课的内容和难度提供了切实的依据。

其二，采用新模式开设中级汉字课和高级汉字课。自2001年始，依照汉字教学新模式设想，尝试开设了中级汉字课和高级汉字课。在分层次的汉字课中，努力将汉字知识教学和集中识字教学有机结合，将揭示汉字系统性和以偏旁为纲扩大识字量作为教学追求的主要目标。新模式汉字课至今已有10个年头，采用新模式的中级汉字课已达13个班次，采用新模式的高级汉字

---

① 李大遂《突出系统性 扩大识字量——关于中高级汉字课的思考与实践》，《语言文字应用》2004年第3期。

② 李大遂《中高级留学生识字量抽样测试报告》，《暨南大学华文学院学报》2003年第2期。

课已达 9 个班次。[①] 据学院选修课教研室提供的评估数据显示，2005—2008 年，由 3 位教师为 7 班次留学生讲授中级汉字课，平均 AB 率为 92.70%；由 1 位教师为 5 班次留学生讲授高级汉字课，平均 AB 率为 94.60%。[②] 现在，北京大学对外汉语教育学院的中级汉字课和高级汉字课，已逐步成为最受欢迎的选修课之一。

其三，编写中高级汉字课教材。2001 年开课前，在对原有汉字课内容和练习进行压缩提炼的基础上，编写了《中高级汉字讲授提纲》，内容含汉字知识、分课字目、练习和《常用汉字谱系》。经过试用，于 2002 年改编充实为《系统学汉字·中高级汉字讲义》。2005 年，编写出《系统学汉字·中级本》，由华语教学出版社正式出版。这套教材含《课本》《练习册》《教师手册》。其中《课本》分上下两编，上编讲授汉字基本知识；下编以表意偏旁为纲推展识字教学，讲授常用汉字表意偏旁及其字族，教学生学习 804 个乙级字。这套教材注重内容的科学性和针对性，追求形式的新颖、方法的有效和使用的方便，受到使用者的好评，被评为北京市高校精品教材。2008 年编写出《系统学汉字·高级汉字讲义》。该讲义也分上下两编，上编在原《系统学汉字·中高级汉字讲义》基础上增订而成，讲授汉字基本知识；下编以表音偏旁为纲推展识字教学，讲授常用汉字表音偏旁及其字族，教学生学习 601 个丙级字和 47 个丁级独体字、合体符号字。

---

① 中级汉字和高级汉字最初每学年开一次，交替开设。2007 年以来，根据学生需要，这两种选修课成为每学期必开的常设课。笔者承担了 13 个中级汉字课前 5 个班次教学，9 个高级汉字课 8 个班次教学。

② 北京大学对外汉语教育学院选修课评估每项分 A、B、C、D 四级，所谓 AB 率，指学生在评估中选择 A、B 两个等级的比率。同期中级选修课平均 AB 率为 89.34%，同期高级选修课平均 AB 率为 88.44%。

二、中高级汉字教学新模式实验的几点体会

回顾 2001 年以来的中高级汉字教学改革实践，主要有如下几点体会：

（一）汉字知识教学和集中识字教学有机结合，相得益彰

由于长期以来基础汉语教学中的汉字教学极其薄弱，尤其是来自非汉字文化圈的学生，大多没有系统地学过汉字知识，无论初级、中级还是高级。尽管他们之中有不少人对汉字感兴趣，但由于缺乏汉字知识，找不到汉字学习门径，学习效率低，结果不少人不久便产生畏难情绪，最后不得不放弃汉语学习。据一则网上消息说，美国汉语教学流失的学生，大约 90% 是因为汉字难学才最终放弃汉语学习的。如何打消他们的畏难情绪，引导他们找到汉字学习的门径？实践证明，最好的办法是为各级别的学生补充汉字知识。具备了一定的汉字知识，特别是汉字形音义系统知识，才能提高兴趣，增强信心，自觉循着汉字自身规律去学习汉字。可见，讲授汉字知识，是汉字课责无旁贷的任务。

改革后的中高级汉字课，前半学期讲授汉字基本知识，尤其注重汉字形音义系统性的揭示，从而为下半学期集中识字打基础。有了对汉字的理性认识，把握了汉字的系统性，学生学习汉字能力自然随之提高，其后半学期的识字，会显得门路清晰，触类旁通，事半功倍。同时，集中识字的实践，也加深了学生对已学知识的理解，将对汉字的认识上升到更高的层面，形成汉字学习的良性循环。2009 年，高级汉字课的一个美国学生告诉我说：他以前在美国学汉字，一个学期死记硬背的八九十个汉字，很快就忘了。在汉字课上学了汉字系统性知识后，简直是"大彻大悟"。现在

他在汉字课和其他课上，都通过表意偏旁和表音偏旁去学习记忆汉字，不但学得快，而且不容易忘。

笔者曾在任教的三个中级汉字课和五个高级汉字课上对学生综合识字量提高情况进行过调查统计，结果显示：被调查中级汉字短期生、长期生人均综合识字量分别提高 472 字和 572 字；高级汉字短期生、长期生人均综合识字量分别提高 674 字和 602 字（详见表 1、表 2）。

一般来说，留学生识字量的提高，是各门课程共同的成果，其中汉字课的作用有多大呢？汪琦（2003）在对北京大学对外汉语教育学院 2002 年秋季中级汉字课进行调查研究后发现："比较实验组和控制组被试，初测时，实验组的得分（406.55）远低于控制组的得分（597.30），控制组高于实验组 190.75 分，差异显著（p=0.040）；但后测时，实验组的得分（838.90）与控制组的得分（846.07）在统计上没有明显差异（p=0.939）。"[1]可见，汉字课在提高学生识字水平方面的作用是非常大的。

表 1　三个中级汉字课人均综合识字量提高情况统计表[2]（单位：字）

年份		2002 秋	2005 秋	2006 秋	各班平均
学生类别		短期	短期	短期	短期
人数		5	6	11	
学时		48	48	48	
识字量	（初）	303	288	294	295
	（末）	712	741	849	767

---

[1] 汪琦《中级欧美留学生汉字学习的实验研究》，北京大学硕士学位论文，2003 年。汪琦文中实验组指选修中级汉字课的 15 位中级班学生，控制组指没有选修中级汉字课的 17 位中级班学生。

[2] 本表"测试人数"指既参加学期初测试亦参加期末测试者人数。

（续表）

年份	2002 秋	2005 秋	2006 秋	各班平均
提高字数	409	453	555	472
进步最大者提高字数	544	748	1067	
学生类别	长期	长期	长期	长期
人数	11	17	15	
学时	64	60	60	
识字量（初）	484	487	598	523
识字量（末）	1011	1027	1248	1095
提高字数	527	540	650	572
进步最大者提高字数	858	882	1076	

表2　五个高级汉字课人均综合识字量提高情况统计表（单位：字）

年份	2006 春	2007 春	2007 秋	2008 春	2008 秋	各班平均
学生类别	短期	短期	短期	短期	短期	短期
人数			6	4	3	
学时			48	46	44	
识字量（初）			1121	969	1325	1138
识字量（末）			1743	1611	2087	1814
提高字数			622	639	762	674
进步最大者提高字数			879	852	989	
学生类别	长期	长期	长期	长期	长期	长期
人数	17	26	13	26	11	
学时	60	60	60	64	60	
识字量（初）	1203	957	946	1013	1292	1082
识字量（末）	1773	1545	1624	1672	1807	1684
提高字数	570	588	678	660	515	
进步最大者提高字数	958	1196	1056	1356	861	602

一个学期学了基本汉字知识，综合识字量又提高五六百字，学习汉字的能力也随之大大提高，学生自然有很大的成就感。

（二）因材施教，预估学生最近发展区，有计划分层识字，教学效果好

2500多年前孔夫子提出"因材施教"，成为教育者必须遵循的基本原则。"因材施教"强调教师要依据学生的实际情况，施行相应的教育。苏联教育家维果茨基的"最近发展理论"，则更注重如何实施有层次的阶段性教育。维果茨基（1994）[1]认为，学生的发展有两种水平：一种是学生现有的水平，另一种是学生可能的发展水平。两者之间的差距就是最近发展区。教学应着眼于学生的最近发展区，为学生提供带有难度的内容，调动学生的积极性，发挥其潜能，超越其最近发展区而达到其困难发展到的水平，然后在此基础上进行下一个发展区的发展。

将扩大识字量作为教学追求主要目标的中高级汉字课，要取得最佳教学效果，就要较为准确地预估选课学生可能的发展水平，然后在此基础上确定中、高两级汉字课教学内容和难度。一般来说，汉字文化圈留学生不选汉字课，非汉字文化圈留学生汉字学得好的也不选汉字课。选修汉字课的学生绝大多数是非汉字文化圈留学生，而且是识字量低、汉字学习困难大的西方学生。中级班和高级班学生识字水平也是不同的，汉字课教授的汉字必须与学生现有识字水平接轨，与其他课程未来将学到的生字相呼应，才能取得理想的教学效果。因而，根据上述识字量测试结果，估计选修中级汉字课的学生人均综合识字量远低于800字，选修高

---

[1] 维果茨基《维果茨基教育论著选》，余震球选译，人民教育出版社，1994年。

级汉字课的学生人均综合识字量远低于 1400 字。① 据此确定将 804 个乙级字作为中级汉字识字教学内容，将 601 个丙级字作为高级汉字识字教学内容。后来，鉴于高级班所学 601 个丙级字数量相对较少，而丁级独体字又常常充当偏旁，于是将 47 个丁级独体字、合体符号字列入高级汉字课识字教学内容。这样，高级汉字课的识字教学内容最后调整为 648 个丙级字、丁级字。

这样的识字目标能否达到呢？据对 2005 年和 2006 年两年中级汉字课长期班期末考试试卷统计，2005 年中级汉字班对所学乙级字形音义综合掌握比例为 52.60%，其中准确掌握读音的比例为 71.93%；② 2006 年中级汉字班对所学乙级字形音义综合掌握比例为 71.21%，其中准确掌握读音的比例为 76.21%。③ 据对 2008 春、秋两季高级汉字课期末考试试卷统计，2008 年春高级汉字班学生对所学丙级字形音义综合掌握比例为 69.65%，其中准确掌握读音的比例为 76.09%；④ 2008 年秋高级汉字班学生对所学丙级字形音义综合掌握比例为 76.30%，其中准确掌握读音的比例为 79.63%。⑤ 可见，新模式的中高级汉字课，在不足 40 学时之内，

---

① 据本人对所任中高级汉字课学期初识字量记录统计，截至 2008 年底，历届中级汉字班学期初人均综合识字量为 432 字，历届高级汉字班学期初人均综合识字量为 1105 字，预估与实际基本吻合。

② 考试范围 538 字，人均综合掌握字数为 283 字，能够读对字音的字数为 387 字。

③ 考试范围 639 字，人均综合掌握字数为 455 字，能够读对字音的字数为 487 字。

④ 考试范围 481 字，人均综合掌握字数为 335 字，能够读对字音的字数为 366 字。

⑤ 考试范围 481 字，人均综合掌握字数为 367 字，能够读对字音的字数为 383 字。

分别教学生学习 804 字和 648 字的目标，基本上是可以达到的。[1]

根据学生最近发展区而开展的有计划分层识字教学，一方面使汉字课所学汉字在很大层面上与其他课程所用汉字相呼应，形成相互支持、相互促进的关系。另一方面，两课设计均为一个学期，总计约 60 学时，除去知识教学和考试以外，两课识字教学时间不足 40 个学时。要在不到 40 个学时之内分别学习 804 个和 648 个字，实现这一目标难度颇大，对选课学生来说是极大挑战。激励着学生发挥其潜能，超越其最近发展区。多年来，汉字课难度大、作业多，学生却极少流失，应该与我们确定了一个可望而努力可及的识字目标有关。

（三）突出系统性，以偏旁为纲集中识字，纲举而目张

段玉裁曾说："玉虽至坚，而治之得其鳃理以成器不难，谓之理。凡天下一事一物，必推其情至于无憾而后即安，是之谓天理，是之谓善治。"[2] 汉字教学如同治玉，汉字虽然繁难，但教学得其鳃理也可以化难为易，减轻难度，提高效率。所谓"得其鳃理"，就是了解汉字自身的系统性，并循着汉字的系统性去进行教学。

汉字是理性的文字，有很强的系统性。汉字的系统性表现在形音义三个方面。汉字形音义系统是以偏旁为枢纽建立起来的，"偏旁是汉字形音义系统形成的主要因素，偏旁是汉字体系最重要的结构单

---

[1] 中级汉字班总识字目标是 804 个乙级字，高级汉字班总识字目标是 601 个丙级字和 47 个丁级独体字。由于上半学期已经完成部分目标字的教学，这里提供的是下半学期期末考试的数据。依常规，在百分制测试中，60% 正确率视为及格。这里出具百分比数据，旨在显示，除 2005 年中级班人均形音义综合掌握字数比例低于及格线以外，学生对下半学期教学目标字的掌握，普遍高于及格线。说明新模式中的中高级汉字课，分别教学生学习 804 个和 648 个字的目标，基本上是可以达到的。

[2] 段玉裁《说文解字注》，上海古籍出版社，1981 年。

位,偏旁之间的结构关系是汉字体系最重要的结构关系"。"紧紧抓住偏旁这个纲,把偏旁的形音义作为重点,把偏旁与合体字之间形音义联系,特别是偏旁与合体字的音义联系作为重点,把一个个汉字放到整个系统中去教去学,就可以收到纲举目张的教学效果。"[1]

新模式汉字课突出系统性,主要体现在汉字知识的选择和以偏旁为纲推展识字教学两方面。选修课一学期大约只有 60 学时,为了给识字教学腾出时间,留给汉字知识教学的时间最多只有 20 学时。在有限的汉字知识讲授阶段,安排旨在让学生了解汉字系统形成过程的汉字的历史、汉字造字法的内容,选排旨在揭示汉字系统性的汉字外部结构、汉字内部结构、汉字表音偏旁及其字族、表音偏旁隐性读音信息、汉字表意偏旁及其字族等内容,这些内容都为学生深入了解理性汉字做好启蒙引路工作。

在集中识字阶段,除少数独体字、符号字外,都以偏旁为纲分课讲习。中级汉字的识字教学部分,除 101 个乙级独体字、合体符号字、音系半符号字单独讲授外,其余 703 个乙级字,以表意偏旁为纲,分课讲授。表意偏旁及其字族按所属义类分为人与社会、人体生理、头与头部器官、手臂与手臂动作、足与足部动作、心理与语言、衣着与饮食、居住与社区、器具、天地矿产、风雨水火、植物、动物、数位形态等 15 课讲授。每课先分别对表意偏旁进行说解,接着以表格形式列出该表意偏旁的义系字族,再摘出字族字中的乙级字进行讲解。如:讲解表意偏旁"心"及其义系字族的时候,先对表意偏旁"心"进行说解,然后一一出"志、忘、态、念……忙、快、怕、情……慕、恭"等 110 个以"心(忄、⺗)"

---

[1] 李大遂《简论偏旁和偏旁教学》,《暨南大学华文学院学报》2002 年第 1 期。

为表意偏旁的义系字族字,再对"忍、怒、恐、虑、恋……忆、性、怜、怪、恢……慕"等26个乙级字一一进行讲解。这种以表意偏旁带义系字族字的方法,纲目分明,有利于学生根据表意偏旁这个意义线索学习记忆这些字族字的意义。高级汉字的识字教学部分,除167个丙丁两级独体字、合体符号字及义系半符号字单独讲授外,其余481个丙级字,以表音偏旁为纲,分课讲授。表音偏旁及其字族按表音偏旁读音韵母分为13课讲授。每课先分别对表音偏旁进行说解,接着以表格形式列出该表音偏旁的音系字族,再摘出字族字中的丙级字进行讲解。如:讲授表音偏旁"肖"及其义系字族的时候,先对表音偏旁"肖"进行说解,然后列出"削、俏、捎、哨、悄、消、宵、屑、梢、销、稍、峭、硝"等13个以"肖"为表音偏旁的音系字族字,再对"削、俏、哨、宵"等4个丙级字一一进行讲解。这种以表音偏旁带音系字族字的方法,系统性非常明显,有利于学生根据表音偏旁这个读音线索学习记忆这些字族字的读音。

  以偏旁为纲推展识字教学,纲举目张,收到很好的教学效果。学生循着汉字自身的系统性学习汉字,触类旁通,事半功倍。更重要的是大大提高了学生利用偏旁形音义信息学习汉字的能力,减轻了学生学习汉字的难度。2005年秋季中级汉字班一个学生在课程结束半年以后说,这个课对他学习汉字"帮助很大,使复杂的字变得更简单";"方法更有系统,对新学的汉字更深刻地理解"。另一个学生说,上了汉字课以后,"我现在学习汉字有体系";现在识字,"不是比较容易、比较快,而是特别容易、特别快"。汪琦(2003)[1]以2002年秋季中级汉字班为对象进行的研究结果

---

  [1] 汪琦《中级欧美留学生汉字学习的实验研究》,北京大学硕士学位论文,2003年。汪琦文中实验组为选修汉字课的学生,对比组为相同班级未选汉字课的学生。

也显示："实验组中 94% 的学生感觉学汉字越来越容易，而对比组只有 29% 的学生感觉容易，71% 的学生认为困难，其中还有三位学生提出了需要系统学汉字的愿望。"

（四）单字教学与词语教学相结合，以字为本，以字带词，以词带句，振本而末从

汉字教学不能一字一字孤立进行。除了以偏旁为纲系联义系字族、音系字族，一组一组地教以外，还必须把单个字与由它构成的复音词、词组甚至句子联系起来，把字放到不同的词语环境中去教，即把单字教学与词语教学相结合。

《系统学汉字·中级本·课本》用 804 个乙级字系联复音乙级词和丙级词，为这些复音词注音，然后各给出一个使用这个复音词的句子，如：

【规】guī 笔顺：一 = 丰 夫 刬 刔 坝 规
规定 guīdìng 公司最近有了几条新规定。
规律 guīlǜ 他的生活很有规律，总是按时吃饭和休息。
规模 guīmó 三峡工程规模巨大。
规划 guīhuà 城市的道路建设应该很好地规划。
规矩 guīju 这个孩子又懂事又守规矩。
规则 guīzé 如果都严格遵守交通规则，就可以减少堵车现象。

《系统学汉字·高级汉字讲义》的丙级字、丁级字说解部分，在每个字的不同义项后，列出数个常用复音词，既使字在不同词语中反复出现，也引领学习者在学习字的基础上学习由该字构成的复音词语。如：

锈［銹］xiù
形声字，"钅（金）"表意，"秀（xiù）"表音。（本）金属因氧化等原因形成的物质：铜锈／铁锈／生锈／长锈。（引）①生锈：刀锈了／铁门锈了／防锈漆。②一种植物病害：小麦锈病。

改革后的中高级汉字课，课下也有大量用汉字组词、填空的练习。如《系统学汉字·中级本·练习册》就有这样的练习：

用上下两组汉字搭配组词填空：
活、血、热、滑、沙、糊、沿、桥、水、吸
海、烟、梁、烈、液、渠、涂、冰、泼、漠
1. 我们 ＿＿＿＿＿＿ 欢迎外国朋友到中国旅游观光。
2. 昆明湖已经结冰了，周末我们去 ＿＿＿＿＿＿ 好吗？
3. 工人们正在江上建造一座新的 ＿＿＿＿＿＿。
4. ＿＿＿＿＿＿ 对身体有害。
5. 中国 ＿＿＿＿＿＿ 地区比较发达。
6. 这孩子真 ＿＿＿＿＿＿，又喜欢唱，又喜欢跳。
7. 我们要多种树防止土地 ＿＿＿＿＿＿ 化。
8. 密云水库的水是通过 ＿＿＿＿＿＿ 引到北京的。
9. 他年纪虽然很大，但脑子仍很清楚，一点儿也不 ＿＿＿＿＿＿。
10. 献血，就是把自己的 ＿＿＿＿＿＿ 献给需要的人。

作为汉字教学的出发点，识字教学与词句教学相结合，首先是为了促使学生较好地掌握所学汉字的形音义，但其意义还不止于此。把识字教学与词语教学结合起来，还能大大促进学生词语的学习。在最近一次教学反馈意见表中，占83%的学生认为，汉字课对自己词汇方面帮助最大。以字为本，在学字的基础上学词（这里主要指复音词），在学词的基础上学句，水到渠成，逐步升级，至少在汉字课上实践了"字本位"教学之路，理顺了字、词、句教学的顺序，收到了"振本而末从"的教学效果。

三、有待解决的问题

中高级汉字课新模式实验，至今已经进行了约 10 年。其中中级汉字课已经基本成熟，标志是已正式出版的配套教材《系统学汉字·中级本》。高级汉字课至今尚未成熟，还存在有待解决的问题，主要是汉字知识的处理问题和高级班识字教学范围问题。

汉字知识的处理问题，指中级汉字课已经有以介绍汉字形音义系统性为主的汉字知识，高级汉字课要不要讲汉字知识？要讲的话，讲什么？从课名来看，中级汉字课和高级汉字课是系列课程，作为系列课程，内容不应重复。然而许多院校的留学生教育是非学历教育，各学期学生流动性很大，选修高级汉字课的学生，几乎都没学过中级汉字课。而中级汉字课所讲的汉字知识对选修高级汉字课的学生来说也是非学不可的。怎么办？

高级班识字教学范围问题，指要不要将 700 个丁级字列入高级汉字课教学内容的问题。依 HSK《汉字等级大纲》规定，丁级字是高级阶段教学内容，而丙级字是基础后阶段即中级阶段教学内容。但是我国留学生汉语教育以非学历教育为主，通常按水平分为初、中、高三个阶段。该课课名是依这种常规分级实际而冠以"高级"的。从上文可见，依学院高级班人均综合识字量 1616 字的现实，将高级汉字课识字教学目标定在 601 个丙级字和 47 个丁级独体字、合体符号字，无疑是切合实际的。这就出现一个问题：从《汉字等级大纲》的角度看，高级汉字课若不将 700 个丁级字全部列入教学内容，似不够"高级"；如果把丁级字全部划入教学范围，使识字教学总数达到 1301 个，虽名实相副，恐每周 4 学时的汉字课不堪重负。怎么办？

现已幸得专家就此提出的宝贵建议，可望妥善处理上述两个问题，并于近期完成《系统学汉字·高级本》编写工作，使新模式高级汉字课趋于成熟。

对外汉字教学长期处于困境之中，内容少，效率低，是有目共睹的。"努力探索新的教学路子，是提高汉语教学效率的当务之急。"[①] 在现有教学体系框架下开设汉字课，虽然只是补偏救弊的治标办法，却是相当一段时间内，加强汉字教学最切要最行之有效的办法。笔者在这里报告中高级汉字教学新模式实验情况，一方面与大家交流心得，分享信心；一方面倾听各位同行专家的批评指正意见，使之在既有基础上进一步完善，为对外汉字教学走出困境探索出一条可行之路。

第二节 语文分进的教学模式对汉字能力的影响[②]

对非汉字文化圈的学习者来说，与拼音文字系统截然不同的汉字，容易引发他们的畏难心理。然而，目前汉语教学界一般都是将汉字文化圈与非汉字文化圈的学习者混合编班，采取语文并

---

① 吕必松《汉字教学与汉语教学》，载《汉字与汉字教学研究论文选》，北京大学出版社，1999年。

② 本文以《语文分进的教学模式对汉字能力的影响——针对非汉字文化圈学习者的实验研究》为题，发表在《语言文字应用》2013年第4期，作者李蕊、叶彬彬。

第二节 语文分进的教学模式对汉字能力的影响

进的教学模式，随文识字。大量汉字的出现很容易让非汉字圈学习者应接不暇，难以消化，最终与汉字圈学习者形成一定的差距，因此放弃汉语学习的也不在少数。

汉字的特殊性，引发研究者们试图去寻找恰当而有针对性的教学模式，"字本位""语文分进"就是其中具有突破意义的探索。[1] 口语以词为基本单位，而书面语是以字为基本单位的，这一指导思想推动了"语文分进"教学模式探索的进程。

张朋朋（2007）[2] 对"语文分开""语文分进"的教学模式进行了详细阐述，认为语言和文字的教学应当使用不同的材料和教学方法。李大遂（2007，2008）[3] 肯定了"语文分进"的教学模式，提出先借助拼音学习口语听力、后按照"字本位"进行汉字教学的"语文分进"的"双轨制"。但他在文章中承认，这种教学体系尚未达成共识，教学实验面较窄，尚未进入中国对外汉语教学的主流课堂。周小兵（1999）[4] 提出汉字教学应当采取"多项分流、交际领先"的原则，输入与输出，在总量和掌握要求上应该分流。江新（2007）[5] 的实验研究证明了"认写分流"的科学性，但作

---

[1] Joël Bellassen《〈汉语语言文字启蒙〉一书前言》，张朋朋译，《汉字文化》1993年第2期；张德鑫《从"词本位"到"字中心"——对外汉语教学的战略转移》，《汉语学报》2006年第2期。

[2] 张朋朋《语文分开、语文分进的教学模式》，《汉字文化》2007年第1期。

[3] 李大遂《汉字系统性研究与应用》，《语言文字应用》2007年第3期；李大遂《关系对外汉字教学全局的几个问题》，《暨南大学华文学院学报》2008年第2期。

[4] 周小兵《对外汉字教学中多项分流、交际领先的原则》，载《汉字与汉字教学研究论文集》，北京大学出版社，1999年。

[5] 江新《"认写分流、多认少写"汉字教学方法的实验研究》，《世界汉语教学》2007年第2期。

者也承认此实验只进行了一个学期，无法估计长期影响。赵金铭（2011）[①]对国内外的"先语后文"教学设想和教学实验进行分析，提出了支撑"先语后文"教学设计的理论依据，包括汉语汉字的特点、语言教学心理学理论、教学规律和第二语言习得规律等，肯定了"先语后文"教学设计与基于印欧语系的语言教学法的不同之处，是初级汉语教学值得尝试的一种有效途径。

为了探索真正符合非汉字文化圈学习者需要的教学模式，我们开始尝试在初级阶段使用"语文分进"的教学模式。经过长达两年多的教学实验，取得了令人满意的效果，本节所讨论的就是"语文分进"模式下的汉字教学效果。

一、"语文分进"模式下的汉字教学

语文分进的教学模式，是指为听说能力和读写能力分设汉语课和汉字课，"语"和"文"的教学分开、但同步进行的教学模式。

从学习者来说，语文分进班把非汉字文化圈的学习者（来自欧洲、美洲、阿拉伯地区等）单独编班，以下简称实验组。与此对照的语文并进班则按照传统模式把汉字文化圈与非汉字文化圈学习者混合编班，我们考察的对象是语文并进班中非汉字文化圈的学习者，以下简称对照组。

从课程设置来说，实验组开设汉字课和听说课两种课型。其中听说课主要承担培养汉语听说能力（包括语法知识）的教学任

[①] 赵金铭《初级汉语教学的有效途径——"先语后文"辩证》，《世界汉语教学》2011年第3期。

务，教材使用拼音作为主要书写载体，教学过程中基本不出现汉字阅读任务（第二学期开始，逐渐有少量汉字）；而汉字课主要针对读写能力，培养学生使用汉字阅读、书写的能力。听说课和汉字课的比例为14:6。汉字课每周三次，每次两节，共六节。

语文分进模式下的汉字教学有如下特点：（1）使用独立的汉字教材，汉字教学不要求与听说课的生词教学同步，而是按照汉字本身的规律安排教学，系统讲授笔画、结构、形旁、声旁等汉字知识，帮助非汉字文化圈学习者在识字的同时了解和掌握汉字系统的规律。（2）严格贯彻"认写分流"的原则，只有少量汉字（约39%）要求默写。（3）基本遵循由字带词的原则，重视语素义以及构词规律的导入。（4）重视阅读能力的培养，重视汉字在语篇中的复现。（5）教学重点：根据习得研究的结论，[①]在初一阶段（第一学期）应重点训练学生的部件意识和结构意识，鼓励学生拆分新学的汉字为熟悉的部件，并归纳有相同部件的汉字，强调形近汉字的区别。初三阶段（第二学期）则重点培养学生的形声字意识。

对照组则按照传统教学模式开设读写课、听力课和口语课，汉字教学只是读写课生词教学的一部分，使用传统的初级读写教材，随文识字。

[①] 李蕊《非汉字背景的留学生汉字习得研究》，中山大学博士学位论文，2005年。

二、实验设计

（一）实验目的

在两个学期末分别对初一、初三的实验组和对照组进行两次测试（测试题不变），探究语文分进模式的有效性和稳定性：（1）对比实验组和对照组的测试结果，考查语文分进模式下的汉字教学对学生汉字能力的提高是否有显著影响；（2）根据两次测试结果是否一致，初步判定教学实验的效果是否稳定。

实验采用单因素两水平被试内设计，自变量为教学方法（语文分进、语文并进），自变量有两个水平，分别为初一和初三班，因变量为汉字测试成绩。

（二）被试

中山大学国际汉语学院汉语进修班初一、初三班的非汉字文化圈留学生。施测时初一班学汉语接近一个学期，初三班学汉语接近两个学期。

第一次测试：（1）初一班：实验组一个班，共13人；对照组来自三个班，共11人。（2）初三班：实验组一个班，共9人；对照组来自三个班，共8人。

第二次测试：（1）初一班：实验组一个班，共13人；对照组来自两个班，共13人。（2）初三班：实验组一个班，共13人；对照组来自两个班，共8人。

（三）实验材料

初一和初三班各一套试题。实验材料分为两类：已学和未学的汉字。已学汉字：测试学习者对已学汉字的掌握程度，选取实验组和对照组教材共有的汉字，初一317字，初三274字。未学汉字：测试学习者利用汉字知识推测未学汉字的能力。

实验所用的测试共有八大题，一、四、五题使用的实验材料是未学汉字，其余题目是已学汉字。

第一题是记下看到的汉字。考查字形分析、记忆的能力，考查方式为：以未学汉字为测试材料，给被试者10秒看PPT上出现的汉字，此时不能写字，汉字消失之后，用20秒（初一）/15秒（初三）写下汉字的部件或者整字。每题1分，每个部件和结构平分分数。例如："涨"字共1分，左中右结构、"氵""弓""长"各占0.25分。若某个部件的笔画错误，则扣除该部件分数，若只写对结构而所有部件均错误，只可得到结构的分数。

第二题是给汉字注音。考查见形知音的能力，评分标准为：每题1分，声、韵母各0.4分，声调0.2分。标调位置错误不扣分，韵头、韵腹、韵尾只要有一个错误就扣去0.4分。

第三题是看拼音写汉字选图。考查的是见音知义和见音知形两方面的能力，考查方式为：给出拼音（音）、图（义），让学生连线，再写出相应的汉字（形）。例如：给出拼音"hǎi"的拼音，需要在10个图画中选出画着海的图片，并写出"海"这个汉字。每题2分，写出正确汉字（形）得1分，若写出的汉字有笔画或部件错误，不得分，与图画连线正确（义）也得1分。

第四题是看汉字猜读音。测试材料为未学汉字，且均为规则字。要求被试者根据声旁猜读音。每题1分，声调不计，声、韵母各0.5分。声韵母只要其中一个写错就不得分。

第五题是看汉字猜字义。测试材料为未学汉字，且形旁与字义有密切联系。该题要求被试找出形旁并根据形旁猜字义，选择与字义相符的一幅图。选对得分。

第六题是猜词义。考查见形知义和根据语素义猜测词义的能力,考查方式为:给出一个生词,但该词语中的汉字均为已学汉字,要求根据语素义推测词义,可用汉语、母语或英语书写。每题1分,正确写出字义及合理组合字义各占一部分分数,例如:"酒足饭饱"四个字的字义各为0.2分,合理组合字义0.2分。

第七题是选字组词。考查组字成词的能力,考查的方式为:给出A、B两组汉字,要求任选A、B组各一字组合成词,每字可多次使用。本题无分数限制,组对一个词得1分。若组词时汉字书写错误但所组的词语正确,仍得1分。

第八题是语篇填字。考查见形知义、见义知形和语篇理解能力。考查的方式是:给一篇短文,个别字留白,要求学生填字。该题仅限初三组。共10题,每题1分,若汉字书写错误则不得分。

(四)实验程序

实验分为教学、测试和访谈三个阶段。由于初一班均为零起点的学生,入学前已进行分班测试,确定实验组和对照组学生的汉语能力均属同一水平,因此不设置前测。

1. 教学阶段。实验组汉字课每周3次6节,听说课每周14节;对照组读写课每周12节,听力课、口语课各4节。

2. 测试阶段。学期末进行测试。测试时间为90分钟。

3. 访谈阶段。测试后,为了更深入细致地了解学习者学习过程中的一些问题,对部分实验组的学习者进行深入访谈,用以进一步印证实验所得的结论。

4. 实验结果分析。对两次测试结果进行成对二样本T检验,考查初一和初三班两个水平的实验组和对照组成绩的差异是否显著,同时比较两次测试的结果,以此分析语文分进模式下汉字教学效果是否具有有效性以及稳定性。

三、实验结果

（一）第一次实验结果

表 1 第一次测试实验组与对照组对比的实验结果

	初一				初三			
	对照组（A组）	实验组（B组）	t 值及 sig. 值		对照组（A组）	实验组（B组）	t 值及 sig. 值	
第一题	4.74	8.91	**−3.470**	**0.005**	15.19	18.76	−1.514	0.172
第二题	18.27	23.03	−1.601	0.124	30.53	38.53	−1.371	0.190
第三题字义	7.91	9.85	**−3.509**	**0.004**	16.13	18.78	−1.525	0.160
第三题字形	2.45	7.38	**−5.201**	**0.000**	6.13	13.33	**−3.188**	**0.006**
第四题	2.68	6.38	**−2.770**	**0.011**	9.81	8.78	0.357	0.728
第五题	4.00	5.15	−1.147	0.272	10.50	10.78	−0.193	0.850
第六题	3.01	5.23	**−2.466**	**0.022**	3.73	4.99	−0.991	0.338
第七题	6.64	16.23	**−3.472**	**0.002**	9.25	11.56	−1.031	0.319
第八题	−	−	−	−	2.13	4.67	−1.672	0.115
样本数(n)	11	13	−		8	9	−	

注：（1）显著水平 p=0.05（双尾）；（2）粗体部分数据是有显著差异的项目。表 2、表 3、表 4 与此相同。

由表 1 可见：初一水平的实验组有六题（一、三字义、三字形、四、六、七）的成绩显著高于对照组，初三水平的实验组第三题字形成绩高于对照组。

表2　第一次测试初一班与初三班对比的实验结果

	对照组				实验组			
	初一(A组)	初三(B组)	t 值及 sig. 值		初一(A组)	初三(B组)	t 值及 sig. 值	
第一题	4.74	15.19	−1.683	0.111	8.91	18.76	−1.272	0.218
第二题	18.27	30.53	−0.013	0.990	23.03	38.53	−0.027	0.978
第三题字义	7.91	16.13	−4.851	0.001	9.85	18.78	−13.141	0.000
第三题字形	2.45	6.13	−2.486	0.024	7.38	13.33	−3.271	0.008
第四题	2.68	9.81	−1.371	0.188	6.38	8.78	1.670	0.111
第五题	4.00	10.50	−2.483	0.024	5.15	10.78	−3.047	0.006
第六题	3.01	3.73	1.044	0.311	5.23	4.99	4.604	0.000
第七题	6.64	9.25	−0.970	0.346	16.23	11.56	1.865	0.077
第八题	−	2.13	−	−	−	4.76	−	−
样本数(n)	11	8	−		13	9		

注：初一、初三测试题各题型题量、分值不一，初一班的分数经过加权处理，第一题乘以2，第二题乘以5/3，第四题乘以2，第五题乘以1.5，第六题乘以2。表4与此相同。

由表2可见，无论是对照组还是实验组，初三水平都有三题（三字义、三字形、五）成绩显著高于初一水平。

综上可见，当处于初一水平时，实验组的语文分进教学模式能够有效提高第一题、第三题字形、第四、六、七题的成绩；当处于初三水平时，实验组的语文分进教学模式能够有效提高第三题字形的成绩。第三题字义、第三题字形、第五题的成绩均随着年级水平的提升而有显著提高。

（二）第二次实验结果

表3　第二次实验组与对照组对比的实验结果

	初一				初三			
	对照组（A组）	实验组（B组）	t 值及 sig. 值		对照组（A组）	实验组（B组）	t 值及 sig. 值	
第一题	8.77	8.58	0.455	0.653	17.73	18.40	-0.718	0.482
第二题	14.15	23.75	-3.482	0.002	23.35	28.01	-0.768	0.462
第三题字义	8.15	9.62	-2.170	0.040	14.63	17.92	-1.678	0.133
第三题字形	1.62	6.69	-5.608	0.000	6.50	5.92	0.212	0.834
第四题	4.00	5.54	-1.150	0.262	3.00	7.38	-2.062	0.053
第五题	5.69	4.85	0.963	0.345	7.50	9.08	-1.029	0.316
第六题	3.85	5.22	-1.024	0.316	1.79	3.71	-1.798	0.088
第七题	7.23	14.08	-3.262	0.003	7.25	9.23	-0.695	0.495
第八题	-	-	-	-	2.13	1.46	0.792	0.438
样本数(n)	13	13	-		8	13	-	

初一水平的实验组有四题（二、三字义、三字形、七）成绩显著高于对照组，其他题目差异并不显著；初三水平的实验组的成绩虽然高于对照组，但是优势都不够显著。

表4　第二次初一班与初三班对比的实验结果

	对照组				实验组			
	初一（A组）	初三（B组）	t 值及 sig. 值		初一（A组）	初三（B组）	t 值及 sig. 值	
第一题	8.77	17.73	-0.168	0.869	8.58	18.40	-1.766	0.090
第二题	14.15	23.35	0.040	0.968	23.75	28.01	2.879	0.008
第三题字义	8.15	14.63	-3.257	0.011	9.62	17.92	-13.625	0.000
第三题字形	1.62	6.50	-1.926	0.092	6.69	5.92	0.461	0.650
第四题	4.00	3.00	1.585	0.129	5.54	7.38	1.873	0.073

(续表)

	对照组				实验组			
	初一(A组)	初三(B组)	t 值及 sig. 值		初一(A组)	初三(B组)	t 值及 sig. 值	
第五题	5.69	7.50	0.590	0.562	4.85	9.08	−1.596	0.124
第六题	3.85	1.79	2.833	0.013	5.22	3.71	3.472	0.003
第七题	7.23	7.25	−0.007	0.994	14.08	9.23	2.200	0.038
第八题	−	2.13	−	−	−	1.46	−	−
样本数(n)	13	8	−		13	13	−	

无论是对照组还是实验组，在第三题字义这一项，初三水平的测验成绩都显著高于初一水平，而第六题初一水平的测验成绩则显著高于初三水平。

综上可见，当处于初一水平时，实验组的语文分进教学模式能有效提高第二题、第三题字义、第三题字形、第七题的成绩，其中第三题字义的成绩随年级水平提升而显著提高。

（三）实验结果分析

从上面的数据可以发现，语文分进的教学模式对测试成绩的作用是与年级水平有关，实验组明显高于对照组的题目数量，初一水平多于初三水平，因此语文分进模式对初一水平的影响比初三水平更为明显。就初一水平而言，语文分进模式能够影响第一题、第二题、第三题字义、第三题字形、第四题、第六题、第七题的成绩。就初三水平而言，只能影响第三题字形的成绩。所以，下面的讨论分析中，我们将着重对比语文分进模式对初一实验组的影响。请看表5。

表5　两次测试初一实验组的实验结果

	考察能力	第一次与对比班差异显著	第二次与对比班差异显著	第一次初一与初三差距显著	第二次初一与初三差距显著
第一题	字形分析、记忆	√			
第二题	见形知音		√		
第三题字义	见音知义	√	√	√	√
第三题字形	见音知形	√	√	√	
第四题	根据声旁猜测读音	√			
第五题	根据形旁猜测字义			√	
第六题	见形知义和根据语素义猜测词义	√		√	√
第七题	组字成词	√	√		

我们可以从两个维度来探讨实验数据：第一，是否存在有效性，两次测试中若有一次实验组与对照组差异显著，则说明语文分进模式对这一题所代表的汉字能力有一定积极影响。第二，是否具有稳定性，稳定性的考察需要较长时间，我们可以从两个角度进行论证。（1）如果实验组学习者的成绩在两次测试中都具有显著优势，可以初步认定教学效果的稳定性；（2）如果在两次测试中实验组初三与初一的被试成绩都有显著差距，则说明学习者汉字能力提高的幅度是相对稳定的。

从表5可见：在有效性方面，语文分进模式对第一题、第二题、第三题字义、第三题字形、第四题、第六题、第七题都存在有效性，也就是说，语文分进模式对提高非汉字文化圈学习者的下列汉字能力有积极意义，包括：字形分解记忆、见形知音、见音知义、见音知形、根据声旁猜测读音、见形知义、根据语素义猜测词义以及组字成词。

在稳定性方面,两次测试第三题字义、第三题字形、第七题都具有显著差异,两次测试初三与初一在第三题字义、第六题上差距一致,由此我们可以推测,语文分进的教学模式能较为稳定地提高学习者的下列汉字能力:见音知义、见音知形、见形知义、根据语素义猜测词义以及组字成词。

四、讨论

(一)汉字音、形、义联结的强度

掌握好一个汉字,包括音、形、义三个要素,音、形、义的联结中只要有一环无法接上,就会使学习者无法灵活地运用所学汉字。由测试结果可见:实验组学习者的见形知音、见形知义、见音知形以及见音知义能力,都至少在一次测试中显著地高于对照组。因此我们可以提出一个可能性,那就是实验组学习者在汉字形、音、义的联结方面具有一定的优势。

在传统教学模式下,整词教学,学生往往难以记住单个字,形、音、义都易与词中的其他汉字混淆,语文分进模式下的汉字教学则有助于克服这个问题。而且传统教学模式,很难有充足的时间来讲解汉字,语文分进模式下的汉字课,控制汉字教学量,并贯彻"认写分流"的原则,对每个汉字都反复操练,这也能帮助学习者巩固汉字形、音、义之间的联结。

形、音、义的联结,最核心的是字形,由测试结果可见,实验组学习者在字形的输入(见形知音、见形知义)与输出(见音知形）方面的优势均为显著的、稳定的，在字形分析、记忆的能力方面也有一定优势。语文分进模式下的汉字课，以字为学习单位，按照汉字的结构规律安排教学顺序，十分注重字形分析。独体字阶段注重笔画、笔顺教学，合体字阶段注重部件教学，这有利于学习者发展部件意识，更有效地识记字形。因此，语文分进的教学模式可以帮助学生打好字形基础，而字形基础恰是进一步扩大识字量的前提。

（二）分解组合语素义的能力

分解组合语素义的能力对词学习的影响包括两个方面：第一，根据语素义猜测词义，就是看到已学汉字组成的词，选择适合的语素义并将其有机组合成词义；第二，组字成词，就是在已知字义的基础上，根据一定的构词法，选择汉字组成新词。语文分进的教学模式在某种程度上也源于对语法为纲的整词教学的反思，它对词的学习是否也具有正面促进作用呢？从测试结果来看，答案是比较令人满意的，我们可以推测，语文分进的教学模式对这两方面能力的提升都有积极影响。

张朋朋（2005）[①]认为：只教词不教字，学生所获得的阅读能力是不完整的。字有限而字所构成的词无限，因此以字作为基本学习单位，在某种程度上也是以语素为单位，有助于迅速扩大词汇量。

传统教学模式下，学生以词作为学习的基本单位，不了解字义而机械记忆词义，遇到包含已学汉字的词，也会当作新词。而语文分进模式下的汉字教学以字为基本教学单位，学生在了解字

---

① 张朋朋《谈"字本位"的内涵》，《汉字文化》2005年第4期。

的基本语素义的基础上再扩展词汇,因此在词汇扩展上更具有举一反三的优势。

(三) 分辨利用形旁和声旁的能力

从测试结果来看,形声字能力方面,实验组根据声旁猜测读音的能力在第一次测试中有较显著的优势,这说明实验组在形声字能力方面表现出微弱的优势。

陈慧和王魁京(2001)[①]的研究发现:成年人外国学生,在只经过半年到一年的学习、只认识几百个汉字的情况下,就有可能具备形声字声旁表音的概念。语文分进模式下,有意识地导入形旁和声旁的概念,注意归纳同形旁和同声旁字,这有可能促使一部分较为理性的学习者在第一个学期就发展起形声字的声旁意识。

李大遂(2002)[②]总结了偏旁教学在汉字教学中的重要性,他认为:强调形旁和声旁在汉字教学中的地位,有助于系统展开汉字教学。语文分开的教学模式按照汉字系统的规律以及学习者习得汉字的规律进行教学,保证了形声字教学作为教学重点之一,有可能在恰当的时机促进学习者形旁、声旁意识的形成和发展,但由于实验结果并不是十分明显,这方面的推断还需要进一步的实验研究来证明。

(四) 自主扩大识字量的能力

单从教材内容来说,初一对照组的汉字量是实验组汉字量的

---

① 陈慧、王魁京《外国学生识别形声字的实验研究》,《世界汉语教学》2001年第2期。

② 李大遂《简论偏旁和偏旁教学》,《暨南大学华文学院学报》2002年第1期。

近两倍,由此引发了一个疑问:在实验组进入语文并进的中级阶段时,学习者的识字量会不会与对照组形成很大差距,以至于无法跟上教学进度?提出这个疑问的假设是:汉字教学量等于学生的识字量,事实上这个假设是否成立呢?

李大遂(2003)[①]曾调查中高级留学生的识字量后发现:与大纲规定的指标存在较大距离,中级班平均识字量为1000字,仅为大纲要求的34%。这说明教材生字量并不等于识字量,即使我们在教材里编入了大纲要求的汉字量,也教给了学生,但这并不等于他们就掌握了这些汉字,前面所说的假设是不成立的。该文研究还发现:中高级学生字音、字义、字形三项的成绩中,字形最差。可见,字形掌握不好,是识字量上不去的关键。如前所述,实验组的学习者普遍有比较好的字形基础,这对他们在中级阶段扩大识字量是有利的。

为了进一步了解情况,我们对初级阶段在语文分流班、现已经在中级三班的两位学习者进行了深度访谈。他们表示,刚升入中级班时,和其他学生的识字量有一些差距,但主要体现在和日韩学生之间,与对照组的非汉字文化圈学生相比,他们甚至更有优势。在精读、写作课上困难不大。在阅读量比较大的泛读课上,差距会明显一些,但由于有一定的根据形旁和语素义推测词义的能力,也没有严重影响理解。

另外,接受语文分进教学模式的被访者也表现出较强的汉字学习能力,随着学习时间越长,学习速度也会加快。被访者表示,

---

① 李大遂《中高级留学生识字量抽样测试报告》,《暨南大学华文学院学报》2003年第2期。

他们在初一班时一节课学 10 个汉字，初三大概能学 15 个，中一就能学 20 多个汉字，现在一节课可以学 50 多个汉字。我们推测，被访者的汉字学习能力突出，应该与语文分进教学模式初级阶段的汉字教学方法有关。初级阶段的汉字课在入门阶段降低了识字量要求，给予他们充分学习汉字的时间和练习的机会，按照汉字规律从易到难学习，使得他们打下了扎实的基础，养成了良好的学习习惯。现在遇到生字，会自觉地拆分部件、记忆结构，能较为轻松地分辨利用形旁和声旁。遇到生词时，如果里面包含学过的汉字，他们会利用已知语素义帮助学习、记忆。比如，"习俗"，"习"字已学，是"习惯"的"习"，他们会推测这个生词的意思可能与"习惯"相关。

恰当的汉字教学方法，合适的汉字教学量，不仅给学习者打下了扎实的汉字基础，使他们有能力扩大自己的识字量，同时也有力地促进了他们学汉字的兴趣，让他们更主动地去扩大识字量。

（五）小结

从实验结果看，语文分进的教学模式对初一学生汉字能力各方面的提高相比初三水平学生更多、更显著、更稳定，主要表现在形音义联结的强度以及分解组合语素义的能力上。所以，我们建议语文分进的教学模式应重点运用于非汉字文化圈学习者的入门阶段（即初级一班阶段）。这样可以帮助学习者在学习少量基础汉字的同时，形成对汉字系统的认识，掌握汉字系统的基本规律，形成一定的自学汉字、自主扩大识字量的能力，从而为学习者进一步学习汉语扫清来自汉字方面的障碍。

本研究也存在遗憾与不足，虽然语文分进教学模式的实验已实施了两年有余，但本研究仅有一年的实验数据，若能得到更多纵向对比的实验数据，以及更大容量的实验样本，我们的结论将更具说服力，也更能显示教学效果的稳定性。这将是我们努力的方向。

第三节 对外汉语教学听说读写课程顺序模式的实践性研究[①]

听说读写分技能课程设置，有所谓的"听说领先""读写领先"模式。此两类模式的提出，是基于对外汉语教学分技能训练在教学中的发展。事实上，在对外汉语教学史上，分技能教学从综合技能教学中获得独立地位经历了一个过程。20世纪50年代对外汉语教学的初创阶段，几无专门的分技能课程；60年代到70年代初的课程设置出现了讲练课，即在原有综合课的讲授主流中推进了实践练习的分量；70年代初到80年代初，学界有了关于加强分技能训练的教学实践，且在吕必松、鲁健骥等的推动下，也有了与分技能相关的教材出现；经过试验阶段的摸索，80年代以来的对外汉语教学在课程探索上，分技能教学的思路渐趋清晰。

然而分技能教学既从综合教学中获得独立，研究者便多从独立的视角探讨各种课型的特点和技巧，如研究听说课则无涉读写课，研究读写技能则淡化听说技能，研究视野常常失却一种整体而综合的关照。尽管各种独立课型确实各有其教授的个性技术，

---

① 本文以《对外汉语教学听说读写课程顺序模式的实践性研究》为题，发表在《对外汉语研究》第1期，商务印书馆，2013年，作者邱睿。

然而整体的课程设计是否能在独立中谋求 1+1＞2 的效果？听说读写分技能的课程设置顺序对于教学效果有无影响？也就是说听说课、读写课哪一项先进行是否关乎学生习得效果？

在听说读写的分技能教学中，孰先孰后，此问题学界尚无定说，只是偶有学者根据经验认为"听说领先"模式较佳，有的学者认为"读写领先"也宜于尝试。一种模式的形成和推广，需要充分的实践作为依据，我们希望通过一系列实践研究，来关注分技能教学中的课程设置问题，以期为"读写领先"和"听说领先"两种模式找到其优势和局限的因素，以资教学借鉴。

一、分技能课程顺序模式实验

（一）实验目的

探讨"听说领先"模式、"读写领先"模式在教学应用中的方式和效果之影响参数。

（二）实验对象

本实验对象，泰国孔敬大学商贸汉语专业本科一年级学生。他们分为 A、B 两个班。实验期间学生已经进入一学年的下学期。对他们的实验持续时间长度为一个学期，即泰国学期的 10 月到 2 月，共计 5 个月。A 班成员共计 23 人，其中男生 5 人，女生 18 人，年龄在 19—20 岁。B 班成员共计 25 人，其中男生 6 人，女生 19 人，年龄在 19—21 岁。实验中 A 班采取"听说领先"模式，B 班采取"读写领先"模式。

（三）实验准备暨先期效果测评

A、B 班第一学期为平行班，其学员的期末考试成绩如表 1、

表2所示,两个班的听说、读写成绩优等(>90)、中等(90—60)、差等(<60)的人数差别不大。就两个班的分技能成绩而言,听说成绩均较优于读写成绩。A、B班在第二学期,即实验中,继续作为平行班教学,其师资配备不变,即两个班的听说课和读写课任课教师相同,保证其教学内容基本一致。课时也完全相同,听说课、读写课一周各8小时。所不同的是课程设置的改变,A班以"听说领先"模式教学,听说课在读写课之前;B班为"读写领先"模式,读写课在听说课之前。

表1 实验前A、B班听说课成绩对比表

	>90	90—80	80—70	70—60	<60
A班	2	3	7	9	2
B班	2	3	6	11	3

表2 实验前A、B班读写课成绩对比表

	>90	90—80	80—70	70—60	<60
A班	1	3	8	9	2
B班	2	3	11	7	2

(四)实验过程

在实验过程中,由于课程设置顺序的不同,导致各种课型所承担的任务出现差异。具体任务分配如表3所示:

表3 各教学模式下教学内容分配一览表

"听说领先"模式	"读写领先"模式
听说课:词汇、语法项目、课文讲解、听力训练、表达训练	读写课:词汇、语法项目、课文阅读、相关材料的阅读、书面表达训练
读写课:相关材料的阅读、书面表达训练	听说课:听力训练、表达训练

在两种模式下,处于"领先"模式的分技能课由于在程序上

靠前，承担了相应的词汇、语法、课文项目处理，而程序靠后的技能课，则有足够的时间进行练习，不论是复练还是扩展练习都有足够的时间。我们对于这两种模式的评价，最终要看其对于综合技能提高的作用，故我们关注的是不同的模式下，哪一种模式对于综合技能提高更具价值。

"听说领先"模式：听说课型处理生词和语法的方式，侧重其表达，故学生书面练习较少，课文的处理也侧重听说训练，有时作为听力材料进行讲解。在此模式下，学生易学易用。到了读写课，由于学生先期的听说输入，故对读写材料呈现的相关内容已经有了某种熟识度，上课时有学习欲望。但是听说课上缺乏扎实的书面练习，故语法项目并不扎实，表达流畅但错误频发。造成读写课的某种负担。

"读写领先"模式：读写课上的生词、语法项目，需进行相应的书面训练，课文内容及语法项目处理也相应细致，故进展较慢，但效果扎实。听说课上学生对已经学习的词汇、语法反应较敏捷，表达显得较为熟练，出错率较少。故听说课常常依据"i+1"原则进行相应扩展，增加课外内容，收效较好。

（五）听说技能实践例证分析

以A、B班使用教材《泰国人学汉语二》第七课《我正在等你呢》为例，做实践性例证对比。读写课、听说课的课时各为2小时，重点词语为能愿动词"能、可以、应该"；语法为表示动作正在进行的"S +（正在/正）+ V + O +（呢）"。

A班："听说领先"模式

听说课2小时的课程时间分配上，用作生词、语法、课文部分的处理累计达1小时，听力练习时间达0.5小时，剩余口头练习时间不足 0.5 小时。A 班人数为 23 人，故在口语技能训练上显得紧促。

口语训练项目采用教材内容，具体为"两两一组，从以下时间中选一个，然后问同学他们那时在做什么或者应该在做什么"。

昨天晚上八点	十年后的 1 月 1 号	1999 年 12 月 31 日晚上十二点
上个星期六下午	下个星期五晚上	今年宋干节
明年的情人节	明天的这个时候	昨天的这个时候
去年春节		

口语练习中，学生的表达基本正确，能说出"昨天晚上八点我正在上网。""上个星期六下午我正在看书。""今年宋干节我在玩。"等句子。但是其表达不丰富，词汇较匮乏。

B 班："读写领先"模式

由于 B 班的词汇和语法等项目已经在读写课先行进行，故听说课的 2 小时时间分配为听力训练 0.5 小时，课文对话处理 0.5 小时，这一小时的内容和"听说领先"模式下的一小时处理内容上基本一致。B 班学员和 A 班相比，表达水平也较为近似。

而听说课还有近一个小时的时间，故扩展了一个交际任务。该任务涉及文化内容。具体操作为，引入唐代诗人崔护的《题都城南庄》一诗："去年今日此门中，人面桃花相映红。人面不知何处去，桃花依旧笑春风。"全诗新出词汇较少且简单，而且包含一段凄婉的故事，非常吸引学员。学员能顺利地在教师引导下理解诗歌的内容。口语的交际任务为角色扮演，采用分组方式由三名学员共同完成，分别扮演崔护、小姐、看园人。崔护和小姐、崔护和看园人两两对话，一段讲去年的故事，一段讲今年的故事，用所学语法项目自编对话，注意时态表达。以下为某小组对话的录像整理：

（1）崔护：小姐，你好，你在做什么呢？

小姐：我在看花呢。你在做什么呢？

崔护：你看，春天到了，桃花这么美，我也在看花呢。我觉得你和花一样美。

小姐：谢谢。

崔护：请问你家有水吗？我很口渴。

小姐：请等一下，我给你拿。（表演回屋取水）给你。

崔护：谢谢。

（一年以后）

崔护：（表演在门口东张西望）

看园人：你好，年轻人，你在做什么呢？

崔护：我在找人呢。

看园人：你找谁？

崔护：我找一位姑娘。

看园人：这里没有姑娘。

崔护：老伯，我去年来这里，看见了一位姑娘。

看园人：去年你来这里做什么呢？姑娘在这里做什么呢？

崔护：我去年来这里看花呢，姑娘也在这里看花呢。她住在里面呢。

看园人：哦，姑娘已经结婚了，不住这里了。

崔护：真的吗？

看园人：是真的。

崔护：（表演在门口写诗，念"去年今日此门中，……"）

这一段对话代表了学员的普遍水平，25 名学员分为 8 组，都能运用所学语法项目完成指定内容的对话，几乎都能有上台表演的机会。口语表达中语法指导意识很强烈，能自觉将读写课所学应用于口语操练，且使用正确。而且年轻学生的思维创造使得这一口语表达有了超越教材训练的意义。扩展项目使得他们对于"S+(正在/正)+V+O+(呢)"的时间表达感体认更清晰,且在"去年""今年"这两组人物的对话中表达出一种中国诗歌文化的心理体验,尤为可贵。表达上也相对教材的机械训练有了扩展和提高。

(六)读写技能实践例证分析

仍以教材《泰国人学汉语二》第七课《我正在等你呢》为例。

A班:"听说领先"模式

该班已经在听说课先期完成词汇、语法、课文教学,读写课2小时的课程中,用约30分钟完成配套练习的阅读理解短文两篇,每篇约300字。第一篇为"S+(正在/正)+V+O+(呢)"相关练习,《我在做梦》,题型包括填表、回答问题。第二篇为中泰文化对比的短文,题型有选择、翻译。另有一份课本外扩展阅读短文,内容为能愿动词表达,约400字,题型为判断正误、选择,限时20分钟完成。写作练习两篇,写作及讲评共用时约1小时。一为"去年的今天",一为"写一篇短文,至少用五个不同的能愿动词"。

在阅读中,学生在语法上出现问题较少,主要是生词造成的阅读障碍,教师以猜测法和跳跃障碍法训练学生阅读能力。在写作训练上,采用课堂限时作文的方式,主要是训练学生语法项目的正确使用和成段表达的能力。以下为一名学员的作业:

(2)去年的今天是我最开心的一天。早上,我正在吃早饭,手机响了,我朋友给我打电话,请我晚上一起吃饭。上午,我正在上课,忽然停电了,教室没有空调很热,老师的电脑也死机了,我们就不用上课了。下午,我正在图书馆门口和朋友谈话,忽然,下雨了。我们又谈话,忽然,雨停了,我很高兴,朋友开车来接我吃饭了。吃完饭,我们在街上玩,忽然,有人过来问我们，有空吗，我们说有空，他说今晚上去看电影不要买票。这一天我很开心。

我们发现学生的作业有自觉借鉴听说材料的现象。"听说领先"模式让学生有了材料积累，故写作时会利用听说材料丰富素材。以下为《泰国人学汉语二》练习册听力材料《倒霉》的内容：

（3）昨天，是陈天明最倒霉的一天。早上，他正在喝咖啡，手机响了，他去拿手机，碰到了咖啡，他的白衬衣上都是咖啡。他只好换一件衬衣。中午，他正在用电脑写东西，电脑忽然死机了，他写好的东西都没有了。下午，他在办公室大楼的下边跟同事谈话，忽然，他的头上都是水，下雨了吗？他看看，三楼的小姐正在浇花。下班了，他在车站等车，忽然，有人来问他，到北京大学怎么走。他告诉那个人。那个人谢谢他，走了。他的车来了，他上车以后买票，可是钱包呢，钱包没有了。

我们很容易发现两段材料的相似性，从内容到组织形式，学生的习作都有模仿听力材料的痕迹，而且模仿得很成功。A班学员有向听力材料寻找帮助的意识，可见"听说领先"模式对于读写技能提高有所帮助。

B班："读写领先"模式

B班的2小时课程时间安排，大致上词汇和语法讲练40分钟，课文讲练30分钟，课后阅读练习，内容与A班相同，采用配套练习册的阅读短文两篇，用时30分钟，但无扩展阅读材料。20分钟做写作练习，"写一篇短文，至少用五个不同的能愿动词"。而"去年的今天"作为课后作业。以下为一名学员的作业：

（4）去年的今天是2011年4月30日，我在上课呢。早上起来，我先去楼下买早餐，然后骑摩托车去教室上课。中午在食堂吃饭，吃了烤鸡，喝了可乐。下午我在图书馆看书。晚上我回家做作业。

学生的习作语法错误不多，但是内容较为刻板，多与教材内容及例句相仿。可见"读写领先"模式下，要提高学生的写作技能，需从扩展学生的学习意识着手。A班由于是"听说领先"，听说材料在学生脑海中的印象，就构成了学生写作时作为范例的某种刺激。他们的有意识地模仿，就扩充了写作内容，显得更为有趣和丰富。"听说领先"模式下，听说课的内容能在某种程度上成为读写课的基础。

（七）分技能能力自我测评问卷分析

表4　你认为这学期哪一项技能提高最大

	听	说	读	写
A班	18.7%	20.3%	33.9%	27.1%
B班	20.9%	61.5%	7.9%	9.7%

在这份自测问卷中，我们希望了解A、B班学生对于自己分技能发展的自我测评。结果显示，"听说领先"模式下A班的学员感觉自己"读"的技能进步最大，"听"的技能进步最小。推究原因，"听说领先"模式使得语法、词汇都是以听说训练形式出现，"听"的压力较大，故学员感觉进步不明显，而当听说障碍扫除后，阅读的收获则比较显著，故"读"的进步感觉明显。但是各项数据之间差别不大，也就是说"听说领先"模式下，学员感觉分技能发展较为平衡。

"读写领先"模式下B班的学员感觉"说"进步最大，"读"进步最小，推究原因，当语法、词汇通过书面训练后，在口头表达上会感觉非常顺畅自由，故感觉口语进步明显，而"读写领先"也造成了相当的阅读压力，故感觉上会较吃力。从数据上看，差别较大，有61.5%感觉自己的口语进步最大，也就是说"读写领先"

模式会使得学生在说的分技能上获得更多的自信。

表5 你认为哪一项技能应该增加课堂练习时间

	听	说	读	写
A班	30.9%	28.9%	19.9%	20.3%
B班	10.2%	12.6%	32.1%	45.1%

这份问卷可以看出学生对于课程顺序设置的体验，也可以看出学生对于分技能提高的要求指向。"听说领先"模式下A班的学员感觉"听"的练习度应该相对加大，推究原因，应该是听说课型在处理词汇、语法、课文部分占用时间较多，而这些内容均是侧重听力训练而并非专项的听力训练，故学员对这种非专项的听力训练认可度不高，他们还是更加认同专项的听力训练在提高听力技巧上的功能。

"读写领先"模式下B班的学员认为"写"的练习度应该加大，分析原因，"读写领先"模式下"写"的训练往往挪至课后，使得学生在心理感觉上是写的训练时间过少。并且B班的数据又出现了大幅度落差的情况，证明这种模式在学员心理上的反差很大，他们觉得听说技能能够充分训练，而读写技能似乎被冷落了。

表6 你认为哪一项技能应该减少课堂练习时间

	听	说	读	写
A班	22.6%	26.4%	28.2%	22.8%
B班	44.4%	35.7%	10.8%	9.1%

通过表6可以看出，"听说领先"模式下A班的学员感觉应该相对减少时间的是"读"，因为这样的课型设置使得阅读的练习强度可以得到保证，如我们所举的例子《我正在等你呢》，阅读时间达1小时，甚至可以在课堂上增加阅读的补充材料。

第三节 对外汉语教学听说读写课程顺序模式的实践性研究

"读写领先"模式下B班的学员认为"听"的练习度应该减少,在此模式下听说训练时间非常充分,事实上,口头表达的时间更多于听力训练。但是学生对于输出表达的兴趣远远高于输入的兴趣,他们在"说"这一环节中获得的成就感更多。他们倾向于缩短听力训练的时间。并且和A班的数据较为平衡不同,B班的数据仍然落差很大,有近一半的学员选择相同选项,可见学员的心理倾向性仍旧比较集中。

表7 你听和说过的内容更容易认读和写作

	完全同意	同意	不同意
A班	20.7%	30.3%	49%
B班	19.9%	39.5%	40.6%

该调查主要关注学生对于课型顺序搭配的效果反映,即课型搭配在技能之间的互补和促进作用。A、B班的学员对"听和说过的内容更容易认读和写作"这个问题,意见均较为接近,都是持不同意意见的人居多。先听说后读写,先读写后听说,对于学员在读写技能提高上的效果均有待商榷。听说这对输入输出形式,相对于读写这对输入输出形式而言,前者较为浅层次,后者较为深层次,故听说方式获得的知识,转化为读写能力,尚需一段距离。故学员认为听懂会说,对于能读会写,其间关联不太明显。

表8 你读和写过的内容再听和说基本没有问题

	完全同意	同意	不同意
A班	17.8%	49.9%	32.3%
B班	44.9%	47.7%	7.4%

当涉及读写能力对于听说能力影响的调查时,"听说领先"模式下A班的学员、"读写领先"模式下B班的学员持同意意见

的居多，绝大多数人都认可读写后的内容会加深印象，使得听说相关内容时更加轻松容易。究其原因，还是深层次的读写能力转化为浅层次的听说能力时，其间的距离并不难以跨越。

而B班的数据相对于A班而言，选择完全同意和同意的比重更高，这是因为B班的"读写领先"模式，使得学员对读写技能在听说技能的影响上有着更为充分的体会和认识。

（八）汉语能力综合测评

表 9　期末听说课成绩对比表

	>90	90—80	80—70	70—60	<60
A 班	2	4	7	8	2
B 班	4	10	5	4	2

表 10　期末读写课成绩对比表

	>90	90—80	80—70	70—60	<60
A 班	2	4	10	5	2
B 班	2	5	10	5	3

A、B班期末考试成绩统计如表9、表10所示。参照实验前A、B班的成绩表可见，A、B班在实验前听说课、读写课的成绩较为接近，而通过实验后，A、B班的读写课成绩仍然较为接近，但是发生明显变化的是听说课成绩，采用"读写领先"模式的B班，高分段比较集中，80分以上的达14人占到班级总人数的一半。"听说领先"模式的A班，成绩和上学期差别不明显，仍然是以中等分数为主，高分段明显少于B班。

两个班一直是平行班，教师配备、授课内容均保持一致，仅仅在课型搭配的顺序上出现调整，造成成绩上的变化。"读写领先"模式下，学生成绩反映出他们的听说技能总体有了显著提高，而无论哪种模式，读写技能的提高都不够显著。"听说领先""读写领先"模式造成了两个班在读写技能上相近发展、听说技能出现差距的情况，可知课型顺序对于教学效果会产生影响。课型顺序在显性因素上会造成教学内容呈现顺序的区别，在隐性上会造成教学节奏、教学侧重、学生的心理感受等因素的差别。特别是学生的心理接受节奏会影响到他们对于自己听说读写技能的自我体认，从而造成接受心理的差异，这些都综合影响到学生的学习效果。

二、实践的理论分析和应用性评价

（一）课程设置的总体观

在本节开头我们便梳理了分技能教学课是怎样渐渐取得自己的独立地位的，从20世纪50年代以来，经历了至少20多年的教学发展，使得听说读写分技能成为广泛认可的需要独立训练的科目。在我们听说读写的分技能教学中，各种技能教学日渐发展出各自独立的教学方法和教学目标，但是对分技能课之间的关联设置却关注度不够。

加涅著名的《教学设计原理》中核心的观点就是系统化的教学设计，他将教学设计分为许多阶段，认为"阶段既有即时的，也有长期的。从即时的意义来说，教师在备课时所做的事只先于教学进行之前数小时。教学设计的较长期方面是较为复杂的和形式多样的。后者所关心的是将一组课组织成课题，一组课题组织成一门教程系列，或者也许成为一个完整的教学系统"[①]。这段阐

---

① R. M. 加涅《教学设计原理》，华东师范大学出版社，2001年。

释对于我们的提示意义在于，听说读写分技能课的发展已经积累了相关的课堂教学技巧和程序设计的经验，然而这些对于"即时"的教学设计颇为有用，但是"长期"的设计却从分技能教学中隐退了。分技能教学如何在取得独立地位之后保有其整体关照性，是我们系统长期教学设计所应该给予关注的内容。加涅在《教学设计原理》中罗列出教学设计的具体阶段，颇有参考价值：

在教学系统设计中的阶段：

系统水平

1. 分析需要、目标和优先条件

2. 分析资源、限制条件和可供选择的传输系统

3. 确定课程和教程的范围和顺序

教程水平

4. 确定教程的结构和顺序

5. 分析教程目标

课的水平

6. 定义作业目标

7. 准备课时设计或课件

8. 开发、选择材料和媒体

9. 评估学生的作业（成绩测验）

系统水平

10. 教师的准备

11. 形成性评价

12. 现场测验、修改

13. 总结性评价

14. 安装和传播

加涅指出系统设计中需要"确定课程和教程的范围和顺序",其中,关于确定课程顺序一点,常常是为人们所忽略的,但是顺序的安排却在教学的环节中举足轻重。我们非常清楚知识呈现顺序在汉语习得中的作用,所以每堂课我们都会精心设计语音、词汇、语法等知识出现的细节,也会关照到一门课的知识呈现顺序和方式。但是对于课程之间的呈现顺序却缺乏关注意识。

在长达5个月的实验中,我们发现,课程的顺序安排足以对学生的学习效果造成显著的影响。"听说领先"模式的A班、"读写领先"模式的B班,他们最后的听说技能发展出现了不同,B班显示出更优的进步,但是两个班的读写技能发展仍然是接近的。这种结果让我们认识到,课程的整体设计,必须包含课程顺序,这项因素对于知识呈现的步骤、强度,都会产生影响,从而影响到学生的学习效果。

(二)分技能教学的互补与互动

对于课程的整体设置,哪些细节会产生影响?根据本实验的过程,我们发现:教材的选择至关重要;任课教师的配合至为关键;课程中应该贯穿"i+1"理论,避免成为复练课。

这三点细节最核心的仍然是课程设置的整体关照原则。在教材的选择上,很多听说课、读写课的任课教师各自为政,选择自己认为合适的教材,这固然有其理据,然而却在课程中产生一种割裂感。本实验在听说课、读写课上均采用《泰国人学汉语》,此本土化教材中听说、读写练习独立集中设计,使得教师能够方便地分配教学内容,如表3所示,两门课教师根据教材分配各自的教学内容,而内容又是有机的一本教材,这样既减轻了学生的学习负担,也便于教师整体规划。

教师共用一本教材进行内容分配，就引出第二个关键问题，就是任课教师的配合。在本实验中，A、B 班作为平行班，配备相同的师资，且两位老师常常一起讨论备课，对于各自教学计划、进度、内容、重点、难点都彼此照应，这样就会使两门课教材相同，内容却不重复，重点各自突出，技能训练方向明确。

两位教师的配合，还涉及一个问题，就是内容的先后造成的课堂节奏感的问题。"听说领先"模式在听说课率先处理生词、语法、课文，"读写领先"模式则在读写课上率先处理这些内容，这样都为后进行的课型赢得练习时间。这很容易使得后进行的课型显得很像复练课。事实上应该是两门课各自平行推进，并非复练课设计，故内容上必须遵循"i+1"原则，就是虽然生词、语法、课文已经先期完成，后进行的课型仍然要有分量适度的新出知识"i"，让学生能推进其知识积累。例如实验案例第七课，听说课上就扩展了一个相关文化知识，一首中国诗歌《题都城南庄》，增加了口语任务的趣味性。

（三）长短期训练的类型化处理

本实验以泰国汉语本科生为实验对象，关注听说读写分技能教学课程顺序设计对于教学效果的影响，实验时间为 5 个月。但是分技能教学的顺序对于短期教学影响如何？笔者曾就此问题进行过相关实验。时间为 2012 年 3 月 25 日到 4 月 12 日，行课时间共计 15 天。对象为参加 2012 年暑期培训的泰国东北部本土汉语教师。该班组成状况复杂，男性学员共计 3 人，女性学员共计 16 人，最小的学员 22 岁，最大的 55 岁，其中有 5 名学员已经达到新 HSK 五级水平，该班被编为高级班。针对该班进行的是"读写领先"模式的教学。在具体实施上，仍然是读写课、听说课采用相同教材，教师共同备课等方式。通过训前测试和训后测试，我们发现学员听说技能的提高明显优于读写技能的提高。

在长期教学和短期培训中，"读写领先"模式都在提高听说技能上显示优势，故我们要充分考虑课程设置顺序对于教学效果的问题。

三、结论

"听说领先"和"读写领先"都是基于分技能教学发展起来的两种课程模式。在对外汉语教学史上，分技能教学从综合教学中独立，经历了长达至少 20 年的发展。但是分技能教学的独立，使得教师在教学和研究中常常立足课型本位，而缺乏整体关照。在我们的课程设计中，虽不乏课型搭配的考虑，但是关注课型之间先后顺序的却不多。本研究关注分技能教学课型之间先后顺序是否会对教学效果产生影响的问题，以泰国孔敬大学商贸汉语专业本科一年级学生为对象，进行了长达 5 个月的实验。在实验中，两个平行班在课型、任课教师、教学内容保证基本一致的情况下，A 班采用"听说领先"模式教学，B 班采用"读写领先"模式教学，这两种模式导致教学的内容处理与课型紧密联系，后进行课型练习扩展时间充分。A、B 班在实验前，听说成绩、读写成绩均相近，然而实验后却发现，A、B 班读写成绩仍然相近，但是 B 班听说技能提高很大。对"读写领先"模式还曾应用于为期 15 天且成员组成复杂的泰国本土教师培训中，也相应呈现听说技能较大提高的现象。

我们发现深层次输入输出训练——读写训练，浅层次输入输出训练——听说训练,在进行顺序上存在影响因素。浅层次输入输出训练如果先期进行,合乎正常教学由浅入深的顺序,能够最大程度的建立学习者的学习自信度,从而形成学习者继续学习的良性动力。相反,深层次输入输出训练如果先期进行,会增加学习者的学习难度,有遏制学习者学习兴趣的可能,但如果掌控好课型间的搭配问题,教师间的配合问题,让学习者能顺利首先完成深层次输入输出的训练,当进行浅层次输入输出训练时,学习者会感觉更加轻松自如,也会感觉到浅层次输入输出技能的强化进步。

综上,听说读写分技能的课程顺序问题,会对教学效果造成影响,故进行课程设计时,既需有独立设计,也需整体观照,包括过去人们所常常忽略的课程顺序也需计入影响范畴。在相应课程顺序下,关注诸如课型搭配、教师配合、内容扩展等相关细节,就能获取更大的教学收益。

图书在版编目(CIP)数据

汉语作为第二语言教学的教学模式研究/吴勇毅主编.—北京:商务印书馆,2019
(商务馆对外汉语教学专题研究书系.第二辑)
ISBN 978-7-100-17916-4

Ⅰ.①汉… Ⅱ.①吴… Ⅲ.①汉语—对外汉语教学—教学研究 Ⅳ.①H195.3

中国版本图书馆 CIP 数据核字(2019)第 246870 号

权利保留,侵权必究。

汉语作为第二语言教学的教学模式研究
吴勇毅 主编

商 务 印 书 馆 出 版
(北京王府井大街36号 邮政编码100710)
商 务 印 书 馆 发 行
北京新华印刷有限公司印刷
ISBN 978-7-100-17916-4

2019年12月第1版　　开本880×1230　1/32
2019年12月北京第1次印刷　印张15⅞
定价:49.00元